Hermann Löns

Auf heimlicher Pirsch

peb BÜCHEREI

Hermann Löns

Auf heimlicher Pirsch

Jagderlebnisse und Tiergeschichten

Herausgegeben und eingeleitet
von
Franz Friese

Engelbert-Verlag · Balve/Westf.

Diese Ausgabe enthält die pEb-Einzelbände
„Der einsame Wisent", „Der Waldläufer im Revier" und
„Am Wildbach", vermehrt um einige weitere Stücke.

ISBN 3 536 00806 2

5. Auflage 1972

Umschlag: Laenderpress, Düsseldorf
Illustrationen: Wilhelm M. Busch

Satz, Druck und Einband:
Gebr. Zimmermann, Buchdruckerei und Verlag GmbH, Balve/Westf.

„Denn Jagen, das ist Pirschen ..."
Der Journalist, Zoologe und Jäger Hermann Löns

„Den Tag schöner finden ..."
Der Naturschützer Hermann Löns

„Wo die bunte Forelle schwimmt ..."
Auf Fischweid mit Hermann Löns

„Denn Jagen, das ist Pirschen..."

Der Journalist, Zoologe und Jäger Hermann Löns

Von Franz Friese

Achtundvierzig Jahre wurde Hermann Löns alt. Die erste Hälfte seines Lebens bestand aus Schule und Studium. Während der zweiten Hälfte war er Zeitungsmann. Durch Schule, Universität und Presseberuf war er zeitlebens der Stadt verbunden. Ohne sie und ihre Bildungsmöglichkeiten, ihre vielfältigen Anregungen und menschlichen Begegnungen, ohne die durch die Stadt gegebenen Voraussetzungen zu geistigem Austausch und weltanschaulicher Auseinandersetzung wäre Löns nicht denkbar. Namentlich der junge Löns entwickelte sich im engen und regen Umgang mit seinen Mitschülern und Kommilitonen, durch seinen Verkehr in literarischen und zoologischen Kreisen. Hier fand er Anregung und Auftrieb, zugleich aber auch Widerstand und Widerspruch, wie sie sein streitbares und zu Auseinandersetzungen neigendes Wesen brauchte. So war Löns der Stadt enger verbunden, verdankte er ihr mehr, als ihm wahrscheinlich zum Bewußtsein kam und er sich selbst eingestanden hätte.

Dabei aber spürte er gewiß, was auch ein Theodor Fontane, der „Wanderer durch die Mark Brandenburg", empfunden hatte, als er feststellte: „Die große Stadt macht quick, flink und gewandt, aber sie verflacht und nimmt jedem, der nicht in Zurückgezogenheit in ihr lebt, jede höhere Produktionsfähigkeit." Der Städter Löns war gleichsam immer auf der Flucht vor der Stadt und ihrem Getriebe. Sein ganzes Wesen zog ihn hinaus in die Natur, in Wald und Heide, hin zu Pflanze und Tier.

Von Kindesbeinen an war er es gewohnt, draußen herumzustreunen, Vögel zu beobachten und Insekten zu sammeln. Schon für den Jungen aber blieb dies kein Bummeln und müßiges Zeittotschlagen, sondern schon als Schüler beobachtete er systematisch, sammelte er planmäßig, machte sich bei ihm der grundlegende Trieb eines jeden Publizisten bemerkbar: weiterzugeben, sich mitzuteilen, andere teilhaben zu lassen an dem, was man gesehen und erlebt hatte. Schon der Schüler Löns und später der Student veröffentlichte beachtliche zoologische Arbeiten in fachwissenschaftlichen Zeitschriften. Und auch der Mann blieb der wissenschaftlichen Arbeit verbunden. Noch als vielbeschäftigter Journalist und vielgelesener Romanautor seiner Zeit war er mit zoologischen Untersuchungen und Ermittlungen beschäftigt, stand er mit Forschern und Sammlern in Austausch und reger Korrespondenz, setzte er auf diesem Gebiete viel Zeit und Kraft ein.

Der Journalist mit der gewandten Feder und seiner zupackenden Darstellungsweise auf der einen Seite, der nicht nur durch seine Studien ausgebildete, sondern durch ständige eigene Beobachtungen erfahrene Zoologe und Jäger auf der anderen Seite — sie bilden gemeinsam die Voraussetzungen für den Naturschilderer, Tierdarsteller und Jagdschilderer Hermann Löns, wie er uns in diesem Buche in seiner Meisterschaft entgegentritt.

*

Als 35jähriger legt Löns mit seinem „Grünen Buch" seinen ersten Band Jagdschilderungen vor. Es enthält Stücke, die in etwa zwölf Jahren entstanden und zunächst in Zeitungen und Zeitschriften veröffentlicht wurden. Ihm folgt in den dreizehn Jahren, die Löns noch beschieden sind, etwa ein Dutzend weiterer Bücher mit Naturschilderungen, Tiergeschichten und Jagderlebnissen. Einige Sammlungen hinterläßt er quasi druckfertig. Weitere Bücher werden von anderer Hand zusammengestellt und nach seinem Tode herausgegeben. Und all dies entstand neben der aufreibenden Tagesarbeit an der Zeitung, neben einer Reihe von Romanen und einigen Gedichtbänden, an die Löns viel Kraft und Nerven gewendet hat. Kein Wunder, daß er infolgedessen seine „literarische Produktion" zuweilen überschätzt, seine Bücher über die Natur und die Tiere hingegen unterbewertet hat.

Auf Grund seines Wissens, seiner Erfahrungen und seines Könnens fielen ihm diese Schilderungen leicht, gingen sie ihm glatt von der Hand, gehorchte ihm die Darstellung „auf den Pfiff", wie er es einmal ausdrückte. Vielleicht hat er sie deshalb gelegentlich als „Krimskramsbücher" bezeichnet. In Wirklichkeit offenbart er sich jedoch gerade hier als Meister, sind es eben diese Tier- und Jagdschilderungen, die ihn überdauert haben und auch noch in Zukunft ihre begeisterten Leser finden werden. In ihnen ist, im Gegensatz zu anderen Gebieten des Lönsschen Schaffens, nichts Problematisches, Gequältes und Abgerungenes. Man spürt: hier steht der Verfasser auf sicherem Boden, gestaltet er selbstsicher und aus Freude am Gesehenen und Erlebten. Nicht umsonst hat der Waldläufer Löns, dieser verhinderte „Indianer", ganze Generationen junger Menschen in seinen Bann gezogen, die ihm ihr Leben hindurch als Leser treu blieben.

*

Dabei hat Löns nach seinem frühen Tode Wirkungen ausgeübt, die auf Mißverständnissen beruhten und ihm sicherlich selbst nicht immer ganz behagt hätten. Man hat ihn nicht nur mit Begeisterung, sondern auch mit Schwärmerei und Romantik — bis hin zum weltanschaulichen und politischen Mißbrauch — umgeben.

So war er selbst alles andere als ein wandernder Scholar, der mit buntbebänderter, klingender Laute singend durch die Natur zog. Er hat sich gelegentlich sehr deutlich lustig gemacht über die „dreizehn Gesangvereine, zwölf Turnvereine, elf Touristenvereine, zehn Kegelklubs, neun Skatklubs, acht Pfeifenklubs, sieben Radlervereine, sechs Fußballklubs, fünf Tennisgesellschaften, vier Volksschulen, drei Pensionate, zwei Sonderzüge und einhundert Wagen und Autos", die ihren Inhalt über die stille Heide „ausspien". Er war im Gegensatz hierzu ein Einzelgänger, ein Mann der Stille und der Abseitigkeit.

Dies gilt auch und vor allem für den Jäger Hermann Löns. In

eindeutiger Ablehnung und mit Spott hat er sich gegen den „Fleischmacher" und „Luderjäger" gewandt, dem es nur um den Braten, gegen den „Knochensammler", dem es nur um eine Renommiertrophäe für die Wand geht. Statt dessen hat er den Begriff vom „Gemütswert" einer Trophäe geprägt, der nicht an der Zahl der Enden und dem Umfang der Rosenstöcke zu ermessen sei, sondern am Bewußtsein der jägerischen Leistung, einen heimlichen Hirsch, einen erfahrenen gewitzten Bock mit Ausdauer und mit waidmännischem Können überlistet zu haben. „Drei Hirsche, vor der Treiberjagd geschossen, wiegen nicht so schwer als einer, nach wochenlanger Mühe auf der Pirsch erbeutet, und dem Waidmann ist das Gehörn am liebsten, das ihn die meisten Schweißtropfen kostet."

Schon zu seiner Zeit hat er gegen die „dicketuerische Großmannssucht" in gewissen Jägerkreisen gewettert, gegen die „Sportschützen, Schießer und Rekordathleten" mit ihrer „karierten Gesinnung", die eben „Jagdproleten" blieben, auch wenn sie „die Tasche voll brauner Lappen" hätten. Und die spöttische Redensart von den Zeitgenossen, die die Jagd weniger mit Kimme und Korn als wegen „Kümmel und Korn" betrieben, könnte Löns' satirischer Feder entsprungen sein.

Seinem „Kraut und Lot", einem „Buch für Jäger und Heger", hat er die folgenden zwei Gedichte vorangestellt:

Der JÄGER

Der weiß es nicht, was Jagen ist,
Der nur im Felde knallt;
Denn Jagen, das ist Pirschen
Im heimlichstillen Wald,
Und Jagen, das ist Schleichen
In Heideeinsamkeit,
Und Jagen, das ist Schweifen
In Moorunendlichkeit,
Ist Harren hinter Klippen,
Ist Lauern an dem Strand;
Wer nur im Feld zu jagen weiß,
Hat nie die Jagd gekannt.

Der HEGER

Das Schießen allein macht den Jäger nicht aus;
Wer weiter nichts kann, bleibe besser zu Haus.
Doch wer sich ergötzet an Wild und an Wald,
Auch wenn es nicht blitzet und wenn es nicht knallt,
Und wer noch hinauszieht zur jagdlosen Zeit,
Wenn Heide und Holz sind vereist und verschneit,
Wenn mager die Äsung und bitter die Not,
Und hinter dem Wilde einherschleicht der Tod;
Und wer ihm dann wehret, ist Weidmann allein,
Der Heger, der Pfleger kann Jäger nur sein.
Wer bloß um das Schießen hinausging zur Jagd,
Zum Weidmanne hat er es niemals gebracht.

*

Löns hat gelegentlich die Jagd als das empfunden, was sie im tiefsten Grunde auch ist: ein Stück Atavismus. „Die Hauptsache ist es, sich als Urmensch zu betätigen, seine Sinne zu gebrauchen, seine Kräfte anzuspannen, einmal wieder ganz Mann zu sein."

„Sich als Urmensch zu betätigen", das bedeutet aber keineswegs, in ein Primitives zurückzugleiten. Alfred Rust, der Erforscher und einer unserer besten Kenner des „Steinzeitjägers", stellt fest: „Die geistige Kraft des eiszeitlichen Homo sapiens ist der des heutigen gleichzusetzen." Für den modernen Menschen liegt also kein Grund vor, in Anbetracht der „technischen Großtaten" einer fortschreitenden Zeit übermütig zu werden. Sind wir nicht seit Darwin etwas zu entwicklungsgläubig geworden? Geht es mit uns wirklich immer aufwärts?

An Sinnenkraft und ursprünglichem Instinkt war uns der Urmensch gewiß überlegen. Er mußte als einzelner eine in sich abgeschlossene, ganz auf sich stehende Persönlichkeit sein, um unter harten Lebensbedingungen zu bestehen. Für den modernen Menschen hat sich der „Kampf ums Dasein" längst auf Ebenen verlagert, die sich der Einwirkung des einzelnen weitgehend entziehen. In einer Massengesellschaft, innerhalb einer „Perfektion", die dem Genie nur noch wenig Raum läßt, gelenkt oder reguliert von Managern und Funktionären, ist der einzelne oftmals nur ein Rädchen, das seine eigene Stellung innerhalb des Ganzen zuweilen kaum noch erkennt. Der moderne Versorgungsstaat läßt die Kräfte des natürlichen Lebenskampfes erschlaffen.

Für den denkenden und empfindenden Menschen wäre es in dieser Zeit ein Verlust, verlernte er es, im Frühjahr den Duft der aufbrechenden Erde zu spüren, den Ruf der Vögel und das Knistern der Insekten im sommerlichen Schilf zu vernehmen und das Fest der Farben im herbstbunten Wald mit glücklichen Augen in sich aufzunehmen. Wie unromantisch ist es doch im Grunde, sich auf einer organisierten Safari das Großwild vor die Kamera treiben zu lassen. Um wieviel abenteuerlicher ist es hingegen, im Dämmer des Frühlingsmorgens heimlich aus dem Schirm heraus den Birkhahn bei Liebeslied und -tanz zu belauschen, dem roten Bock auf der grünen Sommerwiese nachzublikken und im Herbst mit klopfendem Herzen den schreienden Brunfthirsch anzupirschen. Hierbei findet sich der Mensch wieder in der Ganzheit seiner Persönlichkeit, ist er das Naturwesen, das er zutiefst bleiben wird, auch wenn Auto und Fernsehgerät ihn zuweilen zu einem Zubehör der Technik zu machen scheinen.

Eindrücke überfluten den modernen Menschen, vorgekaut und vorverdaut durch Presse und Werbung, Rundfunk und Fernsehen. Überfordert und in eine passive Rolle gedrängt, verlernt er zunehmend „seine Sinne zu gebrauchen, seine Kräfte anzuspannen". Als Waldläufer und Tierbeobachter findet er jedoch ein Gegengewicht zu den Auswirkungen der Zivilisation. Er braucht dabei keineswegs Jäger zu sein: waidwerken mit dem Auge, mit angespannten Sinnen, das ist das Wesentliche. Hermann Löns lehrt es uns.

Der einsame Wisent

Das war nun schon der dritte Tag, daß die weißen Wetterköpfe rund um das Bruch sich reihten.

Jedweden Mittag kamen sie hinter der Wohld und der Geest und dem Moor heraufgestiegen, bis zum Platzen mit Blitz und Donner geladen; jeden Abend brachte der Vollmond sie grinsend wieder dahin, von wo sie gekommen waren, ohne daß sie ihr Gift und ihre Galle loswurden.

Die Luft lag dick auf dem Bruche. Alle Blumen ließen die Köpfe hängen, und sogar die Buttervögel und Schillebolde wurden faul. Einzig und allein die Bremsen, die Mücken und die Gnitten fanden Freude an der Schwüle und verekelten Mensch und Getier das Leben.

Der Kolkrabe, der mit offenem Schnabel auf dem Runensteine vor der Wohld blockte und jappte, schwang sich mit einem Rucke davon, korrte ärgerlich und schraubte sich aufwärts, denn in der Dickung tappte es laut und brach es gewaltig.

Ein mächtiges Haupt, zottig und breit gehörnt, schob den Wirrwarr von Porst, Ellern und Fichten fort, äugte mit bösen Lichtern vor sich hin und zog schnaufend den Wind ein.

Ein alter Wisentbulle war es. Ihn, den Häuptling des Rudels, ihn, den Herrn über zwanzig Muttertiere und Jungkühe, ihn, den Bärenzerreißer und Wolf-in-die-Luft-Schmeißer, hatte ein jüngerer Bulle abgekämpft und von dem Rudel weggetrieben, mit Schmach und Schande ihn bedeckt und einsam und allein gemacht.

Das war das eine. Aber noch mehr Weh kam über ihn, das ihn mit Wut erfüllte. Wohin er zu einem anderen Rudel trat, wurde er von dannen gejagt und so behandelt, als hätte er die schwere Seuche im Leibe. Schließlich traf er einen Leidgenossen an, einen ungehörnten Bullen, das

Gespött und die Verachtung aller Wisentrudel. Mit dem war er seit der Brunft in der Heide hin und her gezogen. Mehr als einmal hatte er an ihm seine üble Laune ausgelassen, ihm, wenn ihm das Blut in das Haupt schoß, die Spitze des Horns zu schmecken gegeben, ein anderes Mal aber wieder ihn da gescheuert, wo die Holzböcke saßen und fraßen.

Aber nun war er allein, ganz allein, so allein wie der Stein, auf dem der Rabe eben geblockt hatte. Sein Freund, der hornlose Bulle, war in ein Fangloch gestürzt und elend darin verendet. Das alles und die Schwüle und das stechende Geschmeiß machten ihn wild vor Ingrimm. Der alte Bulle schnaufte wütend, denn eine Witterung, die er mehr haßte als die von Bär und Wolf, zog ihm in die Muffel, Witterung von Mensch. Er hob das furchtbare Haupt, peitschte seine Weichen mit der Schweifquaste, daß es knallte, und zog der feindlichen Witterung entgegen. Früher war er ihr immer ausgewichen, einst, als er noch in den Sumpfwäldern leben durfte.

Nun, da er von seinesgleichen dahin gejagt war, wo das Tier, das auf zwei Beinen ging, lebte, ging er ihm nicht mehr aus dem Wege.

Er sog die Luft ein und zugleich Hunderte von Mücken und Gnitten, hustete sie aus, brummte wütend und zog dahin, von wo der greuliche Geruch kam. Er hatte eine Wut auf dem Leibe, eine furchtbare Wut, die er loswerden mußte. Er hatte vorhin eine tote Fichte, die ihm im Wege stand, aus dem Boden gehoben und zerfetzt, hatte einen Ameisenhaufen, der ihn ärgerte, als Spreu in die Luft geschmissen, schließlich erst einem Jungbären, der ihm entgegentappelte, den Garaus gemacht und dann dessen Mutter, die vor Angst und Wut brüllend auf ihn losfuhr, zu Brei getrampelt. Und jetzt wollte er die zweibeinigen Biester umbringen.

So zog er dahin, wo ihrer drei das Vieh an dem grünen Saume des Baches hüteten. Der älteste von den drei Jungen bekam mit einem Male ganz blanke Augen, befahl mit einer festen Handbewegung seinen Brüdern, bei der Herde zu bleiben, schlich sich zu einem Ellernbusche, von dem zu einem zweiten und dritten, legte seinen besten Pfeil auf die Sehne des Bogens, riß die Sehne vom Bogen und jagte, während er vor Jagdgier seine langen Zähne in sein Kinn grub, dem Wisentbullen, den seine Falkenaugen erspäht hatten, einen Pfeil in das Blatt, und als der Bulle mit einem starken Ruck zeichnete, lachte er fröhlich in sich hinein.

Es war sein letztes Lachen. Ehe er es sich versah, war der Bulle vor ihm, stieß ihm ein Horn zwischen die Rippen, warf ihn empor, nahm ihn wieder auf, schleuderte ihn abermals weiter, trampelte ihn zu Brei, daß sein Blut das Gras befleckte, hob dann sein gewaltiges Haupt hoch, schnaufte laut, schüttelte sich, senkte die Hörner, brach in die Herde ein, schlitzte dem Bullen, der ihm entgegentrat, den Leib auf, stieß dem nächsten Jungen, der vor Todesangst zitternd stehenblieb, ein Horn in den Leib, schmiß Stück um Stück von der Herde beiseite, kehrte zu dem Leitbullen zurück, gab ihm den Rest, machte einen formlosen Haufen aus ihm und trollte sich, zufrieden, daß er sein Gift und seine Galle los war, nach der Beeke zurück, in deren Schlammflut er sich kühlte.

Unterdessen war der dritte Junge nach dem Dorfe auf der Geest gerannt, hatte mit den Händen gefuchtelt, drei, vier Worte geschrien, war umgeklappt und hatte, als er sich verholt hatte, erzählt, was sich im Bruche begeben hatte. Sofort hatten alle wehrhaften Männer die Speere genommen und waren im Laufschritt dem Bruche zugeeilt, hatten abgespürt, die Wohld umstellt und die leichtfüßigsten Jungkerle über dem Winde in das Holz

hineingeschickt. Sie drückten nun langsam die Dickung durch.

Sie fanden den Bullen lange nicht. Er dagegen hatte sie schon geraume Weile vernommen. Aber es war keine Angst in ihm und auch keine Wut, nur Gleichgültigkeit und Verachtung. Ab und zu, wenn die Mücken zu unverschämt wurden, zog er sein Haupt unter das Wasser, schüttelte es dann, äste das Schilf ab, das ihm entgegenwuchs, grunzte wohlig, scheuerte die Keulen an einem vermorschten Stumpfe, der in der Flut lag, und hatte so das Gefühl, daß er in der Nacht ein Rudel suchen und sich ihm wieder als Oberhaupt aufdrängen wolle. Denn er fühlte sich wieder, seitdem er zwei der zweibeinigen Tiere samt ihrem Anhang von Vieh beiseite geschmissen hatte.

Da brach es bei ihm in den Ellernloden, brach anders, als wenn ein Elch zieht, ein Hirsch, ein Reh oder sonst etwas. Neugierig hob er das Haupt aus dem Schlamme, zog Wind ein und trat, als er wieder die ihm bis zum Zerplatzen ekelhafte Witterung aufnahm, auf das Ufer. Da standen drei von den Geschöpfen, die er nicht leiden konnte, von den nackthäutigen, schlimm duftenden, lauten, denen der Wolf auswich und sogar der Bär. Er aber ging ihnen nicht aus dem Wege. Er dachte nicht daran. Er wollte ihnen zeigen, wer hier im Bruche Herr und Häuptling wäre. Was die wohl wollen? Keine Haare! Keine Hörner! Keine Hufe! Und so dünn und so leicht! Und als Waffe nichts als Geschrei und den Gestank, den er nicht vertragen konnte.

Merkwürdige Tiere! dachte er, als der eine mit dem Arm durch die Luft fuhr. Aber dann tat es ihm mit einem Male auf dem linken Blatte erst ein wenig und dann sehr weh. Er warf das Haupt zur Erde und stürmte auf die drei Feinde los. Wieder traf ihn ein Schmerz, im Nacken, und dann fühlte er ein Weh in der Hüfte und eins, das irgendwo mitten in seinen Eingeweiden saß. Und dann war ihm alles einerlei; er war mitten zwischen den Menschen, fühlte nichts mehr als eine Freude — genauso wie damals, als er den alten Platzbullen zu Tode stieß, der ihm dabei die Dünnung schrammte —, als er erst einen, dann den anderen und zuletzt den dritten seiner Feinde bald zwischen den Hörnern, bald zwischen den Hufen hatte, obwohl er an mehr als einer Stelle seines Leibes feurige Schmerzen empfand und eine seltsame Schwäche über ihn kam.

Angewidert und doch angenehm berührt beschnupperte er die Reste seiner Gegner und trat in die Wohld zurück. Die Speere, die ihm im Leibe staken und ihn belästigten, streifte er ab, indem er wütend durch das unraume Holz brach. Aber sehr weh tat ihm das, und ganz matt wurde er darauf. Und merkwürdig ängstlich und schwach wurde ihm, so daß er die enge Wohld verließ und nach der freien Heide hinzog. Als er so weit gewechselt war, verhoffte er, sog wohlgefällig den kühlen Luftstrom ein, der über die Geest herunterwirbelte, und fiel unter einer alten Eiche zusammen, während die Wetterwolken und der Mond sich darum zankten, wer das letzte Wort haben solle.

Da aber der Mond schon etwas an Kraft verloren hatte, behielt die eine Wolke, die über das Moor kam, zuletzt doch recht und spie so viel Gift und Galle aus sich heraus, daß einer ihrer Blitze die alte Eiche traf und sie zersplitterte und versengte samt dem alten, einsamen, abgekämpften und weidwund geschossenen Wisentbullen.

Nichts blieb von ihm als sein schwarzgebranntes Haupt mit den gewaltigen Hörnern, und das hing der Gaupriester als Gottesmal über Tors Heiligstatt auf, wo es hing, bis Wind und Wetter es zermürbten und unter die Erde brachten.

Abseits der Welt

Der Uhu sang mich gestern abend in den Schlaf und der Waldkater.

Der Föhn spielte die Begleitung zu dem seltsamen Zwiegesang.

Das Quarren des Kuders und das Juchen der Eule hoben sich herrlich von dem dumpfen Geheule des Tauwindes ab, der die Edeltannen auf grausame Weise mißhandelte, so daß sie ächzten und stöhnten und ab und zu schrill aufschrien.

Ganz allein lag ich in dem Blockhause auf der Pritsche, rauchte, las in Meister Eckehardts Predigtbuche und lauschte bald dem Untertone seiner Rede, bald dem, was Uhu, Wildkater und Sturm mir sangen von Schneeschmelze, Frühling und neuem Leben, bis der Sandmann kam und ich die Laterne ausblies, in den Schlafsack kroch und bei dem wunderschönen Wiegenliede einschlief.

Der Föhn ist stumm geworden, der Kater läßt nichts von sich vernehmen, und der Uhu schweigt. Wie ein leises stetiges Atemholen ist es rundumher, mehr zu ahnen als zu hören. Die wenigen Sterne am dunklen Himmel sehen müde aus, und ganz blaß und übernächtigt steht der Mond hinter der zerfetzten Wettertanne, bis eine Wolke ihn langsam, aber unerbittlich dahin bringt, wo er schon längst sein sollte.

Ich stehe in dem Türloche der Jagdhütte und horche in die Stille hinein, die den Urwald erfüllt und durch einen schüchternen Mausepfiff und durch den dünnen, kläglichen Ruf einer wandernden Drossel noch mehr vertieft wird. Ich lausche, ob mein Hahn noch nicht erwacht ist. Fünf Morgen habe ich damit verbracht, ihn festzumachen. Jeden Morgen hörte ich ihn balzen; doch wo er stand, das fand ich erst gestern früh heraus. Aber das Schneetreiben war

so stark und der Sturm so arg, daß ich nicht bis zu ihm hinfand.

Ein Brausen zerstört auf einen Augenblick die Stille; schon ist es vorbei. Ein Stück Urgeflügel war es, das vorüberstob. Ein Windstoß schüttelt den Schneebehang von den Zweigen, und noch einer. Dann tritt wieder Ruhe ein. Eine Wanderdrossel nach der anderen streicht über mich hinweg, so angstvoll pfeifend, daß mir das Herz wehe tut. Aber dann geht es mir warm über die Brust. Unter mir, an der Steilwand, heult der Uhu. Dunkelblutrot hört sich das an. Mir ist zumute, als könnte ich sein Rufen sehen.

Nun ist es an der Zeit. Ich setze die Kappe auf, hänge den Drilling unter die Schulter und taste mich an dem Stricke, den ich von Stamm zu Stamm spannte, an dem Abgrunde entlang. Ganz langsam muß ich gehen und sehr vorsichtig; trete ich fehl, so fressen mich unten an der Wand die Füchse und die Raben. Und leise muß ich sein, denn es ist nicht unmöglich, daß der Hahn da balzt, wo ich gehe; unter drei weit voneinander entfernten Tannen fand ich seine Balzlosung. Ein unbeständiger alter Geselle ist es.

Ich glaube, ich bin an Ort und Stelle. Zur rechten Hand muß die Zwillingstanne stehen, in der er gestern sang, zur linken die, der der Sturm den Wipfel nahm, und vor mir die krumme, die aus der Klippe heraushängt und dann jäh aufsteigt. Und hier ist ja auch mein Felsensessel mit der bequemen Rückenlehne, auf dem ich gestern saß und horchte, während der Schnee mich umstob und aus dem Geschnaufe und Gefauche des Sturmes ab und zu das Balzen des Hahnes verloren zu mir herkam.

Ich mache es mir gemütlich und stecke mir hinter der vorgehaltenen Kappe die Pfeife an, das beste Mittel gegen Grillen und Grappen. Irgendein Etwas krispelt und kraspelt über mir herum; ein Gartenschläfer wird es sein.

Ich höre, wie er die Knospen zerraspelt. Dann bekommt mein zerdämmertes Bewußtsein einen Ruck; ich höre meinen Hahn anbalzen. Aber er ist es nicht; es klingt anders, geringer, jünger und ist unter mir an der Wand.

Es wird ein schwächerer Hahn sein. Aber es ist nichts dergleichen. Der Wind stieß ein paar dürre Zweige gegeneinander.

Ich dämmere wieder in mir zusammen. Die Dunkelheit um mich beginnt zu flimmern und zu funkeln, und die Stille flüstert mir leise Lieder zu. Ich höre Stimmen, die ich längst vergaß, und sehe Gesichter, die es nicht mehr gibt, horche meinem Herzschlage und lausche auf das Klingen des Blutes in meinen Schläfen. Dann tönt eine lustige Stimme zu mir her, ein rosiges Kinderantlitz verscheucht die bleichen Nachtgesichter und lächelt mich an, zwei Händchen greifen nach meinen Backen, und ein blondes Köpfchen huschelt sich an meine Schulter. Ich blicke auf; mein Traum ist vorbei, und mit leeren Augen starre ich ihm nach. Ein herber Hauch schüttelt die Zweige und stößt sie zusammen, daß sie leise klappern. Mich schaudert es vor Einsamkeit. Fünf Tage war ich froh, allein sein zu können; nun sehne ich mich nach einem Menschenherzen. Und dann lächele ich, aber ein bißchen bitter; man bleibt ja doch immer allein mit seiner Seele. Das weiß ich schon so lange; aber die Sehnsucht bettelt darum doch Tag für Tag vor der Türe, und nachts erst recht, und tritt man sie auch noch so oft fort. Ich sehe mich nach der Vergangenheit um; die ist verworren und finster wie ein abendlicher Wald, und die Zukunft ist ein Abgrund, voll von Nebel. Aus grünem Laub wird Moder und aus weißen Blüten Mulm, süße Gesichter sind fleischumhüllte Totenschädel, und aus warmen Blicken blitzt kalte Selbstsucht.

Wieder läßt ein Windstoß vor mir die Zweige klappern. Doch nein, denn das ist, wirklich, der Hahn ist es! Ganz deutlich höre ich das. Ich wische die grauen Spinnweben von meiner Seele und erhebe mich. So, jetzt kommt der Hauptschlag; eilig, aber behutsam schleiche ich voran. Es ist noch sehr grau, aber doch schon licht genug für meine an Nacht und Nebel gewöhnten Augen. Aber nun muß ich innehalten. An einen Stamm gelehnt, harre ich bis zum nächsten Male. Eine blödsinnig geformte Klippe schneidet mir eine alberne Fratze. Ein zersplitterter Stumpf streckt gierige Hände nach mir aus. Lange Bartflechten winken mir höhnisch ab.

Um mich herum schleicht das Grauen und versucht, mir Angst zu machen. Ich puste ihm den Tabaksdampf in die Fratze, und es verschwindet.

Weiter! Bis zu der nächsten Klippe muß ich dieses Mal kommen. Ein übles Anspringen gibt das, denn scheußlich viel Geknick liegt am Boden, und alles ist voll von Schotter. Gut, daß ich Gummi unter den Sohlen habe; so erreiche ich die Stelle ohne Geräusch, wenn auch mein Herz Polka tanzt. Aber kühl ist es hier; der Wind hat sich wieder aufgemacht, und die Wipfel brummen und summen unwillig. Weiter, weiter, mit schnellen, leisen Sprüngen über Stock und Stein, Moos und Mulm, Gras und Grus! Halt! Der Hahn verschweigt. Hat er mich vernommen? Reitet er ab? Nein, er hat sich nur überstellt. Wie schön er schleift und wetzt! Ein ganz alter Bursche muß es sein. Und ganz nahe bin ich ihm. Noch ein Ansprung, und ich bin unter ihm.

Da! Ein dumpfes Gedonner; fort ist er. Aber es prasselt schon wieder; er hat sich nicht sehr weit eingeschwungen, in der Klippenfichte wahrscheinlich. Richtig, er balzt schon wieder, und ganz toll und wild. Also dahin in hastigen Sprüngen, und wenn das Herz auch noch so dröhnt, aber vorsichtig, unter Deckung, denn ganz sichtig ist es mittlerweile geworden. So, da wäre ich; die tiefen Äste decken mich gut. Ganz dicht bin ich bei dem Hahne. Aber wo ist er? Ich verrenke mir den Hals und überanstrenge meine Augen und sehe nichts als grauweiße Luft und schwarzgrüne Gipfel. Himmel, ich bin fast unter ihm; ganz deutlich klingt der Hauptschlag auf mich herab! Und jetzt habe ich ihn im Blicke; auf dem langen, geraden Ast steht er, ein langes, gerades Ding, schwarz und groß. Aber ist er es auch wirklich und nicht etwa ein Zweig? Das Frühlicht ist ein gröblicher Schwindler und hat seine Tücken. Ich stiere und starre und weiß es nicht: soll ich schießen, oder lasse ich es bleiben?

Aber jetzt erkenne ich ihn ganz genau, Kopf und Kragen, Schwingen und Stoß sehe ich und Schnabel und Bart. Das ist einer, der den Schuß lohnt. Aber ob schon genug Licht da ist für Korn und Kimme? Denn mit Hagel möchte ich ihn nicht herabholen. Vorsichtig hebe ich den Lauf und hole mir Himmelslicht. Es wird gehen. Aber ich will lieber noch einige Augenblicke warten. Und doch nicht; wer kann einem alten Hahn trauen? So einer hat seine Launen und seine Mucken, und frisch gewagt ist schon gewonnen. Aber einstechen und abziehen muß eins sein in diesem Falle. Darum: eins, zwei, drei! Es hat geknallt, und ich stehe da und zittere, daß mir die Knie beben, und starre in den Dampf und lausche mit aufgerissenem Munde. Aber dann rauscht und bricht und poltert es, und wie ein Sack plumpst der Hahn vor mir nieder, und hinter ihm her stöbern die Federn.

Was ist das? Hat der Feuerstrahl die Dämmerung zerrissen und der Schuß die Stille zerbrochen? Es ist ja auf einmal taghell um mich geworden, und die Wipfel sind voll von Goldhähnchengepiepe und Meisengezwitscher! Und über mir steinelt es laut von flüchtendem Rotwild! Und unter der Wand rufen die Raben! Aber der Hahn vor mir liegt so schwarz da wie die Nacht und so stumm wie sie; kein Leben ist mehr in ihm. Ich nehme ihn auf; da geht ein Zittern durch die mächtigen Schwingen, der Stoß hebt und fächert sich und fällt schlaff zusammen, und aus dem gewaltigen Schnabel tropft es rosenrot in den Schneefleck.

Ich knicke einen Bruch von der Fichte, vor der er sein allerletztes Liebestrutzlied sang, färbe das Zweiglein rot und stecke es an die Kappe, stecke auch eins dem edlen Sänger in den stummen Schnabel, glätte sein ehernes Gefieder, trage ihn sorglich zur Hütte und hänge ihn an der Fichte auf, so daß die ersten Sonnenstrahlen auf den erzgrünen Kragenfedern spielen können.

Ab und zu fällt ein dicker roter Tropfen aus seinem Schnabel auf die bunte Steinplatte unter ihm; seltsam sieht das aus, und sonderbar hört sich das an. Einmal will mir so sein, als habe ich grausam gehandelt.

Aber gibt es wohl einen schöneren Tod, als mitten im Singen zu sterben?

Anstand

Die Wellen zwinkern in der Sonne mit tausend lustigen Augen und klimpern übermütig an dem Randeise des Flüßchens.

Fünf bis sieben verschiedene Arten von Meisen zwitschern in den Fichten und Fuhren hinter mir. Mit erheblichem Geschnatter jagen vor den Ellern drei dickköpfige Erpel eine Ente, über den Weidenbüschen stechen sich zwei Krähen mit viel Gequarre, und auf der weißen Wiese treibt ein Rammler die Häsin. Wüßte ich es nicht besser, so könnte ich meinen, es ginge auf den Frühling zu.

Die Sonnenstrahlen knallen nur so gegen das hohe Ufer hinter mir. Bleibt es noch zwei Tage so warm, dann schwenkt der Haselbusch zu meiner Rechten goldene Troddeln, und die Ellern streuen ihren Blütenstaub in den Schnee. Es ist so warm, daß mir die Pelzjacke fast lästig wird. Ich dehne mich wie ein Hund vor dem Herdloch. Zwei Nächte hab' ich hier gehockt und mich von dem Nordost anschnauben lassen. Spöttisch blinzelten die Sterne, und die Birken pfiffen höhnische Lieder.

Schließlich froren mir die Rippen im Leibe, und ich konnte die Zähne im Munde nicht mehr stillhalten. Aber ich hatte es vor mir planschen und plumpsen gehört, auch war mir einmal so, als vernähme ich einen zischenden Pfiff, und so paßte ich weiter, bis ich wie ein Windspiel zitterte und die Augen mir überliefen, so daß ich das schwarze Wasser weiß und das weiße Ufer schwarz sah, und ich hub mich von dannen, dumpfe Verwünschungen in meinen vergletscherten Bart murmelnd.

Jetzt gefällt es mir viel besser hier als heute nacht, wo es erbärmlich fußkalt war. Der Sonnenschein ist entschieden bekömmlicher als das Geglitzer der Sterne, und statt des nordöstlichen Windes weht gar keiner, und das ist der angenehmste von allen. Außerdem macht es viel mehr Vergnügen, vormittags um elf Uhr anzusitzen anstatt des Nachts um dieselbe Zeit, denn man bekommt allerlei zu sehen und zu hören und braucht sich nicht die Langeweile durch den dummen Gedanken zu vertreiben, daß man vernünftiger getan hätte, wäre man im Bette geblieben. So sitze ich denn ganz gemütlich auf dem Rucksacke, rauche die vorletzte Weihnachtszigarre und summe in meinem lieben Gemüte das alte, schöne Kleinbürgerlied: „Freund, ich bin zufrieden, geh' es, wie es will."

Es ist mehr als wahrscheinlich, daß der Otter nicht kommt, aber es ist auch nicht unmöglich, daß er in der Sonne fischt, denn heute nacht hat er nur zwei starke Barben gefangen. Sie liegen da auf der Sandbank. Er hat nur die Lebern gefressen und das trockene Fleisch den Krähen gelassen. Neun Stück stoben mit ärgerlichem Gekrächze von dannen, als ich über dem hohen Ufer auftauchte. Jetzt sitzen sie dahinten auf den Ellern, machen lange Hälse und geben mir dann und wann zu verstehen, daß es unhöflich von mir sei, sie von der Mahlzeit abzuhalten. Weil aber eine von ihnen mir im Sommer hier den starken Bock vergrämte, so nehme ich nicht die geringste Rücksicht auf das schwarze Gesindel.

Es ist heute schön hier, wirklich sehr schön. Das findet der Grünspecht auch, der dahinten jauchzt, als wäre es Mai, und die Elster ebenfalls, die dort in der Pappel in einem fort vor sich hin kichert, desgleichen der Zaunkönig, der hier auf dem alten Wurzelstock sitzt und singt, als hätte er Heiratsgelüste. Dann bebt auf einmal die Luft von dem Gezwitscher eines dahinbrausenden Zeisigschwarmes, gleich darauf ist sie erfüllt von den Locktönen der Goldfinken und jetzt überladen mit dem heiseren Gekrächze der Krähen, die aus Wut darüber, daß ich sie nicht an die Barben heranlasse, einen vollkommen harmlosen Mäusebussard auf den Schwung bringen. Eine Spechtmeise flötet in der alten Eiche, eine Kohlmeise pfeift aus der jungen Birke, eine Tannenmeise piept in dem Weidenbusch, eine Blaumeise zwitschert in der Eller, eine Haubenmeise trillert in der Fuhre, und etliche Schwanzmeisen schnurren über mich hinweg. Ich habe also Unterhaltung die schwere Menge, zumal dahinten in der Wiese drei Rehe herumtreten.

Nur ab und zu sehe ich nach dem Wasser, aber meist nach den Pappeln, die in der Sonne goldig strahlen, nach den Kopfweiden, die wie Feuerflammen aussehen, nach den Ellern und Eichen, deren Gezweige flimmert und glimmert, dem großen Stechpalmenbusche, der tausend silberne Lichter um sich wirft, und den schwarzen Fichten und Fuhren hinter den weißen Birken, vor denen sich als braunes, rotgekröntes Bollwerk die Porstbüsche hinziehen. Ein Eichelhäher kommt angeschwebt, tränkt sich, fortwährend scheu hinter sich blickend, und flattert wieder von dannen, eine Waldmaus schlüpft dicht vor meinen Füßen vorbei, und gleißend und glitzernd in unglaublichen Farben schießt der Eisvogel, schrill rufend, über die Wellen, die sein buntes Abbild einen Augenblick in der Erinnerung behalten und es gleich darauf, flüchtigen Sinnes, wie sie nun einmal sind, schon wieder vergessen haben.

Was hat denn die dunkelköpfige Weidenmeise, die drüben in dem Ellernsiebenling, der auf dem hohlen Ufer steht, zu schimpfen? Ich richte mein Glas dahin, gewahre aber weder ein Wiesel noch eine Maus in dem vergilbten Schilfe. Doch die Hauptsache ist, daß ich ihn habe, und so zerbreche ich mir den Kopf nicht über den Zusammenhang zwischen Anblick und Schuß, sondern würge meinen Otter in die Schnirre des Rucksackes, schlage diesen über den Rücken und mache mich darüber lustig, daß ich mir eben noch vorredete, mir liege den Kuckuck etwas daran, ob ich ihn kriege oder nicht.

Denn einen alten Otter schießt man nicht jeden Tag, und vorzüglich nicht mitten im hellichten Sonnenscheine.

Und so flöte ich im Abgehen leise vor mich hin: „Freund, ich bin zufrieden."

Auf dem Abendstrich

Viel zu früh gehe ich heute den Patt, der von der Försterei zur Forst führt, viel zu früh. Fünf Uhr ist es jetzt, und die Schnepfe streicht erst gegen sieben. Aber was soll ich in der Stadt solange mit der Ungeduld im Leibe? Darum fuhr ich so früh.

Hinter der Brücke ist eine stille Welt, in der will ich untertauchen. Ruhig ist es da und doch so lebendig. Im dunklen Fuhrengeäst singt die Tannenmeise ihr Liebesliedchen, vom höchsten Zweig der Eiche flötet die Zippe, im Himbeergestrüpp jubelt der Zaunkönig, und vom Tannenzweig schlägt der Fink.

Den Graben entlang gehe ich langsam und still mit frohen Augen. Frühlingszeichen und Frühlingswunder sind viel geschehen seit vorgestern. Der Grünspecht an den Weiden bei dem Forsthause verkündet lachend den Regen, und der Schwarzspecht tat es ihm nach aus der Buchenkrone.

Sie lachten dem Regen entgegen, dem Regen, der Blumen und Blätter bringt.

Blumen und Blätter hat er gebracht, der Regen von gestern. Im Algenschlamm des Grabens steckt das Vergißmeinnicht seine hellgrünen Blattrosen heraus, die Simse hat braune Blütenköpfchen geschoben, am Weidenbusch die Silberschäfchen sind golden geworden, und überall im braunen Nadelgewirr am Boden kommt junges Gras aus fahlen Bülten.

Hier aber, wo der Sand aufhört, wo das dunkle Knooprisch den Lehm anzeigt, wo Buchen und Eichen die Fuhren ablösen, da ist das größte Wunder geschehen. Da hat das Milzkraut den Rand des Baches mit hellem Gold überzogen, da nicken der Schlüsselblumen zartgelbe Kronen, verschämte Windröschen heben die Köpfe, und überall leuchten im nassen braunen Laub die blauen Leberblümchen.

Dem großen Lichtschlag gegenüber am Grabenrand lasse ich mich nieder auf dem Jagenstein. Die Hälfte einer Pfeife dauert es kaum, da klatscht und klappt es über den Buchenkronen. Der Tauber macht seiner Frau den Hof. Er schwebt wie ein Falke, steigt auf und ab, und dann klatscht er die bunten Flügel zusammen, daß es weithin knallt. Das gefällt der Täuberin, und verliebt folgt sie ihm in das Dunkel der Fichten.

Zwei fuchsrote Dinger fegen über den Boden, ein Eichkatzenpaar. Über Laub und Braken geht die Jagd, einen Buchenstamm hinauf, und jetzt, wo er die spröde Kleine fassen will, da lacht sie und springt hinab. Er ihr nach, und die Jagd geht weiter. Dicht vor mir sind beide jetzt. Seltsam zucken die buschigen Ruten, die schwarzen Augen blitzen, die Pinselöhrchen wippen. Einen Augenblick verschnaufen sie, dann geht die Balgerei weiter, dahin, wo die Fichten dämmern.

Ich will weiter. Da gellt ein Lachen durch die Stille, ein großer schwarzer Vogel saust daher, ein zweiter folgt ihm, und auf dessen Kopf leuchtet eine feuerrote Krone. Mit gellendem Lachen treibt der Schwarzspecht seine Liebste von einem altsilbernen Stamm zum anderen, und dann fahren beide dahin, wo das Taubenpaar blieb und die beiden Eichkatzen, in die dunklen Fichten. Im Dunkeln ist gut munkeln.

Ich habe mich erhoben und gehe das Quergestell hinab, der Grenze zu, lagnsam, ganz langsam, denn die blauen und gelben Blumen zur Seite, das Drossellied und der Finkensang, die Rehe auf der Blöße und das Bussardpaar über mir halten meine Augen fest und die Wasserspitzmäuse, die im Graben sich jagen. Es ist ein verliebtes Wetter heut', so lau, so warm, so mild.

Den Grenzgraben habe ich übersprungen und gewohnheitsmäßig die drei Patronen in die Läufe geschoben. Aber mordlustig ist mir gar nicht zumute. Ich stehe auf der altbekannten Lichtung im gelben Risch und roten Farnlaube und nicke den beiden Weidenbüschen zu, die über und über voll Gold sind.

Eine Stunde hab' ich fast noch Zeit. Über die Blöße gehe ich und tauche im Walde unter. Große Pümpe bilden schwarze Flecke im braunen Boden, und alles trieft von Feuchtigkeit. Darum wimmelt es auch hier von fremdem Drosselvolk, das Schnecken und Würmer sucht. Wie eine Wolke stiebt es empor und flüchtet sich in die Kronen, Schildamseln und Weinvögel, Schacker und Schnarrdrosseln; das Lärmen der Nordvögel übertönt Finkengesang und Meisenruf.

Unter einer alten, efeuberankten Eiche wächst um einen alten Stucken ein dichter Hülsenbusch. Das ist ein feiner Lauerposten. Da schmöke ich meine Piepe. Links von mir ist das Gestell mit den Gräben, darin murren die Grasfrösche zwischen den jungen Schossen der gelben Lilien. Rechts unter den Dornen ist alles voll von Blumen, blauen Leberblümchen, weißen Märzglöckchen, rosig angehauchten Windröschen, gelben Himmelsschlüsseln und goldenem Milzkraut. Das sehe ich mir stillvergnügt an und lasse mir dazu etwas vorsingen, bis die Sonne nicht mehr über den Kronen steht, bis sie durch die Äste scheint. Da schwingen sich die wandernden Drosseln in den Fichten bei mir zum Schlafen ein, und hundert Goldammern folgen ihnen. Bevor sie einschlafen, haben sie sich noch viel zu erzählen.

Jetzt aber wird es Zeit. Ich gehe auf dem nassen Fußweg zurück. Ein heiserer Schrei vom Abendhimmel wendet meine Augen nach oben; ein Reiher klaftert turmhoch dahin.

Ein Hase hoppelt über die Schneise, Spitzmäuse schrillen im Fallaub, große Motten fliegen.

Da ist meine Lichtung. Wie oft habe ich hier schon gestanden, an feuchtwarmen Abenden, wo mir der Schweiß unter dem Hut weg lief, an kalten, wo mir die Zähne klapperten. Jeden Baum kenne ich hier, jeden Busch. Dort, in der Birke, blieb die Schnepfe hängen, die ich einmal hier herabholte. Da, neben der Eiche, schoß ich eine vorbei, dort rechts verpaßte ich eine.

Es dämmert stärker. Rechts, über dem Eichenort, ist im hellblaugrauen Himmel ein Silberpunkt. Das ist der Schnepfenstern. Aber er muß erst golden sein, ehe ich aufpassen will, denn eher streicht die Schnepfe nicht.

Vom Bruche ertönen Trompeten, Hörner und Fanfaren; Kraniche haben dort Rast gemacht auf ihrer Nordlandfahrt. Und hinter mir im Königlichen erhebt sich ein Knappen, Heulen und Höllenlachen, daß mir das Herz vor Freude hopst. Das ist der Kauz, und es ist sein Liebeslied. Die Birkenbüsche vor mir sind zu einer großen veilchenblauen Mauer zusammengeschmolzen; die Fuhren zur Linken sehen aus wie schwarze Wetterwolken. Die Ulenflucht tilgt mit breitem Pinsel alle Kleinheiten aus und läßt nur den großen, tiefen Eindruck übrig.

Der Schnepfenstern ist größer geworden und hat sein Silberlicht in Gold umgetauscht. Jetzt könnte sie kommen. Schon ist sie da. Das Gewehr fliegt an die Backe, der Drückefinger sucht den Abzug und wird wieder gerade; das ist ja die Eule, die dahinschwebt. Aber Zeit wär's. Die Amseln gehen schimpfend zu Bett, die letzte Drossel hat aufgehört. Aufmerksam gehen meine Augen hin und her.

Gleich ist es sieben Uhr. Bald ist der Strich aus. Da, ich fahre zusammen! Irgendwo ein schrilles Pfeifen, scharf, dünn, durchdringend. Aber wo? Links, rechts, vor mir, hinter mir? Mein Kopf fliegt hin und her. Da ist sie, vor mir, rechts. Das Gewehr fliegt hoch und fällt wieder zurück. Viel zu weit. Über den Eichenort strich sie, fiel sechs Fuß und strich über die Jungbirken weiter.

Ein helles Meckern kommt vom Bruch, ein scharfer Lockton dann. Die Bekassine. Es ist Zeit, daß ich gehe. Wenn die Kleine sich meldet, hat die Große ausgestrichen. Bommm! Ein Schuß, weit, irgendwo. Ich will doch noch bleiben. Und noch ein Schuß, näher. Ein Schwirren ist hinter mir, über mir, vor mir, aber das rührt mich nicht. Ein Entenpaar ist es.

Es ist schon sehr dunkel. Ich sehe keine Einzelheiten mehr auf zehn Schritt, alles sind große graugelbe, schwarze, braune Massen. Nur mein Goldweidenbusch allein ist darin wie eine helle Flamme. Kommen wird mir ja nichts mehr, aber es ist so schön heute, und ob ich um neun oder zehn in der Stadt bin, das ist gleich. Mit den Augen liebkose ich die tiefen, weichen Töne vor mir.

Da wird mir mit einem Male heiß und kalt. Es war ein Ton in der Luft, ein unheimlicher, und ich weiß nicht, ist es fern oder nah. Es könnte hier sein, vor mir, oder da, hundert Gänge hinter mir, das dumpfe, gespenstige, bauchrednerische Moark, moark, moark.

Mein Kopf geht nach allen vier Winden, hier nichts, da nichts, und da nichts, und da erst recht nichts. Aber jetzt ist es über mir, ich sehe das schwarze Ding mit den langsam rudernden Flügeln, und davor, wie einen dicken Strich, den Stecher, und dahin dreht sich die Mündung meines Drillings.

Ein Feuerstrahl, lang und rotgelb, und eine ungesprochene Verwünschung; beim Abdrücken schwenkte sie, und der Schuß ging daneben. Aber das schwarze Ding zieht die Laufmündung nach rechts und gibt mir eine halbe Wendung, und im zweiten gelbroten Strahl sehe ich nicht zwei Flügel mehr, nein, vier, ein schwarzes Kreuz, das sich in

der Luft dreht und jäh zur Erde fällt, daß das dürre Farnlaub rasselt.

Ich stehe ganz still. Da, dreißig Schritt vor mir, knistert es. Ich gehe hin und nehme sie auf. Sie ist schlaff und tot. Ich bin jetzt gar nicht mehr so froh, daß ich sie habe, und mir ist, als wenn die Kraniche, die, von meinen Schüssen aus dem Schlaf gejagt, im Bruch schreien und lärmen, wilde Klage erheben über den, der des seltsamen Vogels Liebesflug mit Kraut und Lot abschnitt. Und ich stecke mir auch nicht nach alter Sitte einen kleinen Bruch mit goldenen Weidenschäfchen an den Hut.

Schnell gehe ich durch den dunklen Wald, fast bange, und ich habe mich doch schon als Kind nicht im Dunkeln gebangt. Erst als bei der Brücke mich schnelle, goldene Lichter und laute Stimmen einholen, als Hundenasen an mir herumschnuppern, die beiden Jäger von ihren Rädern springen und mir Glück wünschen, da fühle ich mich wieder etwas.

Wie mir aber bei der Heimfahrt der Abend in der Erinnerung zurückkommt, da ist mir doch wieder so, als hätte mir der rohe Schlußreim den Zauber dieses Tages verdorben.

Moorfrühling

Es dauert immer lange, ehe das Moor sich aus dem Winterschlafe aufrafft; es scheint fast, als könne es die Eiszeit nicht vergessen, in der es entstand.

Wenn in den Gärten der erste Flor vorüber ist und der Waldboden schon bunt von Blumen ist, dann besinnt sich auch das Moor darauf, daß es Frühling geworden ist.

Die Wasserhirse bedeckt die Gräben mit hellgrünen Blättern; aus den Wollgrasbülten schieben sich graugelbe Schäfchen, die Kriechweiden verwandeln ihre silbernen Knospen in goldene Blüten, und an den Abstichen entfaltet die Rosmarinheide eine rosenrote Perle neben der anderen.

Bisher verstärkte der Wiesenpieper dünner Lockton das Schweigen des Moores mehr, als daß er es durchbrach; jetzt meckern die Himmelsziegen, die Brachvögel flöten, die Kraniche trompeten, Weihen und Sumpfeulen schlagen die Kastagnetten, und allmorgendlich rühren die Birkhähne die Trommeln, daß es ringsumher hallt und schallt. Das Moor wacht auf.

Neulich waren die Nächte noch zu eisig für die Balzjagd. So verhörte ich nur die Hähne, pirschte mich an drei Morgen an drei, die einzeln balzten, heran und bekam auch am dritten Morgen einen, flickte die Schirme vom Vorjahre um die Balzplätze aus, baute einige neue und vertrieb mir die Zeit sonstwie. Nun aber haben wir südlichen Wind, und es ist im Schirm schon auszuhalten. So milde ist es, daß ich am liebsten den dicken Mantel in der Köte ließe. Aber vor der Sonne wird eine eisige Luft hergehen, und das Moor ist naß und kalt. So muß ich ihn denn schleppen.

Es ist noch schwarze Nacht. Vom Ellernbruche her ertönt das dumpfe Brummen der Rohrdommel, aus dem Kiefernort kommt das Unken der Ohreule, in den Gräben murren die Moorfrösche, und von den nassen Wiesen erschallt das Geschnatter der Enten. Die Himmelsziegen sind erwacht und locken und meckern immer mehr. Ein Kiebitz ruft und fuchtelt an mir vorüber. Die Ralle pfeift schrill, weich und rund flötet der Brachvogel und endet mit klagendem Triller. Ich muß schneller ausschreiten; sonst komme ich zu spät.

Alle Augenblicke vernehme ich das Sausen vorbeistreichender Birkhähne, und im Moore bläst schon der erste. Es wird bald Tag werden.

Aber ich komme doch noch rechtzeitig in den Schirm. Und der Tag läßt noch eine Weile auf sich warten. Die laue Luft ist schuld daran, daß das Moor so früh lebendig geworden ist. Doch ein kühler Luftzug, der durch die dichten Wacholderzweige, die mich verdecken, fährt und in dem Heidkraute ruschelt, weist darauf hin, daß es so nicht bleiben wird. Doch das ist mir gerade recht; wenn unter dem Vormorgenwind das Moor Reif ansetzt, das gibt einen schönen Balzmorgen. Und der heutige wird so; alle Augenblicke saust und plumpst es, und hinterher geht ein Blasen und Kollern los, daß es eine wahre Lust ist. Wohl ein Dutzend Hähne sind eingefallen, seitdem ich in den Schirm kroch, und immer mehr stehen mir zu.

Ich drusele vor mich hin und denke an alles und nichts. Vorgestern habe ich das Tanzfest im Kruge mitgemacht. Es war sehr lustig. Der beste Tänzer, der hübscheste Jungkerl im Dorfe, der den Kontrahinterum am schneidigsten tanzte, hat sich gestern totgefahren; die Gäule gingen ihm durch. So ist das Leben. Das tanzt und lacht und singt und trinkt, und hinter ihnen lauert einer und sucht sich einen von ihnen aus, gerade wie ich hier sitze und auf einen von den Hähnen passe. Und wer weiß, ob nicht hinter mir einer in seinem Schirme sitzt, die Waffe auf den Knien, mit der er mich zu fällen gedenkt. Der Gedanke stört mich wenig. Einmal kommt es dazu ja doch; ob das nun heute ist oder morgen, das ist gleichgültig. Ich weiß, daß es so kommen wird, bin immer darauf gefaßt und bereite mich darum nie darauf vor. Das mögen die tun, die aus dem Verneinen des Lebens einen Beruf machen, die Mönche. Ich aber sage zu ihm: Ja!

Ich muß lachen. Dicht vor mir sagt es laut und deutlich: „Ja!" Und dahinter: „Jajajaja!" Eine alte Birkhenne verulkt meine halblauten Gedanken. Doch ein alter Hahn zischt ihr ein barsches „Pscht" zu; das Weib schweige in der Gemeinde der Hähne! Aber die alte Hennenrechtlerin kümmert sich wenig um den Einspruch; fortwährend erschallt ihr Gegacker. Das macht den Hahn wild, und er bullert ganz gefährlich los. Immer giftiger keift die Alte, immer lauter poltert der Hahn; es paßt ihm durchaus nicht, daß die ehemalige Liebste und Gattin ihn hier bei den Junghennen erwischt hat und ihn an seine gesetzlichen Verpflichtungen erinnert. Er fühlt polygam; sie nicht. So sagt sie wenigstens, obgleich sie es früher, als ihre Stoßfedern sich noch nicht zu krümmen begannen, es nicht so genau nahm, und je mehr Hähne um sie balzten, desto lieber war es ihr.

Öfter trompeten hinten im Moore die Kraniche, häufiger flötet der Brachvogel, lauter quieken die Kiebitze, und die Luft ist erfüllt von dem Gemecker der Himmelsziegen. Fortwährend klingeln Enten vorüber, und die erste Drossel pfeift. Es wird Tag; gegen Morgen hellt sich der Himmel auf. Wilder blasen und kollern die Hähne. Ihre Stimmen mischen sich durcheinander, so daß keine sich hervorhebt. Ab und zu gackern die Junghennen zärtlich Beifall, und jedesmal keift dann die Alte dazwischen, doch nicht mehr so anhaltend wie vorhin; es hilft ja doch nichts. Es ist eine merkwürdige Sache, die Hahnenbalz; hundertmal war ich schon dabei und bin immer noch nicht klug daraus geworden. Ursprünglich war sie wohl eine Veranstaltung, damit die stärksten Hähne in den Besitz der Hennen kommen; heute scheint das nicht mehr der Fall zu sein, sondern die Balz ähnelt den Bällen der guten Gesellschaft.

Die Sonne macht den Versuch, aus dem Schlafe zu kommen. Es wird fußkalt, und das Heidkraut starrt vor Reif. Ich zähle die Hähne. Dreizehn sehe ich, fünf höre ich; mithin sind anderthalb Dutzend versammelt. Dschtdschtdscht buff; da ist noch einer angekommen, und nun fällt der zwanzigste ein. Das ist ein Hauptschwerenöter. Ohne Vorrede bemächtigt er sich einer Henne, und noch einer. Aber jetzt, da er es mit einer dritten ebenso machen will, erregt sein Benehmen Anstoß; ein alter Hahn rückt ihm entrüstet entgegen, und ein Gekratze und Gebeiße geht los, daß die Federn fliegen. „Gickgack, gickgack", machen die Hennen; es freut sie, daß es ihretwegen zu einer Keilerei gekommen ist. Das erhöht ihr Selbstgefühl bedeutend. Doch mit einem Male lassen die Hähne voneinander ab, der Alte pflückt einige Blätter und tut so, als ginge ihn der andere nichts an, und dieser widmet sich wieder mit

Erfolg einer Henne. Den schieße ich auf keinen Fall; der muß sich vererben. Der Alte aber soll daran glauben. Neidhammel, Rauhbein und Kneifer dabei, das gefällt mir nicht.

Ich schiebe den Drillingslauf durch die Schießlücke und drücke. Da liegt er! Die nächsten Hähne poltern davon, die anderen machen lange Hälse; zwei aber balzen weiter. Das rauchlose Pulver knallt nicht laut. Der verendende Hahn schlägt noch einmal mit den Flügeln. Sofort stürzt sich ein anderer auf ihn und bearbeitet ihn mit dem Schnabel. Das kann ich nicht leiden! So! Nun hast du auch dein Teil. Wieder stieben einige Hähne ab, doch es balzen immer noch sechs Stück, und da aller guten Dinge drei sein sollen, so werde ich mir noch einen langen. Ich lade sehr vorsichtig und spähe gerade nach einem alten Hahn, der sich langsam heranbalzt, da verdunkelt sich mein Lugloch, und ehe ich noch recht weiß, was los ist, donnern alle Hähne samt den Hennen ab. Schnell springe ich auf und sehe noch eben, wie der Habicht, einen wild um sich fuchtelnden Hahn in den Griffen, hinter den Birkenbüschen verschwindet, mühsam flatternd. Ich reiße den halben Schirm auf und laufe, was ich kann, hinter dem Strauchdieb her, aber er ist schon jenseits des Kanals, und der ist gestrichen voll Wasser.

Na, dann kann ich ja zur Jagdbude gehen. Den Mantel hinter dem Rucksack, daran die beiden Hähne, bummele ich los. Die Sonne taut den Reif von dem Heidkraut und wärmt mir den Rücken tüchtig durch. Die Kraniche trompeten, der Brachvogel trillert, die Täuber knurren, der Grünspecht wiehert, und in allen Büschen und Hölzern singt und klingt es.

Der Frühling kam in das Moor.

Heidfrühling

Es sang ein Vogel über der Heide: didudl, didudl, dudl, dudl, aber sie rührte sich nicht. Jeden Abend und jeden Morgen sang die Dullerche auf die braune Heide hinab, aber sie hörte es nicht. Lange schon war der Frühling mit weißen und blauen, gelben und roten Blumen im Süden der Stadt Hannover eingezogen, hatte den Waldboden im Kalk- und Lehmlande bunt gestickt, goldene Schäfchen an die Weiden gehängt und viele Vögel mitgebracht, die bei Tagesanbruch und Sonnensinke trillerten und schmetterten, pfiffen und flöteten, aber noch immer lag die Heide im Norden von Hannover still und stumm da, zeigte keine Blüte, kein grünes Spitzchen, sosehr die Sonne auch lockte. Vergebens klagte die Dullerche; düdliü, düdliü, vergebens pfiff der schmucklose Pieper sein ängstliches piet, piet, die Heide schlief und schlief. Da flogen beide ins Moor. In der langen Heide saß da ein stolzer Vogel; blau schimmerte sein Hals, feuerrot leuchtete es über jedem Auge, schwarz waren die Schwingen und der leierförmige Stoß. Diesen riefen Pieper und Lerche zu Hilfe, die Heide zu wecken, und er versprach es ihnen.

Am andern Morgen, als die Sonne noch dahinten hinter den schwarzen Fuhrenwäldern schlief, in denen die Ohreule klagend heulte, strich der stolze Vogel über Moor und Heide mit schnellem Fittichschlage, daß es sauste und sang. Dsst, dsst, dsst, dsst klang es durch den schwarzen Frühmorgen, daß die kleine Lerche in der kurzen Heide jäh aus dem Schlafe fuhr. Sie reckte die Holle und lauschte, aber sie vernahm nichts als das Rispeln des Frühwindes in den Krüppelfuhren, als das Rieseln des Sandes unter den Tritten der Rehe, die über die Düne stiegen, als das Gejammer der Ohreule dahinten im Forste.

Der stolze Vogel war weitergeflogen, über Heide und

Moor, Moor und Heide, bis auf die blanke Heide an der Feldmark. Buff, sagte es, als er dort einfiel. Zuerst saß er ganz still, doch nach einer langen Pause machte er den Hals lang, legte den Kopf nach hinten hinüber, klappte mit den Schwingen und öffnete den krummen Schnabel. Tschju-huit, so klang es zischend, fauchend in die schwarze Stille hinaus, einmal, zweimal, dreimal: dann verschwieg der nächtliche Rufer wieder und lauschte. Aber keine Antwort klang zu ihm heran. Stumm saß er wieder eine Weile da, und dann begann er wieder zu blasen; tschju-huit, tschju-huit, kutsch-huit, tschju-huhuhuhu; aber wieder antwortete ihm nur schwarzes Schweigen.

Im Osten wurde es ein ganz wenig licht über den schwarzen Fuhren. Die Helligkeit zog langsam höher, vermischte sich mit der Nacht zu grauer Dämmerung, in der die Wacholder herumstanden wie unheimliche Gespenster. Da bekam der einsame Vogel Mut. Er sträubte die blauschillernden Halsfedern, reckte seinen Hals lang über die kurze Heide, breitete die schwarzweißen Schwingen aus, fächerte das krumme Spiel und sang sein zweites Lied: u-u-u, u-u-u, u-u-uuu, uuu, uuu, und noch einmal, und noch einmal, fügte als Refrain sein tschju-huit dazu, lauter wurde der Gesang, lebhafter sein Trippeln, jede Feder zitterte vor Erregung, immer bunter ging das Blasen und Rodeln durcheinander, und wie die Sonne mit rot wehendem, goldgekantetem Seidentuche winkend ihr Kommen anzeigte, da machte der Sänger einen hohen Sprung und zischte vor taumelnder Lust.

Alle Heidlerchen hatte er geweckt, die in der Heide schliefen, und lustig dudelten sie aus grauen Wolken ihre Lieder, fröhlich pfiff der Pieper im Moore, über die nassen Wiesen taumelte der Kiebitz mit dumpfem Schwingenton und gellendem Juchzer, und fröhlich meckerten im Risch die Bekassinen. Und dann erscholl ein Flöten und Pfeifen, so wohllautend, so rund, so voll; hoch oben aus der Luft kam es her, wo die großen Brachvögel ihre herrlichen Kreise zogen, und in den Fuhren läuteten die Meisen, flöteten Singdrossel und Schacker, daß endlich, endlich die Heide erwachte.

Aus den fahlen Wollgrasbülten schob sie silbergraue, gelbgepuderte Kätzchen, aus dem braunen Moorrasen zarte Grasspitzchen, an den Wiesengräben kamen gelbe Kuhblumen zum Vorschein, an den Weidenbüschen verwandelte sich der Schäfchen kaltes Silber in warmes Gold, hier und da zeigte sich an den Birken ein winziges, gelbgrünes Blättchen, und die Blütenknospen der duftenden Postbüsche färbten sich braunrot. Und jeden Morgen vor Sonnenaufgang sprang der schwarz-weiß-rote Vogel auf der blanken Heide umher und blies und jodelte, und von weit und breit aus Moor und Heide antwortete es ihm ebenso, und wenn die Sonne wie ein Feuerball über den Fuhrenwald kletterte, dann kam ein Singen und Klingen aus der Heide, daß man es weit, weit hörte.

Es klang bis zu uns in die Stadt hinein, in die Stadt, in deren Vorgärten die Krokusblüten schon todmüde umgefallen waren und die Hyazinthen ihre steife Pracht entfalteten, in die Stadt, von deren Lauben die Amseln flöteten und in deren Bäumen die Stare pfiffen; und wenn zwei Jäger sich trafen, dann lachten sie sich fröhlich an und sagten: „Sie balzen schon! Gut natürlich noch nicht, noch nicht fest und platzbeständig, aber doch schon genug, hinauszufahren, wenn die Nächte auch noch so eisig und die Moore auch noch so naß sind."

Eigentlich sollte man warten, bis es warm ist, bis man im Schirm nicht mehr zusammenfriert, eigentlich ... Aber wer kann da warten! Und so geht es denn hinaus, trotz-

dem man weiß, daß man viel zu früh kommt. Zwei prächtige Füchse vor dem Wagen, Mundvorrat und Munition, Mäntel und Gewehre im Wagenkasten, dem schneidenden Nordostwind entgegen. Heiß ist die Sonne, kalt ist der Wind, aber grün ist die Saat, die Krähen necken sich im Fluge, in allen Pappeln pfeifen die Stare, in allen Chausseebäumen singt Ammer und Fink. Mit mißvergnügtem Gesichte empfängt uns der Heidjer: „Sei holt seck den Dod! Dat is noch veel to kolt up de Nacht. Sei ward ungesund bi datt Sitten in'n Schirm; dat is so'n ohlen Barkhahn nich wert. Sei möt noch toiben, bet dat gaueres Wetter west." — „Ach was, Unsinn, Schorse, nun sind wir einmal hier. Steck dir mal eine Zigarre ins Gesicht, und denn los, ins Moor! Süh, da ist ja ok oll Vadder! Na, Vadder Gödecke, wo geiht Jück dat noch? Immer gau?" — Der Alte ist blind, aber immer frohen Mutes, immer noch der alte Cambridgedragoner, ein biderber Mann von einfachen Sitten und voll gesunder Bauernweisheit. Ich höre ihm lieber zu als allen Professoren der Welt, diesem rassigen, reinblütigen Langobarden mit dem guten Charakterkopfe. Heute hat er eine Überraschung für mich. Er holt aus dem Schranke einen Wachtmeister, ein altes Schnapsglas mit fingerdicken Wänden und einer Luftperle im Fuß. „So, datt sollt Sei hebben, dat is noch von min Großvadder, de hat da all ute drunken!" Das ist sein Dank für die Bücher, die ich ihm im Herbste mitbrachte und aus denen seine Jungen, Karl und Schorse, an den langen Winterabenden vorlasen. Einen guten Tropfen habe ich in der großen Aluminium-Militärflasche mitgebracht; der soll in dem Glase probiert werden. „Prost, Vatter, wer achtzig is, kann ok hunnert olt wer'n!"

Nun ist's aber Zeit, Balzplätze zu suchen. Quatschnaß ist es im Moore, selbst auf der Höhe. Bis an die Knie geht es hinein in den braunen Schlick. Aber doch wunderschön! Die Sonne brennt, der Wind ist weg, die Dullerchen singen, junges Gras sprießt in den Gräben. Und hier, bei den Torfstichen, hat ein Hahn gebalzt, überall liegt seine Losung. Am Ende ist es der Tanzmeister vom vorigen Jahre, auf den ich fünf Nächte ansaß. Was hat er mich gefoppt! Saß ich hier unten im Schirm, dann balzte er auf der blanken Heide am Roggenstück; machte ich mir dort den Schirm, dann balzte er am Torfstich. Es war zum Verrücktwerden. Den letzten Tag werde ich nicht vergessen. Es wehte ein ganz niederträchtiger Nordost, der mir durch Mantel, Joppe, Jagdweste und Wollhemd pustete. Die Beine starben mir unter den Knien ab, das Herz fror mir im Leibe. Solange es dunkel war, balzte mir der Hahn vor der Nase herum, aber als es heller wurde, ritt er ab und balzte außer Schußweite. Als ich aus dem Schirm kroch, konnte ich kaum gehen, so steif war ich. Zum Glück trug ich nur einen fürchterlichen Schnupfen mit fort, doch nach acht Tagen war ich wieder draußen. Aber der Hahn war platzflüchtig geworden. Dieses Jahr muß er aber mein werden. Dort, wo die runde Krüppelfuhre steht, dort will ich meinen Schirm bauen. Schorse gräbt ein bequemes Loch, füttert es mit Zweigspitzen aus, mit der kurzen Wehr haue ich Fuhrenbüsche ab, pflanze sie in den Boden — so, nun muß es morgen doch glücken. Schnell noch oben am Roggen einen Schirm gemacht, einen anderen an der kalten Wiese, und nun ist's wohl Abendbrotzeit.

Der Abend bringt klaren Mond. Um drei Uhr, als wir aufstehen, ist es taghell, aber bitterkalt. Es hat tüchtig gereift. Heide und Moor sind silberweiß, die Wegpfützen knistern unter den Sohlen, und das gefrorene Moor trägt. Feenhaft sieht es im Moore aus. Die Birken und Fuhren blinken im Mondlicht, als wären sie aus Silber gemacht. Kein Lüftchen rührt sich. Im Schirme mache ich es mir gemütlich, ziehe den Lodenmantel an und packe den Rucksack aus. Essen ist das beste Mittel gegen Kälte. Das dunkle Landbrot schmeckt prächtig, der Kaffee in der filzumhüllten Flasche ist noch warm, die kalte Schweinerippe so recht nach meinem Geschmack — dabei kann man es wohl aushalten. Und nun das Pfeifchen, der beste Zeitvertreiber. Mit jedem blauen Kringel verfliegt eine langweilige Minute. Aber nein, doch nicht langweilig. Meckern nicht die Bekassinen, dudeln die Heidlerchen nicht? Und da ist ja auch schon der Kiebitz, der Possenreißer des Moores. Wutt, wutt, wuttwuttwutt, klingt sein Flügelschlag über mich hin, und jetzt gellt er sein ouiwit, ouiwit durch die Stille. Und da ist ja auch der Hahn. Dsst, dsst, dsst, dsst saust er an mir vorbei — buff, da ist er eingefallen. Aber wo? Der Mond hat sich hinter Wolken verkrochen. Wahrhaftig, er ist es, mein Tanzmeister vom vorigen Frühjahr. Kaum ist er eingefallen, da geht das Getanze schon los. Tschtschscht, ein langgezogenes Zischen, wie von einer Rakete, heftiges Flügelschlagen beim Hochspringen, ein paar Kollerlaute, dann wieder das Gezische und Getanze. Er ist es, aber weit unten scheint er zu sein.

Es wird schon heller. Ich sehe mir fast die Augen aus. Ist er das da unten, oder ist's ein Binsenbusch? Ja, ein Binsenbusch, das zeigt mir deutlich das Glas. Überall sind Hähne laut. Hinter mir in der Saat, unten in der Wiese, weiter im Moore. Wie herrlich ist dieses Konzert! Wie oft habe ich es schon gehört, nie langweilte es mich. Mein Hahn hat lange verschwiegen. Jetzt tanzt und singt er wieder. Es war doch kein Binsenbusch, es ist mein Hahn. Er dreht sich, trippelt hin und her, schon kann ich das Spiel fast erkennen, jetzt springt er mannshoch in die Höhe, domm! brüllt ein Schuß hohl durch das Moor, mein Weidgesell ist es, der auf dem Küstendamm seinen Schirm hat.

Nun ist es schon halb fünf Uhr. Beinahe werde ich ungeduldig. Mein Hahn ist fort. Wahrscheinlich macht er den Hennen den Hof, die da links von mir in den Postbüschen gackern. Aber was ist das da? Da ist ja der starke Bock, auf den wir so viel gepirscht haben! Auf dreißig Schritte zieht er breit an mir vorbei. Und er hat sogar schon etwas gefegt. Im Mai, wenn die Schonzeit vorbei ist, dann ist der Racker natürlich wieder so heimlich, daß man sich die Beine nach ihm ablaufen kann. Vertraut zieht er ins Moor. Ihm nach hoppelt ein Hase, dann noch einer. Ich drehe mich im Schirm um, ob ich nicht im Rücken meinen Hahn habe. Was ist das Rote da? Wohl ein trockener Wacholderbusch. Aber wupps, ist es weg in die lange Heide, die weiße Blume höhnisch schwenkend. Reineke war es. Schade, daß ich über dem Winde saß, dem Rotrock hätte ich zu gern eins aufgefunkt! Gestern fand ich erst eine gerissene Ente und den Rest eines Hasen.

Nun ist es aber Zeit, daß mein Hahn wiederkommt! Noch ein Geduldspfeifchen, oder soll ich ein bißchen herumpürschen, ob ich einen streichenden Hahn erwische? Bis sechs Uhr will ich lieber sitzen bleiben, denn in den Postbüschen locken die Hennen, und wo die sind, da ist der Hahn nicht weit. Dsst dsst dsst — buff. Da ist er auch schon. Na, das ist wirklich reizend! Der eine Fuhrenzweig ist umgefallen, als ich mich umdrehte, ich habe vorn keine Deckung, und nun steht mir der Hahn zehn Schritt vor der Nase. Und dabei habe ich mein Gewehr dort unten am Boden liegen. Ich könnte mich ohrfeigen! Zehn Schritt — du bist mir nah und doch so fern. Er balzt mir gerade ins Gesicht. Ich sehe ihn so deutlich, als säße er ausgestopft auf meinem Schreibtische. Und was für ein kapitaler alter Bengel! Kein braunes Federchen im Rücken, alles blau und schwarz, und Rosen hat er über den Augen, die leuchten wie Kohlen! Und ein Spiel, ein Spiel, nein, solch ein Spiel habe ich noch nie gesehen! Wie wär's, wenn ich jetzt, wo er mir das Spiel zukehrt, schnell das Gewehr griffe und drückte? Leise, langsam lasse ich den Arm herniedergleiten, mein Herz klopft hörbar dabei. Natürlich, da bricht er im Balzen ab und äugt mich an. Ich rühre keinen Muskel, zucke mit keiner Wimper, obgleich mir der Kopf vor Aufregung juckt und die Hände mir zittern. Ach, und jetzt möchte ich tief aufseufzen, wenn ich dürfte, dann balzt er weiter. Jetzt macht er seinen berühmten Sprung, fünf Fuß hoch, noch einen, und noch einen, und nun ist er links von mir, an der Seite, wo ich Deckung habe. Jetzt muß ich ihn kriegen. Ich lasse mich ganz leise auf die Knie nieder, nehme das Gewehr hoch, spanne lautlos und spähe nach dem Hahne. Da dreht er sich vier Schritt vor dem Schirme. Aber lieber will ich ihn gar nicht haben als ihn zu Mus schießen. Er tanzt und rodelt, daß es eine Lust ist, bei jedem Sprung sich entfernend. Nun kann ich ihn nicht sehen, die Heidebüsche verdecken ihn. Aber jetzt ist er wieder da. Die Minne lockt ihn nach den Postbüschen. Hochaufgerichtet, kampfes- und minnelüstern, Flügel und Spiel halb ausgebreitet, trippelt er über die kurze Heide. Und jetzt habe ich angebackt, ein Druck, und er läge im Dampfe. Aber da kommt es mir plötzlich so feige vor, ihn von hinten totzuschießen, ihm sein herrliches Spiel zu zerraufen mit den groben Schroten. An der rechten Backe das Gewehr, im Munde die Pfeife, sollte es mir so wohl gelingen, ihn regelrecht zu reizen? Zwischen den Zähnen lasse ich die Pfeifenspitze in die linke Mundecke wandern, feuchte die Lippen mit der Zunge an und blase: kut-tschuit. Sofort hält der Hahn inne, macht einen langen Hals und wendet mir die linke Seite zu. Da donnert der Schuß, ich stehe im Dampfe, sehe den Hahn nicht, aber Flügelschlagen verrät mir, daß er liegt. Gackernd streichen die Hennen aus den Postbüschen ab, wie ich heraustrete. Da liegt er regungslos in seiner ganzen Pracht, das stolze Spiel weit ausgebreitet, ein Spiel, wie ich es noch nie sah, mein Hahn, mein Tanzmeister, dem ich sechs Nächte geopfert habe. Und jetzt tut es mir leid, daß er daliegt, denn nun kann ich ihn ja nicht mehr erlegen .

Junghahnenbalz

Vor Tau und Tag durch Heide und Moor, vor Lerchenlocken und Pieperruf hinaus in grauschwarze Dämmerung beim letzten Eulenschrei, bei des Nachtwindes herbstlichfrostigem Sausen. Kein Bauer, kein Knecht, keine Magd wach im Heidedorfe, kein Hund laut, nur eine Katze sichtbar, schattenhaft über die Dorfstraße huschend, und die Schleiereule, lautlos in der Giebelluke verschwindend. Warm war es heute nacht, zu warm fast für Jagdweste und dicke Lodenjoppe, Manchesterhosen und Entenstiefel. Und es wollte gar nicht Tag werden. Die Nacht klebte auf Heide und Moor, Geest und Feldmark, Forst und Busch — bis langsam der Herbsttag Ruck um Ruck das schwarze Tuch vom Gelände riß, den düsteren Teppich von mir an zum Himmelsrande aufrollend.

Erst wurde der grasbewachsene Koppelweg vor mir sichtbar, dann dahinter drei schwarze Klumpen als Fuhrenkusseln erkennbar, Hederich, Lupinen, frische Falgen, grüne Saaten, Dünen, Fuhrenbüsche, düstere Wacholderhagen, lichte Sandwege, ein braunes Meer, das Moor, Heidhügel, dunkelblaue Waldwände, überragt von dem Skelett des Militärturmes.

Über mir die erste lockende Heidlerche, dann in der Dickung der Amsel keifende Stimme, des Rotkehlchens schelmischer Frühgruß, des Holzschreiers dicktuerisches Vielgeschrei um nichts, der Goldammer bescheidener Laut, zittriges, dünnes Goldhähnchengepiepe, des Buchfinks selbstbewußter, herrischer Ruf, der Krähe rauher Ton.

Der Nachtwind verstummte, er wich dem Tag. Regungslos standen Baum und Busch, und auch das weißblonde, flachsige Gras stand unbeugsam straff. Feierliche Bewegungslosigkeit in der Natur, verstärkt durch schwarze, fliegende Flecke in der Luft und graue Schatten auf den

Feldern, Krähe und Drossel fliegen hungrig zu Feld, Hasen rücken satt zu Holz. Zur Rechten zerreißt die Wolke, goldig bricht es hindurch, goldglühend die Wolke säumend. Grünlich färbt sich darüber der Himmel, bis ein feuriger Ball die Wolken zerschmilzt, daß sie lodernd aufbrennen.

Aus der Glut fließt Kälte. Ein eisiger Wind durchschauert die Bäume, rüttelt die Büsche, streicht mit kalter Hand über das flachsblonde Gras. Ein Frösteln kriecht mir über Rückenstrang und Schenkel. Ein Viertelstündchen, dann stirbt der pfeifende Frühwind, und warm und wonnig liebkost die Sonne mein Gesicht, steckt helle Lichter im dunklen Fuhrenwald an und fälscht des weißblonden Grases müde Flachsfarbe zu stolzem Goldblond.

Matt ist aber die Morgensonne im Herbst, sie wärmt nur scheinbar meine steifen Glieder, die, an des hohen Wacholders federnde Zweige gedrückt, zwei Stunden verharrten in lauernder Regungslosigkeit.

Ja, wenn er gekommen wäre, schußgerecht gekommen, der kohlschwarze Bock, dem meine Träume galten im unruhigen Schlaf, mein Denken im Wachen — dann jagte wohl heißer das Blut durch die Schlagadern, kribbelte Hitze auf Gesicht und Brust — aber drei schwarze Schatten sah ich in dicker Dämmerung zu Holze ziehen, scheinbar gleich an Stärke, mit verwaschenen Umrissen. Das Korn der Büchse irrte von einem zum andern, spähend nach weißen Ecken zwischen drei Paaren hochgereckter Lauscher, das scharfe Glas sprang den vor Anstrengung tränenden Augen bei, und das Glas fiel hernieder an der rauhen Joppe, der Lauf sank hinab, jedes Stück konnte der Bock sein oder die Ricke, und erleichtert atmete ich auf, als schwarzstarrende Dickung die drei verschlang. Wer kann dem Finger am Drücker trauen! Maserkopf, alter Tröster, lasse in Blauwolken den Ärger zerflattern! Und liegt der schwarze Bock auch nicht zu meinen Füßen, mißt meine Hand auch nicht seines Gehörnes Höhe, laben meine Augen sich auch nicht an der Perlung, nicht reut mich der kurze Schlaf, der weite Weg, taunasser Stand und schneidende Frühkälte. Keine Stunde schätze ich verloren, die mir in Heide und Moor entschwand.

Im Sinnen schreckt süß ein lieber Laut mich hoch. Vom Moore klingt das Rodeln eines jungen Birkhahnes, den sein kurzes, krummes Spiel eitel machte, dem die Morgensonne allerlei frühreife knabenhafte Liebesgedanken in den Kopf setzte. Du! — Du, du! — Du, du! Wer kann da widerstehen? Eine halbe Stunde Marsch durch nasses Moor, Springen von Bülte zu Bülte, Kriechen durch streng duftende Postbüsche, ockerrote Doppheide, über Torfmoos, naß wie ein Schwamm, durch Risch, triefend wie frischgewaschene Wäsche, den treuen Drilling am Kolben nachgeschleift, steht mir bevor und die Aussicht, daß der Schwarzweiße mich dann doch noch zu früh eräugt und fittichsausend abstreicht, aber sein lockendes Du, du, du! ruft zu mahnend.

Rätsch, ätsch! warnt der Markwart, wie ich den Stand verlasse. Erleichtert streckt sich der Wacholderbusch, befreit von meines Rückens niederdrückender Last, und ein Dreiläufer, der sich vor mir im falben Grase niedergetan hatte, poltert erschrocken, Haken schlagend, über die Falge, hinein in den Hederich.

An allen Koppelrändern Rehfährten, hier schwaches Zeug, dort alter Ricken breitspurige Eindrücke und da im feuchten Sande des Kapitalen frische Fährte. Daneben, kreuz und quer, der Krummen Spuren, und hier, in der Furche, des schlauen Rotrockes Indianerspur.

Ein prächtiger Tag! Goldsonne in halber Himmelshöhe, ein Tag für den Hüttker! Heute zieht das Federraubzeug. Da unten am Moore schwebt ein weißer Wisch über die braune Fläche, eine Weihe, über mir kreist der Mäusehabicht. Krähen, schwarze und graue, rudern langsam dahin.

Nun ist es aus mit der bequemen Wanderung. Der linke Fuß steht noch auf Sand, der rechte auf schwankender Bülte. Mit dem Glase zerzupfe ich den Moorfleck, aus dem das Kollern des Hahnes zu mir heranlautet. Vergebens, kein schwarzweißer, sich drehender, tanzender Fleck in der braungrünen, rostrot überlaufenen Fläche. Aber dort, wo Krüppelbirken aus den Postbüschen sich drängen, dort muß es sein.

Einen tiefen Diener gemacht, so tief, daß die grünen Postbüsche mich decken, jede verwachsene Fuhrenkussel, jede junge Birke als Deckung benutzt, von Busch zu Busch mich herandrückend, dabei achtgegeben, daß die Füße nicht an den Wollgrasbülten vorbeitreten. Schwertertanz ist Kinderspiel dagegen. Hier sinkt der Fuß ein im nassen, gelbgrünen Torfmoos, daß gurgelnd braune Brühe bis an die Knie spritzt, dort weicht die schmale, hohe Bülte dem Druck der Sohle, und laut quatschend umbrodelt brauner Schlamm die Stiefel. Pak, sagt es laut, wenn der Fuß herausgezogen wird.

Jetzt wird es besser. Hier sind Gräben gezogen, jenseits zeigt langes, gelbes, knotenloses Pfeifengras trockenen Boden an. Aber erst über den Graben sein! Springen geht nicht, sonst empfiehlt sich der Sänger. Also am Graben entlanggekrochen, über die roten herben Beeren der Moosbeere, über blutrotes und weißgrünes Torfmoos, nassen, kaffeebraunen Schlamm, vermulmte Torfstücke und die reizenden Rosetten des Sonnentaues. Endlich bin ich am Steg, drei Birkenstämmen, mit Heidplaggen gedeckt. Auf dem Bauche geht es hinüber und ebenso weiter, denn wenig Deckung ist hier auf dem hohen, trockenen Moore, und Warner sind überall. Alle Augenblicke steht mit jämmerlichem Piet, piet ein Pieper auf, oder die Heidlerche ruft ihr Tüdliü, tüdliü! durch die Stille. Und des Hahnes Gekoller klingt näher und näher. Hochwillkommen sind die grauen Skelette toter Wacholderbüsche, ein alter, rotbrauner, halbzerfallener Schirm von der Balz dieses Frühjahrs, Binsenbülten, Moorbeerbüsche und verrottete Torfhaufen.

Noch ein nasser, tiefliegender Moorgrund ist zu überspringen, auf welchem das Wasser Ellbogen und Schenkel feuchtet, und dann geht es hinein in kniehohe Heide, die über Kopf und Rücken zusammenschlägt, in langsamem Gekrieche, in langen Pausen. Hinter der hohen Heide liegt ein abgeplaggtes Stück, das wird des Hahnes Balzplatz sein. Der frühverliebte Junghahn ist gut im Gange, fast unaufhörlich klingt sein Dudleru, dudleru, dudleruuuu zu mir her. Aber je näher, je schlimmer! Hier, bei dieser sperrigen Birke, ist ein Ausguck möglich. Da dreht er sich auf dem graubraunen, kahlen Stück, den Kopf tief, das kurze Spiel breit, die Flügel im Halbkreise geöffnet, fleißig kollernd. Sein Rodeln klingt schon recht brav, fast wie bei einem alten, aber wenn er den Hals lang macht, hochspringt, mit den Flügeln schlagend, und dabei bläst, dann hört man den Junghahn heraus. Kcht, kcht, das ist alles; zum vollen, laut pfeifenden Tschjiu-huit bringt er es noch nicht, wird er es hoffentlich auch nicht bringen.

Denn jetzt bin ich nahe genug. Deutlich nehme ich den bräunlichen Anflug auf dem Rücken wahr und die schwarzgekrümmten Sicheln im kurzen Stoß. Wie er sich dreht und wendet, spreizt und tut, als wären braune Holdchen in der hohen Heide, die Minnelohn ihm spenden sollen für Minnegesang! Wenn ich nur erst gespannt hätte! Jetzt geht es nicht, der Hahn dreht mir den Kopf zu. Aber nun wendet er sich, eigentlich ist es doch schade, so denkt das Herz, aber da liegen Korn, Kimme und Hahn schon zusammen, der Schuß zerpeitscht das Mitleid, endet des Hahnes Balzgesang, sein jungenhaftes, unreifes Liebesliedchen. Und das Mitleid? Es ist hier nicht am Platz. Ist ein Tod mitten im ersten, frühen, weltstürmenden Liebeserwachen nicht neidenswert?

Heidgang

Der Himmel ist dunkelblau und wolkenlos; alle Sterne blitzen, es leuchtet der blanke Mond.

Der leise Wind ist scharf und spitz; er rauscht in den Hofeichen, raunt in den Fuhren an der Brücke, raschelt in den Birken an der Straße.

Durch den schwarzen Wald führt ein schmaler Weg; wie reines Silber leuchtet er im Mondlichte; die dunklen Schatten der Zweige hüpfen auf ihm einen unheimlichen Tanz.

In die dunkle Heide kriecht der weiße Weg, versinkt im nassen Moor und steigt wieder an der dunklen Düne herauf.

Da liegt ein großer weißer Stein vor einem schwarzen Riesenwacholder. Hier warte ich auf den Tag.

Dunkelheit ist um mich und Schweigen, eine Dunkelheit, verstärkt durch die hellen Lichter am Himmel, ein Schweigen, vermehrt durch der ziehenden Drossel dünnes Pfeifen.

Ein Stern versinkt im schwarzen Moor; ein Eulenruf verhallt im Raunen der Krüppelfuhren; das fahle Gras im Quellgrunde flüstert ängstlich, der Born singt ein dunkles Lied, ein Lied ohne Worte.

Die Dunkelheit beginnt zu leuchten, und die Stille singt und klingt; vergessene Stimmen reden, begrabene Gesichter tauchen auf, reden mit stummen Lippen und sehen mich mit toten Augen an.

Knaben mit hellem Haar, Greise mit lichten Bärten, Mädchen in silbernen Gewändern und Frauen in Nebelkleidern wallen in langem Zuge an mir vorbei; alle drehen die streng geschnittenen Gesichter nach mir und winken mit weißen Händen langsam und lautlos.

Alle habe ich sie gekannt, alle, alle; sie waren im Moor der Vergessenheit versunken; ich wußte ihre Gesichter nicht mehr und konnte mich auf ihrer Stimmen Klang nicht mehr besinnen alle die hellen Tage meines Lebens.

In dieser Dunkelheit sehe ich es deutlich, und laut reden sie mir zu in diesem Schweigen, winken und nicken und seufzen und flüstern und sagen, ihre Sehnsucht nach mir sei groß; sie warten auf mich.

Im Ringelreihen wallen sie um mich herum, im Kringelkreis rücken sie näher zu mir, streifen mich mit kühlen Händen, langen nach mir mit feuchten Fingern, küssen mich mit kalten Lippen, flüstern mir tonlose Worte zu.

Wehrlos bin ich auf den Findelstein gebannt; hinter mir sperren des Wacholders Arme mir die Flucht, vor mir wallt die bleiche Schar mit eng verschränkten Händen. Kalt läuft es mir den Rücken herunter.

Ein lauter Ruf hallt durch die Nacht; im Dorfe kräht der erste Hahn. In Nebel zerfließen die Toten, zum Gesurre des Grases wird ihr Geflüster, zum Rauschen der Zweige ihrer Stimmen Geraune; über das Moor kommt langsam der Tag. Kommt mit Drosselpfiff und Lerchenlied, mit Frühwindpfeifen und Astgeknarre; die Sterne erbleichen vor dem Rosenschein über dem Moor, und der Mond verblaßt vor dem goldenen Licht, das hinter dem Wald auftaucht.

Die Dunkelheit flieht, und das Schweigen schwindet; die hohen Birken am Wegrande schütteln den Schlaf aus den Zweigen, die stolzen Wacholderbüsche beugen die steifen Nacken, der Born im Grunde besinnt sich auf ein lustiges Lied.

Die ersten Sonnenstrahlen fallen auf die abgeblühte Heide und versilbern den Reif, zu dem der Frühwind die Nebelperlen erstarren ließ, die Stämme der Birken blitzen und blinken wie Silber, ihre Kronen leuchten und lodern wie Gold, und zwischen allen Wacholderzweigen zittern diamantene Gewebe.

Drommeten und Fanfaren erschallen im Moor; hundert Kraniche grüßen den goldenen Tag; ein Birkhahn schlägt die Trommel dazu, Meisen klimpern das Triangel, Häher und Krähen quarren dazwischen, und hoch aus der Luft ruft der Rabe.

Über weißen Sand und grüne Fuhren, gelbes Moor und braune Heide gehen meine Augen hin und her, den langsamen Füßen voraus.

An Postbrüchen wandern sie vorüber, die in allen Farben glühen, und bleiben immer wieder auf jedem Heidhügel hängen, dessen warmes Braun zwischen harten blaugrünen Zweigen auftaucht.

Sie folgen dem fahlen Hasen, der über die Heide hoppelt, den grauen Rehen, die über die Wege ziehen, dem kreisenden Bussard über den Kronen und der roten Brust des Gimpels, die aus dem Fichtenhorste leuchtet.

Jeden blanken Stein im Wege finden sie, alle tiefen Fährten im feuchten Sande; des Goldhähnchens feurige Haube entgeht ihnen nicht, nicht des Faulbaums pechschwarze Frucht und des Fliegenpilzes brennendroter Hut. Über alles gehen sie fort und wandern immer weiter, von der Heide zum Holz, vom Holz in die Heide.

Wo der Knüppeldamm blank voller Wasser steht, schlägt ein Zweig klingend an den Büchsenlauf; ich hätte gar nicht mehr an die Büchse gedacht; der helle Klang erinnert mich an sie und die Fährten im schwarzen Boden; hier zogen die Hirsche heute nacht. Gestern wechselten sie am Born vorbei, wo ich vorhin saß, wieder vergebens, wie so oft schon.

Aber kein Ärger kommt in mir hoch; danke ich dem Hirsche doch so manchen goldenen Abend, danke ich ihm doch so manchen silbernen Morgen, Nächte voll Sterne und Tage voller Sonne, heimliche Stunden auf dem rostroten Hau und stille Gänge im graublauen Tannengedämmer, wenn die sinkende Sonne dem einschlafenden Walde goldene Träume gab.

Goldene Träume, an die er denkt beim Erwachen; alles um mich herum loht und lodert und leuchtet im Morgensonnenlicht, die modernden Stämme, die welkenden Farne, die faulen Stümpfe, die toten Äste; alles Leben wird lebendiger im Lichte. Die dunklen, schräg hängenden Fichtenzweige sind erfüllt von dem Gepiepe unsichtbarer Goldhähnchen und versteckter Meisen, Specht und Häher schreien und rufen, Drosseln und Amseln locken in allen Winkeln, Eichkatzen schnalzen in den Wipfeln, auf den moosigen Wurzeln singt der Zaunkönig, und über dem Walde jauchzt der Bussard.

Aber schöner noch als im feuchten, engen Wald ist es auf dem weiten, breiten Hau; der Herbst, der rote Mörder, ist durch den Adlerfarn gegangen und durch die Eichenjugenden; er segnete ihre Blätter mit seiner Bluthand und benedeite ihr Laub mit seinen Mörderaugen; da verloren sie ihre grüne Kraft und ihr frisches Leben, welkten und verdorrten.

Sie starben einen schönen Tod, einen Tod voller Glanz und Pracht; im lachenden Lenz ihrer Jugend und im prangenden Sommer ihrer Kraft waren sie nicht so herrlich geschmückt wie in dem Sterbekleide, das der Herbst ihnen gab.

Die Sonnenstrahlen zittern auf dem Farbengewoge, ziehen Wasserdämpfe aus dem feuchten Gebüsch, brechen sich in weich fließenden Nebelschwaden, prallen mit silbernem Gefunkel von den rindenlosen Stümpfen und mit goldenem Geflimmer von den gehauenen Stämmen zurück.

Ein langgezogener, glasglockenklarer Ruf ertönt, ein ganz unirdischer Laut; ein gellendes Teufelsgelächter klingt hinterher. Ein großer Vogel, schwarz wie die Nacht, von seltsamer Gestalt, stiebt mit hartem Fluge heran und bleibt an dem silbergrauen Stamme der toten Fichte hängen.

Der Schwarzspecht ist es, der zauberkundige Vogel, der die Springwurz wachsen weiß, die aller Türen Schlösser sprengt und aller Frauen Herzen dem, der sie bei sich trägt. Man sieht es ihm wohl an, daß er eigene Künste kann; umsonst trägt er auf dem Scheitel nicht die rote Flamme.

Dreimal in streng bemessenen Pausen rutscht er rasselnd um den rauhen Stamm, dreimal klopft er laut dagegen; dann läßt er seinen sehnsuchtsvollen Glockenruf erschallen, stößt sein Höllengelächter aus und stiebt in den düsteren Wald hinein.

Ich stehe immer noch und starre auf die Farben der Farne und des Laubes Lichter, sinnend, ich weiß nicht was, träumend, ich weiß nicht wovon, sehe wohl einen grauen Fleck zwischen roten Brombeerranken und hohen Halmen, denke aber nicht an Wild und Weidwerk.

Bis der graue Fleck verschwindet und wieder auftaucht im braunen Kraut, die Zweige zittern und die Büsche beben läßt und über den Lauschern weißblitzende Enden weist. Da zerfließt das Sinnen, zerflattert der Traum, ich ziehe die Büchse von der Schulter und den Kolben an den Kopf; das Auge richtet Kimme und Korn, der Büchsenlauf senkt und hebt sich, der Schuß brüllt durch die Morgenstille, der Häher schreit, die Amsel zetert, in die rotgoldene Farbenpracht der sonnigen Rodung kriecht der blaue Pulverdampf.

In langen Streifen zieht er über die dunklen Binsen und die hellen Halme, schleicht über die braunen Farne und die roten Eichen, wirbelt um den Silberstamm der toten Tanne, flattert durch das glitzernde Astgewirr der gehauenen Fuhren und läßt die Blöße wieder flirren und flimmern in Glut und Glanz.

Über Äste und Zweige, Wurzeln und Stämme trete ich von einem Moospolster zum anderen, leise und langsam nach Mörderart. Ich wecke den Bock nicht mehr; er hat den Schuß nicht vernommen; er liegt, als schliefe er, den Kopf zwischen den Läufen; rechts und links von ihm funkeln rote Korallen im dunkelgrünen Moose.

Einen Augenblick zürne ich mir selbst, einen kurzen Augenblick nur. Kurz war der Knall, und schnell war sein Tod; wohl dem, dem solch Ende beschieden wird; aus der Sonne hinaus den Sprung in die Nacht hinein.

Das Ende

Der Mai war in die Berge gekommen; er hatte den Wald grün gemacht und die Wiesen bunt von Blumen.

Hustend und prustend zog der alte Bock vor dem Tannenmantel des Hirtenbusches dahin. Er war schlechter Laune; trotz der warmen Sonne fröstelte es ihn, denn er war mitten im Haarwechsel, und weder das junge Gras noch der frische Klee wollten ihm so recht munden.

Es dröhnte ihm im Kopfe und kribbelte ihm im Halse, denn die Bremsenlarven waren reif und drängten nach außen. Auch die, die auf seinem Rücken zwischen Decke und Wildbret saßen, bohrten schlimmer als je, um an die Luft zu kommen. Und der Bast an dem hohen, klobigen Gehörn juckte ihn.

Wütend fiel er über einen Bergholderbusch her und bearbeitete ihn mit den Stangen, daß die gelbgrünen Blütenbüschel und das frische Laub nur so herumflogen, und schließlich auch die neuen Triebe und die Rinde, so daß von der ganzen Pracht nichts übrigblieb als der zerschundene Stamm und die zerknickten Zweige.

Was das nur war? Sonst hatte er schon Anfang April seinen Kopfschmuck sauber gehabt; in diesem Jahre dauerte es lange damit. Und das Winterhaar wollte auch nicht weichen.

Mürrisch rieb er die Flanken an einem Fichtenstamme; aber nur sparsam fielen die grauen Flocken in die Hasenkleeblüten am Boden.

Er mußte wieder husten. Das paßte ihm nicht, denn er liebte es, still und geräuschlos dahinzuziehen. So trat er denn, weil er beim Atmen laut schnarchte, in den engen Stangenort, der ganz hellgrün von halbentfaltetem Buchenlaube war und in dem die gelben Falter über den weißbesternten Waldmeisterteppich tanzten.

Auf einmal warf er auf und äugte seitwärts. Regungslos stand er da. Dann verdrehte er die Lichter, zog die Lefzen herauf, schnaufte böse und zog mit steifen Tritten dahin, wo ein zweijähriger Bock sein Gehörn an einem Haselschosse reinigte, daß es lustig brummte und schrummte und dann plätzte, daß Moos und Laub herumspritzten.

So vernahm er es nicht, daß der alte Bock heranzog, ihm die Enden in die Keulen jagte und ihn umwarf, daß er längelang in den Blumen lag. Hastig sprang er auf und stürmte laut plärrend durch das Unterholz. Hinter ihm her sauste der andere, sprengte ihn aus dem Busch heraus bis in die Wiese, ab und zu ihn forkelnd, daß der Jungbock vor Todesangst quietschte und in seiner Not dem Bauern zufloh, der einen Abzugsgraben vertiefte. Da erst ließ der Peiniger von ihm ab und trat wieder in den Hirtenbusch hinein.

Sein Sieg hatte ihm die Laune nicht verbessert. So hetzte er denn erst ein Schmalreh, das ihm in den Weg kam, hin und her und mißhandelte es, bis es sich auf die Trift zwischen die Schafe rettete, behandelte eine hochbeschlagene Standricke, die im letzten Sommer seine Liebste gewesen war, ebenso schmählich und ließ erst von ihr ab, als er bei der Hatz auf die Fährte eines guten Bockes stieß. Eine grimmige Wut faßte ihn. Ein fremder Bock hier, ein guter Bock sogar im Hirtenbusche, dem besten Stande nach Äsung und Windverhältnissen, den er sich vor fünf Jahren in heißem Kampfe erobert und seitdem festgehalten hatte? Eine Unverschämtheit sondergleichen, eine Frechheit über die Maßen, eine Tollkühnheit unglaublicher Art! Mit seinem Leben sollte er dafür büßen.

Eilig zog der Alte neben der fremden Fährte dahin, ab und zu verhoffend und um sich äugend und dann und wann wütend in dem Vorjahrslaube plätzend. Als er wieder dabei war, fuhr er zusammen. Ihm gegenüber stand der Eindringling, schlug den Boden mit den Vorderläufen, daß die bunten Blumen durch die Luft wirbelten, warf dann auf, verdrehte die Lichter, senkte das Haupt und zog ihm mit steifen Tritten entgegen. Eine unbekannte Empfindung überkam den Standbock. Ihm war zumute, als müsse er flüchten. Aber wer war denn der Gegner? Ein Bock von vier bis fünf Jahren, ein jagdbarer Bock, aber doch kein Hauptbock, keiner wie er, der drei gute Böcke zu Tode geforkelt und viele andere, die ihm den Hirtenbusch streitig machen wollten, abgekämpft und so zugerichtet hatte, daß sie das Wiederkommen bleiben ließen. Es war freilich ein strammer Bock, voll ausgefärbt schon, und das Gehörn war hoch, weit ausgelegt und völlig vereckt. Aber weichen, flüchten, klein beigeben? Nie und nimmer!

Er senkte die mit schweißroten Bastfetzen häßlich verunzierten, mangelhaft vereckten Stangen, schnarchte wutentbrannt und wollte dem Nebenbuhler entgegenziehen, da stürmte der schon auf ihn los, rannte ihm die scharfen Enden zwischen die Stangen und warf ihn fast um. Und nun kam ein elendes Gefühl über den alten Bock, schwach wurde ihm und hilflos, er wendete und wollte flüchten, aber der fremde Bock ließ ihn nicht, er rannte ihm ein Dutzend Male die nadelscharfen Enden in die Keulen, in die Blätter, in die Dünnungen, hetzte ihn, als er flüchtete, hin und her in dem Holze und hinaus aus ihm über die Wiesen, und wenn nicht singend und jauchzend ein Trupp Maifahrer vor dem Kraihenholze aufgetaucht wäre, so hätte der alte Platzbock jetzt schon sein Ende gefunden.

So aber ließ der andere von ihm ab. Er aber floh dahin, halb ohne Besinnung, an den Menschen vorüber, bis er am Ausgange des Wäldchens in der Ellernsohle zusammenbrach. Er wollte sich aufrichten, aber er vermochte es nicht. Er fühlte, daß es zu Ende ging. Mücken über Mücken kamen angesummt und bedeckten ihn mit Stichen und Hun-

derte und Aberhunderte von Gnitten, und er konnte sich ihrer nicht erwehren. Aus dem Moose und dem morschen Laube krochen die Holzböcke hervor und bohrten ihm ihre Rüssel in die Decke. Ameisen krabbelten auf ihm herum, große blaue und grüne Schmeißfliegen umschwärmten ihn. Dann quarrte eine Krähe über ihm. Eine zweite antwortete ihr, eine dritte und eine vierte. Sie flatterten zu Boden, näherten sich vorsichtig, kamen immer dichter heran, und schließlich führte die frechste einen Schnabelhieb nach seinem rechten Lichte. Er fuhr empor, brach aber wieder zusammen, und die Krähen, die zurückgestoben waren, schwebten abermals heran. Ein bißchen Kraft war noch in ihm, und damit wehrte er sie ab, bis die Nacht herankam.

Doch es war eine laue Nacht. So summten die Mücken unaufhörlich heran. Eine saß neben der anderen, bis er ganz von ihnen bedeckt war und von den Gnitten und Holzböcken; bis sein Leib von oben bis unten brannte und feuerte, Schauer auf Schauer seine Flanken schüttelten und Todesfieberträume ihn umgaukelten. Der Wald war voller Schrecknisse und Ängste. Das Krispeln des Salamanders wurde zum heranschnüffelnden Hunde, das Gehüpfe des Frosches zum Tritte eines Menschen. Schließlich hörte die Angst auf in dem Bocke; das Ungeziefer hatte seine Empfindung getötet. Aber als mit der Morgenkühle die Sonne in den Grund fiel und die Krähen sich zusammenriefen und ihr Gekrächze und Geflatter dicht über seinem Haupte war und Hieb auf Hieb ihn traf, da weckte ihn das Entsetzen noch einmal. Das letzte, was seine Besinnung traf, waren der Donner eines Doppelschusses und das verworrene Angstgequarre seiner Peiniger und darauf eine Berührung an seinem Gehörn, die ihm wie eine Wohltat vorkam. Dann reckte und streckte er sich und wußte von nichts mehr auf der Welt, nichts mehr von Liebe und Haß, nichts mehr von Mut und Angst.

Das Weidmesser des Jägers war ihm in das Genick gefahren.

Am schwarzen Luch

Einen gehörigen Ruck mußte ich mir geben, als der Nachtwächter in mein Fenster hineinrief: „Aufstehen! Drei Uhr!"

Denn lang war der Tag gewesen, heiß und voller Verdruß. In aller Frühe hatte ich geweidwerkt, hatte über Mittag gepirscht und abends angestanden.

Aber alles war umsonst. Und als ich todmüde auf das Bett fiel, ließ mich das Gewitter nicht vor Mitternacht einschlafen.

Aber nun bin ich froh, daß ich mich nicht auf die andere Seite gedreht habe, denn dieser Morgen ist frisch und kühl. Die Wiesenblumen biegen sich im Tau, der Wachtelkönig schnarrt im langen Grase, die Unken läuten, und das Geplärre der Frösche schallt mit dem Quarren der Taucher vom See herüber. Dazu schlagen die Nachtigallen und schwatzen die Rohrsänger.

Ich überlege einen Augenblick, während ich auf das dumpfe Brummen der Dommel und das helle Quieken der Wasserhühner hinhorche und einen Blick auf den Fuchs werfe, der wie ein Schatten im Nebel auftaucht und darin wieder untergeht, ob ich an dem See entlangpirschen oder zwischen den Kleeschlägen umherspähen soll; hier wie dort ist mir ein Bock sicher. Aber dann denke ich an den alten Schlauberger vom schwarzen Luch und mache, daß ich in die Heide komme.

Da ist es feierlich still. Gespensterhaft stehen die Wacholderbüsche da, und die verkümmernden Kiefern schneiden mir sonderbare Gesichter. Kaninchen huschen lautlos vor mir fort; dann und wann warnt eins mit lautem, unheimlich klingendem Klopfen. Auf dem Windbruche singt der Steinschmätzer sein Nachtlied, und in der Ferne spinnt und pfeift die Nachtschwalbe.

Vorsichtig schleiche ich über den moosigen Boden, der noch weich von dem Gewitterregen ist, bleibe alle zehn Gänge einen Augenblick stehen und lausche hin und her. Ein Rotkehlchen ist erwacht, geistert vor mir her und warnt leise, eine Kreuzkröte rennt eilig über den Fußpfad, eine Ohreule streicht lautlos vor mir ab; weit weg ruft der Kuckuck.

Nun bin ich auf der Höhe des Sandberges und spähe nach dem Luch hinab, in dem die Unken feierlich läuten und von dem der betäubende Duft des Sumpfrosmarin heraufkommt. Der Spring rieselt verstohlen in dem buntgeblümten Wiesengrunde, unter den grauen Morgenwolken dudelt die Heidlerche ihr liebes Lied, und von irgendwoher schallt der eintönige Ruf des Wiedehopfes.

Der Nebel liegt ganz fest auf dem vermoorten Heidsee. Einmal will es mir scheinen, als tauche das Haupt eines Rehes darin auf; im nächsten Augenblick ist die Erscheinung verschwunden. Eine Krickente ruft, eine Bekassine meckert, eine Ralle pfeift; alle diese Laute sind auf lange Zwischenräume verteilt und machen die Stille noch stummer. Kühl weht es aus dem Luch heraus, so daß mich ein Frösteln ankommt. Und mir fällt ein, daß dieser Ort verrufen ist, denn vor Jahren wurde hier der junge Förster tot aufgefunden; ein Schrotschuß hatte ihm das ganze Gesicht fortgerissen. Die Nebel tanzen hin und her, geben einen Schatten frei, der zwischen ihnen ist, hüllen ihn wieder ein, und ich höre es keuchen und von dannen prasseln. Dann vernehme ich einen gellenden, plärrenden, schrecklichen Schrei und ein Poltern hier und da und nehme die Büchse herunter, mache scharf und spähe hin und her und her und hin. Aber der Schrei ist verweht, und ringsum ist es wieder still.

Das erste Rotkehlchen singt, und eine Drossel flötet sich aus dem Schlafe, ein kühler Wind macht sich auf und stößt die Zöpfe der Kiefern gegeneinander, daß mir kalte Tropfen auf Nacken und Hände schlagen. Da merke ich, daß es ganz hell um mich geworden ist und daß der Nebel nicht mehr auf dem Luche liegt. Aber kein Reh steht an seinem Rande, auf dem stolzer Hahnenfuß seine goldenen Blumen emporreckt und rosige Knöterichrispen den Tau von sich schütteln. Doch hinter dem weißglühenden Sumpfrosmarin zwischen den kranken Kiefernstangen, die von dem Torfmoose um ihr Leben gebracht werden, war eben ein Etwas, das sich bewegte. Der alte Bock mit dem weißen Gesicht wird es gewesen sein.

Ich lasse die Stelle nicht aus den Blicken. Mücken umsingen mich und setzen sich auf meine Handgelenke. Ich blase ihnen den Pfeifenrauch zu. Ein Holzbock kriecht langsam über meine rechte Hand und sucht eine Stelle, wo er sich einbohren kann. Ich setze ihn so lange unter Dampf, bis er still liegt. Ich starre aber immer dahin, wo hinter den weißen Blumen der graue Schatten hochkam, und lauere und lauere, bis er endlich wieder da ist und ich erkennen kann, daß es der alte, greishäuptige Raufbold von Bock ist, der keinen anderen in seiner Nähe duldet und die ganze Ecke hier von Böcken blankgemacht hat.

Stolz und steif steht er da, gut gedeckt von den mit greisen Flechten bedeckten Kiefernstangen. Nur eine Handvoll von seinem Blatte gibt er frei und den halben Hals. Ab und zu schlägt er mit den Lauschern die Mücken ab; gleich darauf aber steht er wieder da wie hingemauert. Ich überlege, ob ich nicht zu ihm hin kann; doch das geht nicht. Er hat sich einen sicheren Stand ausgesucht. Das Luch schützt ihn hier und da und an der dritten Seite der Luftzug. Eine Stunde würde es dauern, umginge ich ihn, und dann ist er vielleicht wer weiß wo schon.

Ein bißchen weit ist es ja bis drüben hin; doch wer nicht wagt, der nicht gewinnt. Ich nehme ihm das Maß und mache den Finger krumm. Mit Angstgequake stehen drei Erpel auf, die in dem Luche lagen, eine Misteldrossel zetert, und ein Specht schimpft. Ich warte und horche und spähe; aber drüben ist es still bis auf das Getriller der Haubenmeisen. So steige ich denn den Abhang hinab, wate durch die moorige Wiese, schleiche, so leise es geht, nach dem blühenden Sumpfrosmarin hin und stehe dann bei dem alten, sehr alten, zu alten Bock von dem schwarzen Luch, der keinen anderen neben sich dulden wollte.

Denn sein Gehörn ist häßlich; schwarz ist es und schlecht vereckt, ohne Perlung und brandig. In seinen Lichtern ist ein grünes Glimmern, das von Angst und Haß bis über den Tod hinaus spricht und laut zu mir redet: „Ich wollte ja weiter nichts mehr vom Leben als Einsamkeit und Ruhe; konntest du das mir wenigstens nicht lassen?"

Fast ist mir so, wie ich den Sandberg hinaufsteige und er mir den Rücken wärmt, er habe recht. Aber dann denke ich: Wer weiter nichts vom Leben will, hat auch darauf keinen Anspruch mehr.

Um die Unterstunde

Auf dem Brombeerbusch sitzt der Goldammer und singt in einem fort: „Wie, wie hab' ich dich lieb!" Aus der hohen Hängebirke flötet der Ortolan beständig: „Ich bin müde", und hoch vom Himmel herab dudelt die Heidlerche unentwegt ihr Schlummerlied.

Ich recke und strecke mich und sehe nach der Uhr. Über eine Stunde habe ich hier im Sande gelegen und geschlafen. Das hat mir gutgetan, denn kurz war meine Nacht und lang der Morgen heute. Kreuz und quer habe ich das Moor abgepirscht, bis es mir vor den Augen flimmerte von dem unermüdlichen Gezappel der weißen Wollgrasblüten. Den schwarzen Bock mit dem kurzen Gehörn traf ich aber ebensowenig an wie die Tage vorher.

Es ist heiß geworden; die Luft schlägt sichtbare Wellen über dem Heidbrinke. Der Wind, der heute morgen ging, hat sich gelegt, denn die Unterstunde ist da. Die Menschen, die auf dem Moore und im Felde schaffen, ruhen sich aus, und die Tiere der Sonne leben auf. Um die jungen Schüsse der Fuhren flittern purpurne Libellen, blaue Falter flattern über die Heidkrautzweige, rote Mordwespen glühen auf und ab, und die Luft blitzt von schnellen Fliegen. Die Hänflinge schwatzen, die Baumpieper schlagen, hoch oben am hellen Himmel kreischen die Turmschwalben, und die Frösche im Graben plärren vor Behagen.

Ich überlege, was ich beginnen soll. Um diese Zeit hat der Bock seinen dummen Gang, und ich kann ihn überall antreffen, aber eben deswegen auch nirgendwo. Es ist möglich, daß er jetzt, wo alles so still ist, auf die Wiese austritt oder im Stangenorte herumbummelt; doch es ist ebenso wahrscheinlich, daß er in der dicksten Dickung sitzt. So sehe ich denn der Eidechse zu, die breit und faul auf dem Baumstumpfe liegt und hin und wieder nach einer Fliege schnappt, blicke den bunten Sandkäfern nach, die eilig dahinrennen und ab und zu auffliegen und ihre goldgrünen Leiber enthüllen, und entdecke schließlich ein frisch ausgeschlüpftes Nachtpfauenauge, dessen Flügel zusehends länger und breiter werden. Dann ist noch der Steinschwätzer da, der hurtig über die Sandwelle rennt, der Neuntöter, der auf dem alten Rosenbusche sitzt, und der dreihörnige Dungkäfer, der sich bemüht, eine Schafmistkugel nach seiner Erdhöhle zu rollen. So habe ich genug zu betrachten und langweile mich kein bißchen.

Eben beobachte ich eine lange Wespe mit langgestieltem, rotem Bauche, die mit ihrem Giftstachel eine Raupe gelähmt hat und sie nun nach dem Loche zerrt, wo sie ihre Brut hat, und eine kleinere, die es mit einer unglücklichen Spinne ebenso macht, da höre ich den Würger warnen. „Täck, täck", sagt er und wippt mit dem schwarzweißen Schwanze. Er wird ein Kaninchen anmelden, denke ich, drehe mich aber doch zur Seite und blicke nach der Richtung, wohin er den Schnabel hält. Aber da sehe ich zwischen den Fuhrenkusseln zwei Lauscher und mache mich ganz klein, denn ein Reh steht dort. Ich kann nicht erkennen, ob es ein Bock oder eine Ricke ist, und so drücke ich mich noch tiefer in den Sand, bis es aus den Büschen heraustritt und sich als ein rotes Schmalreh mit schwarzem Sattel ausweist. Vertraut zieht es der alten Besamung unter mir zu. Dort macht es ein Weilchen halt, äugt zurück und taucht in den Fuhren unter.

Die Elster in der hohen Pappel schwatzt, Uferschwalben sausen fröhlich plaudernd vorüber, eine Heidlerche trippelt zwischen den Seggenhalmen umher, die Haubenmeisen trillern, und die Hummeln brummen. Die Eidechse hat Gesellschaft bekommen. Ein Männchen flitzt um sie herum, stellt sich hoch auf die Beine, wackelt auf schnurrige Weise mit dem Kopfe, schnellt den Schwanz auf lächerliche Art, sucht sie zu packen, wird abgeschüttelt, fährt wieder zu und verschwindet hinter dem davonrauschenden Weibchen im Heidkraute. Das Pfauenauge hat seine prachtvollen Flügel fertig und schwingt sie so heftig, daß eine winzige junge Kreuzkröte mit goldgrünen Augen vor Angst ganz platt wird und dann schleunigst unter ihren Stein zurückkriecht, wobei sie einen Pillenkäfer erschreckt, daß er alle seine Beine anzieht und wie eine Kaffeebohne aussieht. Eine Ameise kommt dem kleinen, sauber ausgezirkelten Trichter vor dem kleinen Wacholder zu nahe, eine Ladung Sand fliegt gegen sie, sie rutscht in die Tiefe, der Ameisenlöwe packt sie und zieht sie hinab. Aus dem Ginsterbusche kommt das dünne Todesgewimmer einer Fliege, die von einer Spinne eingewickelt wird, und eine dickköpfige schwarze Grille sitzt vor ihrem Sandloche und fiedelt lustig.

„Täck, täck", macht der Würger wieder. Ich drehe mich zur Seite und sehe dort, wo das Schmalreh verschwand, den gelben Spiegel eines schwarzen Rehes in den Fuhren versinken. Sofort bin ich hoch, denn dem Bilde nach war es ein Bock. Ich pirsche, so schnell ich kann, unter der Besamung her, aber wie ich an der Schneise vor der Dickung bin, sehe ich hinter den hohen Heidbülten nur einen Streifen vom Widerrist dahingleiten. Ich laufe, was ich kann, bis ich am Kopfe der Dickung stehe, und da passe ich und passe, gewahre den Bock aber nicht. Ich lauere und vertreibe mir die Zeit damit, dem Brachpieper zuzusehen, der auf dem Sandberge umhertrippelt, dem Turmfalken, der über dem Stangenorte Libellen greift, und den Kaninchen, die an den Fuhrenwurzeln scharren, höre, wie die Bienen summen und die reifen Kienäpfel mit Geknister aufbrechen, vernehme plötzlich, wie es in der Dickung laut bricht und brummt und rasselt. Das ist der Bock; er schlägt und plätzt. Das dauert eine kleine Weile, und dann hört es auf. Und ich stehe da und starre nach der rauhen Fuhre, die mir den Ausblick auf die Bahn versperrt und in der unaufhörlich ein Laubvögelchen umherhüpft und auf jämmerliche Weise piept, bis mir das Harren zu langweilig wird und ich in den tauben Graben hineinschleiche, der sich durch den raumen Ort zieht.

Da ist es kühler. Die Bienen summen um die blühenden Himbeeren, die den ganzen Boden überziehen, in den Kronen giert die flügge Meisenbrut hinter den Alten her, die Finken schmettern, und der Buntspecht hämmert. Behutsam schleiche ich in der Grabensohle entlang, die ganz mit einem feinen Grase und mit weichem Moose überzogen

ist, ängstlich die Kienäpfel und jedes Stück Geknick vermeidend. Wenn ein Rotkehlchen meldet oder die Amsel angibt, bleibe ich so lange stehen, bis sie sich beruhigt haben, und ich warte auch, bis der Hase, den ich aufstörte, weitergehoppelt ist. So komme ich bis auf die Brandrute, die das Holz der Länge nach durchschneidet, spähe nach rechts und links hinunter, nehme aber nichts wahr als ein Kaninchen und eine Holztaube, die im Sande Steinchen aufnimmt. Hier will ich bleiben, solange ich es aushalte. Zur Linken liegt das Moor und rechter Hand die Kleewiese. Es ist nicht unmöglich, daß der Bock um die Unterstunde hier herumbummelt. So lasse ich mich denn auf einem ganz vom Moose besponnenen Baumstumpfe nieder, bringe die Pfeife in Brand und passe. Eine große, grüne, blaugezierte Edeljungfer schwebt auf der Brandrute hin und her, ab und zu mit einer blitzschnellen Wendung eine schillernde Schwebfliege haschend. Ein Sperber kommt angeschwenkt, drückt sich an einen Stamm, äugt eine Zeitlang umher und streicht weiter. Das Laubvögelchen zwitschert zärtlich, ein Täuber gurrt, eine Krähe quarrt vorüber. Irgendwo singt der Goldammer, die Heidlerchen dudeln am Himmel, und die Hummeln brummen. Mir werden die Augen wieder klein.

Da kreischt die Amsel gellend auf, der Specht warnt, und der Häher sagt an. Ich bin sogleich ganz wach und werfe die Blicke hin und her. Brach es nicht eben da zur Rechten? Ich habe den Mund auf, um besser lauschen zu können. Da bricht es wieder, und da ragt ja auch das Haupt eines Rehes über die hellgrünen Himbeeren. Es wird das schwarzrückige rote Schmalreh sein. Nein, es ist eine schwarze Ricke. Und hinter ihr ist noch etwas, der Bock? Ich möchte aufstehen, um weiter sehen zu können, aber ich darf mich nicht rühren, denn die Ricke äugt nach mir her. Jetzt tritt sie vor den lichthungrigen Wacholderbusch, und hinter ihr her zotteln zwei rote Kitze. Langsam ziehen die drei dem Ende des Stangenortes zu und verschwinden im Gestrüpp.

Ich stehe auf, denn von dem Kauern auf dem niedrigen Sitze ist mir das linke Bein eingeschlafen. Gerade will ich mich nach meiner Pfeife bücken, die ich aufzunehmen vergaß, da höre ich es wieder leise brechen, und wie ich hinsehe, steht dicht an der Brandrute ein schwarzes Reh und schlägt heftig mit den Lauschern nach den blinden Fliegen. Ich kann es nicht ansprechen, denn die Stangen decken es. Es zieht gemächlich der Dickung zu. Einmal hebt es das Haupt, und da erkenne ich, daß ich den Bock vor mir habe. Sobald er sich wieder äst, falle ich in mir zusammen, lege Hut und Rucksack ab, ziehe die Schuhe aus und schleiche dann tief gebückt in den Graben zurück. Wenn ein Farn oder ein Wacholder mir Deckung gibt, mache ich mich lang und suche nach dem Blatte, doch immer deckt eine Stange es oder das Himbeergestrüpp. Und jetzt, wo er einigermaßen steht, rasselt eine Eichkatze vor mir den Stamm entlang und faucht und schnalzt wütend nach mir herunter. Sofort dreht sich der Bock spitz zu mir her und sichert scharf. Einmal tut er so, als wenn er wieder äsen will, aber sofort hat er den Kopf wieder oben. Schließlich wendet er sich ein wenig, so daß er halb spitz zu stehen kommt.

Und nun denke ich an den alten Weidmannsspruch: „Wo Vorsicht ihm nichts nützen kann, hilft Kühnheit oft dem Jägersmann", ziehe langsam den Kolben in das Gesicht, bringe das Silberkorn in den Bock, steche schnell ein, drücke, springe nach dem Knall auf den Grabenrand und sehe den Bock mit dem Windfang am Boden dahinrutschen. Den habe ich, das weiß ich. Ich hole mir meine Sachen und gehe schnell im Graben bis auf die Schneise und dann an ihr vor dem Stangenorte entlang. Ich brauche nicht weit zu gehen; vor der rauhen Fuhre, hinter der er vor einer halben Stunde herzog, liegt er im Sande, steintot und ohne noch mit einem Laufe zu schlagen.

Viel Mühe habe ich mir um ihn gegeben, kam so manches liebe Mal seinethalben um Mitternacht ins Bett und verließ es schon zwei Stunden hinterher und wurde doch immer von ihm angeführt. Und nun brachte ich ihn ohne viel Mühe auf die Decke um die Unterstunde, als er seinen dummen Gang hatte.

In den Hungerbergen

Dahinten in der Heide, wo Fuchs und Wolf sich „gute Nacht" sagen können, liegen die Hungerberge.

So haben die Bauern die siebenfache Kette von Sandhügeln genannt, die sich dort hintereinander erheben, und die Jäger, die dort im Frühherbste auf Birkwild suchen, nennen sie die Schwitzmühle.

Früher soll dort einmal ein Dorf und ein schöner Eichenwald gewesen sein; im Dreißigjährigen Kriege brannten die Schweden das Dorf nieder oder die Kaiserlichen, denn von beiden zogen Kriegsvölker hier durch, und der Wald verschwand auch; jetzt wachsen dort Fuhren, die die Bauern gepflanzt haben.

Es gibt in dieser großen Jagd viel schönere Ecken: das Bruch, die Wohld, die Gemeinheitsfuhren; aber mir sind die Hungerberge das Haupt. Dort stört mich niemals ein Mensch, und es ist schon ein Wunder, wenn ich irgendwo in der Heide die Twicke eines Heidhauers aufblitzen und seine weißen Hemdmaugen leuchten sehe. Einsam bin ich hier.

Allein bin ich deswegen nicht. Wo Heide wächst und Fuhren stehen, kann ich es nicht sein, denn dort bin ich zu Hause. Mit allem, was um mich lebt und webt, stehe ich auf du und du, mit dem gelben Sande, mit dem bunten Gestein, mit den Bäumen und den Blumen und mit allem, was da kreucht und fleugt, singt und summt.

Aber Gelegenheit, einsam zu sein, ist reichlich da in dieser Jagd, denn weit zicht sich die Heide hin, und breit liegt das Moor da; mich aber zieht es in die Hungerberge. Denn hier, wo ihn nie ein Mensch stört, steht Jahr für Jahr der stärkste Bock, weit und breit von hier wechselt er, wenn der Abend Himmel und Erde verbindet, zur Äsung, heute in das Bruch, morgen zu Felde, je nachdem der Wind weht.

Denn es kann einem alten Bock hier schon gefallen. Da sind Dickungen, so rauh, daß nur ein Bock sich zwischen den verfilzten Zweigen durchfinden kann; da sind enge Stangenorte und Bäume, die sich schon gereinigt haben; da sind Wacholderbüsche, das Gehörn daran zu fegen; Brombeeren und Himbeeren wuchern da und in den Sinken manches bessere Kraut.

Sieben Jahre sind es her, daß ich die Hungerberge für mich entdeckte. Ich hatte im Bruche geweidwerkt und ging quer durch die Heide, denn der gelbe Sand lockte mich. Es war eine Hitze zum Umstürzen. Ich zog Bluse und Hose aus und legte mich nackt in das feuchte Torfmoor der Sinke. Und wie ich so lag und rauchte und ein Loch in den blauen Himmel sah und gähnte und die Augen mir zufallen wollten, da flammte es rot zwischen den krausen Fuhren auf, und vertraut, als gäbe es weder Kraut noch Lot, zog ein Hauptbock über die Heide und äste sich an den goldenen Blüten des Zwergginsters. Meine Büchse aber hing hinter mir am Baume, und rühren durfte ich mich nicht.

Zwei volle Wochen kostete es mich, ehe ich dem Bock die Kugel antragen durfte, aber es waren zwei herrliche Wochen, reich an blutroten Sonnenuntergängen und goldenem Morgenrot und glühenden Unterstunden, reich zwar an Mühe und Schweiß und Enttäuschung und überreich an Aufregung, Spannung und Hoffnung. Als er dann im glühenden Mittagssonnenbrande wieder einmal über die hohe Heide zog und in der Todesflucht die Dickung annahm und ich vor die Dickung schlich und horchte und meine Pfeife zu Ende rauchte und mich barfuß in die Dikkung stahl und ihn da liegen sah, da wünschte ich, meine Kugel hätte ihn verfehlt, damit ich noch weiter so reiche Tage leben dürfte. Der Bock aber, der jetzt hier steht, kostet mich noch mehr Mühe und Schweiß. Zweimal bekam ich ihn zu Blick in diesen drei Wochen; das eine Mal jagte er einen anderen Bock, der sich in die Nähe der Hungerberge gewagt hatte, vor sich her; so rasend schnell stoben die Böcke an mir vorbei, daß die wilde Jagd längst vorüber war, ehe ich den Drilling schußgerecht in der Hand hatte; und das andere Mal zog er vor mir her in der langen Heide, die ihn bis zum Halse deckte, und ich mochte den Schuß nicht wagen. Jeden Morgen spürte ich ihn auf den Wegen, mehr als einmal vernahm ich seinen tiefen Baß, wenn ihm der Wind meine Witterung zutrug, aber vor die Augen bekam ich ihn nicht mehr, und wenn ich mir auch eine Nacht nach der anderen um die Ohren schlug und abends so lange paßte, bis die letzten Sonnenmale am Himmel verblichen waren.

Die Hoffnung, ihn zu erbeuten, gab ich auf, die Hungerberge aber nicht. Zu schön ist es, hier in der Vormittagssonne die warme Luft mit allen Poren zu fühlen, zu köstlich, den Kiengeruch einzuatmen, der über der Heide schwebt, in der, halb grün, halb schwarz, die Wacholder stehen, aus der wie blankes Gold des Zwergginsters Blumen leuchten. Vom Himmel herab singen die Heidlerchen, vom Moore kommt das Flöten der Brachvögel, die Luft lebt von Grillengesang, und die Hitze zittert über dem

Sande. Hinter mir in dem hellen Holze singt ein Täuber sein dunkles Lied, und vor mir tanzt ein heller Falter hin.

Heidlerchensang und Grillengefiedel machen müde; höre ich länger darauf hin, dann fallen mir die Augen zu. Und mir ist heute so, als sollte sich mir mein Wunsch fügen. Das Käuzchen, der Glücksvogel, weckte mich heute vor dem Tage, ohne Suchen fand ich Vierblattklee, und das schönste Mädchen im Dorfe kam mir im Bruche entgegen, lachte mich an und wünschte mir Glück. Ich lasse den Rucksack liegen, wo er liegt, schultere den Drilling und schleiche barbeinig voran. Blauflügelige Heuschrekken schnarren vor mir auf, goldgrüne Käfer blitzen vor mir hin, ein alter Rammler, vom knisternden Heidzweig geweckt, erhebt sich aus seinem Lager und hoppelt verdrossen fort.

Von hier oben habe ich weite Sicht über die Dickung, die sich über die drei Hügelkämme hinzieht; hier steht der Bock. Jeden Morgen steht seine Fährte hier hinein. Und dort in der hohen Heide, wo die krausen Fuhren ihre Triebe recken, ist sein Hauptgang um diese Zeit. Aber da ist nur Heide und Heide und hier und dort ein Wacholderbusch, zerfegt und zerfetzt von dem Gehörn des Bockes. Ich muß jetzt ganz still stehen, denn eine Krähe baumte vor mir auf; äugte sie mich, so plärrt sie los, und der Bock weiß Bescheid. Endlich streicht sie weiter, und ich schleiche von Busch zu Busch, immer stehen bleibend, den Drilling fertig zum Schusse, die Augen überall, auf jeden Laut horchend.

Aber hier ist nichts als Grillengezirpe und das Gepiepe der flüggen Meisenbrut.

Ich stehe und warte und fühle, wie mir die Sonne die Haut unter der Bluse gerbt und den Schweiß über den Rücken schüttet; die Augen wollen mir mit einem Male zufallen, und die Verdrossenheit stellt sich neben mich, schielt mich an und tuschelt: „Du Narr, du Narr!" Ein Schleier ist vor meinen Augen; das Glitzern ist von der Heide fort, und aus den Fuhren verschwand das Flimmern; die Heidlerche singt langweilig, und der Kiengeruch will mir nicht mehr schmecken. Ich denke an eine grüne Bank unter einem blühenden Lindenbaum, an eine helle Stimme und ein kühl beschlagenes, schäumendes Glas. Neben mir das unholde Wesen flüstert und tuschelt in einem fort: „Geh doch, du Narr!"

Und dann rennt sie, was sie kann, die Verdrossenheit; der Schleier ist nicht mehr vor meinen Augen, süß singt die Heidlerche, labend duften die Fuhren, und die Heide glimmert und flimmert wie Gold. Denn irgendwo vor mir bricht und dröhnt es, bricht es hell und dröhnt es dumpf, und ich weiß, was das ist, und das ist der Bock; er fegt und plätzt. Und nun steht die Angst links bei mir und rechts der Wagemut; die eine hält mich zurück, und der andere stößt mich voran: „Geh zu, geh zu, sonst kommst du zu spät!" Aber die andere wehrt ab: „Bleibe stehen, sonst springt er ab!" Ich höre nach rechts und horche nach links, und dann sage ich: „Ich will es wagen!" Und ich schleiche bis zu der nächsten Fuhre und spähe und lausche.

Aber ich gewahre nichts und vernehme nichts und zürne mir selber, bis das Knicken und Poltern wieder beginnt; da wage ich mich einen Busch weiter, halte den Atem an und lasse die Augen verloren suchen, bis sie eine Wacholderspitze fassen, die ein klein wenig zittert. Jetzt schwankt sie wild hin und her, es rasselt und prasselt, es stöhnt und dröhnt, und jetzt zeigt sich ein roter Fleck und darüber ein silberweißes Blitzen und Blenden. Das ist der Bock, aber er steht nicht frei; die hohe Heide deckt ihn und ein krauser Wacholder. „Warten, warten!" so flüstert es links von mir, und rechts: „Auf und an!" Und in mir singt es: „Auf und an, auf und an, spannt den Hahn, lustig ist der Jägersmann!" Die Hand liebkost den Kolben, der Finger streichelt den Abzugsbügel. Vor mir ist freie Heide; fort kann er nicht, der Bock! Ich trete vor den Busch, gehe in die Knie, und den Kolben an der Backe, den Ellbogen auf dem Knie, den Finger am Bügel, warte ich, bis der Wacholder wieder hin und her geht, und dann lasse ich des Rotkehlchens Warnruf erschallen. Still steht der Strauch, und hinter ihm hervor, das Haupt hoch, rundumher äugend, tritt der Bock. Die hohe Heide deckt mich gut, aber der Bock steht schlecht, ich muß warten, bis er sich dreht. Steif steht er da, wie ein dürrer Wacholder, so rot; der dünne Ton hat ihm allen Übermut genommen. Wenn das Rotkehlchen warnt, darf der Bock nicht weiterfegen, denn die Luft ist dann nicht rein, und sicherer ist es dann in der Dickung.

Er wendet und äugt nach der Dickung hin; ich fasse Haar und lasse fliegen. Im roten Feuer sehe ich ihn eine hohe Flucht machen. Den habe ich! Er kann nicht weit; vor dem breiten Wacholderbusche bricht er zusammen. Ich warte, ob er nicht doch den Kopf noch hebt, und gehe langsam, leise näher, immer näher, bis ich bei ihm stehe und sehe, daß er den Schuß nicht mehr vernommen hat. Als er die hohe Flucht machte, war sein Leben nicht mehr in ihm.

Und jetzt, wo er an der Fuhre hängt und die Heide unter ihm sich purpurn färbt, da ist mir, als hätte ich mich selber um viele reiche Tage bestohlen, an denen ich in Hoffnung und Enttäuschung noch weidwerken könnte den Bock in den Hungerbergen.

Ein roter Bock

Aus grünen Träumen bin ich aufgewacht. Lang war der Tag und heiß. Seit halb vier Uhr in der Frühe bin ich über die Koppelwege geschlichen, an den goldenen Korngarben vorbei, neben den halbreifen Weizenbreiten her, vorüber an rötlichem Hafer und schwarzen Viehbohnen, tauchte dann in dem einen Feldhölzchen unter, schlich wieder über knisternde Goldstoppeln, verschwand in einem zweiten Holze, ging langsam zum dritten, von da zum vierten, und so, mit kurzer Frühstückspause und einer halben Stunde Mittagsrast im Krug, bis ein Uhr.

Da kam aber der graue Mann, streute mir Schlaf in die Augen und hielt meine Hacken fest, daß die Füße schwer den Boden traten, hing lange Grashalme und zähe Ranken um meine Knöchel, machte mir die Ohren taub und den Pücken krumm. Ein Viertelstündchen wollte ich im Schatten nicken, gelehnt an der alten Eiche grauem Stamm; zwei volle Stunden habe ich geschlafen, fest und still.

Mit großen Augen sehe ich über die Blöße vor mir, als könnte ich den Traum wiederfinden, den ich hatte. Ich sehe des hohen Wasserdost rosenrote Büschel, über die zwei Pfauenaugen tanzen, die übermannshohen Dolden, deren weiße Schirme ein Stelldichein sind für allerlei buntes, blitzendes, summendes, surrendes Getier, die blauen Glocken, in denen die Hummeln brummen, und die ungeheuren, acht Fuß hohen, schlanken, rotköpfigen Disteln, über denen Admirale und Silberstrich, Zitronenfalter und Weißling hin und her schweben.

Ich sinne meinem Traume weiter nach und sehe nach den Riesendisteln. Ein Flug lustiger Stieglitze fällt auf ihnen ein, auf den roten, nickenden Distelköpfen nicken die roten Vogelköpfe hin und her, dann stiebt die bunte Gesellschaft froh zwitschernd wieder ab.

Eine leichte Brise kommt über die Blöße, so leicht, daß der hohe, schön geschwungene Waldhafer sich kaum rührt, aber die beiden Zitterpappeln fahren zusammen und schütteln sich, als hätte eine rauhe Faust sie gepackt. Durch die Krone meiner Eiche geht ein leises Brummen, als lache sie heimlich über die beiden Angstmeier.

Die Pfeife im Munde, liege ich da und träume. Blaue Rauchwolken zerflattern zwischen blitzenden Schwebfliegen. Weiße Schmetterlinge kommen wie lichte Träume angeschwebt, jagen sich, flattern zu Boden, steigen in die grünen Kronen und verschwinden über dem hohen Silbergras.

Das ist doch das schönste an der Jagd, dieses wunschlose Stilliegen. Der Bock, wenn ich ganz ehrlich sein will, ist nur ein Vorwand für das heimliche Gehen, für das lautlose Pirschen, durch das mir alle Waldgeheimnisse kund werden.

Das sage ich jetzt. Aber gestern, als ich ihn herangelockt hatte mit dem gespaltenen Grashalm, auf dem ich des Schmalrehes kokettes Locken nachahmte, da zitterten mir doch die Knie ein wenig, als ich ihn heranrauschen hörte durch die Haselbüsche, und unter dem Hut kribbelte mir die Haut. Und als er dann Wind bekam und wie ein roter Feuerstreifen hinter meinem Rücken vorüberschoß, da habe ich doch die Stirne gekraust und die Lippen zusammengebissen. Dort oben, wo die Lichtung aufhört, habe ich dann am Kreuzgestell eine Stunde gelauert, bis er endlich auf das Gras trat. Und als ich das Büchsenschloß stach und den Kolben an die Backe zog, da flammte mir doch die helle Wut heiß in das Gesicht, als hinter dem Bock auf dem Feldweg zwei Mädchen auftauchten und ich den Lauf eiligst in die Höhe reißen mußte, und gar nicht freundlich dankte ich, als die beiden Hübschen mir die Tageszeit boten. Und heute morgen, als ich barfuß über das Quergestell schlich und der Bock im mannshohen Grase vor mir absprang, daß ich nichts weiter sah als einen roten Strich und darüber zwei weiße Blitze, da kam mir das Morgenrot auf einmal langweilig und des Taubers Ruf albern vor.

Aber was hilft das alles. Pech ist Pech. Ich habe doch allerlei Schönes gesehen, was andere Leute nicht sehen. Vor mir im Fallaub knistert es. Ein in Grün, Gold und Bronze gepanzerter großer Käfer kämpft da mit einem Ungeheuer von Regenwurm. Dreimal reißt der Wurm sich los, dreimal faßt der blanke Ritter ihn und schleppt ihn schließlich in seine Burg, den moosigen Eschenstuken. Ich muß lachen; Ritter Georg und der Drache fallen mir ein.

Ich erhebe mich. Ein Kaninchen, das dicht vor mir in der Sonne gelegen hat, raschelt davon. Schrecklich lärmt der Häher, der im Grase Käfer suchte, und ein Eichkätzchen klettert an der Esche hoch und ruft mir aus sicherer Höhe einen Schwall gemeiner Schimpfworte nach. Die Amselmütter und Zippenmamas warnen mit Zetergeschrei ihre flügge Brut, die Kohlmeise gibt mir keifend zu verstehen, daß ich in der Nähe ihrer Kinder höchst überflüssig bin, und sogar die Grasmücke meint spitz, ich möchte machen, daß ich weiterkäme.

Das tue ich auch. Den Grasweg gehe ich entlang, an dessen Seiten die hellroten Blumen des Storchschnabels leuchten und die dunkelpurpurroten Köpfe des Wiesenkopfs nicken, behängt mit stahlblauen, blutrot gezeichneten Schmetterlingen. In allen Büschen krabbelt junges Vogelvolk, in allen Zweigen flattert es davon. Überall schimmern der Hasel weißlichgrüne Nüsse, dazwischen hängen des Geißblatts wachsgelbe Blumen, funkeln der Heckenkirsche rote Perlen, lachen des Schneeballs rotbäckige Trauben. Reich gedeckt ist dieses Jahr der Tisch für alle Pickeschnäbel und Knabberzähne.

Oben am Fahrweg mache ich halt, sehe tief hinein in den Nachbarwald. Auf dem Grenzstein im Graben lasse ich mich nieder, von da aus haben meine Augen dreifache Aussicht. Nach links, wo der Weg in grünen Schatten ausläuft, nach rechts, wo er in glimmenden Sonnenstrahlen vor der goldenen Stoppel zerfließt, und geradeaus, wo ein üppiger Strauß von hohem, weißblühendem Labkraut, bleicher Kohldistel, goldenem Johanniswurz und kupferrotem Sauerampfer ihn beendet.

Ein kohlschwarzer, goldschnäbliger Amselhahn rennt durch die Wegerichblätter, stochert hastig überall herum, stolpert weiter, zieht mit einem Aufwand von überflüssigen Bewegungen einen Wurm aus dem Moos und verschlingt ihn mit ebensoviel unnützen Kopfverrenkungen. Dann stößt er ein gellendes Warngeschrei aus und stiebt in die Haselbüsche.

Rechts in den Büschen höre ich es brechen. Ein kleiner Ruck zuckt durch die rechte Hand, die Linke schiebt sich

unter den Büchsenlauf, vorsichtiger ziehen die Lippen an der Pfeife, und kleiner werden meine Augen. Ein Kopf, rotgelb und kohlschwarz, von hell und dunkel abschattierten Lauschern überragt, steht zwischen den blauen Glokkenblumen, biegt sich herunter, reißt ein Hälmchen ab und kaut es langsam kürzer.

Dann schiebt sich der Hals heraus, der rechte Lauf, der linke, und das rote Blatt, der Leib, die Hinterläufe, und nun steht es in seiner ganzen Schönheit, das Schmalreh, mitten auf der Bahn vor dem großen weißgrüngoldroten Blumenstrauß, als wenn es wüßte, daß der es so gut kleidete. Sorgfältig macht es Toilette, zupft hier und da an seinem roten Kleid herum, schüttelt die blinden Fliegen ab, kratzt sich die Stelle am Halse, wo es die Mücken stachen, und äst dann von oben herunter einen Haselschoß nach dem andern ab. Einmal sieht es sich noch um, dann zieht es über die Bahn nach der großen Grasblöße.

Ich bleibe sitzen und qualme weiter. Die Turteltauben schnurren, nun wird es fünf Uhr sein. Eine Goldammer singt schwermütig, ein junger Fasanenhahn ruft laut und herrisch und stolziert dann über den Weg, funkelnd im schrägen Sonnenlicht. Der alte Hase, der hier jeden Abend und jeden Morgen anzutreffen ist, erscheint auf der Bildfläche, und der Ringeltauber klatscht mit den Flügeln, fällt über mir in der Eiche ein und ruft. Nun ist es schon sechs Uhr. Anderthalb Stunden habe ich hier gesessen auf dem Grenzstein.

Grenzsteine halten fest; es ist Pech daran. Die Grenze, das ist doch das Schönste bei jeder Jagd. Da hat das Pirschen zweifachen Reiz, da bietet der Ansitz doppelte Freude, da ist der Bock noch einmal soviel wert. Es ist lächerlich, aber es ist so, und es wird so bleiben, solange es grüne Jäger und rote Böcke gibt, heute und morgen und allezeit.

Aber länger will ich hier nicht bleiben. Doch gerade, wie ich mich aufrichte, warnt links von mir das Rotkehlchen laut und anhaltend. Und über der Grenze, linker Hand von mir, rauscht es im Laub, bricht es in den Zweigen, höre ich den Bock schlagen und plätzen. Da sinke ich Zoll um Zoll in mir selbst zusammen und kauere mich wieder am Grenzstein hin, die Faust am Kolbenhals auf das rechte Knie gestützt, die Linke vorn am Lauf.

Lauter warnt das Rotkehlchen, lauter knackt und rauscht es in der Dickung. Mit einem Ruck hört der Lärm auf, und mitten im Wege steht ein gelber Fleck, zu drei Vierteln verdeckt von den tief herabhängenden Haselzweigen. Wohl zehn Minuten rührt sich der Fleck nicht, dann kommt Bewegung hinein, die Äste rauschen auf und ab, Mulm und Moos fliegen, wie unsinnig schlägt und fegt der Bock.

Soll ich, oder soll ich nicht? Ein Bock ist es, das ist klar. Aber ob es der ist, den ich will, das ist die Frage. Könnte ich nur einen Augenblick den Kopf sehen! Aber ob ich mich ganz hinknie, ob ich mich flach hinlege, immer dekken den Kopf die Haselzweige. Und dann klingt von der Grasdickung das Fiepen des Schmalrehes, einmal, zweimal und zum dritten Male, und fort ist der gelbe Fleck. Dann höre ich Stimmen und Sensengedengel und höre es dort unten rauschen, sehe es dort leuchten und blitzen. Ärgerlich auf mich und die ganze Welt, ziehe ich ab, die Grenze entlang, am Klee vorbei, wo drei Hasen sich gütlich tun, den Koppelweg entlang, über den die Kaninchen huschen, am Hafer vorüber, in dem die großen Heuschrecken schrillen, bis ich den Mäher und seine Frau fortgehen sehe.

Halb acht schlägt es im Dorfe. Dreiviertel Stunden habe ich noch Zeit. Vorsichtig pirsche ich am Felde entlang, bis ich an der Graswildnis bin. Da steht eine Leiter, und auf die krieche ich hinauf, katzenleise, bei jeder Sprosse die Augen über das dichte Gewirr von mannshohem Gras, Glockenblumen, Haselschossen, Kletten, Dolden und Espenloden und das lichte Stangenholz dahinter wandern lassend. Oben auf der Leiter lehne ich mich an den Stamm, hänge die Büchse an einen Astzacken und hole aus der Tasche den Geschreiblatter heraus.

Zweimal klingt das Geplärre durch den Wald. Der Hase auf dem Grasweg macht einen Kegel und äst dann weiter. Ich höre die Turteltäuber schnurren, die Ringeltäuber rufen, eine Ammer singt noch. Rotkehlchen ticken, Amseln schimpfen, Mäuse ruscheln im Laub, eine große Fledermaus fährt hin und her, aber kein roter Fleck taucht irgendwo auf.

Da, in den Stangen, ein leises Knicken. Da steht ein gelber Fleck. Ein Bock. Aber nicht mein Bock. Der gelbe Gabelbock. Aber ich muß heute abend fort, und so hebe ich den Büchsenriemen von dem Astzacken, spanne lautlos, steche das Schloß und will gerade anbacken, da macht der Bock eine Flucht zurück, und schon verdecken die Zweige ihn. Und schon will ich mir ärgerlich die Pfeife anstecken, da rauscht es hinter mir im Weizen, ich sehe einen roten Strich, darüber blitzt es lang und weiß, aber ehe ich die mühsame Wendung nach rechts gemacht habe, ist das rote Ding fort.

Jetzt aber schnell! Leise herunter von der Leiter, auf den Grasweg, Rucksack und Hut herunter, Pfeife fort, und nun, schnell, aber leise, bis an die Ecke der Dickung. Dort einen Augenblick gewartet, dann fünf Schritt weiter im Schatten der tiefen Zweige, wieder gewartet, wieder weiter, und da höre ich es auch schon rauschen und brechen.

Ich bin klatschnaß von Schweiß; das Herz sitzt mir im Hals, der Atem pfeift, daß ich denke, man kann es zehn Gänge weit hören, und der Büchsenlauf tanzt mir vor den Augen auf und ab. Aber nur so lange, bis ein großer roter Fleck auf die Bahn tritt; da werde ich ruhig, habe mit einem Blick das hohe, langendige Gehörn weg und rühre am Abzug.

Roh zerstört der Feuerstrahl die sanften Farben der Dämmerung, grob verdirbt der Knall die Waldabendstille, dick kriecht der weiße Dampf über Weg und Wald. Und ich bin wieder ganz ruhig, denn durch das Feuer sah ich den Bock zusammenbrechen.

Und wie der Rauch verflattert, liegt er vor mir auf dem grünen Wege in seiner ganzen roten Pracht und färbt mit seinem hellen Lungenschweiß die breiten Blätter des Wegerichs. Und wie ich bei ihm knie und das Gehörn sehe, die derben Perlen, da lache ich doch und denke nicht mehr daran, daß der Bock nur ein Vorwand für mich sei, still zu pirschen und heimlich zu lauern im Holze.

Fern von der lauten Welt liegt mein Unterkriech. Ein Einzelhof ist es, im wilden Bruch gelegen. Ganz altväterisch ist das Haus. In einem einzigen Raume wohnt der Bauer samt seinem Vieh und zwei Glucken mit ihren Küken. Keine Stube, keine Kammer enthält das Haus; die Schränke und Truhen stehen auf der Diele, auf der das offene Feuer unter dem Kesselhaken brennt; die Schlafstätten sind Alkoven in der Wand neben den Viehständen. Einen davon hat man mir eingeräumt.

Wenn ich nicht pirsche, sitze ich auf dem Binsenstuhle am Feuer, rauche aus der langen, angeschwärzten Tonpfeife den krausen Tabak, der neben dem Feuer in einem offenen Fäßchen steht, trinke ab und zu einen Schluck Tee aus dem Köppje, sehe den Küken zu, die zwischen den Stühlen herumpiepen, und lasse mir von dem Beßvater von den Zeiten erzählen, da es hier noch keinen Kanal und so viel Wasser gab, daß die Leute nur hoch zu Roß, Mann und Frau auf einem Pferde, zur Kirche kommen konnten.

Auch heute noch gibt es im tiefen Bruche Wasser genug, und der eine Teil sieht wie ein märkisches Luch aus. Es ist mir die liebste Ecke in der Jagd, denn zwischen ihm und der Heide, in den Porstdickungen, steht der Bock, den ich haben will. Der Bauer kennt ihn schon seit Jahren und behauptet, es sei mit ihm nicht richtig, weil er weder auf Pirsch und Anstand, noch vor Treibern oder Hunden zu Schusse gekommen sei. Als ich ihm sagte: „Bevor er hier nich an der Wand hängt, min leiwe Jan, gah' eck nich weg", grinste er und meinte: „Dann büst du noch öbers Jahr um düsse Tied hier, Junge!"

Fast will es mich dünken, als solle er recht behalten. Eine volle Woche weidwerke ich hier nun schon in Risch und Rohr und habe den Bock erst zweimal gesehen, einmal im Frühnebel, das andere Mal spät abends. Beide Male war es zu weit für die Kugel. Heute will ich es zur Abwechslung mit der Mittagspirsch versuchen. Es hat von zehn bis elf Uhr gegossen, und deshalb glaube ich, daß der Bock aus den tropfenden Dickungen auf die Blößen austreten wird. Wenn ich aber nur wüßte, wo ich ihn suchen soll, im Porstbruch oder auf den Wiesen, im Stangenholz oder auf den Dämmen. Er findet überall Äsung genug, und Deckung ist mehr da, als mir lieb ist.

Ganz sachte und behutsam pirsche ich den Damm entlang, fortwährend nach rechts und links blickend, denn überall kann der Schlaumeier stehen. Neulich äste er sich, wie mir der Hoferbe erzählte, ganz gemütlich auf der Wiese hin, obschon nicht weit davon die fünfzig Gänse des Bauern weideten. Heute steht dort aber nur der Spießbock, und ich schlendere weiter, ohne von ihm gewahrt zu werden. Augenweide habe ich in Hülle und Fülle. Die Gräben sind mit weißen Hahnenfußblüten und den Blumenquirlen der Wasserprimel bedeckt, überall leuchten die gelben Lilien, rote und weiße Kuckucksblumen, Sternkraut und Günsel zieren die Böschungen, und die Maidornbüsche sind beladen mit Blütendolden. Dazu stehen die Eichen im jungen Laube, die neuen Birkenblätter blitzen nur so, und es lebt und webt und singt und klingt in allen Büschen.

Nun bin ich an dem Sumpfe, über dessen blankem, von Weiden, Rohr, Schilf und Risch durchbrochenem Spiegel Dutzende von Trauerseeschwalben auf und ab fliegen, dann und wann herniederstoßend und ein kleines Getier aufnehmend. Eine Wildentenmutter samt ihrer Brut kommt aus dem Röhricht geschwommen, warnt aber sofort und verbirgt sich wieder, weil dort hinten die Rohrweihe heranschaukelt. Ich pirsche langsam weiter, trete einen Reiher vor mir fort, den ich leicht herabholen könnte, aber

leben lasse, bekomme dort, wo der Sumpf von dem Porstbruche abgelöst wird, einen leuchtend roten Fleck zu sehen, schleiche mich dichter und dichter heran, ohne erkennen zu können, was es ist, bis er sich endlich, nach halbstündigem Passen, als eine alte, hochbeschlagene Ricke entpuppt, die faul und bequem auf demselben Flekken herumäst. Ich komme an ihr vorbei, ohne daß sie Arg vor mir hat, und bin nun vor dem Porstbruche.

Hier an die Eiche habe ich sieben Knüppel als Tritte genagelt und kann sie so leicht erklimmen und in den Sitz gelangen, den ich mir in ihrer Krone gemacht habe. Abend für Abend habe ich hier gesessen und auf den Bock gepaßt, ihn aber nur zweimal erspäht. Es ist möglich, daß er ein jedes Mal vor mir war, aber an den meisten Stellen stehen die Büsche so dicht, daß man auch vom Hochsitze wenig sehen kann. Ich lasse meine Augen über das grüne Gewirr schweifen, von rechts nach links und von links nach rechts, rauche, denke halbe Gedanken und träume undeutliche Vorstellungen, sehe der Rohrweihe nach, die über das Bruch hinwegschwebt, und bekomme allmählich faule Augen, denn ich habe in dem dumpfen Alkoven und wegen des Gerassels, das das Vieh vollführte, nur wenig schlafen können.

Da leuchtet plötzlich zwischen den Porstbüschen etwas Rotes auf, und meine Augen werden wieder munter. Daß es ein Reh ist, sehe ich, und daß es mein Bock nicht sein kann, erkenne ich auch, denn der hat ein viel stärkeres Gebäude. Und nun, da es voll auf die Lichtung tritt, kann ich es genau ansprechen; es ist ein Schmalreh. Und daß es nicht allein ist, merke ich daran, daß es in einem fort hinter sich äugt. Sehr vorsichtig drehe ich mich mehr nach links und spanne den Büchsenlauf des Drillings, des Bokkes wartend, der dort kommen müßte. Doch die Schmalricke zieht nach rechts hin, und eine Weile nachher höre ich es rechter Hand brechen, und breit und blank steht der Bock in bester Schußnähe da. Obgleich mir das Herz bis in den Hals hinein schlägt, wende ich mich sehr bedächtig, denn so nahe hatte ich den Bock noch nie, und es ist einer, der sich lohnt; mächtig ist sein Gebäude, eisgrau das Gesicht und das Gehörn stark, hoch, breit ausgelegt und prächtig vereckt. Ich warte, daß er etwas mehr nach links hin ziehen soll, aber er tut gerade das Gegenteil, und es ist mir unmöglich, mich so weit zu drehen, ohne Geräusch zu machen. Langsam zieht er der Stelle zu, wo das Reh verschwand, und taucht in den Büschen unter. Mit langem

Gesichte sehe ich ihm nach, überlege, wie ich es anfangen soll, um ihm den Paß abzuschneiden, klimme nach einer Weile hinunter und schlage den Damm zur Linken ein, um den Wind zu bekommen, denn wenn ich nicht sehr irre, wechselt der Bock der frischen Wiese vor der Heide zu. So pirsche ich denn eilig, doch behutsam voran, immer zwischen den Rohrdickichten hin, die die abgebauten Torfstiche ausfüllen, immer in Sorge, daß ich den Bock überpirschen könnte, fortwährend die Augen nach den Seiten werfend und Obacht auf jedes dürre Blatt und jeden trockenen Zweig am Boden gebend, denn hier in der Stille geht kein Geräusch verloren, wenn auch Grasmücke und Laubvögelchen, Rohrsänger und Moorammer noch so lebhaft singen.

Flüchtig nur streife ich die veilchenblauen Blüten des Fettkrautes, den zierlichen, hellgrünen Farn, die glitzernde Blattrose des Sonnentaus am Grabenborde, achte des Wiesels kaum, das vor mir über den Damm schlüpft, und der Schlingnatter, die sich eilig zur Seite schlängelt, wie mein Schatten auf sie fällt, bin aber etwas ärgerlich, wie neben mir aus dem Graben eine Ente mit großem Gepolter und viel Geplärre aufsteht, und sehr wenig froh, daß ein Birkhahn, der sich im Torfmull badete, mit Lärm hochgeht, denn alles das könnte den Bock warnen. Darum schleiche ich an dem alten Entenfange, der ganz voll von blühenden Schwertlilien ist und auf dem die Enten mit Vorliebe liegen, besonders behutsam vorbei, und dann stehe ich hinter einem über und über mit weißer Samenwolle bedeckten Weidenbusche vor der Wiese und mache ein sehr dummes Gesicht, denn in ihrer hintersten Ecke zieht soeben der Bock hinter dem Schmalrehe in das Röhricht. Die Sonne scheint, die Wiese blüht, Falter fliegen, Vögel singen, und mir ist so, als wäre Herbst und der Regen rauschte auf mich herunter.

Doch dann muß ich mich selber auslachen. Solchen Heimlichtuer wie diesen Bock binnen einer Stunde in solchem Gelände zweimal zu Blick zu bekommen, das ist schon allerlei, und da aller guten Dinge drei sein sollen, mag es am Ende doch noch schlumpen. Ich schleiche bis dahin, wo ein zu Dreivierteln ausgetrockneter Graben das Röhricht teilt, und in dem pirsche ich mich voran, Schritt um Schritt ganz bedachtsam setzend. Der Schilfrohrsänger schwatzt, irgendwo ruft ein Rohrhuhn, Schwalben zwitschern über mich hin, Spitzmäuse schrillen im Risch, und ganz leise ruschelt der laue Wind im alten Rohr. Ich passe scharf auf den Rauch meiner Pfeife, um nicht mit falschem Winde zu kommen, und horche angestrengt in das Dickicht hinein. Da, ein roter Fleck, der Bock! Aber nein, es ist nur ein krankhaft gefärbtes Blatt, das mich narrte. Aber brach es hier nicht laut genug, hier dicht vor mir, daß es ein Reh sein könnte? Doch nein, es ist nur eine Maus, die dort herumhüpft. Und das, was neben mir im Rohr rispelt und krispelt, ist nur ein Vogel.

Weiter darf ich mich aber nicht vorwärts wagen, sonst komme ich über den Wind. Es ist ja möglich, daß der Bock schon über den Graben gezogen ist, aber nicht sehr wahrscheinlich, denn er hatte es wenig eilig. Ich suche mir eine Stelle an dem Grabenufer, wo ich bequem sitzen und weit genug spähen kann, und dort kauere ich mich hin, mich so klein wie möglich machend und mein Gesicht verstekkend, so gut es geht. Die hohen Halme um mich ruscheln leise, die Rohrsänger schwatzen auf eintönige Art, Bienen summen, fern weg flötet der Pfingstvogel immer und immer dieselbe Weise; ich muß mich zusammennehmen, daß ich nicht einschlafe. Zudem brütet die Sonne hier über die Maßen, und heftiger Durst brennt mir im Halse. Ich kaue an einem jungen Rohrhalme, sehe bald den Käferchen zu, die auf der Grabensohle umherrennen, bald dem Rohrsänger, der an den Halmen auf und ab klettert, bin froh, daß ein Spitzmauspärchen, das sich zwischen den Rischbülten jagt, mich aus der Schlafsucht reißt, und horche währenddessen scharf in das Röhricht, ob ich es darin nicht treten und brechen höre.

Schon ist fast eine Stunde vergangen, daß ich hier bin, und ich habe das Lauern reichlich satt, zumal mir die Beine einschlafen und der Rücken zu schmerzen beginnt von dem regungslosen Sitzen. Aber eine halbe Stunde will ich noch darangeben und dann noch einmal alle Blößen absuchen, denn ich habe so das Gefühl, als müsse ich heute zu Schusse kommen. Eine Viertelstunde vergeht, ohne daß sich im Geröhr etwas rührt, und noch eine, und schon denke ich daran aufzustehen, und freue mich darauf, wie ich mich recken und strecken will, da bricht es über mir ganz laut, und aus dem Rohr schiebt sich das Schmalreh, äst ein paar Blättchen und tritt über den Graben. Mein Herz beginnt Polka zu tanzen, denn wieder bricht es vor mir, und das ist niemand anders als der Bock. Ich wage nicht, das Büchsenschloß einzustechen, und das leise Beben der Arme verstärkt sich, je länger ich warten muß. Aber es dauert und dauert und dauert, ehe es sich wieder rührt; dann aber steht der Bock breit wie eine Scheibe vor mir, erst nach mir hinäugend, dann nach der anderen Seite, und sobald er das Haupt wendet, habe ich das Korn auf seinem Blatt, drücke und sehe hinter dem Feuer her, daß er gut zeichnet, und wie ich aufspringe und horche, höre ich es einige Augenblicke heftig und regellos rauschen und brechen, und dann poltert es, und das Brechen kommt nur noch von derselben Stelle; der Bock liegt.

Ich stecke eine neue Kugelpatrone ein, spanne die Schrotläufe und gehe langsam und mit so wenig Lärm, wie es geht, der Stelle zu, von wo das Schlagen ertönt. Nach dreißig Gängen stehe ich bei dem Bocke, der nur noch mit den Läufen etwas schnellt und keinen Versuch mehr macht, hochzukommen, als ich ihn an die linke Stange fasse und ihm mit dem Messer den Rest gebe. Dann schleppe ich ihn auf den Damm, breche ihn auf, hänge ihn an eine Eller, rodc das Gescheide ein und werfe mich der Länge nach auf den Rücken, bis eine Viertelstunde vergangen ist und der Bock ausgeschweißt hat. Noch einmal betrachte ich das Gehörn, das bei weitem nicht so brav ist, wie es mir am lebenden Bocke vorkam, denn es verliert von der Mitte ab alle Stärke, und die Enden sind schlecht vereckt.

Mit dem schweren Bocke auf dem Rücken gehe ich langsam dem Hofe zu, wo die Bäuerin ganz erstaunt die Hände hochhebt, wie ich ihr den Rucksack vor die Füße lege. Aber als ich mit meinem Köppje Kaffee und einem Teller voll Buchweizenpfannkuchen mit Sirup vor dem Feuer sitze und der Bauer hereinkommt, da macht er noch rundere Augen als seine Frau, denn er ist ein ganz guter Jäger und hat diesen Bock doch nicht bekommen können. „So'n Dusel", meint er. „Wahrhaftig, es is der olle. Du kannst aber auch mehr als bloß Brot essen, Junge!" Ich lache und sage: „Ja, Jan, auch Boakweitenjanhinnerk", auf den Teller weisend, und ich setze hinzu: „Un' Genever drinken kann 'ck ook!" Da lacht er und holt die Flasche vom Wandbrett, schenkt mir einen Wacholder ein und sagt: „Zur Gesundheit! Und nun kommt der Bock vom Hünenberg an die Reihe!"

Achtzacks Ende

Im Walde ging es um. Was es war, wußte niemand; aber etwas Gutes war es nicht. Es haßte den Frieden und liebte die Zerstörung.

Alle Böcke diesseits des Fuchsbaches hatten das erfahren. Dem Gabelbock vom Schälwalde war die linke Keule aufgeschlitzt. Dem Sechser vom Jagen drei fehlten ein Licht und die rechte Stange. Der Bock aus dem Kinderbruch lahmte vorne rechts. Dem vierjährigen Spießbock vom Birkenschlag war ein großer Hautlappen auf dem Ziemer abhandengekommen.

Keiner von ihnen wußte, wie es zugegangen war. Friedlich hatten sie mit ihren Schmalrehen geäst. Da hatte es in der Dickung gebrochen, etwas Großes, Braunes war herausgepoltert, hatte sie über den Haufen gerannt, die Schmalrehe vor sich hergetrieben und war in der Dickung verschwunden.

Ihre Wunden hätten die Böcke wohl vergessen, ihre Bräute vergaßen sie nicht.

Der Vierjährige mit den langen Dolchen hielt es nicht mehr aus. Nichts schmeckte ihm mehr, nichts wollte ihm munden, weder Klee noch Brombeerblätter, weder Gras noch Johannistrieb. Tag und Nacht zog er umher und dachte an sie.

Eines Morgens, als nach kurzem Donnerschlag ein feiner, warmer Regen fiel, faßte er sich ein Herz. An dem Weidenbusche vor dem Holze wetzte er seine Dolche, daß Bast und Blätter flogen, und plätzte, daß Moos und Mulm nur so sausten. Dann trat er in den Bestand.

Er zog vorsichtig und zaghaft dahin. Der Hase, den er aus dem Lager jagte, erschreckte ihn, die Taube, die er von der Salzlecke scheuchte, ließ sein Herz klopfen. Aber dann warf er wieder mutig den Kopf auf, schlug mit den

Vorderläufen den Boden, daß das Fallaub stob, und fegte mit den Stangen den Bast von einem Eschenbäumchen.

Auf einmal vergaß er Angst und Vorsicht. Aus dem Stangenorte klang ein Ton, der ihm in das Herz fuhr, ein Laut der Sehnsucht, des Verlangens, der Zärtlichkeit. Das war sie, die er so lange nicht gesehen, sein kleines, hübsches Schmalreh. Und was ihm da vom Boden aus entgegenduftete, das war ihrer Fährte Witterung.

Mit weit geöffneten Nüstern zog er auf der Fährte fort, durch das Altholz, durch den Stangenort, nach dem Ellernbruch am Fuchsbach. Und da sah er auch schon ihre schlanke Gestalt hellrot auf grünem Himbeerblättergrund.

Spornstreichs trollte er auf sie zu. Aber als er dicht bei ihr war, bewegte sich rechts der braune Ellernstumpf, und dort stand ein alter, hoher, schwerer, dunkelbrauner Bock mit fast weißem Gesicht, über dem acht weiße, scharfe, lange Enden im einfallenden Sonnenlichte blitzten. Das war Achtzack, der Raufbold, der jedes Jahr am Ende des Juli hier erschien und Mitte August wieder verschwand. Einen Augenblick lief es dem Vierjährigen kalt und heiß über den Ziemer. Dann warf er trotzig den Kopf auf, verdrehte die Lichter, daß die weiße Bindehaut teuflisch leuchtete, senkte den Kopf, daß die langen, weißendigen Dolche gefährlich funkelten, schlug mit den Vorderläufen den Boden, daß Laub und Moos nur so wirbelten, stieß ein tiefes, böses Keuchen aus und zog, die Läufe im spanischen Tritt setzend, dem Nebenbuhler entgegen.

Achtzack war zuerst ganz starr. So etwas von Frechheit war ihm doch noch nicht vorgekommen. Ein Vierjähriger, der ihm Trotz bot? Ein zurückgesetzter Bock, der noch nicht einmal sechs Enden hatte, hielt ihm stand? Zu lächerlich! Sorglos zog er dem Frechling entgegen, ein höhnisches Grinsen um den kohlschwarzen Windfang. Gleichgültig senkte er den Kopf; mit einem einzigen Stoß wollte er ihn abtun, den Dummkopf. Der aber war auf seiner Hut. Als die acht Dolche dicht vor ihm waren, wich er zur Seite und forkelte blitzschnell von unten nach oben. Es klirrte hell und klang hohl, und als beide voneinander abließen und sich gegenüberstanden, keuchend und jappend, da hing Achtzacks linkes Licht als feuerroter, häßlicher Klumpen aus der Augenhöhle heraus.

Im nächsten Augenblick strich der Pirol, der in den Zweigen über den beiden Kämpen sich im Flöten geübt hatte, entsetzt ab. Denn unter ihm war mit einem Male ein Wirbel von Laub und Moos, Kraut und Reisig. Ein Kreischen erscholl, laut und schrecklich, und dann klang es, als schlüge der Specht gegen einen hohlen Baum, und schließlich kam ein Röcheln.

Endlich hörte der Blätterwirbel auf, und Achtzack tauchte daraus hervor. Seine Dünnungen bebten, sein Atem pfiff, aus der Brust kam ein tiefes Keuchen. Fortwährend schüttelte er den Kopf, an dessen linker Seite es rot herunterlief. Aber seine acht Enden waren rot.

Das Schmalreh war abgesprungen, als der Zweikampf begann. Achtzack zog ihm auf der Fährte nach, sprengte es, als es vor ihm flüchtig wurde, schlug es noch in die Rippen und trieb es in die Tannen.

Gleich darauf huschte ein grüner Schatten durch den Wald, tauchte hinter einem Stamme auf, verschwand hinter einem andern, kam wieder hervor und war wieder verschwunden. Laut schimpfte die Amsel über das Waldgespenst, und der Kauz in der Eiche machte große Augen und schüttelte den dicken Kopf, denn lautlos jagen, hatte er gedacht, könne außer ihm niemand.

Dieses grüne Gespenst war ein Mensch, ein langer, junger, blonder, blauäugiger Mann mit braunen Backen und Händen, der Förster. Er war wütend. Er hatte eben festgestellt, daß die zwölf achtjährigen Weißtannen, die zwischen den vielen Rottannen standen, und die zehn Edelebereschen zuschanden gefegt waren von einem Bocke.

Außerdem war er falsch, weil er keinen Bock gesehen hatte. Er sollte einen auf das Schloß liefern. Vor Tau und Tag war er zu Holze gezogen, jetzt war es neun Uhr, und nichts hatte er gesehen außer einer alten Ricke. Wenn da nur nicht wieder Achtzack schuld war. Seit drei Jahren machte ihm der das Holz von Böcken blank. Lahm hatte er sich gepirscht und krummgesessen, aber nie konnte er ihn fassen. Fünfzig Nächte hatte er sich um die Ohren geschlagen, Hunderte Abende auf ihn gelauert, aber alles war für die Katz' gewesen.

Hastig sog er an seiner Pfeife, daß der Dampf durch das Holz zog, lang und breit wie ein Pferdeschwanz. Da blieben seine Augen am Boden hängen. Zwei Fährten standen auf der Dickung zu, die zierliche eines Schmalrehs, die grobe eines ganz alten Stückes.

Ganz tief bückte er sein Gesicht zu Boden. Seine großen Augen glänzten, als er sah, daß an der Fährte des rechten Vorderlaufes eine Lücke war.

Gerade, als er sich aufrichtete, hörte er es zu seiner Linken rascheln. Das Rascheln wiederholte sich und mischte sich mit einem Geröchel. Der Förster trat einen Schritt vor, noch einen, wie eine Katze dahinschleichend, aber im nächsten Augenblicke kniete er nieder, faßte den geforkelten Bock um die langen Spieße, fuhr mit der rechten Hand nach der Hosennaht, kam mit etwas Blitzendem zurück, eine schnelle Handbewegung damit nach der Brust des Bockes.

Er streckte sich und ließ den Kopf schlaff in das grüne, rotbetaute Moos fallen.

Sorgfältig untersuchte der junge Mann den Bock. „Dieser Schinder", murmelte er, als er den Bock umdrehte und sah, wie das zerrissene Gescheide fußlang aus den aufgeschlitzten Dünnungen hing, „eins, zwei, drei, sechs, acht, zehn — vierzehnmal hat er ihn geforkelt. Nun aber ist Schluß, mein Lieber! Heute mußt du stürzen, oder ich will die Kunst nicht verstehen!"

Er lud den Bock auf, ging auf das Feld, brach ihn auf, rodete den Aufbruch ein und hing den Bock in eine Fichte. Dann ging er in weitem Bogen nach dem Fuchsbach zurück.

Vor einer großen Samenbuche machte er sich seinen Stand zurecht, scharrte leise alles Fallaub beiseite und entfernte jeden dürren Ast. Dann suchte er ein halbes Dutzend gleichmäßig gewachsener Buchenblätter, schnitt sie zurecht und legte sie vor sich auf den Rucksack. Zuletzt schnitt er leise einen langen, verästelten Zweig ab und steckte ihn vor seinem Stande in den Boden.

Es war ganz still im Walde. Kein Blättchen regte sich. Man hörte die Ameisen krabbeln und die Flügel der großen Wasserjungfer knistern, die raubend über dem Bach hin und her strich.

Einmal ruckste fern ein Ringeltäuber, ein Bussard rief hoch über den Kronen der Buchen, eine Maus raschelte im Fallaube.

Der junge Förster rauchte langsam seine Pfeife zu Ende, spannte lautlos die Büchsflinte, zog die Knie hoch und legte die Waffe quer über seinen Schoß. Dann nahm er eins von den Buchenblättern und hielt es gegen die Lippen.

Ein weicher, leiser, zärtlicher Ton erscholl, das sehnsüchtige, verlangende Fiepen des Schmalrehs, einmal, zweimal, dreimal.

Drüben in der Dickung saß der alte Bock im Bett, neben ihm das Schmalreh.

Als der dünne, feine Ton erscholl, spielten die Lauscher Achtzacks.

Wohl eine Viertelstunde verging, da erklangen noch einmal die lockenden Laute. Achtzack stand auf. Aber zu oft hatte er in seinem Leben die Erfahrung gemacht, daß hinter dem zärtlichen Locken das tödliche Blei wartete, so manche Kugel war in seinen grünen Jahren an ihm vorbeigepfiffen, wenn er liebeshungrig aus der Dickung gestürmt war; mehr als einmal hatte ihn das Blei gestreift. Gern hätte er sich das verliebte Ding aus der Nähe angesehen, das da fiepte, denn unbekannt klang ihm die Stimme. Aber es würde ja auch wohl noch da sein, wenn es dunkel wäre, und wenn nicht, die Kleine neben ihm war ja auch hübsch und jung.

Auf einmal aber kam Leben in ihn, denn nun erklang der von Scham und Angst erfüllte Klageruf des Rehjüngferchens. Was, wagte es wieder einer, ihm ins Gehege zu kommen?

In seinem Wald, in dem alles ihm gehörte, was hübsch und fein war!

Langsam schob er sich durch die Tannen. Alle paar Gänge blieb er stehen und sicherte. Aber als das Angstgeschrei lauter erscholl, als er deutlich des Nebenbuhlers Stürmen und Poltern vernahm, da trat er ganz aus der Dickung heraus.

Der Förster, der wie verrückt mit seinem Hute zwischen die dürren Zweige am Boden geschlagen hatte, hielt inne, als er von den Tannen her ein ganz feines Geräusch vernahm.

Ein leises Lächeln ging um seinen Mund. Er hielt den Atem an und schloß die Augen bis auf einen Spalt.

Lange blieb es drüben still; dann klang das Brechen wieder. Aber dieses Mal lauter, näher. Dem Förster schlug das Herz, und die Büchse zitterte in seinen Händen. Er schloß die Augen ganz und atmete tief und langsam.

Als er die Augen wieder öffnete, sah er in der Dickung einen grauen Fleck. Und darüber, über den schwarzgesäumten Lauschern, das schwere, weit ausgelegte Gehörn mit den roten Enden.

Eine Ewigkeit dünkte ihm die Spanne Zeit, bis daß Leben in den grauen Fleck kam, eine Ewigkeit, die ihm das Blut wild durch die Adern jagte und den Schweiß aus allen Poren trieb. Als aber der graue Fleck sich vorschob und ein brauner ihm folgte, da zog er ganz langsam die Büchse an die Backe und machte den Finger krumm.

Nach dem Schuß stand er auf und lauschte. Ein paarmal brach es noch in den Tannen, dann war alles still. Er trat leise an die Dickung, bückte sich, nickte befriedigt, als er hellrote Blasen auf den blauen, zerdrückten Glockenblumen sah, und ging fort.

Das Schmalreh war erstaunt aus seinem Bette aufgestanden, als sein grober Bräutigam es verließ. Das war sonst seine Art nicht, bei hellichtem Tage in den raumen Bestand zu ziehen. Und er hatte nicht einmal von ihm verlangt, daß es mit sollte.

Als es dann so laut donnerte, hatte Schmalrehchen eine Flucht gemacht. Aber nur eine, denn zuviel Angst hatte es vor seinem rohen Gebieter.

Es wußte, er suchte doch auf der Fährte, und dann setzte es Hiebe, hageldicht.

Da vernahm es ihn auch schon. Laut brachen die dürren Zweige. Da war er! Aber was ihm nur fehlte? Er taumelte, schwankte, stürzte, richtete sich mühsam wieder auf, zog drei Schritte voran, brach wieder zusammen und blieb liegen.

Verschüchtert zog die Kleine an ihn heran. Sie machte ihr liebenswürdigstes Gesicht, denn es war ein launenhafter, roher Kerl, der Alte, viel unzarter, viel weniger liebenswürdig als ihr erster Liebster.

Matt hob er den Kopf, als sie bei ihm war, und ließ ihn wieder fallen. Zärtlich beschnupperte sie ihn, prallte aber zurück, denn er hatte eine so seltsame, unheimliche Witterung jetzt an sich.

Aber sie blieb bei ihm, eine ganze Stunde lang. Ab und zu versuchte er aufzustehen, aber immer wieder brach er röchelnd zusammen, und jedesmal quoll es rot aus seinen Blättern.

Dann überlief ihn ein Zittern, er röchelte noch einmal schrecklich, machte sich lang, und von da ab rührte er keinen Lauf mehr.

Dann brach es wieder in der Dickung. Das Schmalreh stand auf. Menschenworte erklangen: „Zur Fährt, mein Hund, so recht, mein Hund! Such verwundt, mein Hund!"

Das Brechen kam näher. Lautes Gehechel eines Hundes

tönte heran. Das Schmalreh sprang ab, von Entsetzen gepackt.

Hinten in den Birken verhoffte es. Der dumpfe Hals des Hundes erklang, dann des Waldhorns heller, froher Ruf: „Bock tot!"

Neben dem Bock kniete der Förster. Freudig betrachtete er den Kopfschmuck, dessen scharfe Enden noch rot waren von dem Mord.

Schmalrehchen aber zog im Wald umher. Es fühlte sich einsam. Laut rief es nach einem fühlenden Herzen. Das fand sich bald.

Es war ein dreijähriger stattlicher Bock, und er war viel liebenswürdiger und nie so grob, wie der alte Achtzack gewesen war.

Auf der Heide

Herbsttage gibt es, die gefahrvoller sind als die schwülsten Maiabende.

War das ein Gejuche und Gequieke gestern abend auf der Dorfstraße, als ich mit dem Rade zur Köte fuhr, und ein Singen und Lachen! Frigge war über Nacht heimlich wiedergekommen und hatte dem Jungvolke so viele Liebholzzweige und Küssekrautblüten geschenkt, daß es außer Rand und Band war.

Auch mit den Hirschen mußte die hohe Frau irgend etwas angestellt haben. Die Tage vorher meldete nur ab und zu einer, und so schläfrig und verdrossen, als täte er das mehr aus Pflichtgefühl als aus innerem Drange. Gestern aber verschwieg nicht ein einziger; ununterbrochen klang ihr Orgeln zu mir heran. Ich konnte nicht schlafen, denn auch mein Blut schlug Wellen; und so saß ich noch eine Stunde vor der Bude und hörte zu, was sie in die Nacht hineinschrien von Liebe und Haß, Zeugung und Mord.

Lange lag ich dann noch auf der Pritsche, ehe mir die Augen zufielen; aber mein Schlaf war bunt von Bildern und heiß von Träumen, und mehr als einmal wachte ich auf. Dann stand ich vor einem Garten, dessen Bäume himmelblaues Laub trugen und in dem goldgelbe Blumen brannten; aber als ich eintreten wollte, brüllte mich eine schwarze Stimme an, und eine unsichtbare Hand schlug das eiserne Tor donnernd zu.

Ich stand auf und zog mich an, während die Blitze die Hütte bald mit blauem, bald mit gelbem Lichte erfüllten. Schließlich kamen Blitz und Donner zu gleicher Zeit, und damit brach das Wetter ab, und der Regen rauschte eine Stunde lang. Nun hat er ein Ende genommen, und es wäre Zeit für mich, dem Hirsch entgegenzugehen. Aber die Moorfrau spielt mir einen Possen. Sie hat den Regen gesammelt und aufgesetzt, und der graue Brieten liegt dick und fest auf Wald und Heide. Er riecht wie Waschküchendampf. Es wird Mittag werden, ehe die Luft sichtig ist.

Ich will aber dennoch zu Holze ziehen. Es ist zu dumpf hier in der Bude, und das Blut geht mir schwül durch die Adern. Ich fühle es, daß das Gewitter wiederkommt. Ich kenne diese Tage; niemals sind die Hirsche reger. In der neuen Besamung meldet einer, und der vom Heisterloh schreit ihm entgegen. Weiterhin sind zwei andere im Gange. Jeder schreit anders. Mir ist, als schrie der da zur Linken tief blutrot — und der dort oben schwarz. Ich sehe ihre Stimmen wie rote und schwarze Wellen in den Nebel hineinfließen. Und mir kommt es vor, als sähe ich auch den dünnen, ängstlichen Pfiff der wandernden Drossel, die über mich hinstreicht, und das sehnsüchtige Flöten der reisenden Brachvögel.

Dann aber, hier auf der Heide, scheint es mir, als müsse ich erblinden, so dick ist der Nebel. Das Heidkraut vor meinen Füßen und der hohe gelbe Bent ist alles, was ich mit den Augen fassen kann, und ab und zu ein Machandel, der wie ein Geist neben mir auftaucht und wie ein Gespenst hinter mir verschwindet. So unheimlich ist das, daß ich mich jedesmal gegen meinen Willen umdrehen muß, als wüßte ich nicht, daß es der gute Strauch ist und nicht ein böses Wesen aus der Welt, die einmal war. Ich trage nie Blumen; aber diese goldene Habichtskrautblüte muß ich mir anstecken als Talisman gegen die Unholde, die mir die Nebelhexe nachhetzt.

Nun bin ich bei den rauhen Fuhren. Sie sehen im Nebel aus wie eine Versammlung von verfluchten Seelen, die Baumgestalt angenommen haben. Zwischen ihnen kauern, wie zum Sprunge geduckte Tiger, die Machandeln. Rundherum ist ein verstohlenes Geflatter und ein verhaltenes Gezwitscher von unsichtbarem Vogelvolk. Dann kommt ein Schwirren durch die Luft, schwillt zum Gebrause an und geht in einem langen Zischen unter. Ein verlorener Krähenschrei klingt wie ein Ruf voller Furcht. Und wieder klagen Brachvögel, jammern Regenpfeifer. Und vor mir geht, das Gesicht verhüllend, die Jugend, und hinter mir her schleicht, mir schadenfrohe Augen machend, das Alter. Und ich gehe im Nebel und weiß nicht, wo der Weg hinführt.

Aber dann schreit der Hirsch; er zieht nicht allzu weit über dem Winde vor mir her. Und drüben ruft der andere. Er bekommt keine Antwort. Und nun höre ich es brechen und poltern; gerade auf mich zu kommt es. Ich habe scharfgemacht und hinter einem Machandelstrauch halbe Dekkung genommen. Die Gespensterangst ist vorbei; ich bin wieder jung und frisch und habe die Waffe in den Fäusten. Eine heiße Welle läuft mir über die Brust, die Halsadern schwellen mir an, das Herzblut steht still und fängt dann an zu springen, denn ein Schatten taucht auf und noch einer und ein dritter und vierter. Ich sehe, daß es Wild ist, aber genauer kann ich es nicht ansprechen. Und die Schatten sinken wieder unter.

Lange warte ich. Die Hirsche verschweigen immer noch. Ein Häher schwebt wie ein blasses Traumbild vorüber. Eine kühle Luft macht sich auf und stößt die Bäume an, daß die Tropfen aus den Nadeln fallen. Der Nebel fängt an, sich zu rühren. Ab und zu habe ich Sicht; aber immer schließt sich der weiße Dampf gleich wieder, und ich stehe da und bin allein mit dem schwarzen Busch vor mir und dem grauen Baume hinter meinem Rücken, in dem eine Tostmeise kläglich trillert.

Die Amsel zetert schrill, trocken schimpft die Schnarre, und nun meldet auch der Specht scharf, und wütend lärmt der Häher. Wahrscheinlich kommt der Fuchs. Aber so laut naht er nicht. Es wird ein Reh sein, das da vor mir bricht. Gleichgültig spähe ich dahin, bis mir die Augen müde werden von dem tauben Starren in das hellgraue Nichts. Es bricht wieder und rauscht ein wenig. Das Rotkehlchen meldet. Es schnurrt zu mir heran, knickst, sieht mich mit großen Augen an und vergeht im dicken Dunste.

Ich stehe da und fühle, daß ich müde werde. Die Augenlider werden mir warm, und der Nebel schneidet mir Fratzen. Weiße Gesichter, streng geschnitten, kommen aus ihm heraus, vornehme Gespenstergesichter ohne Bart, Brauen und Haar; sie blicken mich spöttisch an, schwimmen bis vor meine Augen und zerplatzen; aber sofort schweben andere heran, Frauengesichter, ebenso edel, und gleich böse und höhnisch mich anstierend.

Irgendwo vor mir rasselt eine Eichkatze an einem Stamme hinauf. Jetzt schimpft sie; halb lächerlich, halb unheimlich hört sich das an, zumal ich sie nicht sehe. Aber worüber regt sie sich bis zur Wut auf und faucht und schnalzt so erbittert? Mich kann sie nicht gewahrt haben; ich bin ebenso unsichtbar für sie wie sie für mich. Und jetzt lärmt ein Häher, und sieben andere stehen ihm bei. Es ist ein Gekreische und Geschrei, als wäre der Habicht unter sie gefallen.

Was war das eben da? Knörte dort ein Hirsch, oder war es mein Magen, der Laut gab? Und das da, ist da ein Machandel? Es bewegt sich. Aber was rührt sich nicht, wenn die Moofrau braut, die Hexe, die Zauberin, die aus Büschen Hirsche und aus Hirschen Büsche macht! Doch jetzt fängt die Büchse mir in den Händen an zu tanzen, denn ein Stück Wildbret steht dort und noch eins, und beide haben die Häupter dahin gewandt, von wo sie herwechselten. Und hinter ihnen drein kommt ein selbstgefälliges, zufriedenes Brummen. Das ist er, der Hirsch!

Langsam ziehen die beiden Stücke vorüber. Dann starrt ein Geweih aus dem Nebel, schiebt sich voran, zieht ein graues Haupt hinter sich her, dem ein schwarzer Hals nachwächst, auf das ein braunes Blatt folgt. Darauf bringe ich das silberne Korn, und sobald es darin feststeht, mache ich den Finger krumm. Ein Schnauben ertönt, ein Gepolter erschallt, Hähergekreische und Drosselgezeter ist um mich herum, und vor mir stürmt ein Hase dahin. Und ich stehe da bohre die Blicke durch Pulverrauch und Nebel und suche ein Schlagen und Brechen zu erhaschen. Aber es ist still um mich bis auf das Quäken der Bergfinken und das Locken der Meisen.

Ich lade ganz verstohlen wieder und horche, und dann schleiche ich in den Nebel hinein der Stelle zu, wo der Hirsch stand. Sie ist leer, aber zwei lange Ausrisse sind im Sande, und einen hellroten Fleck schaumigen Schweißes finde ich und einen dunkleren hier auf dem weißen Kiesel. Der Hirsch ist mein; weit kann er nicht mehr fliehen mit dem Schusse. In der Wohld vor mir wird er liegen.

Der Nebel tanzt und wirbelt. Über mir wird es hell. Die Sonne kommt. Ich fühle sie nicht nur auf dem Gesicht; ihre Strahlen dringen bis in mein Herz. Und während ich zur Jagdbude gehe, um das Rad zu holen und mir im Forsthause Söllmann den roten Rüden auszubitten, denke ich, daß der Herbst auch Sonne hat und Früchte — und nicht bloß Nebel und Dürrlaub.

Am Heidsee

Es will Abend werden. Die Sonne hat ihren Glanz verloren und steht als große, rosenrote Scheibe über den Fuhren unter einer wunderbar gefärbten langen Wolke an dem goldroten Himmel.

Die Heidberge, die seit der ersten Frostnacht abgeblüht sind, glühen auf, als wollten sie von neuem erblühen. Die gelbgescheckten Birken leuchten, die Moorhalmbüsche strahlen, die Rauschbeerstauden sehen wie rote Flammen aus, und sogar die weißen Sandflanken der Hügel bekommen einen warmen Ton.

Ich stehe unter einer krausen Fuhre. Ein mächtiger Wacholderbusch, den ein ganz und gar mit feuerroten Hagebutten bedeckter Rosenstrauch umspinnt, gibt mir Vorderdeckung gegen den kleinen See, dessen dunkelblauer Spiegel sich unheimlich schön von dem blutroten Riedgras, das ihn einfaßt und in dem viele weiße, spät erblühte Wollgrasflocken leuchten, abhebt. Ab und zu, wenn ein Windhauch darüber hinwegseufzt oder ein Rohrhuhn ihn bewegt, überzieht ihn ein silbernes Gekräusel, oder goldene Ringe blitzen in ihm auf.

Ich stehe da und lauere auf die Enten aus Nordland, deren Federn auf dem bleichen Torfmoose vor dem Wasser hin und her wehen. Die Sonne zerlodert hinter den Fuhrenstämmen und macht aus den vielen Hunderten der silbernen Rispen des Sandrohres goldene Flammen. Das Gequarre der Krähen und das Gekreische der Häher verstummt, das Getriller und Gekuller der Meisen hört auf, und auch das dünne Gepiepe der Goldhähnchen verliert sich. Eine Fledermaus zickzackt über den See, fahle Nachtfalter hasten an den blutroten Brombeerbüschen vorüber, wie ein Schatten huscht ein Rotkehlchen über den Sandfleck vor meinen Füßen.

Der Himmel ist nun ganz dunkelblau. Ein einziger Stern steht an ihm gerade über der hohen, wunderlichen Fuhre, auf der Kuppe des höchsten der Hügelchen, die den See umhegen und an dessen Abhang langsam zwei Rehe dahinziehen; grell gelb aussehend, stehen sie in dem braunen Heidkraute; grau werdend, treten sie zwischen die fahlen Moorhalmbüsche. Hier und da schlieft ein Kaninchen aus seinem Bau, sichert ein Weilchen und hoppelt der Feldmark zu. Dann ist auf einmal ein Hase mitten in der großen Sandschelle an der Flanke des Hügels, sitzt lange reglos da und flüchtet plötzlich von dannen, denn die Luft weht ihm die Witterung des Fuchses zu, der zwischen den Sandrohrhalmen erscheint und hinter den Wacholdern verschwindet. Mit ängstlichem Geflöte stehen vor ihm die Heidlerchen auf.

Jetzt ist ein zweiter Stern am Himmel und nun ein dritter, und immer mehr stellen sich ein. Ein zischender Pfiff ertönt, und jenseits des Sees geistert eine Schnepfe dahin. Hinter mir klopft es dreimal laut, und dann rauscht es; ein altes Kaninchen hat Wind von mir bekommen und warnt die anderen. Mit einem schiefen Blick sieht mein Hund dahin und schnuppert leise; dann legt er den Kopf wieder auf den Sund. Über das Torfmoos rennt schrill zwitschernd eine Wasserspitzmaus und plumpst in den See. Aus der Ferne ertönt das Trompeten reisender Kraniche, und dann und wann fliegt mit dünnem, langgezogenem Pfiff eine wandernde Drossel dahin. Aus dem Rohr rudern leise zwei Wasserhühner bis auf die Mitte des Sees, kehren aber hastig um und flüchten mit Gepolter zurück, als sie die Eule erblicken, die lautlos über dem Wasserspiegel schwebt. Hinter meinem Rücken poltert und bricht und rauscht es in den Fuhren; ein Bussard wird sich zur Rüste eingeschwungen haben.

Ich höre es klingeln; Enten streichen vorüber. Ich setze

die hohle Faust an den Mund und mache ihr Gequarre nach. Es klingelt näher, und drei Schatten erscheinen an dem jenseitigen Ufer, verschwinden hinter den Erlen, tauchen wieder auf und kreisen näher. Ich reiße den Lauf hoch und nehme die erste Ente aufs Korn, drücke, sehe sie im Feuer stürzen und höre sie in das Röhricht prasseln, halte auf die zweite — und sehe und höre auch diese fallen. Mit heiserem Geplärre stiebt die dritte davon. Der Hund hat den Kopf gehoben und äugt mich fragend an. Ich winke ihm ab, und er senkt das Haupt wieder. Ich lade und lauere weiter. Auf den Wiesen melden sich die Kiebitze; in der Heide lockt ein Rebhahn. Fern fällt ein Schuß, und hinter mir schreckt ein Reh.

Nun sind alle Sterne an dem hohen, blauen Himmel, und der See spiegelt viele von ihnen wider. Eine Ente quarrt über mir und platscht ins Wasser, ehe ich sie gewahrt habe; ich höre sie flattern und schnattern, bekomme sie aber nicht zu Blick. Ein silberner Blitz leuchtet in dem See auf und abermals einer; es war das Widerbild von fallenden Sternen. Links von mir bricht es im Gestrüpp, und ein hohler Husten kommt daher; das ist die lungenwurmsüchtige Schmalricke, die dort umhertritt. Von neuem fuchtelt es hinter mir und klingelt über mir, und zwei schwarze Schatten schweben im Bogen dahin, lange Hälse reckend. Größer als Enten, viel größer sind sie, und mit freudigem Schreck reiße ich den Kolben an die Backe, fahre mit und drücke zweimal. Ein lautes Planschen und wildes Flattern und Rascheln meldet mir, daß eine der beiden Wildgänse heruntergekommen ist. Die andere höre ich davonsausen.

Eine Weile flattert, planscht und rasselt es noch; dann ist es still. Ich lauere noch ein wenig und muntere darauf den Hund an. Mit einem Satze ist er in der Flut, und nur ein Weilchen dauert es, so bringt er mir einen Erpel zu.

Noch einmal weise ich ihn in das Röhricht. Länger sucht er, dann bringt er die Gans. Aber eine ganze Zeit muß er suchen, ehe er die zweite Ente findet und anträgt, und dann liebele ich ihn ab, worauf er sich ausgiebig schüttelt und im losen Sande rollt, um sich zu trocknen.

Dann geht es heim über die braunen, hier und da weiß leuchtenden Hügel dem Forsthause zu, dessen helle Fenster über die pfadlose Heide mir den Weg weisen. Alle Sterne sind am Himmel versammelt, die Luft geht scharf, das Heidkraut ist naß, in den Moorkuhlen liegt der Nebel.

Morgen früh wird die Heide weiß von Reif sein, wenn ich mit dem Hund wieder hinausziehe, auf Kaninchen zu jagen.

Nebel

Den Sonnenuntergang von gestern vergesse ich in meinem ganzen Leben nicht; er war von beängstigender Schönheit. Die bleiblaue Wetterwand über den schwarzen Kopfweiden riß mit einem Ruck auseinander, und in dem Loch erschien die Sonne mit blutrotem Wutgesichte, umgeben von einer Gefolgschaft tobsüchtiger Gespenster.

Eine Viertelstunde währte der Kampf zwischen dem Tagesgestirn und der Abendwolke; dann mußte die Sonne die Walstatt räumen, und abermals klatschte der Schneebrei in dichtem Gestöber herunter, begrub die letzten freien Stellen der vereisten Wiesen und verschüttete die Saaten. Ich stand unter den drei verrenkten Weidenkrüppeln, von schwarzem Ellerngebüsch und gelbem Rohr gut gedeckt, und lauerte auf die Gänse.

Vor mir fielen die Ammern in ihren Schlafbüschen ein, Saatkrähen und Dohlen flogen heiser krächzend und schrill rufend dem fernen Walde zu, ein Bussard ließ sich auf dem Stumpfe der vom Blitz zerschlagenen Pappel nieder, äugte eine Weile umher und schwang sich weiter, Enten klingelten vorüber, jenseits des Flusses schlich der Fuchs auf dem Eise entlang, und bald hier, bald da erklang das heisere Gegacker vorbeisausender Gänse. Aber alle strichen zu hoch und zu weit weg, und erst als schon fast kein Schußlicht mehr war, kamen sieben über mich hinweggebraust, und die eine davon ward mein. Mein Freund brachte vier in den Krug mit.

Da saßen wir noch eine Weile, tranken Teegrog mit den Fischern und Schiffern, sahen zu, wie die dralle Mieke die Arme am Spinnrade rührte, ließen uns von der bösen Flut erzählen, bis Janhein mit der Ziehharmonika kam. Da ging es denn los mit Spiel und Sang, bis die Kastenuhr die elfte Stunde anmeldete und Klausenvater Feierabend machte. Als ich in dem breiten Bette lag, hörte ich den Sturm den Schnee gegen die Scheiben schmeißen und alle die Lieder grölen, die Mieke und die Burschen gesungen hatten, und als ich aufwachte, hörte ich Mieke in der Küche hin und her gehen und mit ihrer schönen, klaren Stimme singen: „In einem Tale, wo Ostwind wehte, da stand Luise beim Blumenbeete, stand eine Blume so weiß wie Schnee; so eine Blume hatt' ich noch nie geseh'n."

Nun gehe ich durch den Nebel, der so dick ist, daß ich meine, ihn mit Händen fassen zu können, und der einen strengen Waschküchengeruch hat. Die Kopfweiden, die ab und zu daraus hervortauchen, sehen wie lächerliche Gespenster aus, und die Büsche in den Wiesen sind zu allerlei albernen Ungeheuern geworden. Es ist viel Schnee gefallen über Nacht, und da es gefroren hat, so ist er fest geworden. Das ist schlimm für die Gänse, aber gut für mich, denn sie werden heute lange in Bewegung sein und der unsichtigen Luft wegen tiefer als sonst streichen. Hier und da und dort vernehme ich ihr heiseres Dadadadä und

Gaigaigaigä und mache mich schußfertig, ehe ich auf dem Stande bin. Doch der Nebel ist so dick, daß ich die drei Flüge, die am nächsten bei mir vorübersausen, nicht zu Blick kriege.

Ich nehme meinen alten Stand unter den drei zusammengedrängten Krüppelweiden ein, ziehe den Mantel über und stelle mich auf den mit Kaff gefüllten Rucksack. Ich kann kaum dreißig Gänge weit sehen. Hier steht ein Weidenbaum, der wie ein hagerer Bär aussieht, der mit der Pranke nach mir zu schlagen droht, da reckt ein anderer ein wild gemähntes Löwenhaupt aus dem Nebel, und dort wird ein dritter sichtbar, einem betrunkenen Kerl ähnlich, der mit den Armen in die leere Luft greift, um Halt zu finden. Vom Flusse kommt das Knirschen und Knarren des treibenden Eises und das Klickern und Klukkern des Wassers, ab und zu übertönt von dem anschwellenden und abflauenden Gegacker der Gänse, die drüben stehen müssen.

Ich stehe und starre in den weißen Nebel hinein, lausche auf das gereizte Gespräch zwischen Eis und Flut und das aufgeregte Gequackel der Gänse, sehe dem Hasen nach, der wie ein Schatten zwischen den verschwommenen Rohrhorsten auftaucht und verschwindet, nehme den Drilling hoch, denn ich höre Gänse heranstreichen, lasse ihn wieder sinken, weil sie außer Sicht vorübersausen, höre von drüben viermal kurz hintereinander den Donner der Schnellfeuerflinte meines Jagdfreundes, habe mit einem Male den Kolben im Gesicht, drehe mich jäh herum und halte auf den mittelsten der vier Schatten, die mit Gegicker und Gegacker über mich hinbrausen, drücke zweimal, sehe eine Gans sich im Feuer drehen und höre sie in das Röhricht schlagen, freue mich und ärgere mich gleich hinterher, denn ehe ich geladen habe, rauschen schon wieder sieben Gänse und dann noch drei über mich fort, habe

dann wieder den Kolben an der Backe, schieße zwei Löcher in den Nebel, lade hastig und fühle, wie mir trotz der rauhen Luft Stirn und Nacken heiß werden, höre abermals drüben drei Schüsse hart aufeinanderfolgen, muß die zwei Gänse, die mir von hinten kommen, auslassen, weil die Zweige der Weiden sie decken, solange sie in Schußnähe sind, und lauere dann eine ganze Weile umsonst.

Mir ist so, als verdünne sich der Nebel etwas. Eine kühle Luft geht, die grauen Rispen des Rohres schwanken hin und her, und die Halme rauschen eine herbe Weise. Lauter kluckst die Flut, stärker knirscht das Eis, und das überschneite Schilf raschelt geisterhaft. Das Gequatter der Gänse am anderen Ufer bricht ab, setzt dann wieder ein, vermischt sich mit wildem Flügelschlagen, verliert sich ganz in der Ferne und ist nach dem Doppelschusse, der von dort herüberschallt, plötzlich vor mir und über mir. Hier und da und dort tauchen lange Hälse und breite Schwingen auf. Ich lasse die Schar vorüber und feuere hinterher. Zweimal plumpst es dumpf herunter, und ein unregelmäßiges Geflatter und Geknaster folgt darauf, ich lade schnell, springe dann hin, greife die schwer geflügelte Gans und genicke sie, verpasse derweilen ein paar andere, die ganz tief vorbeisausen, bin aber dennoch ganz froh über die drei, die vor mir liegen.

Es weht stärker. Das Rohr schwankt hastig auf und ab, und die hartgefrorenen Ellernbüsche klappern. Der Nebel zerreißt und löst sich in lauter Geistergestalten auf, die einen unheimlichen Tanz vollführen. Immer noch streichen Gänse, doch höher als bisher, desgleichen Enten. Vor mir sind Gänse eingefallen. Noch bekomme ich sie nicht zu Blick, zu dick steht der Nebel zwischen mir und ihnen. Aber jetzt beginnt es sich zu rühren. Ein Weidenbusch wird sichtbar, ein Pfahl taucht auf, Rohrhalme erscheinen. Ellern zeigen sich, ein Reh zieht vorüber, eine Krähe fliegt dahin. Irgendwo schnarrt ein Zaunkönig, ein Goldfink lockt, Zeisige zwitschern. Immer wieder schallt das Gegacker der Gänse aus dem Nebel heraus; doch bleiben sie unsichtbar, obgleich sie nicht allzu weit von mir stehen müssen.

Schließlich werde ich das Passen leid, zumal meine Füße trotz der warmen Unterlage kälter und kälter werden. So streife ich mir den Reif aus dem Bart und aus den Augenbrauen und rücke bis zur nächsten Eller vor. Die Gänse sind gar nicht weit von mir, doch ist gerade hier der Nebel so dicht, daß ich sie nicht zu Blick bekomme. Über mir aber hellt es sich immer mehr auf. Lange wird es nicht mehr währen, dann schickt die Sonne den Wind hinunter, und der jagt den Nebel von dannen. So pirsche ich noch etwas voran, drücke mich hinter einen geborstenen Weidenstamm und lauere dort weiter. Das Gegacker ist verstummt; die Gänse müssen das Knurpsen des Schnees unter meinen Stiefeln vernommen haben. Aber nun setzt der Lärm wieder ein, und ich kann an ihm merken, daß ich mich verschätzt habe, die Gänse sind noch weit genug.

Wieder geht es weiter; von der Weide schleiche ich nach einem Rohrhorst, von da zu einem Weidengebüsch, von dort hinter eine Eller. Die Luft wird kälter, der Nebel dünner. Immer mehr Vogelstimmen werden vernehmbar. Ein heftiger Windstoß hellt die Luft vor mir auf. Der Nebel zerreißt, ich sehe, aber nur als Schatten, fünf lange, hochgereckte Hälse; im nächsten Augenblick fällt der hellgraue Schleier wieder davor herunter. Ich weiß nun nicht, soll ich vorwärts gehen oder soll ich stehenbleiben; denn ich kann nicht erkennen, ob ich noch weiter Deckung vor mir habe. Da flackert der Nebel abermals auf, zeigt mir die Gänse ganz klar, und ehe er sie wieder verwischt, habe ich gestochen, angestrichen und der mittelsten Gans die Kugel angetragen.

Sofort ist der Nebel wieder da. Ich stelle auf Schrot um und renne dahin, wo das Geschnatter und das Flügelschlagen erschallt. Doch ich komme vor einen Graben, dem Eise ist nicht zu trauen, und so muß ich die Gänse unbeschossen abziehen lassen. Ich lange die eine, der mein Blei das Leben nahm, auf und gehe dahin, wo die anderen liegen. Von drüben her fallen zwei Schüsse. Dann kommt ein hohler Schrei daher. Ich schütte das Kaff aus dem Rucksack, hänge die Gänse daran, schlage ihn über den Rücken und gehe der Brücke zu. Der Nebel wallt hin und her, legt sich zu Boden, und über ihm kommt die Sonne heraus; sie vergoldet das Eis, versilbert den Schnee und macht aus den Weiden lodernde Flammen.

Fortwährend zwitschern Zeisigflüge dahin, und überall locken Dompfaffen, quietschen Bergfinken. Dann und wann strebt eine Krähe vorüber, macht einen Bogen, wenn sie mich eräugt, und warnt ihre Genossinnen durch einen rauhen Ruf. Das gellende Gelächter des Grünspechts kommt von der Kopfweidengruppe am Flusse. Ein Bussard schwebt über den Wiesen, deren Eisdecke glitzert und flimmert. Rund und voll steht die Sonne über den Pappeln und jagt den Nachtnebel völlig von dannen.

An der Vorflutbrücke lehnt mein Freund. Sieben Gänse und ein großer Sägetaucher liegen zu seinen Füßen. Ich sehe ohne Neid danach hin, obschon meine Strecke nur halb so groß ist. Es ist lange her, daß ich nicht auf Gänse jagte, und so kann ich ganz zufrieden sein, zumal die Welt rundumher so schön ist, die silberne Welt im goldenen Sonnenscheine, seitdem der Nebelschleier von ihr wich.

Vollmond

Schnee versprach der Mond mir gestern, als er in einem Kranze rostroter Wolken über dem Berge stand.

Er hat Wort gehalten. Es hat die ganze Nacht schwer geschneit. Eine fußhohe Decke von losem Schnee liegt über dem Lande. Mühelos gehe ich dahin auf den Schneereifen. Das Dorf schläft schon, denn es geht auf die elfte Stunde, und die Männer sind müde von der schweren Arbeit im Forst.

Nun bin ich hinter dem Berge allein mit mir, sehe kein Haus und kein Licht mehr. Kirchenstille liegt über dem

Tale. Klar steht der Mond am wolkenlosen Himmel, und alle Sterne sind um ihn versammelt; sie blitzen und funkeln in allen Farben. Es ist so hell, daß ich ebensogut sehe wie am Tage.

Ich suche das Tal mit den Augen ab, die Hänge darüber und die Säume der Wäldchen darunter. An dem Erdfalle hoppelt ein Hase hin, vor der Fichte ziehen zwei Rehe her und äugen ab und zu nach der Eule, die aus Spielerei auf sie stößt. Drüben vor dem Forste schnürt der Fuchs zum Luderplatze.

Einen seiner Sippe schoß ich am Tage, als ich hier ankam, einen alten Rüden, und am anderen Morgen einen jüngeren mit mäßigem Balge, der keine Lunte trug; er wird sie wohl bei einer Treibjagd eingebüßt haben. Den stärksten Fuchs aber, einen mit silbern schimmerndem Balge, schoß ich vor dem Papenbusche vorbei, als er an der Quelle mauste. Es war ein bißchen sehr weit für den Kugelschuß aus freier Hand und auch zu stürmisch. Den möchte ich gern erbeuten. Es rieselt über mir; ein Schneeball kommt herabgerollt, wird größer und dicker und zerstiebt an einer Buche. Andere folgen ihm in der gleichen Weise. Ich sehe nach dem Uhlenbusche hin; Rotwild zieht unter ihm her. Scharf hebt sich jedes der vier Stücke von dem verschneiten Fichtenmantel ab, und lang fallen ihre Schatten über den weißen Hang.

Jetzt verschwindet eins nach dem andern hinter der Quellschlucht.

Ich steige ihnen nach, denn von dem Brinke habe ich einen weiten Blick in das Tal und auf die Hänge dahinter. Vor mir zieht das Wild hin; riesengroß sehen die vier Stücke auf dem weißen Plane aus. Ab und zu machen sie halt, verhoffen und wittern, äsen sich an den Büschen oder schlagen im Schnee nach Heide. Jetzt fahren sie zusammen, treten hin und her und flüchten dem Forste zu. Die

Luft dreht hier an der scharfen Ecke und trug ihnen meine Witterung zu.

Am Schäferkopfe kläfft ein Fuchs; von den Dreimannsklippen antwortet ihm ein anderer. Unten im Tale ziehen drei Rehe langsam dahin. Noch einmal schlägt der Fuchs drüben an; dann verschweigt er, und es ist wieder so still wie zuvor. Weit weg fällt ein Schrotschuß. Mit breitem Lächeln steht der Mond über den Trümmern der Burg, und lustig zwinkern ihm die Sterne zu.

Ich möchte mir einen Fuchs heranquäken, mag es aber nicht. Mir ist zumute, als dürfe ich die feierliche Stille dieser weißen Nacht nicht stören. Ein Blitz fährt über den Himmel hin; eine Sternschnuppe ist es. Ehe sie erlischt, wünsche ich mir Glück und lächele dann über mich selber.

Ein schrilles Gekreische kommt von den Uhlensteinen. Das sind Marder. Ich gehe auf die Klippen zu, die hell aus den dunklen Fichten hervorblenden. Ein Kaninchen rutscht aus den verschneiten Brombeeren heraus und noch eins aus dem fahlen Sandrohre, das hier den Lößboden bedeckt. Das weinerliche Gezeter der Marder ist ganz nahe vor mir; doch zu Blick bekomme ich keinen. Zu dicht drängen sich die Fichten um die Felsen. Ich suche mir eine freiere Stelle, lehne mich gegen einen großen Stein und mäusele. Es raschelt an dem Felsen, es ruschelt in den Wipfeln, es knistert im Gezweige, es knurpst im Schnee. Einmal ist es mir so, als hüpfe ein schmaler, langer Schatten über den Boden, aber ehe ich daraus klug werde, ist er verschwunden.

Wieder fällt ein Schuß in der Ferne. In dieser hellen Nacht ist kein Wilddieb in seinem Bette. Die Zeit vergeht. Ich starre nach den silbern klinkenden Felsen, nach den schwarzen Wipfeln, nach den Sternen und dem Monde und zum Boden, wo es ab und zu rispelt und krispelt. Die Eule schwebt vorüber. Ich mäusele leise. Sie macht einen Bogen, streicht bis vor mein Gesicht und wendet eilig, wie ich die Augen bewege.

Am Haisohle schreckt ein Altreh; ein Schmalreh gesellt seine helle Stimme dazu. Der Wald drüben am Hange wirft den Doppelschall zurück. Und wieder ist es kirchenstill ringsumher bis auf das leise Kluckern der Quelle. Abermals schreckt ein Reh am Haisohl, und nun ist es, als ob die ganze Wand dort wild geworden sei; grob und fein schmält es durcheinander. Entweder schleicht ein Wilddieb dort umher, oder die Sauen ziehen durch den Ellerngrund.

Ich steige zum Haisohle hinab, das wie ein schwarzes Loch unter der Wand liegt, und drücke mich hinter den Büschen bis zu dem Hohlwege hin, der durch den vermoorten Erdfall führt. Ich spähe hinauf und hinab, bekomme aber keine menschliche Fährte zu Blick, nur die von Rehwild und die Spuren von Fuchs und Has'. Auch vernehme ich kein Treten und Brechen und höre nichts als das leise Rascheln einer Maus unter den Schneeballbüschen, deren abgefrorene Beeren im Mondlichte blinken, und das gespensterhafte Tröpfeln eines Wasserfalles, das wie das Ticken einer Uhr anzuhören ist.

Mit einem Male schneidet ein gellendes Gekreische die Stille mittendurch, bricht ab, hebt wieder an, hört auf und setzt noch lauter ein. Es hört sich an, als wenn ein paar Hexen gegeneinander ankeifen. Ein paar Fuchsräkel sind es, die sich um eine Betze beißen. Ich trete leise in den Ellerngrund hinein, den gespannten Drilling in den Händen, und spähe zwischen den schwarzen Räumen und blauen Schlagschatten hin und her. Jetzt ist das Gezeter oben bei der Köte, nun weiter unten, wo das faule Wasserloch, das nie zufriert, gähnt, und sofort anderswo, ab und zu aufhörend und sofort wieder beginnend.

Ich starre hierhin und dahin, bis lauter Glühwürmer vor meinen Augen tanzen, der Schnee schwarz wird und die

Stämme weiß aussehen und ich die Lider schließen muß. Aber hastig reiße ich sie wieder auf, denn es bricht vor mir und kreischt und zetert und faucht und knittert, und zwei, drei Schatten fahren bergauf, kommen bergab, verschwinden hinter Büschen und Felsbrocken und wirbeln als schwarze Knäuel plötzlich auf einer freien Stelle. Mitten darauf halte ich; zweimal fährt es rot aus den Läufen, zweimal kracht es. Alle Wände antworten mit Wutgebrüll, und hier und da schmält ein Reh.

Ich lade und springe voran. Ein Fuchs liegt; eine Spur, in der dicker Schweiß liegt, führt den Hang hinauf; die dritte geht gesund links ab. Ich stopfe den verendeten Fuchs in den Rucksack und steige der kranken Spur nach. Sie steht auf die Klippen zu, unter denen ein alter Bau voller Spalten liegt. Hat der Fuchs ihn erreicht, so ist er mir verloren. Aber dicht vor den unheimlichen Felsen liegt er im Schnee und rührt keinen Lauf mehr.

Ich verpuste mich ein wenig. Dann hänge ich die Füchse an einen starken Ast und streife einen nach dem andern. Und dann überlege ich, ob ich zum Kruge gehen oder ob ich lieber den Rest der Nacht verpirschen solle. Vom Papenbusche schrillt das Blaffen einer Fähe herüber, an der Dreimannsklippe kreischen die Marder.

Ich will weitersteigen; zu schön ist diese blanke Nacht.

Der Markwart

Es ist still im Walde, feierlich still. Der Wind hat sich gelegt, das Schneetreiben hört auf. Es fallen nur noch einige verlorene Flocken aus dem immer heller werdenden Himmel, an dem jetzt die Sonne zum Vorschein kommt. Die Stämme der alten Buchen schimmern in ihrem Scheine wie Silber, das Laub der jungen Bestände lodert goldrot auf, sogar die kalten Klippen bekommen eine warme Farbe, und grell leuchten die gelben Flechtenkringel an ihnen.

Es ist so heimlich still, daß das schüchterne Gepiepse der winzigen Goldhähnchen, die in den Wipfeln der Tannen umherflattern, und das bescheidene Locken der Goldfinken, die an dem Hange entlangstreichen, weithin vernehmbar ist. Sogar die Rötelmaus, die über das Fallaub huscht, verursacht ein auffälliges Geräusch, und das Klopfen des Spechtes hört sich an, als geböte er Schweigen. Da gellt ein Gekreisch durch die Stille, ein scharfes, schneidendes Gekreisch. Vom oberen Hange kommt es, wird weiter unten aufgenommen und setzt sich bis dahin fort, wo die Dickung an das helle Holz stößt. Noch einmal erschallt es, aber schwächer, und dann ist es wieder still bis auf ein kurzes, halblautes Geraschel zwischen den moosigen Felsbrocken.

Hier treten drei Rehe umher, freuen sich des Sonnenscheines und plätzen im Dürrlaube nach Buch. Als das Gekreisch begann, hoben sie die Köpfe, sicherten einen Augenblick, und nun schlagen sie weiter das Altlaub fort, ab und zu eine Buchnuß aufnehmend und zermahlend. Auch der alte Amselhahn, der nicht weit von ihnen im Moose nach Schnecken scharrt, hat aufgemerkt, kratzt nun aber weiter. Er weiß es, daß ihm keine Gefahr droht; sonst würden die Markwarte nicht sobald aufgehört haben zu warnen.

Einer von diesen, welcher zuerst meldete, als die Rehe unsichtbar für ihn durch die Jungbuchen zogen, schwebt jetzt, wie ein märchenhaft großer bunter Schmetterling aussehend, mit lautlosem Fluge zu Boden, stochert mit dem starken Schnabel im Laube umher, füllt sich den Kropf mit Buchnüssen, fliegt auf ein Felsstück, würgt die Nüsse wieder heraus, klaubt sie auf und verzehrt den Inhalt. Herrlich ist er anzusehen. Das Rumpfgefieder ist zart rötlichbraun, die schwarzweißen Flügel haben himmelblaue, zierlich gestreifte Achseln, der Grund des Schwanzes ist ebenso geziert, und die gelblichweiße Holle ist schön dunkel getüpfelt.

Nun ist der Häher mit seinem Frühstück fertig. Ein Weilchen hockt er ruhig da, zupft dann ein Federchen zurecht, sträubt darauf den Stirnschopf, bringt ein paar leise Quietsch- und Schnalztöne hervor, nimmt ein dürres

Zweiglein, wirft es in die Luft, hopst auf alberne Art auf dem Felsbrocken hin und her, macht einen Knicks, schnalzt und quietscht wieder, legt die Haube an, macht sich ganz klein und dick, ist auf einmal wieder groß und dünn, richtet die Haube auf, späht nach der Klippe, kreischt gellend auf und flattert, so schnell er kann, in die alte Samenbuche hinein, von wo aus er gellend zetert, fortwährend dabei von Ast zu Ast hüpfend und immer nach der Klippe spähend.

Sein Warnruf findet überall Antwort. Aus den Fichten kommt ein Häher geschwebt, läßt sich auf der krummen Linde, die aus der Felsspalte herausragt, nieder, reckt sich fast den Hals aus und schimpft aus Leibeskräften. Noch ein Häher taucht auf und ein dritter, vierter und fünfter; oben am Hange, rechts und links und unten im hohen Holze keift und kreischt und zetert es. Nun legt auch der Amselhahn, der sich in den krausen Holderbusch geflüchtet hat, los und schimpft, was er kann, der Zaunkönig schnarrt dazwischen, die Meisen fallen ein, der Buntspecht warnt ebenfalls, und die Krähe, die ernst und würdevoll auf der Spitze der höchsten Buche über dem Hange sitzt, stößt einen heiseren Wutschrei aus.

Sobald der Häher aufkreischte, hoben die drei Rehe zwischen den Felstrümmern die Häupter und äugten unverwandt dahin, wohin der bunte Vogel hinschrie. Als dessen Sippe dort immer heftiger warnte, traten sie recht unruhig hin und her, und nun flüchten die beiden Kitze, von der Ricke angetrieben, in das Altholz hinein, wo sie, eng aneinandergedrängt, eine Weile stehenbleiben und nun weiter bergab trollen, ab und zu verhoffend und hinter sich sichernd. Auch ein Hase, der hinter einem halb verrotteten Wurfboden im Halbschlafe lag, richtet sich auf, läßt die Lauscher spielen und hoppelt schließlich langsam, scheinbar verdrossen, zu Tale. Ein Eichkätzchen, das mit einem Tannenzapfen im Maule dahergehüpft kommt, erklimmt eilig eine Fichte und birgt sich in deren Wipfel.

Immer schärfer und schneidender wird das Gekreische, bleibt bald auf derselben Stelle, zieht sich dann langsam den Hang entlang, schwillt an, ebbt ab und verdichtet sich nun zu einem wahren Tollhauslärm. Es gilt dem Fuchse, der bei dem scharfen Winde und dem wilden Schneetreiben die Nacht über im Bau geblieben war und den jetzt der Hunger hinaustrieb. Er will zusehen ob er nicht ein laufkrankes Reh reißen oder einen Hasen im Lager übertölpeln kann, oder, hat er damit kein Glück, ein paar Mäuse zu haschen vermag. Er steht am Rande der Dikkung, schnuppert in der warmen Rehfährte umher und schielt verdrießlich nach den bunten Waldpolizisten, die ihm, wie so oft, den Pirschgang zu verderben drohen. Dreimal hat er, des Lärmes satt, einen Tannenhorst angenommen und da gewartet, daß die Schreihälse sich verziehen sollten; sobald er aber den Kopf herausstreckte, ging das Geschimpfe von neuem los.

Er sieht ein, daß es auf diese Weise nicht geht, verschwindet in der Dickung, drückt sich in eine schmale, von Bergholder überwucherte, von Waldrebe besponnene Schlucht hinein und kommt weit von der Stelle, wo die Häher Wache halten, wieder zum Vorschein. Dort späht er lange umher, schleicht sich hinter den Himbeerbüschen entlang, gewinnt das dunkle Stangenholz, schnürt darin eilig entlang und wendet sich nach dem Erlensumpf, aus dem das Bächlein herausquillt; er weiß, daß es da immer Mäuse gibt. Er lauert ein wenig, horcht scharf dahin, wo es eben raschelte, macht einen Sprung, greift die Waldmaus, die von dem einen Wurzelstock nach dem anderen schlüpfen wollte, und schluckt sie hinab. Dann duckt er sich und äugt scharf nach den eingesprengten jungen Tannen, denn dort bricht es. Seine Gehöre richten sich auf, seine Seher weiten sich; ein führerloses Rehkitz, kümmernd und abgekommen aussehend, zieht dort entlang.

Leise zuckt die weiße Blume an der Lunte Reinekes. Einen Augenblick prüft er den Wind. Dann schleicht er nach dem nächsten Buchenstamme und von diesem zu einem anderen und von da weiter, so behutsam, so leise, daß weder Halm noch Blatt knistert und kein Dürrast knickt. Nun zaudert er, denn vor ihm steht hohes, dichtes Himbeergestrüpp, und so muß er nach rechts, wo der schöne, reine, weiche Schnee liegt, auf dem es sich lautlos pirschen läßt.

Aber dort ist wenig Deckung, und so äugt er nach links, ob er von da aus nicht besser an das Reh herankommen kann.

Aber da geht es über ihm los: „Ätsch, rätsch, kätsch, hätsch, krieätsch!" Und: „Igittigittigitt", und „Terr, terrerr", und „Zerr, zeherr", und „Ticktickticktick", und „Jück, jück, jück!" Der Häher hat ihn gewahrt und warnt, und Amsel, Zaunkönig, Meise und Buntspecht helfen ihm dabei. Das Kitz sichert, tritt hin und her, trollt dann der engen Tannenschonung zu und taucht darin unter. Böse äugt der Fuchs hinterdrein, überlegt einen Augenblick, schleicht in den dunklen Stangenort zurück, um von da unter Deckung nach der Schonung zu gelangen, in der das Rehchen sich geborgen hat.

So ärgerlich wie er dem Reh, sieht der Förster hinter ihm her, der von dem Pirschsteige aus ihn einige Zeit beobachtete und ihn in Gedanken schon am Rucksack hängen hatte. Einen bösen Blick wirft er dem Häher zu, der jetzt bergan schwebt. Er überlegt, ob er weiterschleichen oder warten soll; da kreischt am Ende des Stangenholzes abermals ein Häher auf, so giftig, daß es nur dem Fuchse gelten kann. Vorsichtig sieht der Förster dahin, und seine Miene hellt sich auf; denn da ist der Fuchs schon wieder!

Behutsam streicht der Förster an einer Tanne an, zielt kurz, und im Knall schlägt der Rotrock ein Rad.

Der Häher kreischt, die Amsel schimpft, der Zaunkönig und die Meisen zetern um die Wette. Der Förster aber legt die Hand an den Hut und grüßt nach dem Häher hin. Diesmal hat ihm der Waldpolizist, der Markwart, der ihm so manchen Bock und Fuchs vergrämte, einen Gefallen getan.

Unter dem Hange

Drei Tage lang sang der Westwind am Berge sein grämliches Lied. Johlend und heulend, taumelnd und torkelnd kam er von einer wüsten Fastelabendsfeier, wo man Grog trank von reinem Rum. Zwei dicke liederliche Wolken hatten ihn untergehakt, eine graue und eine schwarze. Die hatten ihre schmierigen Schürzen über dem Gürtel zusammengerafft, griffen ab und zu mit den freien Händen hinein und warfen allen Leuten am Wege mit plumper Vertraulichkeit Hagel und Regen, Schlackschnee und Graupeln in die Gesichter.

Jetzt ist sie vorübergezogen, die wüste Kumpanei. Über Ahrenfeld und Hemmendorf Lauenstein torkelte sie und hat da irgendwo im Ith Unterkunft gefunden, um den Rausch zu verschlafen. Ich bin froh, daß sie fort sind. Sie haben mir übel genug mitgespielt. Wo ich ging und stand, waren sie hinter mir her, brüllend, schreiend, lachend. Auf dem Wege durch die Felder warfen sie mir Regen in den Nacken, im hohen Holze schmissen sie mit trockenen Ästen nach mir, am steilen Hange rempelten sie mich an, daß ich mich festhalten mußte an Zweigen und Stämmen. Jetzt sind sie über alle Berge, und die Welt ist noch einmal so schön. Der Ostwind ist gekommen, ein sauberer Bursche von guten Manieren. Der machte die Wege hart, ließ den nassen Schlackschnee erstarren und überzog die Pfützen mit blankem Eis. Er kam aber nicht allein, er brachte die Sonne mit. Die ließ die weißen Felder leuchten, brachte den Schnee oben am Hang zum Schimmern, ließ die überfrorenen Gräben flimmern und warf über die Kronen der Buchen goldenen Glanz und silbernen Schein.

Drei Tage lang war es Herbst, kalter, nasser, häßlicher Herbst. Heute ist ein Frühlingstag, ein erster früher Frühlingstag. Liegt auch Eis auf den Gräben und Schnee im Fallaub, Frühling ist es doch. In der hohen Kaffeebuche am gelben Brink singt ein Buchfink, eine Kohlmeise zwitschert vom Fichtenast, und über der Weizenstoppel steigt trillernd die Lerche auf. Und hier, am klingenden Rauschebach, vor einem schwarzen Schlehbusch, blüht voll der Hasel. Hunderte von gelben Bommeln pendeln im Winde und schütten Goldstaub in die Silberwellen. Aus blauer Luft kommt ein heller Schrei. Da kreist ein Bussardpaar. Silbern leuchten die Schwingen bei jeder Wendung. Höher und höher schrauben sich die beiden Räuber, suchend sich und fliehend im Minneflug.

An der Holzkante gehe ich entlang, hinab den Brink, über den Bach, hinauf den Anberg, bis zur Grenze. Dort sehe ich hinunter in die helle Landschaft, auf rote Dörfer, auf das bunte Osterwald drüben am Berge, über weißschimmernde Felder, und sehe hinauf zum weißen, dunkelgestreiften Hang, aus dem graue Felsen drohend hervorragen wie Räuberburgen.

An den grauen, grünbemoosten Grenzsteinen entlang steige ich bergan im hohen Holz. Still ist es hier. Ab und zu nur klappert ein Wipfel im Wind, knirscht ein Ast, flüstert ein rotbelaubter Zweig. Feierlich ist es im Wald, wie in einem Dom an hohem Festtage. Auf die silbernen Buchensäulen fällt das Sonnenlicht, der braune Teppich am Boden ist festlich weiß bestreut, vom Hange her braust es wie Orgelton, und die Sprengschüsse aus den Steinbrüchen hören sich wie festliche Böllerschüsse an. Plötzlich rascheln alle Zweige nieder, brausen alle Wipfel, klirren alle Äste. Eine Brise fährt über den Wald, eine Wolke legt sich vor die Sonne, grau wird es ringsumher. Aber dann wird es wieder hell und klar.

Langsam bin ich gestiegen, denn der Weg ist steil. Das hohe Holz hat aufgehört, ich stehe unter dem Hang. Rot ist er, kupferrot, hier und da ein weißer Schneefleck darin, oder ein grauer Stein, ein grünlicher Eschenwipfel. Und jetzt, wo die graue Wolke vorüber ist, glüht er auf, leuchtet wie rotes Gold, flammt und loht er in der Sonne, und jäh verlischt sein Flammen, und tiefbraunrot liegt er wieder da. Graublau bezieht sich der Himmel. Der Wind ist umgeschlagen und kommt aus Westen. Alles Licht, alle Farbe verfliegt.

So schnell es der steile Weg erlaubt, steige ich bergan. Höher liegt hier oben der Schnee. Rehfährten narben ihn und Hasenspuren, und hier kreuzt ihn des Baummarders Spur. Ganz oben bin ich jetzt auf dem Kamm, von dem man weit in das Tal sehen kann. Aber ein grauer Schleier hängt über der Landschaft. Eben ist Heinsen noch zu erkennen und Deilmissen, aber Eime, Benstorf und Oldendorf sind schon verschwunden, die bleigraue Schneeluft verschluckt sie.

Durch rote Buchenjugenden führt der weiße Weg. Ein hohler Wind raschelt in den braunen Blättern und flüstert in den gelben Schmeelen, ängstlich quarrt eine Krähe, und wehleidig flötet der Goldfink. Es will wieder Winter werden. Schon fällt die erste weiße Flocke, langsam und zögernd. Andere folgen ihr, erst einzeln verloren, hier und da auf das harte Laub klingend. Mehr und mehr kommen herab, es raschelt und rieselt überall, und immer dichter und dichter stiebt es aus dem düsteren Himmel hernieder, bedeckt den Boden, verhüllt die roten Büsche, hängt sich an die kahlen Stangen. Es ist wieder Winter geworden. Ganz langsam bummele ich weiter in die weiße Stille hinein, in der gar kein Leben, gar kein Laut ist. Ich denke an die Sommertage, die ich hier verlebte. Da sang und klang es aus jedem Strauch, blühte und duftete es hinter jedem Stein, surrte und burrte es um jeden Stuken, und der rote Bock zog durch das helle Grün von Himbeer und Tollkirsche. Wo der Hilsweg links abzweigt, suche ich mir den Grenzhaufen als Ruheplatz. Aus dem Pfeifenrauch tauchen alte Bilder auf. Hier im Stangenholz vor mir hatte der Bock seinen Stand, den meine Kugel unten am Feld in den Klee warf. Hier begegnete mir am hellen Mittag der Dachs, dort weiterhin ließ ich im Dampf den Fuchs bergab rollen, den mit dem silbergrauen Balg; weiter links an einem weißen Morgen färbte ein anderer Rotrock den Schnee, und unter dem Felsen mehr oben am Hang schlug ein anderer sein Rad. Aber das war es schließlich doch nicht, was ich am Abhange des Kahnsteins suchte. Viel Besseres fand ich hier: Wildeinsamkeit und Waldruhe, Bergfrieden und Schattenstille. Ein seltsamer Laut kommt aus der Forst hinter mir, halb ein Stöhnen, halb ein Knirschen, ein Angstschrei, ein Todesruf. Ein Krachen, Splittern und Rauschen folgt ihm, ein dröhnender Fall macht den Schluß. Einer alten Buche Leben ging zugrunde unter Axt und Säge. Das jagt mich weiter, den schrägen Weg hinunter. Mir ist, als sähe ich den Tod durch den Wald gehen, die Deistermütze über den Schädel gezogen, um den Knochenhals den roten Schal, die Lodenjoppe um die Klapperrippen, Schmierstiefel und Manchesterhosen um die Dürrbeine und die Axt in der fleischlosen Faust. Er geht durch den Schnee und läßt keine Spur, und wo sein Blick hinfällt, da zittern die Bäume.

Der Markwart, der Schreihals, scheucht mir das Ge-

spenst weg. Wo der ruft, ist Leben. Da kommt es schon heran. Voran die alte Ricke, dahinter ihre Kitze und dann der Bock mit dem hohen, rauhen Gehörn. Groß äugen sie mich an und ziehen den Hang hinauf. Lauteres Leben folgt ihnen. Ein Trupp Schwanzmeisen. Lockend, spulend, schnurrend fallen sie von Zweig zu Zweig, von Baum zu Baum, hängen hier, kleben da, purzeln kopfüber, kopfunter und verschwinden in der Dichtung. Und dann kommt Leben über die Wipfel. Zwanzig schwarze Galgenvögel krächzen hinter dem einen Bussard her, elendes Gesindel, das nur Mut hat, wenn es in hellen Haufen beieinander ist, und das nur im Schimpfen groß ist.

Schräger wird der Weg, steiler fällt der Abhang ab, Felstrümmer liegen zwischen den Stangen. Der Berg wandert hier. Das Wasser nagt an ihm, höhlt ihn aus, zermürbt ihn. Alle die Mulden hier und da sind Todeszeichen. Und rechts und links der laute Donner, das dumpfe Dröhnen, das von Marienhagen und Hemmendorf kommt, Festböller sind es nicht, tödliche Schüsse sind es für den Berg, und bei jedem schaudert er zusammen.

Redet mir alles jetzt vom Tode, so will ich auch ein Lied davon singen. Ich setze die hohle Faust an den Mundwinkel, und jammernd ertönt Lampes Todesklage durch die Waldesstille. Hungriger Krähenruf antwortet ihr, über mir höre ich die Fittiche sausen. Und rechts am Hange poltert es im Schnee. Ein alter Rammler sitzt da und spielohrt. Ich lache ihn aus, den dummen Kerl. Aber wie ich noch lache, da ist mir, als wenn zur Linken sich auch etwas gerührt hätte. Ich drehe die Augen und sehe, auf dem grauen Block, in würdiger Haltung, mit gespitzten Lauschern, Reineke Rotvoß, nach der Gegend hinäugend, wo der Hase den Kegel macht. Im Knall und Dampf ist er verschwunden. Auf dem grauen Block aber liegt roter Schweiß zwischen den Silberstriemen, die das Blei schlug.

Ich trete an den Absturz. Unten auf der Platte ist wieder Schweiß. In den Spalten steckt er. Das gibt Arbeit für Männe, heute nachmittag.

Hinter der Krüppelweide

Wenn das Steinhuder Meer zu ist, dann liegen die Enten auf der Leine. Den ganzen halben Winter warteten wir darauf, daß das Meer überfrieren sollte, aber erstens fror es nicht, sondern regnete, regnete wochenlang, und wenn es einmal fror, dann geschah das bloß, um uns zu zeigen, wie schön es wäre, wenn der Frost und der Schnee bliebe, und am Tage darauf regnete es wieder nach der Schwierigkeit.

Endlich aber kam Schnee und Frost, endlich fror das Meer zu, und endlich kam eine Einladung zur Entenjagd. Mein Herz machte einen Hops, wie ein Fohlen auf der Weide, als ich im Kasten die Karte fand, und schleunigst ging ich ans Telefon und sagte zu. Und am anderen Morgen, die Freude, als alles draußen noch hart und fest war, und die Freude erst, als die Sonne hoch kam und aus blauem Himmel auf die Stadt schien, als lachte der Mai unter ihr.

Und wir vier im Schlitten, wir lachten auch. Endlich einmal, seit Monaten, wieder hinaus, seit Monaten, verlebt in der dumpfen, muffigen Stadt. Ordentlich eingerostet war ich bei dem ewigen Stubensitzen.

Aber ein solch blanker Tag, der macht alles wieder gut, ein Tag, an dem die Natur in ihrem weißen Kleide aussieht, als wolle sie zum Tanz gehen. Alles ist vergnügt heute; die Ammerflüge zippen lustig, der Finkenhahn, dieser Strohwitwer, lockt fröhlich im Obstgarten, die Krähen stechen sich in der Luft, und die Spatzen spektakeln im Holderbusch vor dem Kruge, als gäbe es überall die fettesten Maikäfer und die leckersten grünen Räupchen.

Im Kruge ein derbes Frühstück, das Mittag und Vesper ersetzen muß, und dann hinaus an das Ufer der Leine, die hinter den hohen Knaapbüschen sich durch die weite weiße

Landschaft zieht. Alles glitzert und flimmert vor uns, die Sonne brennt uns heiß in den Nacken, und der harte Schnee knurpst unter den schweren Sohlen. Überall Kaninchenspuren, den Schnee mit einem unregelmäßigen Muster überziehend, ab und zu eines Krummen Spur, und hier die des roten Räubers. Nacht für Nacht macht er hier seinen Pirschgang am Ufer entlang.

Einer unserer kleinen Treiber verläßt uns. Dann biegt ein Schütze nach links ab. Nach zehn Minuten noch einer, nach fünfhundert Schritten wieder einer, und jetzt muß ich zur Leine, dorthin, wo die zehn alten Krüppelweiden stehen. Eine feste Bahn ist dahin getreten, es ist ein guter Stand. Das zeigen die leeren Patronen, die als hellbraune, grüne und rote Flecke auf dem festgetretenen Schnee rund um die dickste Weide liegen.

Ein Hauptstand. Gerade vor mir der Fluß, einen knappen Schrotschuß entfernt, unsichtbar hinter dem Weidengebüsch. Gegenüber am hohen Ufer rotlaubige Jungbuchen, Schwarzdorn und Gestrüpp, dahinter hohe Pappeln. Nach links das Holz, schwarz und schwer, davor ein Graben, eingefaßt mit runden Weidenbüschen. Und überall Vogelleben. Elstern und Krähen in den Pappeln, ein Schacker im Rosenbusch, die Amsel im Gestrüpp, Stieglitze auf den Kletten, Ammern in den Schlehen und vor mir im Knaap ein ganzer Trupp Schwanzmeisen, trillernd, kullernd, kopfüber, kopfunter an den glitzernden Weidenruten hängend.

Ich stehe still unter der alten, geborstenen, verstümmelten Weide und drehe den Kopf nach rechts und links. Dort, vor dem Dorf, ist ein schwarzes Wölkchen, das hin und her schwebt. Es sind Enten. Das Wölkchen teilt sich, die Teile steigen und fallen, teilen sich wieder, kreisen und drehen sich, ein Teil verschwindet, ein anderer hebt sich und kommt näher, immer näher. Aber viel zu hoch sind sie.

Jetzt klingeln sie über mich hinweg, wohl über sechzig, in der Sonne glänzen sie wie Gold. Turmhoch kreisen sie, streichen weiter, kreisen wieder und senken sich dort ganz unten. Und kaum sind sie verschwunden, da knallt es, einmal, zweimal, dreimal, viermal, und lauter schwarze Punkte steigen hinter den Ellern auf und verschwinden.

Rechts von mir, wo die beiden letzten Schützen stehen, da knallt es wieder. Und auch dort steigen schwarze Flecke auf, hastig fortrudernd. Es klingelt in einem fort über mich hin, ein Paar, dann sieben, zehn, eine einzelne, an zwanzig, wieder ein Paar, aber alle viel zu hoch. Sie haben in den letzten Tagen zu oft Feuer gekriegt. Aber jetzt klingelt es dicht über mir. Aber wo? Hier versperren die Kronen der Weiden das Schußfeld, da der Stamm einer anderen, also schnell herum, den Erpel gefaßt, mit und — ja, das war doch noch zu hoch, die Schrote schlagen nicht mehr durch.

In den Uferweiden zetert die Amsel, im Rosendorn warnt die Wacholderdrossel, ein Krummer fährt aus dem Schwarzdorn und sucht das Feld, mit Geplärr stiebt die Elster ab, dann höre ich es brechen, ich sehe den Treiber durch die Büsche gehen. Und gerade jetzt, wo über mir ein Dutzend Enten kreist, um vor mir einzufallen! Nun haben sie den Jungen eräugt und streichen nach links mit klingelndem Flug, kreisen nochmals eine Zeit und senken sich wieder bei den Ellern. Und wieder knallt es da, zweimal und noch einmal.

Wohin ich sehe, Enten. Hier hoch in der Luft, kreisend und kreisend, dort eilig streichend, da einfallend. Aber eine Stunde vergeht, und kein Schuß fällt. Ich stehe und warte und sehe den Schwanzmeisen zu, die vor mir im Schwarzdorn hängen, und der Elster, die auf dem Sommerdeich herumstolziert, und dem Krammetsvogel, der wieder unter einem Rosenbusch im Schnee herumstöbert, und den Saatkrähen, die drüben mit den Dohlen in den Pappeln ein Monstrekonzert geben, und dem Bussard, der das Ufer abreviert. Da kommt es plötzlich von irgendwoher angeklingelt, klingelt hier, klingelt da, die Weiden versperren mir die Aussicht, aber jetzt ist es ganz tief, das heisere Brätbrät ertönt, die erste fällt ein, vier andere kreisen vor mir, und eine davon fasse ich, und wie es knallt, schlägt sie in einer Federwolke in die Dornen, und die anderen streichen mit Angstlaut ab. Ich faßte wohl noch eine, aber sie fiele in das Wasser.

Vom anderen Ufer nähert sich ein schwarzes Ding, langsam heranschwebend. Das ist der Bussard. Enten mag er gern. Bis auf zehn Schritt schwebt er auf mich zu und biegt dicht an mir vorbei. Aber sowie ich den Kopf wende, rudert er hastig und steigt um dreißig Fuß. Ich hätte ihm nicht nachsehen sollen, denn da klingelt es hinter mir. Ich backe an, aber sie sind schon zu weit — und zu hoch war es auch. Aber jetzt, bumms, sind sie fort hinter den Uferbüschen. Ich höre es platschen, wie sie einfallen.

Ich überlege. Ja, da kann ich sie angehen. Der Wind steht vom Fluß, und Deckung ist da. Einen Bogen über die Wiese gemacht, und dann hinter den Weiden an das Ufer. Ja, an das Ufer! Als wenn das so leicht wäre! Das ist ja ein wahrer Weidendschungel, hohl ist das Ufer auch, und unser Jagdgeber wäre hier beinahe verkluckt, als er da durchbrach. Aber da kommt ja der Treiber. Ich winke, und er kommt. Ein richtiger Niedersachse, dieser Bengel. Unter der Deistermütze roggenblondes Haar, das Gesicht wie Milch und Blut und die Augen wie Vergißmeinnicht. Er begreift schnell. Ich drücke mich vor eine Weide, und er geht die Enten an. Nach fünf Minuten höre ich das Rauschen des Wassers, den Angstruf, das Klappern der Flügel, aber keine Ente kommt mir. Sie strichen links ab. Gemein! Aber jetzt ruft die helle Stimme: „Wahr too, wahr too!" Über die Weide kommt ein langer Hals, eine braune Brust, silbern glänzende Flügel, und ohne Besinnen fahre ich mit, reiße vor und drücke. Ein bunter Klumpen zappelt im Schnee. Schnell hin, das kann ich nicht sehen, schnell den geflügelten Erpel, der mit Entsetzensruf nach dem Ufer strebt, an die Weide geschlagen mit dem tief goldgrünen Kopf, und als Lohn für diese Mildherzigkeit stehe ich da und muß vier Enten, die jetzt erst aufstanden, unbeschossen abstreichen lassen.

Wieder stehe ich unter meiner alten Kopfweide. Sie wirft schon einen langen, gespenstigen Schatten in den Schnee, denn der Tag rückt vor, und die Sonne steht schon tief. Der schwarze Wald vor mir ist tiefviolett geworden, die Weidenbüsche vor ihm sehen aus wie lauter goldrote Flammen. Von drüben rudern Krähenflüge nach fernen Wäldern, es wird Abend. Schnell sinkt die Sonne, immer tiefer wird das Violett des Waldes, immer roter werden die fernen Büsche, immer dunkler die Schatten der Weiden. Und jetzt geht die Sonne in dem kleinen Dorf zu Bett. Ein lodernder Brand rötet den Himmel, lange Rosenstreifen ziehen neben hellgrünen Wischen von der Erde zur Höhe, die Weidenbüsche sind braun geworden, der Wald ist eine schwarze Mauer, rundherum fällt Dämmerung auf die Landschaft.

Und jetzt geht es wieder los, das Geklingel in der Luft, überall zu gleicher Zeit, über mir, bald turmhoch, bald tiefer, vor mir, hinter mir, und das Schnattern und Plumpsen nimmt kein Ende. Hier ein Schuß, da ein Schuß, ein Doppelschuß, dort ein langer, roter Strahl, ein weißes Wölkchen vor schwarzen Weiden, dann der Knall, dort ein Entenpaar, außer Schußweite, hier eins, auch zu weit, dann der Kauz, lautlos an mir vorbeischwebend, und endlich wieder eine Ente in Schußnähe. Dem Schuß folgt ein Klatschen. Ich habe mich getäuscht, sie war schon hinter

dem Uferbord. Schade, die treibt bei dem Müller im Dorfe an.

Nun ist es ganz Abend. Alles ist schwarz und grau. Ich stapfe dem Sommerdeich zu, nach den beiden Weiden hin. Aber das sind keine Weiden, das sind die beiden Schützen. Sie lachen. Vier der eine, sechs der andere. Was wollen da meine beiden sagen! Und die anderen haben auch alle zwei, nur einer keine. Er hat Pech gehabt. Alle drei, die er schoß, klatschten ins Wasser. Da wird sich der Müller freuen oder der Fuchs, wenn er eine angetriebene findet.

Aber selbst dieser eine sagt, daß es ein herrlicher Tag war. Und er trinkt im Krug ein Glas Glühwein und noch eins. Und ich auch. Der Glühwein und dann die heiße Luft in der engen Stube und der Zigarrenqualm, das macht müde. Ich glaube, ich verschlief Dreiviertel der Fahrt. Ich stand unter der Krüppelweide und hörte die Enten klingelnd vorbeistreichen, alle die vielen hundert Enten, die vom Steinhuder Meer gekommen waren. Aber keine konnte ich sehen. Erst dicht vor der Stadt erwachte ich. Da wußte ich, daß das Geklingel von den Schlittenschellen gekommen war. Aber im Bett noch, beim Einschlafen, hörte ich es in einem fort, das ewige Wittwittwitt klinglingling.

Auf weißer Heide

Das waren schwere Tage, böse Tage. Von früh bis spät an den Schreibtisch gebannt, immer die Feder auf dem Papier, den Kopf in der linken Hand, ohne aufzusehen.

Denn wenn ich aufsah, lockten die weißen Dächer, und wenn ich weiße Dächer sehe, dann sind Arbeitslust und Schreibstimmung beim Kuckuck und die Sammlung zum Teufel; dann sehe ich vor mir weiße Weiten, dahinter weiße Hügel mit schwarzfleckigen Kuppen, hohe Fuhren mit weißen Kappen, Machandelbüsche mit weißen Mützen, sehe Fährten und Spuren, die der weiße Leithund mir zeigt, und schwarze Krähen in blauer Luft, und dann geht die Schreiblust durch die Lappen und die Arbeitsfreude über das Zeug. Darum fort mit den Augen vom Schneedach und auf das Papier, bis ich die Feder auswischen kann an der kohlschwarzen Hasenpfote.

Dann aber hinaus! Schnee in der Stadt, schrecklich! Ein Rußgekrümel auf schmutzigen Haufen in den Gossen, ein Tropfen und Träufeln von allen Dachkanten, Schmiere und Matsch auf den Bürgersteigen, und trotz Winterüberzieher und Gummischuhen die unbehaglichste Behagnislosigkeit im Leibe. So packte ich den Rucksack und ölte den Drilling, zog die Schmierstiefel an, stülpte die alte Mütze auf, hing den Mantel über den Arm und dampfte heideinwärts, wo keine Mietskasernen mich ärgern und keine Prunkhäuser, keine Fabrikschlote und keine Theater, fuhr, bis die Strohdächer sich häufiger zeigten mit den Mährenköpfen am Giebel, bis der Schnee weiß wurde, mit den Augen in der Zeitung. Aber dann flog sie in die Ecke; bessere Augenweide gab es: Hasenspuren am Bahndamm, Rehfährten auf den Grabenborden, Krähengesindel, schwarzes und graues, und einen auf dem Grenzstein blockenden Bussard. Und noch weiter, wo hoher Fuhrenwald den Schneesturm von der Wintersaat abgehalten hatte, da kam Feuer in meine Augen; schwarz lag es da auf der Saat, glänzend in der Sonne, und weiß leuchtete es dazwischen, und auf den hohen Hängebirken saß es in schwarzen Klumpen, an der Wintersonne sich wärmend, Birkwild, ein Flug von sechzig Stück.

Auf dem kleinen Bahnhof steht der Jagdaufseher schon. Ein junger Kerl, echtes Heidjerblut, ernst und still. Keine Spur von Jägertum zeigt sich in Haltung und Kleidung. Sein graugelber, verschossener Sammetanzug ist derselbe, wie ihn alle Bauern tragen, er trägt dieselbe Mütze, dieselben Kniestiefel und ist, wie alle Bauern, bartlos um Mund und Backe. Nur Rucksack und Gewehr und ein Stückchen der Hirschhornschale des althannoverschen Weidmessers, aus dem Hosennahtschlitz sehend, verrät den Jäger. Und die Augen, die aus alter Gewohnheit hin und her wandern, die Kopfhaltung, die sich nie schnell verändert bei dem stillen, gelassenen Mann, der gewohnt ist, alle Glieder im Lot zu haben, mag da kommen, was da will, wie oder wo es sei. Er lächelt mich an und gibt mir die Hand: „Wat willt Sei scheiten? 'n Voß oder Aanten oder 'n Barkhahn? Barkhoihner sünd de Masse da!" Ich lache: „Erst 'n Barkhahn, dann 'n Voß und tauleßt Aanten. Drei Dage hebb ick Tid." Da lächelt er wieder und steckt sich mit Kennermiene eine von dem Dutzend an, die ich ihm mitbrachte. Er weiß, zur Balz kann er zwölf Mann jeden Morgen einen Hahn versprechen, aber wintertags?

So stapfen wir durch das Dorf in die weiße Feldmark. Schorse erzählt: gestern hat er den achten Fuchs im Eisen gehabt, dazu drei Marder, sieben Iltisse. Birkwild liegt in der toten Flaage und auf Möllers Kamp. Auf der toten Flaage gibt es kein Anpirschen, da muß er es mir angehen; auf Möllers Kamp aber gehen zwei Gräben zu und ein Zug Buschwerk. Da geht's vielleicht! Vielleicht, vielleicht auch nicht; werden sie angegangen, so schlagen sie sich meist nach dem Moore, von wo sie morgens kommen und wo sie zur Ulenflucht hinstreichen, aber alle Deckung meiden die Schlauberger und biegen seitab um jeden Busch. Sie kennen die Sache schon.

Von dem höchsten der Hünengräber, die hier liegen, spähen wir nach der toten Flaage. Richtig, da sind sie; dicht an Plinkes Hause. Der kann sie vom Fenster aus totschießen, wenn er will; aber das tut Plinkenvatter nicht, der wildert nicht. Deutlich heben sich die dunklen Flecken von den verschneiten Findlingsblöcken ab, von dieser altmodischen Mauer, die der Heidjer vom alten Schlage so gern um seinen Hof hat.

Ein Teil des Fluges baumt auf den krummen Birken an der Mauer, und von dem Birkenhorst auf der Dünenkuppe kommt ein Flug angestrichen.

„Na, Schorse?" Weiter brauche ich nichts zu fragen. Er beschreibt mit der Rechten einen Bogen: das heißt, ich soll um die Dünen gehen, zeigt nach der Einsattelung vor dem Birkenhorst, das heißt: „Dar mot Sei ansitten gahn", und macht mit der Linken eine Bewegung nach dem Hofe, und das heißt, daß er sie mir im Bogen angehen will. „Witt Tüg?" fragt er dann noch. Ich nicke. Er meint, ob ich das Kapuzenhemd im Rucksack habe, das ich zur Entenjagd überziehe. „Na, denn 'n Dübel in n Nacken!"

In weitem Bogen umschlage ich die Dünen. Überall Hasenspuren, kreuz und quer, Hühnergeläufe am Graben, eine Iltisspur an der Brücke, eine Rehfährte am verschneiten Brombeerbusch. Auf dem kahlen Ebereschenbaum der Grauwürger, warnend abstreichend, einige Krähen auf den Eichen an Westermanns Hof, eine Elster auf dem Zaunpfahl. Der Weg ist weit. Jetzt bin ich hinter den Dünen. Aus dem Rucksack nehme ich das Hemd, ziehe es über und stapfe weiter durch den Schnee. Bei der Einsattelung schiebe ich den Mündungsdeckel auf, werfe mich hin und krieche auf dem Bauche empor.

So, hier ist der richtige Platz, eine kleine Senkung, hinter der ich den Kopf heben kann. Nun den Mündungsverschluß ab, gespannt und gewartet. Da unten geht Schorse; übereilen tut er sich nicht. Jetzt verschwindet er hinter dem Eichkampe links vom Hofe. Ich liege und warte und spähe mit dem Glase nach dem Hofe; nichts ändert sich in der Gruppierung der dunklen Flecke auf der weißen Mauer. Aber jetzt ist es mir, als wenn die Flecke da fort sind, schon sehe ich eine schwarze Wolke über der weißen Fläche; die linke Hand faßt den Vorderschaft, mein Rücken hebt sich etwas, ich sehe es heranstreichen, es teilt sich, die Hälfte gerade auf mich zu, die andere links ab. Jetzt backe ich an, sie schwenken ab, ich fahre mit; natürlich lauter Hennen, sechs, sieben, zehn, fünfzehn und mittendrin ein Hahn und der ganze Flug Hähne da unten.

Ja, so geht's! Warum strichen die Hähne nicht hier und die Hennen da? Warum mußte der eine Hahn mitten zwischen dem Weibsvolk sein? Warum lag ich nicht da unten? Ach was, wer wird sich ärgern! Morgen ist auch ein Tag und übermorgen noch einer. Bei den drei Eichen setze ich mich auf den Findling und qualme, bis Schorse kommt. Er fragt nicht lange; drei Worte, dann weiß er Bescheid. „Pech!" Weiter sagt er nichts.

Am anderen Morgen geht's wieder los, wieder nach der toten Flaage. Ich habe mich hübsch in den Schnee gerodet und will das Birkwild erwarten, wenn es vom Moore heranstreicht. Aber ich warte und warte umsonst; endlich mache ich mich hoch und sehe über den Hügel; da äst die ganze Bescherung auf der freigewehten Saat. Der Kuckuck weiß, wie sie dahingekommen sind. Da unten steht Schorse; er schießt. Ich verstehe ihn und drücke mich hinter der Kuppe nach der Stelle, wo gestern die Hähne vorbeistrichen. Wieder vergeht eine halbe Stunde; da löst sich rechts vom Hofe ein schwarzer Fleck ab und bewegt sich im Bogen an den Hähnen vorüber. Jetzt machen einige den Hals lang, jetzt läuft alles durcheinander, und jetzt, wo der Aufseher hundert Gänge heran ist, streichen sie ab, ein Gewirr schwarzweißer Flecke, und da streichen sie hin, zweihundert Gänge vor mir. Da soll doch dieser und jener!

Auch Schorse ist falsch; ich sehe ihn eine Bewegung mit dem Arm machen, als wollte er wen mit der Faust auf den Kopf schlagen, und schon von weitem schreit er: „So 'ne entfamten Lörke! Aber nu to, nah Möller sinen Kamp!"

Etwas ist meine gute Laune zurückgegangen, aber schließlich, ist's hier nicht tausendmal schöner als in der engen Stadt? Und war das nicht herrlich gestern abend in der Luderhütte, als die Krummen über die Felder hoppelten und der Fuchs nicht kam? Wenigstens solange ich da saß, denn seine Spur war heute morgen da. Und ich habe ja noch heute und morgen, und auf Möllers Kamp muß ich einen kriegen.

Muß ich! Da sind sie, aber gerade da, wo ich nicht anpirschen kann. Nun wird's mir zu dumm; da äsen sich siebzig Hähne auf dem Roggen, und ich kann zusehen, und höhnisch balzt ein halbes Dutzend. Ich sehe die weißen Flügelbinden, die weißen Stoßfedern, sehe die krummen Spiele, und der leise Wind trägt mir den Balzlaut zu. Möchte wissen, warum die nun eigentlich balzen; hat ja weiter gar keinen Zweck, keine Henne in der Nähe, und wenn schon, bei vier Grad Kälte läßt sie das schönste Gebalze ja doch kalt. Und ein richtiges Balzen, wie im Frühjahr, mit Luftsprüngen, ist es nicht, nur ein langes Kullern, ein seltenes Schleifen.

Ich glaube, sie äsen sich nach uns zu. Vielleicht geht es doch; bis zur Koppel decken mich die Büsche. Schorse bleibt auf dem Brink und sieht, wohin sie abstreichen. Jetzt bin ich an der Koppel; wahrhaftig, sie äsen sich nach mir zu.

Vorsichtig trete ich hinter der Krüppelfuhre in den Graben. Das ist ein dummes Gehen in der viertelfußhoch überrieselten Grabensohle, tief gebückt; ab und zu, wo ein Busch am Bord stockt, hebe ich den Kopf und schiele nach der Koppel. Sie äsen sich immer mehr hierher, denn hier hat der Wind den Schnee fortgeweht. Sie kratzen und pflücken in der Saat herum, ab und zu sichert einer oder hält mitten im Äsen inne und balzt ein bißchen.

Jetzt habe ich sie auf Büchsenschußweite; hinter diesem Busch kann ich mich bequem hochmachen. Einen kann ich jetzt mit dem Würgelauf kriegen, aber den will ich nicht, er ist mir zu minne. Ich will den alten Hahn, der in einem Ende balzt, aber das sind siebzig Gänge. Und Kugel, nee! Elf Millimeter, das ist nichts für den kleinen Hahn, dann fliegt das Wildbret in der Nachbarschaft herum.

Fünfzig Schritte vor mir liegt ein Haufen Drainröhren, die haben es dem alten Burschen angetan. Prrr, nun steht er obendrauf, äugt nach rechts und links, vor und hinter sich, dann bläst er einmal, zweimal, und nun geht das Kullern los. Ich könnte ihm eine Stunde lang zusehen, wenn ich nicht im Wasser stände. So backe ich denn langsam an und lasse fahren. Dem Knall folgt ein Schwirren und Sausen, geradeaus streicht die bunte Schar, macht dann einen Haken, und wie sie an den Brink kommt, knallt es zweimal; ein Hahn verliert Federn, läßt die Ständer hängen und tut sich von dem Fluge ab. Ich sehe Schorse laufen, dann sehe ich nach meinem Hahn. Der liegt oben auf den roten Drainröhren, die Schwingen hängen rechts und links herab, der Kopf läßt rote Tropfen in den Schnee fallen.

Ein alter Winterhahn in voller Balz angepirscht, der ist mir lieber als wer weiß wieviel Augusthähne vor dem Hunde, als drei Althähne im Treiben.

Ein blanker Tag

Die Bäche sind weiß, und das Holz ist weiß, weiß ist das Feld, und weiß ist das Dorf, und alle Büsche und Bäume im Felde sind weiß. Gestern nachmittag hat der Schneesturm gearbeitet, hatte die alte, vertaute, mit Fährten und Spuren benarbte Schneedecke frisch überstrichen, eine fußhohe glatte Schneeschicht darübergedeckt, eine Hauptneue geschaffen, daß mir das Herz im Leibe lacht.

Ein blanker Tag, wie ich ihn mag, ein Tag mit einem Charakterkopf, ein Tag, der mir die krause Stirn hell macht und lachend den zusammengekniffenen Mund, hell die Augen und übermütig die Seele, ein Tag, an dem alles gelingt, was man anpackt.

Ich stehe an der Dössel auf der Deele und sehe über den Hof in die Heide. Alles sieht so lustig aus heute. Jedes Ding auf dem Hofe hat ein weißes Mützchen auf, piel steigt der weiße Rauch in die hellblaue Luft, und alles glitzert und glimmert in der Sonne.

Ich habe es mir leichtgemacht. Die Hosen stecken in den dicken Schnuckenhaarstrümpfen, die Weste bleibt zu Hause, die wollene Ärmeljacke genügt, die Joppe steckt hinter dem Rucksack, nun noch die Schneereifen an, und dann will ich dich suchen, gelbkehliger Schleicher im Seidenrock.

Kiek, Lieschen, morr'n! Komm mal her, Mäken, und spring mal über den Drillingslauf. Was ist das! Du sagst, du willst nicht! Na, warte, Deern! Wi'st'e nu' oder wist'e nich? Teuf, ich wer' dir Appell beibringen! Na, siehste, warum nicht gleich?

Und nun will ich erst das Dorf umschlagen und abspüren. Immer die Zäune entlang geht es, hinter den Gärten her. Kreuz und quer laufen Hasenspuren, ganz dicht am Dorfe entlang ist der Fuchs geschnürt. Aber kein Marder spürt sich. Die hat der Schnee faul gemacht; sie warten erst Tauwetter ab. Nur ein Ilk spürt sich hier an der Miste.

Hinter der Mühle das Holz, das lockt mich am meisten. Die Bachufer reizen den Marder immer, einen Frosch, den der Bach mit fortriß, einen Vogel, der in den Dornbüschen sein Schlafplätzchen hat, den Igel, der im Fallaub den Winter verschläft, Mäuse, die sich Schlehen und Buch suchen, findet er da.

Die schmale Wasserrinne ist fast verschwunden. Das verschneite Risch begräbt sie und der Schneebehang der Dornbüsche. Warnend stiebt der Markwart ab, lärmend fliegt ein Flug Schacker dem Holze zu, die dort Schnecken suchten. Schwarz funkeln im Schnee die Schlehen, feuerrot leuchten die Hagebutten, dunkler die Mehlfäßchen, und der Waldrebe Seidenbüsche schimmern grau aus dem Schnee.

Ein scharfer Schrei kommt von dem Felde her. Ein blitzendes, funkelndes, schimmerndes Ding kommt über den Schnee und bleibt an der dicken blauroten Brommelbeerranke hängen, die in schönem Bogen das Bächlein überbrückt. Der Eisvogel ist es. Wie ein Edelstein, in allen Farben leuchtend, sieht er aus, der kleine, ernste Fischer. Regungslos starrt er in das glucksende, kluckernde, klingende Wasser, lange, lange. Dann blitzt das Gefieder wieder auf, ein scharfer Schrei, und schimmernd und leuchtend streicht er nach dem Unterlauf des Baches.

Ein lustiger Laut, ein vergnügter, klingt dicht bei mir. Auf dem silberwolligen Kopf der mannshohen, schlanken Distel sitzt der Distelfink, der Stieglitz, lustig seinen Namen rufend, das Köpfchen kokett drehend und sich eitel hin und her wendend, daß der scharfe helle Schnabel blitzt, daß das Goldrot dahinter leuchtet, daß die gelben Flügelbinden nur so strahlen. Stieglitt, Stieglitt, bin ich nicht hübsch! so dreht und wendet er sich hin und her.

Den Bach entlang steige ich bergan in den Wald, die Augen im Schnee. Rehfährten, die Spuren von Has' und Fuchs, Mausespuren überall. Aber keine Marderspur, den ganzen Bach entlang. Und auch hier, an der Quelle, zwischen den weißbemützten, moospolstrigen Steinen und den vergilbten Farnen, nichts. Ärgerlich könnte ich sein, aber der Tag ist so blank und der Himmel so blau und die Sonne so hell, und alles blitzt und glitzt und schimmert und flimmert im Walde. Und es ist so ruhig dabei und so feierlich, als wäre jeder Tag so blank und das Leben immer festlich und friedlich und als gäbe es niemals Hunger und Sorge und Not und Tod und Mord.

Ein leiser Lockton flötet aus dem Stangenholze. Auf die Schlehenbüsche der Blöße fällt ein roter Fleck, Rot mit Blaugrau und Blauschwarz. Und noch einer, aber dem fehlt das leuchtende Rot. Ein Goldfinkenpaar. Unaufhörlich klingt der leise, runde, weiche Lockton, die Schwänzchen schnellen auf und ab, die weißen Bürzel schimmern, die rote Brust leuchtet. Und dann fällt ein blauer Schatten auf den Schnee, und ein brauner Klumpen saust heran, und ehe ich weiß, was geschehen ist, fliegt ängstlich lockend das Männchen über mich fort, und der braune Klumpen ist fort und das Goldfinkweibchen. Und oben am Hause, auf der verwetterten Buche, hakt der Wanderfalke auf und kröpft seine Beute. Unter dem Hange gehe ich hin. Die Schneereifen geben mir Halt auf dem zwei Fuß hohen Schnee. Der Buchenjugenden Behang pludert mich weiß ein. Ein Locken, ein leises, ängstliches Locken kommt näher. Ein roter Fleck leuchtet heran. Der Goldfinkhahn sucht sein Weibchen. Hin und her, auf und ab streicht er zwischen Busch und Holz und lockt und lockt und ruft und ruft und lockt und ruft vergebens.

Es schneidet mir ins Herz, das ängstliche, verzweifelte, leise Rufen. Am besten wär's, ich schösse ihn tot. Aber wenn der Schnee weggeht und der Frühling kommt, dann findet er wohl ein Holdchen wieder und denkt nicht mehr an die, die ihm im Winter der Falke fortnahm.

Dort auf dem Schnee ist ein Fleck, der nicht dahingehört. Ich biege auf ihn zu. Da kreuze ich die Spur des Marders. Und der Fleck, das sind Häherfedern, schwarze, rötlichbraune, lasurblaue mit schwarzen Querstreifen und rote Tropfen im weißen Schnee. Hier hat der Leisetreter den lauten Prahlhans gerissen. Und auf der Spur des Mörders gehe ich weiter.

Erst durch das hohe Holz, dann zum gehauenen Buschholz. Hier sind wieder rote Tröpfchen im Schnee; eine Maus fiel dem Marder zum Opfer. Und dann zum Bach hinunter. Hier, am Schlehenbusch, ist die Fährte verwischt, und ein Loch ist im Schnee, und der Behang des Busches ist zerrissen. Hier hat der Schleier einen schlafenden Vogel im Sprung zu reißen versucht, aber die Dornwehr des Busches schützte den Schläfer. Ein Fehlsprung wurde es.

Hier unten hätte ich beginnen sollen. Hier auf dem Stamm, der über den Bachpump führt, liegt die Losung des Nachtwandlers. Und von da geht es ins Feld an die Dieme und dann an die Rübenmieten und dann an den Feldbusch, und da ist die Spur zu Ende.

Ich umschlage den Busch. Da ist sie wieder. Der Marder ist weitergeholzt. Immer in der aus je vier breiten Tupfen gebildeten Linie geht es weiter, an den Teich, in dessen gelbem Rohr die Ammern zippen, nach der Buchengruppe, aus der der Bussard abstreicht, wieder zurück in das Holz.

Da ist sie fort. Der Marder ist wieder weitergeholzt. Einen Bogen schlage ich um das Ende der Spur, einen kleinen, dann einen größeren, erweitere jeden neuen Kreis, den ich gehe. Und alle Kronen durchspähe ich nach Krähenhorsten und Eichkatzenkobeln. Ab und zu auf dem

Schnee ein Flöckchen graue Flechte, ein dürres Ästchen, die hat der Marder beim Fortholzen abgetreten.

Am Fahrwege, der als weißes, breites Band den weißbehangenen Fichtenmantel durchschneidet, komme ich wieder auf die Spur. Sie steht wieder nach dem Feld, dahin, wo die Ebereschenbäume stehen. Dürre Blätter am Boden, einzelne rote Beeren und Doldenstiele zeigen an, daß der Marder sich hier die letzten Vogelbeeren als Zukost pflückte. Weiter will ich, brenne erst mir die Pfeife an, da höre ich es zirpen und sehe in den Baum. Da sitzen sie, eins, zwei, drei, zehn Gäste aus dem Norden, rötlichbraun, schwarzkehlig, Häubchen auf den Köpfen, rote Siegellacktröpfchen auf den gelben Binden an Flügel und Schwanz, Seidenschwänze, so friedlich, so vertraut, als gäbe es weder Kraut noch Lot.

Ein Weilchen sehe ich ihnen zu, wie sie, dick aufgeplustert, dasitzen, sich putzen, ab und zu zirpen oder die schwarzgelben Flügel spreizen, dann trete ich weiter in der Spur. Quarrend stieben die Krähen von dem Luderplatz. Die Spur führt über das Luder und führt zum Dorf. Aber hart vor der Mühle biegt sie ab zum Holz. Und da ist sie fort, verschwunden.

Zweimal durchschneide ich das Holz und umschlage es. Nichts findet sich. Ein Eichkatzennest steht hoch in der Fichte. Aber kein gelber Tropfen im Schnee zeigt den Schläfer an. Ich scharre mit dem Schneereifen an dem Stamm; es rührt sich nichts, es zeigt sich nichts. Aber das ist noch kein Beweis, daß das Haus leer ist. Ich schicke eine Kugel hinein. Scharf klingt der Knall in die Wintertagsstille. Aber nur dürres Geäst und Moos krümelt herab.

Nun kommt böse Suche. Es geht von Stamm zu Stamm, von Baum zu Baum. Nirgends ein heller Tropfen, ein Flechtenflöckchen, ein Dürrästchen, eine Spur im Schnee, alles glatt und blank und eben und schier. Und er steckt doch im Holz, der Heimtücker, und kriegen tu' ich ihn doch, oder ich will die Kunst nicht verstehen.

Eine Viertelstunde geht hin und noch eine. Das macht müde, das Auf-und-ab mit den Augen, vom weißen Schnee zu den schwarzen Kronen, vom Himmel zur Erde. Noch ein alter Krähenhorst kriegt die Kugel, noch ein Eichkatzennest, aber immer noch will sich nichts finden. Das ist ja dumm.

Und die Sonne meint es gut. Sie läßt den Schnee flimmern, daß die Augen müde werden, und preßt unter der leichten Wollmütze den Schweiß auf der Stirn hervor. Joppe und Rucksack habe ich längst fortgehängt und habe nur die leichte, nahtlose, gestrickte Ärmelweste um die Brust. Und die ist mir noch zu warm.

Aber weiter, das hilft nichts. Immer wieder für die Augen weißer Schnee, blaue lange Schatten darauf, rote Stämme, dunkelgrüne Kronen und blauer Himmel. Und umgekehrt: blau, grün, rot, blau und weiß. Ab und zu ein silbergrauer Buchenstamm, ein schwarzweißroter Specht, ein rötlichgrauer Markwart, ein blaugraue Taube, polternd abstiebend, bunte Meisen, an grünen Zweigspitzen hängend.

Mechanisch wandern die Augen auf und ab. Nichts, nichts, immer nichts und wieder nichts als Hasenspuren, Mausespuren, das Geläufe von Krähen. Man wird unachtsam, ich muß den Geist ab und zu anrucken, sonst schläft er ein.

Aber auf einmal wird er munter. Hier, unter der dunkelköpfigen Fichte, ist ein Dreieck, ein gelbes, hineingetropftes, im Schnee. Wie da der ganze Mensch frisch wird, wie er sich reckt, wie Leben in die Beine kommt und in die Augen. Dreimal, viermal, fünfmal umkreise ich den Stamm, bohre die Augen in die Krone, aber sie finden nichts. Da wird zurückgestapft zum Rucksack und das Glas geholt, Ast für Ast wird abgesucht. Und jetzt habe ich ihn. Dicht an den Ersatzmitteltrieb gedrückt, eingeklemmt zwischen zwei andere hochragende Äste, in dem verwitterten, kaum erkennbaren Eichkatzennest, da liegt er. Von ihm selbst sehe ich nichts, aber die buschige Rute hängt herab.

Ich klopfe an den Stamm, er rührt sich nicht. Ich scharre daran, er rührt sich nicht. Ich lehne den Drilling an den

Stamm, hole die Gummischleuder heraus und pfeffere einen Schrothagel in das Versteck. Nichts rührt sich. Aber die Rute, wo ist die, die eben noch herabhing? Fühlt sich der Bursche aber sicher.

Dann knallt der Schrotschuß in das Astgewirr. Laub, Gras, Moos, Zweige fliegen, und ein schwarzes Ding fällt, fällt drei Fuß, und jetzt, Deubel, ist es auf der Nachbarfichte, und in rasender Eile baumt der Marder fort. Ich mit, so schnell die Schneereifen es erlauben, immer den Lauf dahin, wo Äste schwanken und Schnee rieselt. Und jetzt, wo es den geraden, langen Ast im Sprung faßt, das lange schwarze Ding, da fahre ich mit, und im Knall kommt er in einem Regen von Schnee und grünen Brüchen herab.

Zuckend liegt er im Schnee. Die weißen Fänge blinken, die dottergelbe Kehle leuchtet, die seidenhaarige Rute windet sich.

Noch zuckt eine Pranke, ein Zittern geht durch die Rute, ein Ruck durch das ganze Tier, dann fällt es schlaff in sich zusammen.

Aber jetzt der Hunger, der Hunger. Um zehn ging ich weg, und jetzt ist's drei. Marsch, marsch zur Wirtschaft, den Marder in der Hand. Am Herde steht Lieschen. „Hu", schreit sie, als ich ihr die Marderrute um den Hals fahren lasse. Und quiekend flüchtet sie aus einer Ecke in die andere, wenn ich ihr mit dem Kopfe des Räubers in der Faust zu nahe komme. Großmutter lacht und schüttelt den Kopf: „Junge Lüe, junge Lüe, leeg' Volk." Und dann denkt sie an einen jungen Jäger aus der Stadt, der auch oft hierherkam und immer zu Unsinn aufgelegt war. Und immer wiederkam, bis sein Bart weiß und sein Haar silbern war. Und jetzt ist er tot. Jee ja.

Der Nachmittag wird verschlafen, der Abend verklönt beim Glase Bier. Und als die hellen Fenster im Dorfe verschwinden, da ziehe ich den dicken Mantel an und gehe zur Mühle. Schneehell ist der Himmel, alle Sterne blinken. Im Holz ruft die Eule, Schneegänse ziehen, ein Hund heult.

Ich stelle mich an die Eiche, scharre den Schnee fort und rauche. Die Nacht ist mild, ein ganz kleines Lüftchen ruschelt im Röhricht. Im Dorf da unten geht ein Licht nach dem andern aus. Einmal klappt noch eine Tür, ein Lachen ertönt, ein Aufkreischen aus Mädchenmund, dann wird es da stille.

Ich stehe und rauche und sehe nach dem weißen Mühlendach. Der Mühlbach rauscht immer dasselbe Lied und klimpert mit Eisschollen. Ein Mausepfiff, ein Eulenruf, dann wieder leere Stille. Ein Hase rückt an, langsam, bedächtig, und verschwindet in der Zaunlücke.

Gedanken umflattern mich, Gedanken, schwarz wie Fledermäuse, und lichte, bunte, wie schöne Falter. Das Rätsel von Leben und Tod, von Werden und Vergehen taucht vor mir auf, schöne Stunden und trübe Tage, Menschen, die ich liebe, und Leute, die ich hasse, und dann ein lichter, rosenroter Zukunftstraum. Und den jagt ein grauer Einfall wieder fort.

Die Zeit vergeht. Die Uhr schlägt zehn. Das Horn des Nachtwächters klingt dumpf und hohl. Die Füße werden langsam kalt, der Kopf wird müde, er will auf die Brust fallen.

Da fährt er hoch. Oben am Dachfirst, auf der Stelle, wo die schwarzen Tupfen sind, da war doch ein Schatten? Oder irrte ich mich? War es der Schatten, den der graue Gedanke in mir warf? Es war wohl nichts. Aber ich bin wieder wach. Und die Augen wandern dachauf, dachab.

Halt, da, eben, ich habe mich doch nicht geirrt. Ein schwarzer Streifen hier mitten im Dach, bei der Luke. Fort ist er wieder. Mensch, paß auf!

Und ich starre jetzt, den Drilling schußbereit, auf die Luke. Aber das Weiß und Schwarz macht die Augen so müde, ab und zu müssen sie in den Sternenhimmel sehen, auf die Milchstraße mit ihrem Gewirr von Welten.

Und dann gehen sie wieder auf das Dach zurück. Und fassen einen schwarzen Klumpen, der neben der Luke ist. Und sich jetzt aufrollt und ruckweise weitergeht. Und da geht der Gewehrlauf langsam hoch, und wie das schwarze Ding fast an der Dachkante ist, da sprüht es und knallt es, und um mich herum ist dicker, weißer, stinkender Dampf. Aber im Feuer sah ich das schwarze Ding herabkollern.

Durch die schneehelle Nacht geh' ich dem Kruge zu, den toten Hausmarder in der Hand. Es ist Sonnabend, und hinter hellen Fenstern ist noch lautes Leben. Heute paßt mir das. Mit blanken Gläsern soll er enden, der blanke Tag.

Unverfrorenes Volk

Schnee liegt in dem Garten, Eis hängt an den Dächern. Gegen Mittag gewinnt die Sonne Macht, sie zermürbt die Eiszapfen an den Dachrinnen, taut den Schnee zusammen und macht hier und da den schwarzen Erdboden frei. In der Mitte des Gartens, wo die Sonnenstrahlen am stärksten hinfallen, steigt ein silberner Punkt auf, tanzt hin und her, blitzt auf und ab. Ein zweiter, dritter, vierter folgt ihm, und immer mehr erscheinen, bis über der Buchsbaumeinfassung, die steif und dunkel von dem weichen, hellen Schnee absticht, ein Wirbel von blitzenden Silberpunkten flimmert.

Kopfschüttelnd sieht sich der Besitzer des Gartens, der das Vogelfutterhaus mit frischem Mischsamen versehen wollte, das Geflirr an.

Er will seinen Augen nicht trauen, denn er erkennt, daß die blitzenden Punkte Mücken sind, richtige Mücken von der Größe der Stechmücken, die ihn im Sommer oft peinigten.

Er nimmt an, daß es sich um eine jener Ausnahmeerscheinungen handele, an denen die Natur so reich ist, um einen durch besondere örtliche Verhältnisse entstandenen Vorgang, denkt vielleicht, daß, weil es Waschtag ist, es in der Waschküche überwinternde Mücken sind, die durch die Glut des Herdes aus ihrer Erstarrung erweckt sind; er zieht sie in Vergleich zu den beiden Schmetterlingen, dem Pfauenauge und dem kleinen Fuchs, die gestern beim Reinemachen der geschlossenen Veranda von dem Mädchen gefunden und als bedeutende Naturwunder in das Wohnzimmer gebracht wurden, wo sie bald aus dem Schlafe erwachten und lustig gegen die Fensterscheiben flatterten.

Als er aber gleich nach dem Mittagessen vor das Tor hinausgeht, wo die Spatzen von allen Dächern zwitschern und in allen Bäumen die Meisen pfeifen, da sieht er überall an geschützten, sonnigen Stellen zwischen den Hecken kleinere und größere Schwärme von Mücken, die in säulenähnlicher Anordnung auf und ab gaukeln und in ihm das Gefühl erwecken, daß der Frühling schon vor der Tür stehe und daß bald die Schneeglöckchen im Garten ihre weißen, grüngezierten Glöckchen entfalten werden. Und da er kein Kohlenhändler oder Kürschner oder Festsaalbesitzer ist, ihm also keine geschäftlichen Interessen den Wunsch nahelegen, der Winter möge recht lange dauern, so freut er sich der Frühlingszeichen, als welche ihm die Mücken erscheinen, wenn er auch im Bogen um sie herumgeht.

Letzteres hatte er nicht nötig, denn die Mücken, die im Winter spielen, stechen nicht; es sind aber auch keine Frühlingszeichen, es sind echte Wintertiere, die nur in der rauhen Jahreszeit zu finden sind und die, wenn das übliche summende und brummende Volk erwacht, matt und müde in das faule Laub fallen und sterben. Es ist die Tanz- oder Wintermücke, deren Made aus den im Spätwinter und Vorfrühling gelegten Eiern im Herbst auskriecht, im faulen Laube und in Pilzen lebt und nach kurzer Puppenruhe erst im Spätherbste als fertiges Tier erscheint. Es ist der einzige deutsche Zweiflügler, der ein reines Wintertier ist, wie denn die meisten unserer Kerbtiere ausgesprochene Sommertiere sind, die den Winter als Ei, Larve oder Puppe überdauern, wenn auch viele von ihnen, wie eine Menge Käfer, Schmetterlinge, Bienen, Wespen und Fliegen, als fertige Tiere den Winter im Todesschlafe verbringen und nur, wenn ganz besondere Umstände, so anhaltend warme Witterung, eintreten, aus der Erstarrung erwachen und sich zeigen, um dann als große Seltenheiten angestaunt und als Frühlingsboten begrüßt und den Zeitungen als erster Maikäfer oder erster Schmetterling zugesandt zu werden.

Gegenstücke zu den Winterstücken bieten die Schmetterlinge in den zum Teile den Obstbäumen sehr gefährlichen Frostspannern, meist kleinen und zarten, unauffällig gefärbten, aber äußerst fein gezeichneten Nachtfaltern, deren Weibchen statt der Flügel nur Stummel besitzen. Alle zu dieser Gruppe gehörigen Arten erscheinen erst vom Spätherbst ab, doch nicht gerade in der Mitte des Winters, vielmehr tritt um diese Zeit eine Pause ein. Einige Arten sind Spätherbst- und Frühwintertiere, von denen jede Art an eine bestimmte Zeit gebunden ist.

Im Vor- und Nachwinter sieht man diese Falter tagsüber an den Stämmen im Walde sitzen oder auf den Wegen liegen; mit Eintritt der Dämmerung werden sie munter und flattern in regellosem Fluge von Baum zu Baum, um die plumpen, mehr einem Käfer als einem Schmetterling ähnlichen Weibchen zu suchen, gegen die sich der

Obstbaumbesitzer durch mit Raupenleim getränkte Pappekragen oder Sackleinwand zu schützen sucht, die er mit der offenen Seite nach dem Boden hin um die Stämme unterhalb der Krone bindet.

Obwohl die Frostspanner Jahr für Jahr in ziemlich großer Anzahl auftreten, so erscheinen sie in einzelnen Jahren massenhaft, und besonders an etwas nebligen Winterabenden macht es sich ganz gespenstig, wenn der kahle Wald von ihnen durchschwirrt wird. An jedem Stamme, an dem ein Weibchen sitzt, tummeln sich oft mehr als ein halbes Hundert Männchen, und am andern Morgen liegen die toten Falter überall auf den Wegen oder schwimmen auf den Gräben, den Meisen, Spechten, Spitz- und Waldmäusen ein willkommener Fraß.

Außer den Wintermücken und den Frostspannern gibt es aber noch einige Kerbtiere, die ausschließlich im Winter vorkommen, so die Gletschergäste, drei bis vier Millimeter lange, dunkelmetallgrüne, flügellose, behende Tierchen, die an schattigen Stellen der Bergwälder zwischen dem Moose umherhüpfen. Ihre Gestalt und ihr Benehmen ähnelt dem der Gallwespen, doch sind sie mit diesen keineswegs verwandt, sondern gehören zu den Wasserjungfern und Eintagsfliegen. Zu der niedrigsten Insektengruppe gehören zwei andere Wintertiere unter den Insekten, jenen bekannten winzigen, schmalen Tierchen, die gern auf und unter Blumentöpfen leben und die imstande sind, sich mit einer am Ende des Hinterleibes befindlichen, am Bauche anliegenden Sprunggabel weit fortzuschnellen, eine Vorrichtung, die an die Spielwerke erinnert, die sich Kinder auf dem Lande mit Zwirn, Wachs und einem Streichholze aus dem Gabelbeine der Hühner herzustellen pflegen. Das ist der Schneefloh, ein graugelbes, schwarzgesprenkeltes, zwei Millimeter großes Wesen, das sich in unseren Wäldern auf schmelzendem Schnee findet, auf dem es allerlei winzige Algensporen abweidet und munter hin und her hüpft. Sein naher Verwandter, der Gletscherfloh, der auch nicht größer, aber schwarz und langbehaart ist, lebt auf höheren Gebirgen, besonders in den Alpen, kommt aber auch schon im Riesengebirge vor. Dort ist er nur im Winter zu finden, während er in den Gletscherbezirken auch im Sommer lebt.

Auch unter den deutschen Landschnecken finden sich zwei Gruppen, die Glasschnecken, die man nur vom Herbste bis zum Frühling findet. Es sind kleine Tiere mit sehr dünnen, glashellen Gehäusen, die bei der einen Gruppe, den Daudebardien, so klein sind, daß sie kaum ein Drittel des Leibes bedecken. Auch hier zeigt es sich wieder, daß die alpinen Formen im Sommer vorkommen, während man die Arten der Ebene und der Mittelgebirge erst im Spätherbste antrifft, während sie den Sommer als Ei tief im feuchten, kühlen Laube oder unter nassem Steingeröll in schattigen Schluchten und Mulden überdauern. Alle zu diesen beiden Gruppen gehörigen Arten sind einjährige Tiere und von räuberischer Natur, die von anderen kleinen Schnecken leben, deren Gehäuse sie mit ihrer mit vielen scharfen Kalkzähnen besetzten Zunge durchfeilen.

So winzig und unscheinbar diese Schneckchen sowie der Schneefloh und der Gletschergast auch sind, so sind sie für den Naturforscher doch viel belangreicher als manches große, auffallend gefärbte Wesen, einmal deswegen, weil sie, obwohl kaum mit hervortretenden Schutzvorrichtungen versehen, imstande sind, bei hohen Kältegraden ein bewußtes Leben zu führen. Versuche, die man mit dem Gletscherfloh anstellte, ergaben, daß er eine Temperatur von zehn Graden Kälte, der man ihn in eingefrorenem Zustande aussetzte, ohne Schaden überwand.

Sodann sind diese Tierchen, wie die großen Gesteinsblöcke der norddeutschen Tiefebene, mit Sicherheit wohl als Überbleibsel aus jener Zeit aufzufassen, in der Norddeutschland Zehntausende von Jahren ein arktisches Klima hatte und in Eis und Schnee lag. Damals weideten an den Rändern der Gletscher Moschusochse und Ren, Schneefuchs und Viällfraß stellten dem Lemminge nach, der Jagdfalke und die Schnee-Eule hausten dort, zwergige Birken und kriechende Weiden bedeckten das Geröll der Gletscherhalden.

Sie alle verschwanden, als das Eis abschmolz, und blieben nur noch im hohen Norden erhalten oder gingen, wie das Mammut, völlig unter. Einige Kerbtiere und wenige Schnecken allein blieben erhalten aus jener Zeit, in der der Mensch, mit Steingerät bewaffnet, in unserer Heimat dasselbe Leben führte wie heute noch der Eskimo und der Grönländer.

Aus toten Dingen, Gletscherschrammen an Steingeschieben, Knochen- und Steinwaffenfunden im Boden und Seeschlamm denkt sich der Forscher ein Bild jener Zeiten zusammen, deren einzige lebende Zeugen, von einigen Pflanzen abgesehen, winzige Kerbtiere und zwerghafte Schnekken sind, die im Winter ihr seltsames Leben führen, das unverfrorene Volk.

„Den Tag schöner finden ..."

Der Naturschützer Hermann Löns

Von Franz Friese

„Die Natur ist unser Jungbrunnen", hat Hermann Löns einmal gesagt, „keine Hygiene, keine Volkswohlfahrtspflege kann uns das geben, was die Natur uns bietet. Schwächen wir sie, so schwächen wir uns, morden wir sie, so begehen wir Selbstmord." Für den Zoologen Löns war die Natur keine Sammlung „interessanter" Lebewesen, für den Jäger Löns waren Wald und Feld keine Aufenthaltsorte für „Beutetiere". Ihm, dem wackeren Kämpfer aus der Anfangszeit des Naturschutzes, ging es nicht nur um die Erhaltung einzelner Arten, die etwa für die Wissenschaft oder für den Waidmann von Interesse sind, sondern er sieht die Landschaft als Lebensgemeinschaft, die als Ganzes erhalten bleiben muß — und zwar für alle: „Schließlich können wir bei der Zunahme der Bevölkerung gar nicht genug möglichst urwüchsige Erholungsstätten für die Städter haben. Es ist ein großer Unterschied, ob der Stadtmensch an freien Tagen seine Ausflüge in einem wohlgepflegten Forst unternimmt, in dem er nicht vom Wege gehen darf und sich streng an forstpolizeiliche Bestimmungen halten muß und so nicht recht zum vollen Genuß der Ungebundenheit kommt, oder ob er frei schweifen darf, so weit der Himmel blau und die Heide braun ist."

Dabei hütet sich Löns vor allen Überspanntheiten und Überforderungen, unter denen die damals noch junge Naturschutzbewegung zu ihrem Nachteil zu leiden hatte. Löns, der seinem Wesen nach zu Kampf und Streit neigte, der die Auseinandersetzungen zuweilen geradezu suchte und der eine Sache, die er sich in den Kopf gesetzt hatte, durchaus einseitig und unduldsam vertreten konnte, er, der als Student eine scharfe Klinge und als Journalist eine ebenso scharfe Feder zu führen verstand — hier beim Naturschutz, dem er mit ganzem Herzen verbunden war, für den er sich immer wieder mit lauter und weithin vernehmbarer Stimme einsetzte, hier ist er sachlich, maßvoll und besonnen und durchaus zu sinnvollen Kompromissen bereit.

Hermann Löns, der dem in der Kulturlandschaft mehr und mehr verschwindenden „adeligen Getier" nachtrauert, sieht dennoch ein, daß Tiere wie Bär und Wolf, die „den Menschen selbst oder sein Hauptnutzvieh gefährden", in ihr keinen Raum mehr finden können, „sosehr es vom zoologischen Standpunkt auch zu bedauern ist." Er sieht die Bevölkerungszunahme und die sich unaufhaltsam entwickelnde Industrie und folgert, daß es auf die Dauer nicht möglich sei, die Landschaft „in ihrer jetzigen Gestalt zu erhalten; aus wirtschaftlichen und politischen Gründen ist es notwendig, daß sie nach Möglichkeit nutzbar gemacht werde." — „Außerdem", sagt er an anderer Stelle, „ist es sehr die Frage, was in der Tat schöner ist: eine Einöde, die auf einer Geviertmeile keine zehn Menschen ernährt, oder die fruchtbar gemachte Scholle, die Hunderten Nahrung bietet."

Gerade diese Haltung ohne falsche Romantik, getragen von Vernunft und Anerkennung dessen, was Zeit und Entwicklung nun einmal unvermeidlich fordern, hat Löns' Ruf nach einem sinnvollen aber wirksamen Naturschutz für seine Zeit um so hörbarer gemacht. Er hat harte Worte gegen „die nackte Geld- und Machtgier" gefunden und die „dummen städtischen Nützlichkeitstrottel" deutlich gebrandmarkt, die der Landschaft und Tierwelt mehr Harm antaten, als notwendig war. Er hat dies nicht nur dort getan, wo er das Thema Natur- und Landschaftsschutz behandelte, sondern immer wieder vertritt er in seinen Büchern diesen Standpunkt. „Es ist notwendig, daß wir überall, wo es eben geht, urwüchsige Landschaften erhalten, in denen wir uns Leib und Seele laben, damit wir nicht infolge der Unrast, zu der uns unsere Zeit zwingt, an Körper und Geist Schaden nehmen."

Zuweilen erscheint Löns fast kleinmütig, so etwa, wenn er fürchtet, „daß in einem halben Jahrhundert die Lüneburger Heide zur Hauptsache nur noch dem Namen nach Heide sein wird." An der Gründung des „Vereins Naturschutzpark Lüneburger Heide“ war er noch selber beteiligt. Nicht mehr erlebt hat Löns den Schutz weiterer Heidegebiete, so etwa des „Heiligen Hains“ bei Wahrenholz, wo er oft zur Jagd weilte und wo u. a. seine Schilderungen „Am Quellbrink“ und „Der dritte Damm“ entstanden. Könnte Löns heute, nachdem dieses „halbe Jahrhundert“ vergangen ist, das Werk des „Vereins Naturparke“ sehen und einen Blick auf die Karte werfen, auf der all die geschützten Gebiete unseres Landes vom Meer bis zu den Alpen eingetragen sind — sein Herz würde gewiß höher schlagen.

An der Entwicklung und dem heutigen Stand des Natur- und Landschaftsschutzes hat Hermann Löns seinen unvergessenen Anteil. Gerade in jenen Anfängen, als diese Gedanken in manchen Kreisen noch als romantische Ideen weltfremder Professoren und wirklichkeitsferner Idealisten galten, hatte seine Stimme Gewicht, hatte sein Ruf nach einem „gesunden Zusammenklang von Natur und Menschenwerk“ Wirkungen, die wir heute vielleicht nicht mehr abzuschätzen vermögen.

So hat uns Hermann Löns nicht nur die Natur und das Tierleben geschildert, sondern er hat auch zu deren Erhaltung beigetragen, so daß wir, was wir darüber auf den folgenden Seiten lesen, draußen in Wald und Feld selbst beobachten und nacherleben können.

*

Die Welt wird im Zeitalter der Atome und des Mondfluges, der Computer und der weiteren technischen Entwicklung immer mehr entzaubert. Alles scheint erklärbar und erreichbar. Und der moderne Mensch, überfordert durch das Lebenstempo und die pausenlos auf ihn einwirkenden Massenmedien, gerät in Gefahr, inmitten all der „Großtaten“ die leisen Stimmen und stillen Regungen um sich herum zu überhören.

Dennoch sind „die Tage der tausend Wunder“ nicht vorüber, und sie werden niemals enden. Vielleicht wissen wir demnächst über den Mond mehr als über unsere gute alte Mutter Erde. Sie aber ist in all ihren vielfältigen Erscheinungen nur für den Oberflächlichen entdeckt und erklärbar. Der Kundige weiß, daß jedes Rätsel, das gelöst wird, weitere Fragen und neue Probleme aufwirft.

Das Letzte wird Geheimnis bleiben, unseres technischen Verstandes spotten und sich auch der raffiniertesten „Datenverarbeitung" entziehen. Das mag nach Lesebuch klingen und nach Romantik. Es ist aber nichts als die schlichte und tröstliche Erkenntnis aller, die mit offenen Augen durch unsere Natur wandern und dabei die tausend Wunder an Pflanze und Tier erleben. Willig werden sie sich der Verzauberung hingeben; denn in ihr liegt das große Abenteuer auch unserer Zeit.

*

„Nicht das, worauf wir bewußten Blickes unsere Augen richten, wirkt am stärksten auf uns" — hat Hermann Löns einmal gesagt —; „gerade das, was wir anscheinend übersehen, erregt zumeist die tiefsten Stimmungen, läßt uns, ohne daß wir es ahnen, den Tag schöner finden und das Leben leichter tragen."

Murkerichs Minnefahrt

Auf der Spitze der großen Pyramide stand ein Mann. Der Abend hatte die gelbe Wüste in braune und blaue Farben getaucht, hatte die Palmen und Kuppeln der fernen Stadt mit Gold und Purpur umwebt.

Der Mann auf der Plattform des Riesenbaues sah die zauberhaften Farben, die märchenhaften Töne nicht. Er war das ganze Ägypten satt, die eleganten Reisenden, das schmierige Volk, den Spielsaal und die Blumengärten. Traumverloren sah er nach Norden hin.

Da zuckte er zusammen und sah sich um. Nicht der Ruf der Eule war es gewesen, der ihn aus seinem Sinnen geweckt hatte, nicht das von weitem heranschallende Geschrei der Kameltreiber, nein, ein ganz anderer Laut, der ihm die gelben Troddeln der Haselbüsche im dämmernden Wald, Drosselschlag und Ammernsang vor die Seele rief.

Er rieb sich die Augen und lächelte. ‚Ich habe geträumt', dachte er. Aber da war er wieder, der seltsame, tiefe, quarrende Ton, das „Quoark, quoark, quoark", und da kam es auch schon herangestrichen, ein schwarzes Ding, eulenhaft die Fittiche bewegend, zwischen denen ein langer, senkrechter schwarzer Strich sich abhob, und verschwand in der Dämmerung.

Das war Murkerich. Auch dem war dieses Ägypten langweilig geworden mit seinen Palmen, seinem Nilschlick, seinen fetten Fliegenmaden und Kamelsmistkäfern. Nach weißschimmernden Birkenwäldern sehnte er sich, nach braunem Fallaub zwischen goldenen Schlüsselblumen, jungen Fichten und breiten Weißdornbüschen und einem ordentlichen deutschen Regenwurm.

Er moarkte verdrießlich, als ihm eine große Fledermaus mit einem blattähnlichen Gewächs auf der Nase etwas zuzwitscherte, was er nicht verstand, strich weiter, den Nil hinauf, und pfuitzte schnell sein „Pssewitt" in den Abend hinein. Antwort erhielt er wohl, aber Begleitung bekam er nicht. „Noch zu kalt da oben", pfuitzte Kulpsauge. „Noch keine Würmer draußen", quarrte Silbersteert. „Noch Frost im Boden", wispelte Stecherine. Da reiste Murkerich allein.

Im Garten des Augustinerkellers in München ging ein Mann. Er ließ sich die Abendluft um die Stirn ziehen, denn arg viele Maße Bier hatte er binnen. Plötzlich blieb er stehen und sah nach dem Himmel, wo ein einziger kleiner, blasser Stern blinzelte. „Herrgottsaxen", brummte er vor sich hin, „hoab i oan Rausch. Alleweil hoab i meint, daß i die Schnepfen hör'!"

Einen Rausch hatte er, aber richtig gehört hatte er doch. Murkerich hatte Afrika hinter sich, das Mittelmeer und den Balkan, Tirols weiße Gipfel und Bayerns dunkle Berge. Viele Gefahren zu Wasser und zu Lande hatte er erlebt, Seesturm und Meeresgewitter, Lawinengepolter und Telegrafendrahtsurren; am Gardasee stellte eine verwitwete Schnepfin seinem Herzen Garn und Schlinge und wollte ihn bewegen, dort zu bleiben. Er pfuitzte ihr etwas und strich weiter.

Über dem Dorfe Sievershausen im Solling stand ein Mann. Rotkehlchen und Amseln sangen, Waldwühlmäuse pfiffen im Fallaub, unten im Dorf rief der Totenvogel, und im hohen Ort lachte der Kauz. Still und zufrieden lauschte der Mann den Stimmen des Vorfrühlings.

Auf einmal durchfuhr ihn ein Ruck. Er riß das Gewehr von der Schulter, spannte und backte an, sah sich wild um und ließ die Waffe wieder sinken. Er schüttelte den Kopf und lachte in sich hinein: „Ich dachte, ich hörte schon die Erste. Aber wir haben ja noch nicht einmal Reminiscere!"

Er hatte doch richtig gehört, und wenn der Kauz gerade nicht solchen großen Schnabel gehabt hätte, dann hätte

Murkerichs Minnefahrt schon hier ein Ende gehabt. Aber Glück muß ein junger Schnepfenhahn haben. Schon im Taunus waren ihm die Schrote um den Stecher gepfiffen, und in seinem linken Fittich fehlte die Spitze der Malfeder. „Die kann ich missen", hatte Murkerich gedacht, „die ist ja doch bloß zum Staat da", und war weitergestrichen. Und diese Nacht strich er noch weiter, bis er seine engere Heimat erreichte, den Ahltener Wald bei Hannover. Da strich er laut pfuitzend in der Frühdämmerung die Gestelle auf und ab, fiel, als die erste Drossel pfiff, todmüde unter einer Schirmfichte ein und schlief wie tot.

Ein Rascheln im Laube weckte ihn. Eine Waldmaus wäre ihm fast auf den Kopf gesprungen. Als er sich spreizte, fuhr sie zitternd in ihr Loch. Die Sonne stand schon hoch, und behaglich genoß Murkerich, Flügel und Ständer von sich streckend und das Halsgefieder aufrichtend, ihre Wärme. Dann richtete er sich auf, gähnte gefährlich, trippelte einige Schritte vorwärts, bis er an dem kleinen Ellernbruch anlangte, wo die ersten Blätter und Blüten sich über dem pechschwarzen, nassen Boden zeigten.

Dort stellte er den Stecher senkrecht, fuhr damit über die goldenen Blüten des Milzkrautes, die fetten Blätter des Aaronstabes, die blauen und weißen von Leberblume und Windröschen, bohrte den Stecher in den Boden, vollführte mit den Ständern ein seltsames Getrampel, wobei er ab und zu leise schnurrte, und holte alle Augenblicke einen krampfhaft sich windenden Regenwurm oder eine langgeschwänzte Sumpffliegenlarve heraus, die er sich dann mit kurzem Ruck einverleibte. Dann trippelte er wieder unter seine Schirmfichte und schlief weiter.

Als die Dämmerung die Bäume zusammenschmolz und der Kauz sein hohles Lied sang, wachte Murkerich auf. Der Abend war lau und die Luft dumpf, so recht geschaffen für ein zärtliches Flugspiel über den Wipfeln der Birken.

Aber ihm lag noch die lange Luftreise in den Knochen, und so beschloß er, weiterzuschlafen, da erstens morgen auch noch ein Tag und zweitens eine Balz auf eigene Faust eine ziemlich öde Beschäftigung sei. Da vernahm er ein brünstiges „Pssewitt", und er schwang sich auf und folgte dem lockenden Rufe.

Auf der großen Rodung holte er die Dame ein. Quarrline war es, eine Schnepfenmadam reiferen Alters, die im Frühling vor einem Jahr hier Witwe geworden war. Sie hatte damals gelobt, unvermählt zu bleiben, aber die Liebe, das ist eine sonderbare Sache, und wenn eine alte Scheune ins Brennen kommt, dann helfen alle guten Vorsätze nicht. Und als sie Murkerichs flehendes Morken vernahm, da tat sie zwar erst etwas verschämt, quarrte etwas von Aufdringlichkeit und Belästigung alleinstehender Damen, aber die kokette Art und Weise, wie sie ihn über den Rücken anschielte, gab Kunde davon, wie heiß ihr Herz dem eleganten jungen Mann entgegenschlug. Ja, wer kann auch für die Gefühle bei solcher lauen Luft!

Und so ging es denn mit Pssewitt und Mork-mork über die Gräben und Tümpel, Schläge und Dickungen, bald neben-, bald hinter-, bald übereinander, jetzt langsam und leise, dann laut und schnell, in gerader Richtung ein Gestell entlang, im Zickzack durch den Lichtschlag, wo Quarrline ihrem Galan in dem Stockausschlag der Birken verschwand. Aber er fand sie bald, denn es war bei ihr nur Ziererei, und als er ihr erzählte, daß er in guten Verhältnissen lebte und ein Grundstück hätte, das sich selbst im dürrsten Sommer reichlich mit Regenwürmern verzinste, da gab sie bald ihre Sprödigkeit auf und wurde aus einer älteren Witwe schnell eine junge Braut.

Als Murkerich sich am anderen Tage die Sache überlegte, fand er, daß er etwas voreilig gewesen war. Seine Quarrline paßte doch nicht so ganz zu ihm. Sie war ein bißchen zu sehr in die Breite gegangen, ihr Gefieder war stark ergraut, kurz und gut, eine Schönheit war sie gerade nicht. Und dieses ewige Gequarre von ihrem Seligen, das war nicht zum Aushalten. Wenn sie so schon als Braut war, wie würde sie erst später werden, dachte der glückliche Bräutigam und hörte mißmutig ihrem Gequarre zu, mit dem sie ihn sogar jetzt, mittags, wenn jede richtige Schnepfe schläft, anödete.

So vernahm sie vor lauter Schwatzen das leise Rauschen nicht, das hinter ihr im dürren Grase daherkam. Faul und breit lag sie da und erzählte von ihrem Seligen. Da fuhr ein rotes Ding rauschend und rasselnd durch das Gras, Murkerich strich schreiend ab und konnte eben noch eräugen, daß Reineke Rotvoß mit Quarrline im Fang davonschnürte. Unter einem gewaltigen Weißdornbusch fiel Murkerich ein. Der entsetzliche Vorfall bekümmerte ihn tief, aber bei ruhigerer Überlegung fand er, daß es so am besten für sie beide war; glücklich wären sie zusammen doch nicht geworden. Über diesen Betrachtungen schlief er ein.

Das Gezeter der Amsel weckte ihn. Die saß auf dem Dornbusch und machte einen Mordskrach, weil zwei Männer das Grenzgestell entlanggingen. Im großen Windbruch rief der Kauz, von der breiten Wiese erklang das Schreien der Kiebitze, Kraniche trompeteten über den Forst hin, Goldammern und Rotkehlchen sangen ihre Abendlieder. Da vernahm Murkerich über sich ein tiefes, dumpfes Quarren und ein ängstliches Pfuitzen. Ein alter Schnepfenhahn machte in grober Weise einer schlanken Schnepfin den Hof. Klack, klack machten Murkerichs Flügel, und schon war er neben dem Pärchen. Der alte Hahn machte ein höchst erbostes Gesicht, als er den jungen Mann erblickte, und versuchte, ihm eins zu stechen, aber Murkerich war gewandter, er wich ihm aus, stieg und

stach ihn derartig in die Seite, daß der alte Herr wutquietschend in das Quergestell einschwenkte. Murkerich wollte ihm folgen, da fuhr ein langer, roter Strahl empor, der alte Hahn fiel wie ein fauler Ast zu Boden, ein Donnerschlag ertönte, Stinkrauch stieg auf, und Murkerich und das kleine Fräulein schwenkten schleunigst ab.

„Glück muß ein junger Mann haben", dachte Murkerich, als er mit der Kleinen durch das Birkenbruch zickzackte. Die hatte sich so erschrocken, daß sie froh war, einen Mann bei sich zu haben. Pfuitzing hieß sie und war noch nicht ein Jahr alt. Murkerichs Herz brannte. „So ein niedliches Ding", dachte er, „so schlank und adrett, das ist doch etwas anderes als die alte Dame von gestern." Und zärtlich morkend, sagte er ihr die schönsten Sachen über ihre wunderschönen dunklen Seher, über die blitzenden Silberspitzen ihres Stoßes, und die Kleine legte geschmeichelt den Stecher an die Brust und dachte bei sich: „Ein reizender junger Mann, viel netter als der alte Murrkopf von vorhin.“ Und in niedlicher Koketterie ließ sie ihres Stoßes silbernes Spitzenwerk leuchten, und wenn sie auch so tat, als wollte sie sich ihres Anbeters Schmeicheleien entziehen und hastig fortstreichen, sie tat nur so.

Es war ein herrlicher Abend. Die Luft war weich und warm, in den Sinken braute der Fuchs, der Mond stand über den hohen Eichen. In seliger Minnefahrt strich das Pärchen über die Schläge, zickzackte um die Überhälter, ruderte durch das Bruch und fiel ab und zu zu kurzem Gekose an einem silbern blitzenden Graben ein, um bald wieder in langsamem Fluge über die Gestelle zu streichen, er in männlichem Bariton schmeichelnd und sie im hellen Diskant kichernd, wenn er ihr erzählte, welch ein herrliches Leben sie hier im schönen Ahltener Walde führen wollten, wo der Boden so tief und locker und würmerreich ist und wo Dornbusch an Dornbusch steht, die beste Wehr gegen Reinekes Tücke und Griepto Heuhnerdeiws, des Habichts, Roheit.

Und als sie so schwärmten und träumten, da blitzte und krachte und rauchte es, und Pfuitzing stieß einen Schrei aus, stürzte, nahm sich wieder auf und flatterte in das Unterholz. Murkerich war sofort bei ihr und trieb sie zur Eile an, denn er vernahm eine laute Stimme und hörte einen Hund durch die Pfützen patschen. Da flatterte das arme Ding mit Aufwand aller Kraft ein Endchen weiter und fiel erschöpft in den gewaltigen, undurchdringlichen Windbruch. Noch ein Weilchen hörte sie den Hund hechelnd im Unterholz herumstöbern, dann ertönte ein Pfiff, und alles war ruhig.

Pfuitzing lag auf der Seite und wimmerte ganz leise. Ihr linker Lauf war von einem Hagelkorn getroffen und gebrochen. Sie zog ihn fest an den Leib und ließ sich von

Murkerich trösten. Den ganzen Tag blieb sie so liegen und humpelte erst abends ein bißchen hin und her, um zu wurmen, und Murkerich blieb immer bei ihr. Nach acht Tagen war der Lauf fast heil; die weichen Bauchfedern hatten einen festen Verband gebildet, so daß die Kleine schon wieder ganz gut auftreten und sich auch wieder aufschwingen konnte.

Es war wieder ein wundervoller Abend, so lau, so weich, so milde, aber dem Pärchen war alle Lust am Strich vergangen. „Weißt du was, Pfuitzing", quarrte Murkerich, „ich glaube, wir ziehen weiter. Wenn man immer geradeaus gegen Mitternacht streicht, dann kommt man hinter dem Meer in Länder, da gibt es kaum einen Menschen, und die da sind, die kümmern sich nicht um uns. Hier muß man ja immer wie eine Maus im Verborgenen leben und hat nichts vom Leben. Wollen wir weiter?"

Pfuitzing war es zufrieden, und als der Mond sich hinter den Wolken versteckte, da stiegen beide ganz hoch in die Luft, kreisten dreimal und strichen dann geradeaus, nach dem Lande, wo es noch nette Menschen gibt. Und da leben sie heute noch.

Die Tage der tausend Wunder

Schon lange singt die Amsel im Garten, schon lange der Fink im Walde. Das Schneeglöckchen fiel müde um, tot liegt der Krokus im jungen Grase. Was die Amsel sang und der Fink schlug, was das Schneeglöckchen und der Krokus blühten, was Hasel, Erle und Espel stäubten, was die Märzmotte tanzte und der Frosch murrte, Vorfrühling war es, aber der Frühling nicht.

Erst als das Lied der Singdrossel vom Eichenwipfel klang und über die ersten Grasspitzen im Walde der gelbe

Falter taumelte, da zog der Frühling in das Land hinein, hüllte die Kornelkirsche in mattes Gold, hob jedes Zweiges braune Armseligkeit durch schimmernde Knospen und vollbrachte tagtäglich tausend schöne Wunder.

Das ist schon lange her. Nicht mehr grüßen wir jedes grüne Blättchen mit frohen Augen, liebkosen nicht mehr jedes schwellende Knöspchen mit freundlichem Lächeln; es sind der Blätter zu viele und übergenug der Knospen, und da es überall singt und klingt, tanzt unser Herz nicht bei jedem Vogelliede, wie an jenem Tage, da die erste Märzdrossel sang, der erste gelbe Falter flog, des ersten Märzblümchens Blauaugen aus fahlem Laube sahen. Wir wurden der kleinen Wunder gewöhnt und sehnten das große Wunder herbei, das Wunder der Allbegrünung des Waldes, und wir zürnten dem Ostwind, der dem Frühling die Hände band.

Er hat es gut gemeint, hat pfleglich gehandelt, daß er dem Westwind wehrte und dem Regen und der Sonne die Kraft nahm. Des Menschen Herz wird allzu schnell satt, danklos wendet es sich am Ziele ab, achtet das langersehnte Geschenk gering und dürstet nach der Wonne der Vorfreude. Eilig ist die Jugend, kurz ist der Frühling; was heute weich und frisch ist, ist morgen hart und staubig. Der Ostwind wußte, was er tat, als er den Vorfrühling festhielt und den Frühling warten hieß.

Herrlich ist der Frühling, und prächtig ist der Mai, aber so süß wie der Vorfrühling, so köstlich ist er nicht. Wonnig ist die goldene Maienwiese, aber so labt sie uns nicht wie die erste Blüte des braunen Waldbodens, wie das erste Blättchen am kahlen Zweig, und tönt im Mai auch der ganze Wald, singt jeder Ast und klingt jeder Zweig, blüht jedes Fleckchen und glüht jedes Eckchen, das große Zauberwerk erhebt uns nicht so sehr wie die winzigen Wunder, aus denen es entstand.

Jedes von ihnen genossen wir einzeln, kosteten es für sich aus. Wir sahen das Windröschen mit demütig gebogenem Halse sich durch das Fallaub stehlen, wartend und frierend, bis die Sonne ihm Mut zusprach und ihm das blasse Gesichtchen rötete, sahen den gelben Falter fliegen, den ersten, und unser Herz machte einen Sprung, und bei jedem, den wir sahen, sprang es hoch in die Höhe. Der Graudrossel Lied entdeckten wir und trugen es heim als einen großen Schatz. Jeder Tag brachte neue Wunder, liebe Gaben. Im kalten Gewirre des Stangenholzes brannte eine grüne Flamme; die Traubenkirsche schoß in das Laub und machte sich zum Mittelpunkte des ganzen Waldes. Wilde Eifersucht durchfuhr den Weißdorn. Unnahbar stand er da in grauer Frostigkeit; nun aber platzten vor Grimm seine Knospen, neidisch grüne Blättchen quollen aus ihnen hervor und reckten und streckten sich um die Wette mit dem prahlenden Grün des Traubenkirschenbusches.

Das Winterlaub der Buchenjugenden, das Altlaub der Brombeerranken, die mit hartem Kupferglanz und schwerem Bronzeton weit und breit herrschten, merkten, daß ihre Tage gezählt sind, blaßten ab, schrumpften ein, verdrängt von quellenden Knospen; ihre Zeit ist um, ihr Herbst ist da, ihre Todesstunde ist gekommen. In das Vorjahrslaub fällt Blatt um Blatt, und die Windröschen spreizen hastig ihre Blätter darüber. Und nun, aus Angst, von der Rotbuche überflügelt zu werden, drängt die Weißbuche sich vor, betont jeden ihrer Zweige mit blitzendem Geschmeide und hüllt sich in silbergrünes Gefunkel.

Unwillig sieht es der Ebereschenbaum. Er schickt Befehle nach den entferntesten Wurzeln, treibt sie an, hetzt sie auf, und eifrig saugen sie aus Mulm und Moos Saft und Kraft und geben die Säfte dem Stamme und die Kräfte den Zweigen, und ehe es sich die Hagebuche versieht, spreizt sich unter ihr, von oben bis unten in blankes Silber gekleidet, die Eberesche, funkelnd und gleißend im Sonnenlichte, stolz im Bewußtsein, der allerschönste Baum zu sein im ganzen Walde. Der Ahorn aber öffnet seine Truhen, nimmt das goldene Seidengewand hervor und stellt sich keck neben die Eberesche, und die tauscht ihre kalte Silberpracht mit warmem Grün, und unterdessen die beiden sich noch zanken, wer am schönsten sei, hat die Hainbuche noch mehr Smaragden umgehängt und drängt stolz Ahorn und Eberesche zurück.

Nebenan ist derselbe Kampf im Gange. Die dunkle Kiefer, die düstere Fichte, die immer noch schliefen, erwachen langsam und beginnen, sich faul und schläfrig zu putzen. Keiner weiß, wie sie es machen, aber tagtäglich hellt sich ihr Nadelwerk auf, färbt sich ihr Geäst, tauchen mehr strahlende Kostbarkeiten in ihren dunklen Kleidern auf, bis darin Topase leuchten, Smaragde schimmern, Rubine glühen. Aber ehe sie soweit sind, dreht sich die Bickbeere zu ihren Füßen dreimal vor dem Spiegel hin und her und ist über und über behängt mit dem köstlichsten Perlengeschmeide, und sie lacht die ernsten und bedächtigen Leute übermütig aus, vorzüglich den Faulbaumbusch, der immer noch dürr und leer dasteht, als hätte er noch wer weiß wieviel Zeit. Nachher muß er sich sputen und wird doch nicht fertig, und noch im Herbst trägt er bei den reifen Beeren grüne Früchte und junge Blüten, steht, wenn alles rot und bunt ist, im grünen Sommerkleide herum und zieht dann Hals über Kopf das gelbe Herbstgewand an, das er drei Tage tragen darf, denn länger erlaubt es der Winter ihm nicht.

Da ist das Geißblatt vorsichtiger. Jeden Sonnenstrahl im Winter nutzte es aus und prangte schon im Januar mit großen grünen Blättern. Aber wie es so ist, launenhaft und krausen Sinnes, muß es sich im Frühling abermals über seine Brüder erheben, und wenn die anderen Bäume und

Sträucher grüne Blätter treiben, färbt es die seinigen schnell zu vorlautem Kupferrot, und wenn alle anderen Büsche Früchte ansetzen, hängt es einen Wirbel wachsweißer Blüten in sein grau gewordenes Laub. Aber wenn der erste Reif das Gras zerbricht, dann prahlt mit frechem Granatschmucke der zeitlose Busch.

Während nun alle diese Bäume und Büsche sich um die Wette bemühten, ihre Frühlingskleider anzulegen, und täglich neue Künste trieben, standen die Rotbuchen da, als ginge sie das alles nichts an. Sie trugen gelassen ihr strenges, graues, schwarz und grün gestreiftes Winterkleid und nahmen sich kaum die Muße, ihre Knospen für das Fest vorzubereiten. Bis dann der Tag kam, an dem der West mit dem Ost sich balgte, bis es ihm gelang, in den Wald einzudringen und eine Handvoll Regen hineinzusprühen. Da spannten sich die harten, spitzen, trockenen Knospen, sie wurden weicher, runder und saftiger. Aber eine Woche lang warteten sie noch, bis der Westwind wieder eine erquickende Spende über sie goß, und nun konnte dort und da ein Zweig den Mut nicht halten, die goldenen Hüllen zerstoben, und unten um die kalten Silberstämme tanzten smaragdene Falter, erst einige wenige, hier ein Trüppchen, dort ein Flug, bis ein langer Nachtregen kam, Scharen der grünen Schmetterlinge aus den Knospen lockte und das Astwerk mit einem grünen Geflimmer erfüllte, das sich von Tag zu Tag vermehrte, bis alle anderen Farben am Himmel und am Boden davor verschwanden.

Heute schon ist viel verschwunden, was gestern noch da war. Jüngst standen die Stämme der Buchen noch so scharf abgerissen im roten Laube; jetzt verschmelzen sie gänzlich mit dem grünweißen Estrich. Ihr blankes Silber verlor seinen eisigen Blick, ihr giftiges Grün sein freches Starren, ihr unheimliches Schwarz sein böses Gesicht. Die Stechpalmenhorste zu ihren Füßen, die so frühlingsgrün aus dem Schnee leuchteten und so lustig aus dem toten Laube blitzten, sie bedeuten gar nichts mehr gegen das viele junge weiche Grün ringsumher, und wo sie noch sichtbar werden, wirken sie hart und lieblos.

Der Frühling hat einen leichten Sinn, und kurz ist sein Gedächtnis. Eben noch bot das rote Laub am Boden seinem ersten Grün einen herrlichen Hintergrund, heute schon schiebt er es beiseite, schämt er sich des Erbgutes des Winters und bedeckt es hastig mit tausenderlei Farbe, damit niemand merke, daß er alle seine Schönheit und Frische und Jugend dem toten Laube und den welken Blättern zu danken habe, und alle Freude verläßt sein Antlitz, erinnert ihn der Ostwind mit rauhem Worte an seine Herkunft, mit roher Hand aus Grün und Blüten die vergilbten, vergessenen Erinnerungen zerrend. Dann schauert der Frühling zusammen und sieht zitternd in die fahle, trokkene Zukunft.

Einen Augenblick später vergißt er die Angst vor ihr und schafft emsig weiter, Wunder neben Wunder stellend, mit liebreichen, weichen Händen. Die harte, zackige Ranke der Brombeere schmückt er mit weichen, runden Flöckchen, er lockt aus dem steifen Holunderbusch mildes Blattwerk, webt um düstere Moospolster einen lichten Schein, macht dem schüchternen Waldklee Mut, daß er sich im kalten Schatten der Fichten hervorwagt, rollt mit spielenden Fingern die ängstlichen Farren auf, verhüllt die sparrigen Lärchenbäume mit zartgrünen Schleiern, erweckt des Pfaffenhütchens Selbstbewußtsein, der Weide Ehrgeiz, der Erle Willenskraft und wagt sich schließlich sogar an die Eiche heran, die abweisend und unnahbar alle seine Liebe immer wieder von sich stößt.

Bis auch für sie die Stunde schlägt, für sie der Tag kommt, der alle ihre Knospen sprengt, der Tag der tausend Wunder.

Das blühende Bruch

Der Wind, der über die Heide weht, haucht dreifachen Duft vor sich hin; denn die Birkenbäume tragen funkelnagelneues Laub, es treiben die Kiefern frische Schossen, und rundherum blüht der Post.

Lange hat er darauf gelauert; schon im Frühherbst war er dazu bereit. Doch der Winter kam und ging, die Eller am Bache, der Hasel im Hagen, die Espe am Walde blühten auf und blühten ab; er aber stand da und wartete auf seine Zeit. Zu kalt war das Bruch und zu naß.

Die Moorfrösche murrten, daß die Sonne zu schlapp war, um das Moor zu erwecken, der Birkhahn schlug Lärm, und höhnisch kicherten die Heerschnepfen; aber erst, als Kiebitz, Kolkrabe und Kolüt ihnen beistanden und Schwarzspecht, Mooreule und Kranich mithalfen, rief die Sonne den Südwind herbei, und als der drei Tage und drei Nächte geweht hatte, bekam der Post Mut, reckte und streckte seine Knospen, und am vierten Morgen, als die Nebel in die Gründe fielen, stand er da, leuchtend wie rotes Gold, und der Wind nahm seinen starken Atem und mischte ihn mit dem von Birke und Kiefer.

Die Birken prahlen mit nagelneuem Laube, es prunken die Kiefern mit frischen Trieben; der Post aber überprotzt sie alle beide und die übrigen Bäume und Büsche auch. Er nimmt dem Wacholder die Mürrischkeit, raubt der Stechpalme ihr unnahbares Wesen, die Eiche verliert ihre Würde durch ihn, und die Weide büßt ihr flammendes Licht ein, stellt er sich neben sie. Den Bach hinauf und an den Gräben hinab, um die Wiesen her und dem Walde entlang laufen die flammenden Büsche und finden sich unten im Bruche zusammen, um hunderttausendweise ein leuchtendes, loderndes Flammenfest zu feiern, der Sonne zum Dank und ihr zur Ehre.

Dem Post gehört das weite, breite Bruch heute und morgen und übermorgen und vielleicht noch einen Tag. Denn es kann ein Regen fallen, und aus ist es dann mit dem Farbenjubel, dem Duftgejauchze und dem goldenen Atmen. Darum scheint er, daß der Birken junges Grün verblaßt, und leuchtet, daß der Kiefern Kerzen verlöschen, und flammt, daß die Weidenbüsche trüber und trüber brennen. Und der Südwind, sein guter Freund, der es weiß, daß ihrer beider Tage gezählt sind, ist gütig gegen ihn, schüttelt und rüttelt ihn, streift aus den zahllosen strahlenden Blüten den goldenen Staub und wirbelt ihn über Wald und Heide zum Zeichen, daß dieses die Tage sind, da der Post Herr im Lande ist, der Sonnensiegesstrauch.

Darum freut sich alles, was die drei Farben der Sonne trägt, dieses festlichen Freudentages. Die Dotterblumen recken sich höher, der Zitronenvogel taumelt wie trunken vor Lust dahin, und der Morgenrotfalter trägt die frohe Kunde von Kraut zu Kraut. Hellauf jauchzt der Schwarzspecht, der abendrotköpfige, fröhlich flötet der Dompfaff, der morgenrotbrüstige, und der Goldammerhahn, hell wie das Mittagslicht, singt sein Sonnenliebeslied.

Da kann sich der mürrische Wacholder nicht halten; sonnige Triebe brechen aus seinem düsteren Geäst. Die kühle Stechpalme läßt sich mitreißen und wirft hundert blitzende Lichter um sich. Die Eiche vergißt alle ihre Würde; ihre Zweige glimmen und glitzern wie Gold. Weide und Kiefer und Birke lassen Ärger und Eifersucht und glühen und sprühen und grünen mit, jeder taubeperlte Halm, jegliches nebelfeuchte Blatt, alle neu erwachten Blüten funkeln, flimmern und flammen hinein in das große Farbenfest, das die Heidlerche vom hohen Himmel segnet, das der Kranich mit Drommetenton aller Welt verkündet und zu dem der Kuckuck die Glocken läutet.

Höher steigt die Sonne, heißer brennt sie, glühender loht der Post. Über ihm unter dem hohen Himmel zieht ein Habichtspaar seine stolzen Kreise und sendet Jubelrufe zu ihm hinab. In den Eichen rucksen die Täuber und fliegen laut klatschend empor, helle Weihen werfen sich mit gellendem Schrei aus der Luft herab, und in und aus dem Busch und aus allen Bäumen singt und klingt es, daß das ganze weite, breite, goldene Bruch von Freudenstimmen bebt.

Die Sonne steigt und steigt und sinkt. Purpurn färbt sich der Post, wie Gold erglühen die Gräben. Der Nebel steigt aus den Sinken, Wolken ziehen über die Wohld. Rund und rot steht die Sonne über dem Bruch, das noch einmal sich zu einem wilden Geloder aufrafft. Luft und Land füllen sich mit rotem Brande, bis der Tagesstern in Feuerwolken verschwindet, beklagt von dem Kiebitz und dem Kranich. Der Abendstern kommt herauf, von der Nachtigall laut begrüßt. Eine laue Luft weht von Süden und trägt den starken Atem des Postes vor sich hin, der seinen ersten Blütentag erlebt hat. Einen wird ihm die Sonne noch schenken und noch einen. Dann wird der Westwind ihm den goldenen Staub nehmen und der Regen ihm seine Pracht rauben; fahl wird er dastehen, bis das junge Laub an ihm sprießt und er zwischen den übrigen grünen Büschen verschwindet und kein Mensch mehr nach ihm hinsieht und seine Augen daran labt.

Dann steht der Post da und wartet auf den Frühling. Er wird keinen mehr erleben. Die Hacke wird ihn fällen, die Flamme ihn fressen, das Vieh seine neuen Schossen zertreten; Wiese und Weide wird sein, wo er blühte und duftete hier, wie überall.

Alte Leute werden vielleicht noch von ihm erzählen, wie von dem Kranich und dem Rauk und dem Waldstorch, die zur Sage wurden, und dann wird er vergessen sein für immerdar.

Der Waldrand

Die Sonne bescheint freundlich den Waldrand.

Gestern schien sie heller als heute; dennoch ist die Haubenlerche viel fleißiger.

Unaufhörlich läßt sie ihren Lockruf ertönen, und nun fliegt sie sogar auf einen Erdhaufen und singt ihr kleines Lied.

Die Luft ist weich und schmeckt nach warmem Regen. Ein weißer Hauch liegt über dem Felde und nimmt der Sonne Schein und Farbe. Aus den umgestürzten Schollen steigt ein starker Geruch, und alle Zweige und Stämme sehen aus, als dufteten sie nach dem neuen Leben, das in ihnen empordrängt.

Die üppigen Rasen der Vogelmiere auf dem Brachacker hatten jüngst, als der Wind scharf von Morgen kam und der Boden beinhart gefroren war, nicht weniger weiße Blütenstreifen als heute, und das Kreuzkraut ebenso viele goldene Knöpfchen, auch blühten die Maßliebchen gleichfalls am Raine. Damals wirkte das widersinnig, heute aber nicht.

Auf dem Brombeerbusche am Grabenrande sitzt der Goldammerhahn und versucht sein Lied zusammenzubringen; gestern, als die Sonne hell vom hohen Himmel schien, dachte er nicht daran. Auch die Kohlmeise besinnt sich auf ihre Frühlingsweise; da sie aber damit nicht fertig wird, so lockt sie wenigstens dreimal so zärtlich als am gestrigen Tage. Süß und seltsam hört sich das an.

Der Haselbusch am Graben ist gänzlich aufgeblüht; zwischen den goldenen Troddeln glühen purpurne Sternchen. Die Eller ist ihm sogar schon voraus; der Weg ist mit braunen Kätzchen besät. Die silbernen Knospen an den Weiden recken und strecken sich, und die der Espen quellen und schwellen. Aus dem Vorjahrslaube drängt sich das junge Gras, überholt von den fetten Blättern des Aaronstabes, die Schafwurz verhüllt den kahlen Boden, und lustig wuchert das zierliche Grün des Ruprechtskrautes.

Die Sonne kommt noch einmal am dunstigen Himmel hervor. Überall spielen die Wintermücken, daß es lustig blitzt, und hier und da surrt eine Fliege vorüber. In der alten Samenbuche sitzt eine Krähe und quarrt und schnarrt auf ganz absonderliche Art; das ist ihr Liebeslied. Aus den Fichten kommt ein wunderliches Quietschen und Schnalzen; der Häher gibt seinen zärtlichen Gefühlen Ausdruck.

Dahinten auf der grasgrünen Saat maulschellen sich zwei Hasen um die Häsin. Der Frühling kommt.

Ist es auch wahr? Ist es nicht nur ein bloßes Gerücht, eine falsche Verheißung? Zwar wippt da schon ein Bergbachstelzenpaar an dem Graben entlang, hier wühlt ein Maulwurf das knisternde Fallaub auf, sieben Starmätze pfeifen auf dem Hornzacken der Eiche, im Graben plätschert zwitschernd und quitschernd ein Spitzmauspaar umher, fauchend und schnalzend jagt ein Eichkater die Liebste von Ast zu Ast, und ein Goldhähnchen singt schon so gut, wie es das besser nie können wird.

Aber da hinter dem fernen Walde im kalten Moore liegt der Nordostwind und schläft. Vielleicht wacht er über Nacht wieder auf, und zu Ende ist es mit Lied und Liebe. Statt der Wintermücken spielen die Schneeflocken, Star und Bachstelze flüchten von dannen, die bunten Bergfinken, die der weiche Wind nach Norden lockte, werden verschwinden, und Amsel, Meise und Goldhähnchen vergessen ihre halb gelernten Lieder wieder. Die Blümchen auf der Brache und die Kätzchen an den Bäumen werden wirken wie unangebrachte Witze.

Die Sonne ist fortgegangen; dichter und unsichtiger wird die Luft. Um so mehr aber leuchten die halb aufgesprungenen Knospen an den grauen Zweigen des Dornbusches und an den schwarzen Ästen der Traubenkirsche kecke junge Blätter. Ein sachtes Rieseln kommt herunter, unhörbar und leicht. Fröhlich schmettert der Zaunkönig sein Liedchen, lustig trillert die Meise, und selbst der schüchterne Baumläufer erhebt sein dünnes Stimmchen lauter als zuvor.

Der Regen nimmt zu, die Dämmerung geht leise am Waldrand entlang. Da trommelt ein Specht auf einmal los, daß es weithin dröhnt; das ist das Zeichen für alles, was Schnäbel hat. Mit einem Schlage bricht ein vieltöniges

Zwitschern und Flöten los, so wirr, so kraus, daß keine einzelne Stimme sich daraus hervorhebt. Ein Viertelstündchen hält es an; dann bleibt davon nur das Gestümper der Amsel übrig und des Rotkehlchens erst halb gelerntes Lied. Auch das verlischt im leisen Regengeriesel, und der ihrem Schlafwalde zuziehenden Krähen rauhes Geplärre gibt dem weichen Tage einen harten Abschluß.

Dunkel wird es im Walde. Keine neue Knospe im Gezweig, nicht ein frisches Blatt am Boden ist mehr zu sehen. Leblos stehen die Stämme da und recken kahle Wipfel in die Luft. Doch immer noch will das Leben, das dieser Tag erweckte, sich nicht zur Ruhe begeben. Vom Felde her schrillt des Rebhahnes herrischer Ruf, und von der Mergelgrube kommt das breite Geschnatter eines arg verliebten Erpels. Wie winzige Gespenster taumeln bleiche Wintermotten auf der Weibchensuche um die Buchen, zwei Fledermäuse zickzacken am Graben auf und ab, und im Gebüsch schnauft ein Igel aufgeregt hinter der Auserwählten her.

Die Nacht kommt näher; tiefer wird der Himmel. Kein einziger Stern steht an ihm. Die letzte Krähe hastet, verlassen schreiend, über die Wipfel hin. Dichter fällt der Regen; lauter tröpfelt er in das tote Laub. Dumpf unkt in den Fichten die Ohreule; hohl heult in den Kiefern der Kauz los.

Zu Ende ist der milde Tag, an dem der Vorfrühling am Waldrande spuken ging.

Zur Osterzeit

Jeden Morgen schien die Sonne; aber ehe ihre Strahlen noch Wärme verbreiteten, kam der Südwestwind über den Berg, hing graue Vorhänge über die Sonne, färbte das zarte Graurot der alten Dächer des Städtchens zu totem Schwarzgrau um und überflutete Wege und Stege.

Ab und zu verschnaufte der grämliche Wind und ließ der Sonne einen Augenblick Zeit, ihre Lieblinge, die stolzen Kaiserkronen und die leuchtenden Hyazinthen, die Aurikeln und Narzissen abzutrocknen und aufzurichten. Dann pfiffen sogleich alle Stare, dann flötete jede Amsel, die Spatzen schilpten, die Rauchschwalben zwitscherten und hoben sich hoch in die Luft, und der Wendehals erfüllte die ganze Gartenstraße mit seinem Gekicher. Nur der Buchfink traute dem Landfrieden nicht und ließ unermüdlich seinen Regenruf erschallen.

Ich lasse ihn rufen und gehe zum Tore hinaus, an grünen Stachelbeerhecken vorbei, in denen Braunelle und Müllerchen singen, unter gewaltigen, von fetten Knospen strotzenden Linden her, in denen Stieglitz und Grünfink schwatzen und deren kahler Zweige Farblosigkeit hier und da eines Ahornbaumes goldene Blumenfülle unterbricht. Zur Linken hinter dem blauen Geklumpe der Berge quellen dicke weiße Wettertürme herauf, von rechts her klingt des Grünspechtes, des Regenverkünders, Gelächter; aber noch scheint die Sonne, läßt den kahlen, knospenbedeckten Buchenwald dort oben rot aufleuchten, gibt den sprießenden Lärchen am dunklen Fichtenhang ein helleres Grün, übergießt den kahlen Berg mit silbernem Schein und wirft auf die grüne Saat und den roten Acker eine Flut von Licht und Glanz.

Gestern war hier alles tot, grau und stumpf; heute ist Leben hier, Farbe und Freude, denn die Sonne, die liebe

Sonne, ist da. Sie grüßen die Hähne des Dörfchens hinter dem Berge, ihr singen Goldammer und Blaumeise; wo sie hinfällt, schwillt und quillt das Moos am Stamme, reckt und streckt sich die junge Saat, jeder Vogel singt und klingt, alle Knospen strotzen und protzen, hell glühen die Berge auf, die ihr Schein trifft, weiß leuchten des Berges krumme Straßen in ihrem Strahl, und das ganze Tiefland wirft sich schnell in ein frohes Festkleid.

Leichter geht sich der steile Weg in der Sonne, leichter als gestern. Das bunte Farbenspiel in der Runde, die Drossellieder ringsumher, das mannigfache Leben auf der Flur und in den Wipfeln machen meine Füße schneller. Dort jagen sich drei rote Hasen auf grüner Saat, hier schreiten zwei blanke Krähen auf rotem Acker, da wippt der Steinschmätzer von Rain zu Rain, hier schweben Tauben über den Wipfeln, drüben unter dem Waldschlößchen ziehen die Rehe über das Feld, und vom dürren Anger hebt sich singend die Heidlerche empor. Aber das rechte Leben ist hier noch nicht. Zu hart pfeift der Wind, läßt die Silberknospen der Heckenkirsche langsamer sich erschließen als im geschützten Busch, erlaubt den Windröschen nicht, sich zu entfalten, und den Schmetterlingen wehrt er frohen Flug und tändelnden Tanz. Darum ist es auch still hier oben auf der Höhe; doch von dorther, wohin der Wind nicht kommen kann, klingen laute Lieder.

Dort, im niederen Buschwalde, herrscht der Frühling unumschränkt. Da schießt und sprießt das üppige Grün in vielfacher Form aus dem fetten Boden, da leuchten aus faulem Laub und totem Geäst Blumen mannigfacher Art. Goldstern und Hahnenfuß glänzen dort in den Farben der Sonne, darüber nicken der Himmelsschlüssel zarte Blüten, Blau und Rot bringen die Lungenblumen dazwischen und Rosenrot und Lilienweiß die Windröschen.

Hier hat der Regen den Frühling nicht ertränkt, hier hat

er ihn erfrischt. An jeder Knospe hängt ein Glitzertropfen, in jedem Blattquirl liegt eine Schimmerperle; warm und feucht wie in einem Treibhause ist hier die Luft. Und so weiß der Aaronstab gar nicht, wie üppig er wachsen soll; die Knabenkräuter spreizen saftige Blattrosetten, das Labkraut strotzt vor Kraft, der Bärlauch von Frische, das böse Bingelkraut sucht die Türkenbundschosse tot zu machen, den zierlichen Hasenklee und den blanken Haselwurz.

Heiß fällt das Sonnenlicht auf diese Fülle von jungem Grün und lockt alles zu frohem Lebensdrang, was den hellen Tag liebt. Der Mönch singt und singt ohne Unterlaß, der Weidenlaubvogel unterbricht sein Gejubel nur, um ein Mückchen aufzuschnappen, Graudrosseln und Amseln pfeifen ringsumher, und alles ist erfüllt vom Geschmetter der bunten Buchfinken.

Ein rotes Eichkätzchen schlüpft von Zweig zu Zweig, vor lauter Lustigkeit mit dem buschigen Schwanze schnellend und vergnügt kullernd und fauchend, so daß die beiden Rehe, die langsam den Grenzgraben entlangziehen, ganz erstaunt nach ihm hinäugen. Mit den kohlschwarzen Geäsen rupfen sie die zierlichen Blütchen der Hainsimse und die frischen Triebe des Weißdorns und treten, als die unbeständige Luft ihnen meine Witterung zuträgt, in die Dickung hinein.

Am Grenzgraben schlendere ich entlang, an den zu seltsamen Gespenstern verrenkten Hainbuchen vorbei, um die Geißblatt und Waldrebe ihre Ranken geschlungen haben. Ein großer Raubkäfer wildert im alten Laube, eine dicke Weinbergschnecke kriecht bedächtig über das Moos und über die in der Sonne liegende Blindschleiche, deren silberner Schuppenleib mit veilchenblauen Punkten bestreut ist.

Aus dem stillen warmen Busche heraus komme ich wieder auf die Straße, wo der Wind rauh und laut weht. Jenseits im hohen Buchenbestand hat er noch Kraft, aber er bleibt bald zurück und bricht sich an den Kronen. So kann der Baumpieper über dem fahlen Kahlschlage getrost sein Tanzlied singen, kann die Meise im blühenden Traubenholunder balzen, kann das Rotkehlchen im sprießenden Weißdorn singen und der Zaunkönig aus der Rosenblütenpracht des Seidelbastes sein keckes Geschmetter erschallen lassen. Wechselnde Bilder bietet der Weg: dürre Halden mit grauem Steingetrümmer und bleichen Schneckenhäusern, kahler Buchenwald mit dem Rufe versteckter Ringeltauben, Fichtenbestände, von Meisenruf und Goldhähnchengezwitscher erfüllt, feuchte Quertäler, besät mit der Blütenfülle der Schlüsselblumen, lichtes Haselgebüsch, durchjubelt von Vogelrufen, über bunten Lungenblumenbeeten.

Großes und kleines Leben ist überall. Viele hundert Drosseln und Kernbeißer vereinigen sich hier zu einem Sängerfeste seltsamer Art. Dort folgt hastig Lampe, der gute Mann, der Liebsten Spur, überall im Moose und Laube ist ein Wühlen und Rascheln, Knistern und Krispeln, in jeder Krone ein anderer Gesang. Laut flötet die Spechtmeise, gellend ruft der Buntspecht, der Häher ahmt alle anderen Vögel nach und macht aus ihren Liedern ein närrisches Allerlei, und der Wildtäuber klatscht ihm laut Beifall.

Alle haben sie die Sonne gern, sogar der dicke Kauz hat sich breit aufgeplustert und findet, daß ihm die Wärme gut bekommt. Auch Frau Reineke, die da irgendwo in der Dickung ein halbes Dutzend Giermäuler zu versorgen hat, macht es sich auf dem moosigen Buchenstumpf bequem und läßt sich die Sonne auf den ruppigen Balg scheinen. Aber ein dürrer Zweig verriet mich ihr, hastig fährt sie durch dick und dünn, von dem Geschimpfe des Hähers verfolgt. Der starke Bock aber mit dem hohen, weit ausgelegten Gehörn äugt mir ruhig nach; es hat so lange nicht mehr geknallt, und er meint, endlich einmal müßte der Mensch aufhören, ihm nachzustellen.

Langsam zieht er vor mir her, und ich schleiche ihm von Baum zu Baum nach. Hier pflückt er ein Hälmchen, dort rupft er ein Blättchen, bis er sich erinnert, daß sein Gehörn noch nicht ganz blank ist. Und so plätzt er erst unter dem Weißdornbusch, daß Laub und Moos fliegen und Blätter und Blumen wirbeln, und bearbeitet dann mit dem Gehörn den grünen Busch, daß von der ganzen jungen Herrlichkeit so gut wie nichts mehr übrigbleibt.

Endlich hat er genug und zieht über die Bodenwelle, und ich bummele weiter durch den herrlichen lichten Bestand, mich an den stolzen Eichen, hochschäftigen Buchen, kräftigen Fichten und ragenden Birken freuend, bis der geschlossene Buchenwald mich aufnimmt mit seinem hellgrünen Bodenteppich, über dem überall die gelben Himmelsschlüssel nicken.

Auch dieses Stück Wald nimmt ein Ende; rotlaubige Buchenjugenden, schwarzgrüne Fichtenbestände, Buschwald mit buntem Bodenflor wechseln miteinander ab, hier und dort von kleinen grauen Steinbrüchen mit schön geschichteten, moosigen Wänden unterbrochen, aus denen ein Traubenholunder oder ein Rosenbusch die Zweige streckt.

Viele Wege führten von der Straße ab, jeder bietet Schönes und Feines. Gern folgte ich dem einen oder dem anderen, doch meine Zeit ist um, und ich steige den steilen, steinigen Pfad hinab, der mich aus dem jungen Frühlingswalde hinausführt in die alte Stadt, in deren Gärten es überall singt und klingt, wie allerorts jetzt zur Osterzeit.

An der Bergwiese

Die Erlen, die das Bächlein begleiten, sind schon fast abgeblüht, und die Haselbüsche, die die Bergwiese einfassen, desgleichen. Die Zitterpappeln über ihnen aber strotzen von silbergrauen Troddeln, und die Hainbuchen entfalten ein helles Kätzchen neben dem anderen. Es könnte sein, daß heute die Schnepfe kommt.

Schon dreimal habe ich hier gestanden. Zum Schusse kam ich nicht. Das Hoffen und Harren ist aber das Beste beim Schnepfenstriche und die stille Freude am neuen Leben, am Dufte des sprießenden Grases, am Geflatter der Nachwintermotten, am Aufbrechen der Vorfrühlingsblumen und am Gesang der wiedergekommenen Vögel. Die Schnepfe ist nur der Vorwand für mich; gäbe es weiter nichts als sie, so bliebe ich zu Hause, oder ich zöge erst zu Holze, fiele die Dämmerung über das Land. So aber bin ich schon früh hinaufgestiegen, habe den Staren zugeschaut, die in Haufen auf den Buchen sitzen und pfeifen und schwatzen, und den Finken zugehört, die in einem fort schlagen, mich über den ersten Zitronenfalter gefreut, der zwischen den grauen Buchenstämmen umherflatterte, und über die vier verliebten Eichkatzen, die einen sonderbaren Tanz vollführten. Den Wanderfalken sah ich über seiner Horstklippe schweben, die Krähe Nestreisig brechen, den Hasen die Häsin treiben, den Schwarzspecht an der Bruthöhle zimmern; so wurde mir die Zeit nicht lang.

Auch jetzt, da ich unter dem Salweidenbaum stehe, um dessen nach Honig duftende Schäfchen es summt und brummt von allerlei Getier, habe ich Augenweide und Ohrenschmaus die Fülle. Das Bächlein ist dicht besäumt vom goldig blühenden Milzkraut, hier und da entfaltet sich dazwischen eine Dotterblume, die ganze Wiese ist bedeckt mit Märzglöckchen und Schlüsselblumen, und unter den Haselbüschen leuchten Leberblümchen, Schafkraut und Windröschen blau, gelb und weiß, überragt von den großen, seltsamen Blumen des Nieswurzes, und der aus Efeu- und Haselwurzblättern gewebte Waldbodenteppich blitzt und schimmert im Lichte der heimgehenden Sonne.

Noch schlagen die Finken und pfeifen die Stare, aber immer weniger werden es. Dafür läßt sich die Amsel um so fleißiger hören. Zippe und Misteldrossel flöten um die Wette, und überall lassen die Rotkehlchen ihre süßen, silberhellen Abendlieder ertönen. Ein Bussard streicht lautlos heran, fußt auf dem untersten Ast der alten Eiche, äugt lange dahin, wo zwei Waldmäuse im Fallaube rascheln, und fliegt weiter. Krähen kommen quarrend angeflogen und schwingen sich in den hohen Weißtannen unter den Klippen ein. Drei Rehe ziehen über das untere Ende der Wiese, aus der Dickung hoppelt ein Hase hervor und äst sich an dem jungen Grase.

Rosenrot färbt sich der Himmel. Die Dämmerung stimmt Wald und Wiese immer mehr zusammen. Lauter murmelt der Bach, weil es stiller ringsumher wurde. Ein schwüler Luftzug weht vom Tale herauf, raschelt in dem Vorjahrslaub der Jungbuchen und schwenkt die Zweige der Zitterpappeln langsam hin und her. In dem anblühenden Schlehdorn rispelt und krispelt es. Ich sehe schärfer hin und erblicke in den wirren Strähnen, mit denen die Waldrebe den Busch durchflochten hat, eine Haselmaus, die behutsam von Ast zu Ast schlüpft, ab und zu eine Blütenknospe zerraspelnd oder eine der bleichen Motten erhaschend, die haltlos dahintaumeln. Da lockt der Waldkauz hinter mir; das seltsame Mäuschen schrickt zusammen und verschwindet.

Eine Wolke verdunkelt den Himmel. Es beginnt fein und warm zu regnen. So ist es recht. Ist die Schnepfe da, dann streicht sie heute sicher. Der Waldkauz quiekt gel-

lend auf, heult hohl, baumt vor mir auf und beginnt zu rollen, so zärtlich, daß die Käuzin sich zu ihm gesellen muß. Lautlos verschwinden die beiden Dickköpfe im Walde, wo es fortwährend bricht. Ein Reh mag dort herumtreten. Aber nein, der Fuchs ist es. Er steckt sein schlaues Gesicht zwischen den Haselbüschen hervor, windet einen Augenblick und flüchtet eilig. Er wird meine Witterung bekommen haben, denn der Rauch meiner Pfeife deutet nach ihm hin. Leicht hätte ich ihn umlegen können. Aber wer weiß, ob es nicht eine säugende Betze ist, deren Geheck dann elend verschmachten müßte, und dann muß er auch leben bleiben, um die Mäuse dünn zu machen. Es sind mehr als genug da; überall raschelt es im Vorjahrslaub.

Die graue Wolke ist weitergezogen. Wo sie stand, glimmt ein silbernes Pünktchen, der Schnepfenstern. Wie oft habe ich ihn erscheinen sehen beim Schnepfenstriche und auf dem Anstande, und immer ist er mir wieder lieb und wert, der Abendstern, der erste Stern am Himmel, lieb wie das Gedenken an den ersten Kuß, den ich ersehnte und bekam. Dieser erste Stern, er ist anders als die, die ihm folgen, anders, als der erste Kuß anderer Art war als die, die ich später pflückte. Wie lange das her ist; dreimal zehn Jahre gingen seitdem hin, immer noch zittere ich, denke ich an den Abend im Heckengang, an das atembeklemmende Herzklopfen, als ein heller Hut um die Ecke bog, an das dumme Zeug, das ich hervorstammelte, an das blasse Gesichtchen, das über und über rot wurde, als ich vor lauter Schüchternheit frech wurde und mir meinen ersten Kuß nahm. Einen nur, einen einzigen, und einen beim Abschied. Vorfrühling des Herzens, längst bist du vorbei.

Ein tiefer, dumpfer, unirdischer Ton ruft mich zu mir selber zurück. Ich fasse den Dreilauf fester und lasse meine Augen hastig über alle nahen Wipfel gehen. Wo ist sie, die Erste von diesem Jahre? Wo morkt sie? Wo streicht sie? An meinen ersten Kuß dachte ich und verpaßte die erste Schnepfe. Auch gut! Mehr als ein halbes Hundert erbeutete ich, und das Gedenken an ein erstes Glück ist mehr wert als noch einer der seltsamen Nachtvögel am Hühnergalgen. Elschen, schönes Elschen, unsere Liebeszeit war kurz. Du wurdest Dame und lerntest das Kokettieren; ich riß die Liebe mit Stumpf und Stiel aus meinem blutenden Herzen und füllte ein ganzes Schulheft mit Liedern voller Herz und Schmerz und Not und Tod und wurde ein Weiberfeind und rauher Jägersmann.

„Quoark, quoark, quoark", geht es irgendwo und „psswitt, psswitt" hinterher. Beinahe hätte ich sie wieder verpaßt, die Schnepfen. Da kommen sie angestrichen, drei Stück, mit lautlosem, langsamem Eulenfluge, voran die Schnepfin, hinterdrein, sich streifend, zwei Schnepfer. Jetzt, da die beiden wie ein einziges, vierfach geflügeltes Wesen aussehen, halte ich darauf. Ein roter Strahl umspielt sie, und darin sehe ich die eine fallen und die andere sich überschlagen. Dann schmeißt die Bergwand drüben den Schuß dreimal zurück, ein Reh beantwortet den Lärm mit lautem Schrecken, eilig stiebt der Hase ab, und zäh klebt der stinkende Pulverdampf über dem Bächlein.

Ich nehme die Schnepfen auf, ziehe jeder eine der silberendigen Stoßfedern aus, stecke die samt einem goldig blühenden Salweidenbruche an den Hut und schlendere langsam talabwärts. Unter dem Waldborde muß ich mich noch einmal umsehen. Ich suche den Schnepfenstern, kann ihn aber nicht mehr finden. Zu viele andere Sterne sind da. Mir ist, als zwinkerten sie mir spöttisch zu, gleich als wollten sie sagen: „Dein erster Stern ist nicht mehr da; vorüber ist die schönste Zeit; dein Vorfrühling ist abgeblüht, dein Frühling ist verwelkt, dein Sommer ist vergangen."

Ein kühler Wind kommt mir entgegen; es fröstelt mich. Ich glaube, es ist Herbst in mir geworden.

Vor Tau und Tag

Es ist nicht kalt, jedoch auch nicht warm, und obwohl es nicht hell ist, so ist es auch nicht dunkel.

Zur Linken über dem schwarzen Bollwerk des fernen Waldes steht die schmale Sichel des zunehmenden Mondes. Sie sieht aus, als habe sie keinen Zusammenhang mit dem Himmel. Rechter Hand über dem Bruche funkelt ein großer Stern. Auch er scheint dort nicht hinzugehören.

Ganz leise raschelt das dürre Gras hinter mir. Die Frösche murren dumpf, und bald hier, bald da ächzt die Mooreule. Ab und zu geht der durchdringende, verängstigte Wanderruf einer Rotdrossel über mich hin. Die Krickente lockt, dicht bei mir pfeift die Ralle, und laut plumpst und platscht es in dem Staugraben. Dann tritt etwas hinter mir in den Porstbüschen umher, und ein kurzes Husten wird hörbar.

Ich lehne mich bequem gegen die Rückwand des Schirmes, den ich mir aus Plaggen baute und mit Buschwerk verblendete, strecke die Beine von mir und sehe bald nach dem Monde, bald nach dem Sterne. Jedesmal wird der Mond dann dunkel, und der Stern verschwindet für eine Weile. Langsam dringt die Nässe des Bodens herauf und kältet mir die Füße, und die kühler werdende Luft läßt mich erschauern. Der Wind ist nach Osten umgeschlagen.

Die Wiese wird heller; es reift. Ich sehe einen Schatten vor mir herhuschen und höre das bereifte Gras knistern. Ein Hase wird es gewesen sein. Es rauscht hastig in der Luft und fällt mit dumpfem Schlage auf der Wiese ein. Das ist der erste Hahn. Ein halblautes Gackern in den Porstbüschen begrüßt ihn. Stockenten klingeln vorüber, aufgeregt quakend. Wieder pfeift die Ralle, und die erste Bekassine lockt. Rundumher fallen die anderen ein, und auf einmal bebt die Luft von ihrem Gemecker.

Im Moore bläst ein Hahn und beginnt zu trommeln. Es rauscht über mich fort und plumpst vor mich hin, rauscht noch einmal und plumpst wieder und abermals und wiederum. Ich renke mir die Augen nach den Hähnen aus und weiß, daß ich sie doch nicht sehen kann. Jetzt bläst einer halbrechts von mir. Ein seltsamer Laut ist das, der mir die Haut warm macht. Unwillkürlich fahre ich mit der Hand nach dem Kolbenhalse und ziehe sie wieder zurück. Es ist noch viel zu dunkel.

Nun blasen zwei Hähne vor mir, und ein dritter trommelt. Er muß ganz dicht bei mir sein, denn sonst würde sich sein Balzen lauter anhören. Ein dumpfes, hin und her taumelndes Gefuchtel ist über mir; das ist der Kiebitz. Jetzt ruft er; halb übermütig, halb wehleidig klingt es. Überall locken und meckern die Bekassinen. Eine Amsel beginnt zu pfeifen, noch eine, und die Singdrosseln fallen ein. Der Brachvogel flötet und steigert seinen Ruf zu einem gellenden, weinerlich verklingenden Getriller. Dieses Liebeslied ähnelt einer Totenklage.

Der Wind setzt stärker ein und raschelt lauter im Grase. Dahinten hellt sich der Himmel ein wenig auf. Alle die Hähne vor mir trommeln wie toll und blasen ab und zu dazwischen; weiterhin im Moore und auf den Wiesen kullert es ebenfalls und läuft mit dem Meckern der Bekassine in eine gespenstige Weise zusammen, vor der das Gepfeife der Drosseln und das Klagen der Kiebitze fast verschwinden.

Aus dem hellen Strich über dem Moore bricht eine rote Flamme hervor, von gellenden Trompetenstößen begrüßt. Ein Trupp reisender Kraniche ist es, der im Bruche übernachtet hat. Es ist Tag geworden. Kalt ist die Luft, und Wiese und Bruch sind silbern vom Frühreif. Ich zähle vier Hähne vor mir und höre noch vier balzen. Eine Krähe quarrt, der erste Fink schlägt, die Heidlerche dudelt. Die Mooreule ist verstummt, und nur einige Bekassinen melden sich noch.

Das Getrommel der Hähne verstummt wie auf Verabredung. Alle sitzen da und machen lange Hälse. Die Frühbalz ist vorbei; gleich wird die Sonnenbalz einsetzen. Ein Junghahn beginnt schon wieder. Er reckt sich, bläst zweimal, flattert in die Luft und schüttelt sein Gefieder, daß es laut schallt. Dann kriecht er tief gebückt mit dick aufgeplustertem Halse dahin und kullert dumpf und anhaltend, sich immer näher an die Henne heranschiebend, die zwischen dem Grase umherpickt und dann und wann leise girrt. Die anderen Hähne fallen nun auch ein, bis auf den ganz alten dort unten, der mit hohem Kragen dasitzt und sich nicht rührt.

Ein scharfer Ruf kommt hinter mir her. Ein helles Weihenmännchen steigt hoch empor, schwebt einen Augenblick dort und wirft sich mit schrillem Gemecker bis dicht auf die goldglühenden Porstbüsche, um wieder emporzuschweben und abermals hinabzufallen. Unter wütendem Gekeife hassen zwei Kiebitze auf eine vorbeistreichende Krähe. Mit klirrendem Flügelschlage saust der Grünspecht vorüber, bleibt in der Birke hängen und jauchzt sein wildes Lachen über das Bruch.

Ich sehe den Kranichen nach, die über dem Moore schweben, sich zu einem Keile ordnen und nordostwärts ziehen, der Ralle, die niedrig, wie eine Ratte, durch das Gras huscht, dem Schmalreh, das aus dem Porst tritt und sich von der Sonne bescheinen läßt, und warte darauf, daß der alte Hahn mit den dicken Rosen und dem breiten Spiel sich näher heranbalzt. Ein Dompfaffenpaar fällt in dem lichterloh blühenden Salweidenbaume ein, lockt zärtlich und fliegt weiter. Ein Pieper steigt mit blechernem Geschmetter auf, flattert ein Weilchen in der Luft umher und fällt wie kraftlos herunter. Überall läuten die Meisen, lustig singt der Weidenzeisig und wehmütig das Laubvögelchen.

Der alte Hahn balzt unentwegt auf demselben Flecke; ein Porstbusch deckt ihn fast ganz. Die übrigen Hähne sind bis auf den Junghahn mit dem kurzen Spiel abgestrichen. Auch dieser nimmt sich jetzt auf und stiebt von dannen. Bald wird es mit der Balz aus sein. Die Sonne steht schon blank am Himmel und scheint so sehr, daß ich mich nicht rühren darf, denn sonst blendet mein Gesicht zu stark aus dem Schirm heraus. Der Hahn verschweigt. Er pflückt an seinem Gefieder herum und pickt etwas von dem Boden auf. Dann sitzt er da wie ein Klotz und rührt sich nicht. Jetzt, da er den Kopf nach dem Altreh wendet, das über die Wiese zieht, hebe ich den Drilling von den Knien, blase laut und trommele leise. Sofort macht er einen langen Hals und antwortet. Ich reize wieder und lauter und immer lauter. Er äugt hin und her, zischt wütend und kommt trommelnd hinter dem Porstbusche her.

Der lohnt sich. Die roten Rosen sind fingerdick, der Rükken ist blank wie Stahl, und das Spiel ist fast zum vollen Kreise gebogen. Hinter mir gackert eine Henne. Immer näher trippelt der Hahn, dumpf trommelnd und hell blasend. Und nun, wo er fast in Schußnähe ist, fängt die Waffe in meinen Händen zu schwanken an, obgleich ich mir einreden wollte, die Jagd aus dem Schirme reize mich nicht mehr. Noch einige Gänge lasse ich ihn herankommen; dann backe ich langsam an und drücke. Mit zwei hohen Fluchten setzen die Rehe in den Porst, hinter mir streichen laut gackernd die Hennen ab, und mit schneidendem Schrei taumelt ein Kiebitz vorüber. Der Hahn liegt auf dem Rücken. Drei weiße Federn ziehen mit dem Pulverrauch in die Büsche.

Ich stehe auf, ziehe den Mantel aus, recke und strecke mich und nehme den Hahn auf. Er ist sehr alt; die Sicheln sind lang und breit, aber zerschlissen und abgestoßen. Er hat sein Teil vom Leben gehabt und starb den besten Tod.

Die Teiche

Weit vor der Stadt, zwischen Hügeln verborgen, liegen zwei Teiche. Kein Reiseführer nennt sie, keine Karte führt sie an, und so flutet der Strom der Ausflügler an ihnen vorüber. Nur einige wenige Naturfreunde suchen dort seltene Blumen und stellen den Käfern und Schmetterlingen nach, ab und zu verirrt sich ein Maler dorthin, und wenn nicht die Jungen aus dem nächsten Dorfe einen Ausflug dahin machen, um trotz der halbverwitterten Warnungstafel in dem flachen, klaren Wasser zu baden, dann ist es

außer der Bestell- und Erntezeit dort still und ruhig, und höchstens ein Jäger pirscht den Holzrand ab.

Zweimal war ich dort gewesen, einmal im Spätsommer, als die Raine bunt waren von hohen Blumen, und später im ersten Frühling, als die blaßgelben Schlüsselblumen den knospenden Wald mit ihrem feinen Pfirsichduft erfüllten und die hellblauen Waldveilchen aus dem braunen Fallaube brachen.

Als ich neulich der Stadt müde war, da fielen mir die Teiche ein und zogen mich zu sich.

Der Tag war heiß und durstig. In ländlichem Wirtshausgarten saß ich unter weißblühendem Strauche und hörte dem Mönch zu, der ununterbrochen aus den fruchtschweren Walnußbäumen sein silberhelles Liedchen bald laut, bald leise sang, und dem Esel, der seiner Freude über den schönen Tag Ausdruck gab auf seine Art. Und als die Sonne nicht mehr ganz so heiß schien, da ging ich durch die Felder den Bergen zu.

An einer unendlichen Weizenbreite, deren sattgrüngelbe, in der Spätnachmittagssonne glitzernde, leicht im Winde fließende Fläche nur sparsam mit rotem Mohn, hellblauen Kornblumen und dunklerem Rittersporn durchwirkt war, zog sich der graublaue, staubige Weg lange hin, bis am Kamme des Anberges die goldig leuchtende Fläche halbreifer Sommergerste sichtbar wurde, und dann führte eine dürre Trift aus dem Felde zum Berge.

Buschwald deckt den Hang, ein niedriges, dichtes Durcheinander von Hainbuche und Rotbuche, Hasel und Eiche, Maßholder und Kornelkirsche. Am Wege leuchtet ein hoher, hellblauer Ehrenpreis, blaue Glockenblumen nikken, gelbweiße Sternblumen erheben ihre breiten Schirme. Über den Boden kriecht das wilde Süßholz, an den Rosenbüschen schimmern die letzten Blüten, hier und da erhebt ein rosenrotes Knabenkraut seine duftenden Rispen.

Durch die Ackerfurchen, in die das Regenwasser Ähren und Halme fest hineingewalzt hatte, suchte ich mir den Weg nach dem feuchten Wiesental, und als ich höher stieg, sah ich das Wahrzeichen der Teiche, die hohen Pyramidenpappeln, hinter dem Rücken des Hügels auftauchen.

Sie sind keine große landschaftliche Sehenswürdigkeit im landläufigen Sinne, die beiden Teiche. Zwei flache Wasser, von Rohr umrahmt, zwischen kahlen oder mit Getreide bestandenen, nach der einen Seite bewaldeten Hügeln liegend, mögen sie viele Leute kalt lassen. Ich aber liebe sie. In ihrer Weltabgeschiedenheit liegt ihr Zauber. Vor dem Holze, unter den niedrigen, geköpften Hainbuchen und den hohen, raschelnden Eschen muß man stehen und nach dem Einschnitt sehen, durch den der Weg an den strengen, herben, hohen Pappeln vorbeischleicht. Die Sonne muß hinter dem Walde stehen und auf dem Wasser liegen, das die zarten, braungrünen Töne der Hügel angenommen hat. Ein leiser Wind muß wehen, daß das Rohr rauscht und daß seine vorjährigen Blütenrispen schwanken.

So traf ich es. Hinter mir gurrten die Turteltauben, sangen die Goldammern, schmetterten die Baumpieper. Das Rohr glitzerte in der Sonne, die hohen Binsenhalme neigten sich in ihrer ernsten, gemessenen Weise. Dann erklang der rauhe, schrille Ruf des Wasserhuhns, der Teichrohrsänger sang sein seltsames Lied, der Drosselrohrsänger griff die Weise auf und verstärkte sie auf den doppelten Umfang, ein alter, dicker, braunschwarzer Frosch, dessen Rücken ein schmaler gelber Strich zierte, gab, wie ein Vorbeter, dreimal das Zeichen, und aus dem Rohr, aus den Pumpkeulen fiel die ganze Froschgemeinde im Chor ein.

Allein der Drosselrohrsänger ist mir schon Fahrt und

Weg wert. „Karl, Karl, kiek!“ so singt er. Das quietscht und quarrt gellend und grell, aber es paßt wunderschön zu dem Rauschen des Rohres, dem Plärren der Frösche, dem Schrei des Wasserhuhns. Alle Rohrsängerarten haben diese Töne als Grundlage ihres Gesanges, aber die im Weidengebüsch des Ufers, am Waldrand und im feuchten Feld leben, die stimmen es in die Umgebung hinein. Der Drosselrohrsänger aber, der nur im großen Rohrwald lebt, verzichtet auf alles liebliche und gefällige Beiwerk.

Über das freie Wasser jagen einzelne große Jungfern mit blaubereiften Hinterleibern. Das Volk gab ihnen einen hübschen Namen; aber es sind böse Räuber. Pfeilschnell schießen sie hin und her; ihre ungeheuren, halbkugeligen, gläsernen Augen spähen nach einer harmlosen Fliege. Wie Falken stoßen sie darauf zu, fassen sie und zermalmen sie zwischen den schrecklichen Kiefern.

Verwandte davon, winzige, fadendünne, himmelblaue Jüngferchen, flirren zu Hunderten am Strande herum und bedecken jeden Binsenhalm mit langen, hellblauen Auswüchsen. Auch diese zierlichen Geschöpfe, die aussehen, als lebten sie von Tau und Blumennektar, sind Räuber. Die dicken Schleie aber, die, langsam mit den rotgeränderten Flossen rudernd, unter ihnen durch das Wasser ziehen, sind, so gefräßig sie aussehen, harmlose Tiere, die vorlieb mit allem nehmen, was am Boden fault.

Auf dem Kalkschotter des Uferrandes ist ein schwärzliches Gewimmel. Hunderte und Hunderte von eben entwickelten Fröschchen hüpfen da durcheinander. Hunderttausende von Eiern schwammen im Frühling hier. Viele verfaulten, wurden von Pilzen verdorben. Von den Hunderttausenden von Kaulquappen schluckten Tausende Molch und Hecht. Und von den Tausenden von Fröschchen, die auskamen, werden mehr als drei Viertel noch vor dem Herbst zugrunde gehen, die wenigsten werden groß werden und an schönen Abenden hier quaken mit ihren Eltern und Urgroßeltern.

Es ist überall gleich in der Natur und bei den Menschen. Der Anfang, das ist das Schwerste; nachher geht es schon. Das winzige Rosensträuchlein hier am Wege kann nicht aufkommen. Immer wieder treten es die Schafe in den Grund. Dem großen Strauch daneben, der ganz voll rosiger Blüten hängt, kommen die Hufe und Mäuler nicht nahe. Er weiß sich zu wehren. In seiner Jugend lernte er es, und jetzt ist er stacheliger als jeder andere Rosenstrauch.

Hinter dem Holze stieg eine schiefergraue Wetterwand hoch, schob sich vor die Sonne und wuchs bis in die Mitte des Himmelsgewölbes hinein. Der Wind frischte auf, fuhr in hastigen Böen durch die Kronen und über das Röhricht. Aus dem klaren, stillen Teich wurde ein schwarzes, wildes Wasser. In einzelnen rotglühenden Fetzen brannte die Sonne durch die schwarze Wolke, die Pappeln bogen sich ächzend, Staubwirbel tanzten über die Abhänge, im Rohr siedete und kochte es, und die Wellen klatschten mit hartem Schlag an das Ufer.

Die stille träumerische Ruhe der Landschaft war mit einem Ruck vorbei. Keine Lerche sang mehr in der Luft, kein Ammer im Rosendorn. Die Fische waren verschwunden, die Frösche hörten auf zu grölen. Der Rohrsänger ganz allein kümmerte sich nicht um Sturm und Gewitterdrohen; dicht am Wasserrande saß er hoch oben auf schwankendem Halm und rief sein hartes Lied laut und schrill, als wäre das Pfeifen des Sturmes, des Rohres Rauschen und des Wassers Klatschen nur die Begleitung dazu.

Als der Sturm sich erhob und die Pappeln sich bogen, da hatte ich mich innerlich ein bißchen geduckt. Aber der kleine Vogel beschämte mich, ich sah voll Verachtung nach den beiden Tauben, die angstvoll zu Holze flogen, und ging langsam meinen Weg entlang, das kecke Rohrsängerlied im Herzen.

Einmal hörte ich es noch hinter mir herrufen: „Kiek, kiek!" Und als ich mich umsah, da hatte die Sonne ein großes Loch durch die Wolken gebrannt, große rote und goldene Lichter auf das Wasser geworfen, den roten Ackerhang vergoldet und Rohr und Risch mit Flittern und Flimmern besät.

Und solange sie schien, blieb ich stehen unter den Pappeln. Als sie aber hinter dem Walde verschwand und die bleierne Wolke ihr Andenken auslöschte, verließ ich die düsteren Teiche.

Der Bergwald

Zwei Gesichter hat der Berg. Ernst ist sein Südabhang. Kein Ort unterbricht die grüne Gleichförmigkeit seines steilen Hanges. So unnahbar sieht er aus, daß keine der bunten Ortschaften im Auetale es wagte, sich ihm zu nähern: sein ernstes Gesicht jagte sie nach den Weserbergen hin.

Ein ganz anderes Antlitz hat der Berg nach Norden hin; da ist nichts von Unnahbarkeit, von abweisender Schroffheit zu spüren. In langsamen Absätzen steigt er zu Tal, und so kletterten die Ansiedlungen hoch an ihm empor, trieben ihre Häuser, Äcker und Felder in seinen Wald und brachten viele Farben in seine grüne Gleichförmigkeit, rote Dächer und weiße Rauchwolken, aus kühn emporstrebenden Schloten hervorquellend, einer regen Industrie fröhliche Banner.

Außer diesen beiden großen Gegensätzen zeigt der Berg aber noch viele anderer Art. Hier, wo die düstere Fichte herrscht, ähnelt er dem Oberharze; nebenan, wo die Buche das große Wort führt, gleicht er den Weserbergen, und weiterhin, da, wo Buche und Eiche sich mengen und ein Bach rieselt, erinnert er an die Bergwälder Thüringens. Dann aber wieder tritt die Kiefer auf heidwüchsigen Flächen auf, und wer die Beschaffenheit des Bodens nicht beachtet und die Steine übersieht, der könnte meinen, er sei in einem der hoch gelegenen Geestwälder der Lüneburger Heide, vorzüglich im Vorherbste, wenn der Honigbaum blüht.

Aber auch um die jetzige Zeit kann man sich dort in die Heide träumen, weil geradeso wie dort das düstere Gezweig der Kiefern goldene Schossen treibt und über den heidwüchsigen Rodungen die Birke ihr grünes Blättergeflatter bewegt, während rundherum der Baumpieper schmettert, im Dickicht Haubenmeisen zwitschern und kollern, der Laubvogel sein wehmütiges Lied flötet und von der blauen Höhe eine Heidlerche süß singt. Ganz so wie in der fernen Heide blitzen goldgrüne Käfer über die sonnigen Schneisen, tanzen die krausen Schatten der Kiefer auf der weißen Fahrstraße, schweben düstere Falter über das spitze Gras.

Der Eindruck bleibt auch noch im raumen Stangenorte, dessen Boden bunt ist von den hellgrünen Bickbeerensträuchern und dem rostroten Dürrlaube des Adlerfarns. In allen Kronen piepsen unsichtbare Goldhähnchen, überall leuchten die roten Mordwespen, der Wind erfüllt den Wald mit dem behäbigen Gebrumme, wie es nur die Kiefer kann, und die Sonne entlockt ihm den eigenen Duft von Kien und Juchten, den nur der Heidwald ausströmt.

Dann, auf einmal, ist etwas da, was nicht in den Heidwald gehört. Ein großer, rostroter Falter fegt mit wildem Zickzackfluge über das leuchtende Bickbeergrün, hastet zwischen den rotschimmernden Stämmen hindurch, saust über das schattige Gestell, taumelt an den Birken vorbei und verschwindet dort, wo das lachende Laub einer Buche auftaucht. Denn das ist sein, des Hammerschmiedes, Baum; mit den Kiefern und Birken will der seltsame Schmetterling nichts zu tun haben, der auf den Flügeln in blauen Feldern vier weiße Halbkreuze trägt. Die Buche ist sein Baum, und wo sie herrscht, da ist seine Heimat. Ihr strebt er zu.

Jäh bricht der Kiefernwald ab und macht dem Buchenwalde Platz. Hier und da hat sich noch eine Kiefer vorgewagt, einige Birken ringen sich zum Lichte, eine Eiche schafft sich mit rücksichtslosen Ästen Raum, aber weiterhin herrscht der grüne Schatten, den nur die Buche gibt, der keiner Blume, es sei denn, daß sie sich von Moder nährt, das Leben gönnt, der alles grüne Leben am Boden in muffigem Fallaube erstickt. Verschwunden sind die frohen Käfer und die lustigen Schmetterlinge, verhallt sind des Piepers und der Goldhähnchen Lieder; eines einzelnen Finken Schlag klingt verloren in der Stille, und ein Häherruf unterbricht für einen Augenblick das schwere Schweigen.

Hart neben dem Buchenwalde erhebt sich wie eine schwarze Mauer das Fichtenaltholz, kalt und tot wie ein Gefängnis. Lautlos treten die Füße über die weichen, braunen Matten des Bodens. Hier und da ist ein heller Fleck, als fiele aus einem Dachfenster ein karges Licht, und läßt ein Büschlein Schattengrases, einen Bickbeerenhorst, eines Farnes frohes Blattwerk weithin wirken. Oder es fällt von obenher ein Vogelruf in das kalte Schweigen, oder ein langer blauer Sonnenstrahl überschneidet schräg die düsteren Stämme, bemalt sie mit Gold, macht aus dem toten Zweigwerk ein silbernes Netz und aus dem Bock, der langsam dahinzieht, ein fabelhaftes Wesen von lodernder Glut.

Dort aber, wo das Bächlein sich abhastet, um aus dem

Bergwalddunkel in das lachende Land zu kommen, springen die Hainbuchen hinzu und stellen sich rechts und links daneben, damit es sich vor den ernsten Fichten nicht allzusehr grusele. Sie spreizen ihre Zweige weit von sich, damit der Mönch und der Zaunkönig etwas Sonne haschen können und nicht ganz ihre kecken Lieder verlernen, und auf daß dort auch allerlei gutes Kraut wachsen könne, damit Has' und Reh bei Tage Äsung finden.

Hinter dem Bache, wo die Talwand steil emporstrebt, ist ein wilder Kampf zwischen allen Bäumen, die es im Berge gibt. Da zanken sich Buche und Kiefer um den besten Platz, und während sie streiten, schleicht sich die Birke zwischen sie, und auch die Lärche findet sich ein, bis dann wieder die Eiche hinzutritt und die anderen beiseite schiebt. Und während sich die großen Herren balgen, hat es das kleine Volk gut, und so sprießt Pfeifengras und Adlerfarn, Bickbeere und Eberesche, Heidecker und Siebenstern, weil die uneinigen Bäume ihnen nicht, wie im geschlossenen Bestande, alles Licht und jedes bißchen Luft wegnehmen.

Darum gefällt es der Amsel dort auch so ausnehmend und der Graudrossel nicht minder, Mönch und Zaunkönig und Fink sagt es dort ganz besonders zu, und die drei Vettern, der schwirrende Laubvogel des Buchenwaldes, der Weidenlaubvogel aus dem Birkengebüsch und des Kiefernwaldes Fitis finden sich hier zusammen und veranstalten einen ergötzlichen Gesangswettstreit; aber die Finken übertönen sie, des Rotkehlchens silberhelles Lied kommt auch noch voll zur Geltung, von der Blöße her mischt sich die Braunelle ein, der Pieper macht sich kräftig bemerkbar, und das Geplauder des Grauhänflings bringt neues Leben hinzu.

Oben auf der Rodung ist eine andere Welt. Die Sonne liegt auf der weiten, ringsum von dunklen Fichten eingefaßten Blöße, und es ist still und verlassen dort. Aus himmelhoher Luft kommt eines Seglers spitziger Ruf, irgendwo lockt traurig ein Vogel, ein weißer Schmetterling flattert, wie verängstigt, über die Öde, und der grüne Buchenhorst sieht aus, als hätte sich Bäumchen an Bäumchen gedrückt, aus Furcht vor der Einsamkeit, die von allen Seiten auf sie eindringt. Unheimlich klingt vom fernen Tann des Taubers dumpfer Ruf.

Doch hinter der blanken Blöße, wo ein Hohlweg den Boden zerschneidet, an dessen Abhängen Farne winken, Silberweiden schimmern und der Bergholder mit lichten Dolden prahlt, oder dort, wo ein Eichenhain mit lustig grünenden Ästen sich lichtet, und hier, wo die Buchen so weit stehen, daß die Sonne über den Boden Macht hat, oder dort, wo der alte Steinbruch gähnt, und weiterhin, wo fleißige Hände im neuen Bruche schaffen und unfern davon der Wald vor dem Abhange zurückprallt und von grasiger, hellgeblümter Halde der Blick hinunter in das Tal und hinüber zu den Bergketten reicht, da ist trotz aller Bergwaldheimlichkeit Leben und trotz des Lebens Waldheimlichkeit.

Wenn auch Maschinenwerk knarrt und klappert oder froher Wanderer Stimmen von der Wirtschaft herschallen, ein Viertelstündchen weiter ist wieder die Einsamkeit zu finden mit Wipfelrauschen, Bussardruf und Vogellied, wo nur die reihenweise Gliederung des Waldes, die Wegeführung und die Wagenspur von Menschen und Menschenwerk reden und den Wanderer nicht zu jenem bedrückenden Gefühle der Verlassenheit kommen lassen, das ihn beschleicht, schweift er im pfadlosen Moore oder in der ungeteilten Heide. Er weiß, daß der Weg ihn zu Menschen bringt, ihn zum Abhange des Berges führt, dorthin, wo sich Ort an Ort reiht, an den Südhang oder dahin, wo tief im Tale der Aue die Straße von Dorf zu Dorf geht.

Und so wird der Berg jedem gerecht, der ihn aufsucht. Der menschenmüde Waldfahrer kann stundenlang schweifen, ohne gestört zu werden, und der frohe Wanderer kann sich des stillen Waldes freuen, während vom Hange her rote Dächer ihn grüßen und vom Tale aus der Pfiff der Dampfpfeife und das Rollen der Räder ihm meldet, daß ein kurzer Weg ihm wieder Gesellschaft bringe.

Im goldenen Silberdorn

Es ist heute Sonntag, und deshalb fliehe ich den Strand, er wimmelt von Menschen. In hellen Haufen quellen sie aus den Dampfern und stürzen sich vor den Landungsbrücken auf den schmalen Strich weißen Sandes zwischen See und Land.

In mein Versteck hier findet keiner von ihnen hin, alle gehen daran vorbei. Sie streifen mit flüchtigen Blicken die hohen Stranddornbüsche, deren silbernes Laub von goldenen Beeren leuchtet, machen etwas verwunderte Augen und eilen vorüber, ohne so recht zum Bewußtsein dieser Pracht gekommen zu sein.

Ich liege gegen einen großen bunten Granitblock gelehnt, den vor unausdenkbaren Zeiten der Gletscher hier ablud, horche auf das, was mir die Hummeln vorsummen und die Schwalben erzählen und starre mit halboffenen Augen nach dem Stückchen blauen Himmels, das von dem starren Astwerke des Stranddorns mit Altsilber und rotem Golde eingefaßt ist und unter dem ab und zu eine Möwe vorübergleitet.

Es ist Mittagszeit, die See hält ihre Unterstunde. Nur schwach, wie ein leises Atmen, kommt ihr Rauschen bis zu mir her, und es will mich dünken, als tuschelten die Pappeln nur leise und als flüstere das hohe Rohr verstohlen, um sie nicht aufzuwecken, damit sie nicht böse werde und mit mürrischem Grollen auf den Strand springe. Selbst die Hänflinge schwatzen nicht so laut, wie es sonst ihre Art ist.

Viele weiße Falter tanzen um die rosigen Federbüsche des Wasserhanfes und ab und zu ein bunter, und hin und her flittern Libellen mit leisem Geknister. Die Heuschrekken geigen schläfrig, Schwebfliegen blitzen über den weißen Dolden, und Bienen summen um den blühenden

Quendel. Auf einem schwarz und weiß gefleckten Flintsteine liegt breit und behaglich eine Eidechse, ein Kaninchen sitzt still da und läßt sich von der Sonne bescheinen, und stumm hüpft der Grünspecht im Grase umher, sein roter Scheitel leuchtet wie eine helle Flamme.

Gesegnet ist dieser Tag mit seiner warmen Sonne und der frischen Luft, die das Meer ausatmet. Niemals war es schöner hier, selbst an jenem Maimorgen nicht, als die Küchenschellen überall ihre blauen Glocken entfalteten und die blühenden, von den Bienen umläuteten Ölweidenbüsche heißen Honigduft ausströmten und ich hier lag und mich des neuen Lebens in mir und um mich freute. Der heutige Tag ist größer, stolzer und feierlicher, denn der Stranddorn schmückt ihn mit Silber und Gold. Fast scheint es, als glühe die Sonne nur seinethalben so heiß.

Ich kann mich nicht satt an ihm sehen, an seinen starren Stämmen, an seinem silbergrauen Laube, an der Fülle der sonnenroten blanken Beeren, die aus dem Blattwerke nur so herausbrennen. Zu Tausenden bedecken sie die Äste und Zweige und quellen sogar aus den Stämmen hervor. Ich liege unter einem vergißmeinnichtblauen, mit silberner Seide gestickten und mit goldenen Perlen benähten Baldachin. Kein König hat einen schöneren.

Und keiner einen Hofstaat wie ich. Meine Hofkapelle spielt eine verworrene, leise Weise, die Heuschrecken, Hummeln, Bienen und Fliegen, und ein Ballettkorps aus Feuerfaltern, Bläulingen und Zitronenvögeln zusammengesetzt, tanzt mir einen Elfentanz, leicht und scheinbar reglos, und deshalb erlösend und besänftigend wirkend. Irgendwo singen meine Sänger, Hänfling, Grasmücke und Schwalbe, ein Lied, das ist so leise und so fein, daß ich die Worte nicht verstehe und die Melodie nur ahne. Sie sind gut geschult, meine Künstler. Ich werde sie königlich belohnen.

Aber vor allem werde ich des goldenen Silberdorns gedenken. Ich will ihn berühmt machen vor aller Welt, indem ich ihm feierlich diesen Titel verleihe. Tritt her, du guter und getreuer Knecht! Hinfort sollst du nicht mehr Sanddorn heißen und auch nicht Stranddorn, und niemand soll es bei meiner allerhöchsten Ungnade wagen, dich so zu nennen und anders als mit dem Namen, den ich dir gab, du Dorn mit dem silbernen Laube und den goldenen Perlen darin. Wer es tut, dem sollst du das Gesicht zerkratzen und die Kleider zerreißen und ihn zum Gespötte machen vor allem Volke.

Denn schön bist du, mein lieber Dorn, zu allen Zeiten. Im Frühling schmückst du dich mit silbernem Laube, durchflichst es im Sommer mit grünen Perlen, prangst im Herbst mit goldenen Korallen, die du den Winter über behältst, wenn der Nordost dir die Blätter nimmt. Das will ich dir in Gnaden gedenken und nie vergessen und dich nicht mißachten, auch wenn du vor dem Frühling kahl dastehst, denn auch dann verstehe ich dich und weiß, was deiner nackten Zweige Runen mir sagen wollen. Es ist eine herbe Lehre, die sie verkünden, und sie lautet: Alles hat seine Zeit, o Mensch, das silberne Laub und die goldene Frucht. Doch ist das Leben rauh zu dir, so wirf die Güte ab und die Milde und wappne dich mit scharfen Dornen, damit deine Feinde dich achten und ehren und um dich herumgehen. Deinen Freunden zuliebe aber lächele wieder, ist es an der Zeit, wie jetzt, wo du strahlst und glühst, du Strauch mit dem Mondlichtlaube und den Sonnenscheinbeeren, du goldener Silberdorn.

In der Marsch

Ein Sonntag ist es und ein Sonnentag. Sengende Mittagsglut zittert auf den Dächern von Osterholz-Scharmbeck. Alle Fenster sind geschlossen, daß die Hitze nicht hineindringt in die kleinen Stuben, denen die Bäume vor den Türen Schatten geben und Kühlung.

Ein paar Kinder spielen vor der Tür des Hauses, sonst ist es still und leer in der Straße. Und verstärkt wird die Stille durch das stille, braune Gesicht des alten, baumlangen, weißbärtigen Fischers, der, ein Knie auf dem roten Binsenstuhl, die Arme auf den Zaun gestützt, rauchend ins Leere sieht. Er wird uns nach Worpswede fahren. Langsam und bedächtig macht der Weißbart das schwarze Torfschiff los, setzt den Mast ein und stakt mit dem langen, eisenbeschlagenen Ruder den Kanal entlang, von dessen Ufern purpurner Weiderich nickt.

Ein weißer Falter begleitet uns ein Weilchen. Dann tanzt er über die niedrigen Weidenbüsche auf die grüne Wiese, weiter, immer weiter, bis er den Augen entschwindet, die hängenbleiben an der weiten, grünen, von dunklen Wäldern umrahmten Fläche, auf denen buntes Vieh weidet und über die die Schwalben schießen. Der Wind frischt auf. Unser Fischer wischt mit der groben, braunen Hand den Schweiß von dem braunen Gesicht und atmet tief auf. Auch ihm bringt die Brise Erholung. Das Staken, das schweißerpressende, ist zu Ende. Das Segel wird losgemacht, und hinaus geht es aus dem engen Kanal in die breite Hamme.

Von uns spricht niemand. Wir wollen nicht sprechen, sehen wollen wir, die Augen baden in dem satten Grün unendlicher Wiesen, die Augen laben an der braunen, blau schimmernden Flut, in der sich die weißen Wetterköpfe so seltsam spiegeln, in die die Fische, vor Wähligkeit sich werfend, silberne Kreise ziehen und in der die starren, dunklen, merkwürdigen Binsen ihrem Spiegelbilde zunicken. Der Mummel hellgrüne, breite Blätter liegen faul am Uferrande, die goldgelbe Blume schwankt träumend hin und her in des Kahnes Wellenschlag, trotzig reckt das Pfeilkraut seine Spieße, schläfrig rauschen die Schilfrispen, die der Wind aus der Unterstunde jagte, und unwillig schüttelt die Blumenbinse, die stolze, ihr rosiges Blütenhaupt.

Sprecht nicht, seht lieber! Seht dem Storch zu, der bedächtig über das Grün wandelt, den Enten, die am Ufer schnabbeln, dem Silberflügelgeflimmer der Wasserjungfern am Schilf, dem Tanz weißer Falter an roten Blumenkerzen, dem Blitzen und Leuchten der Wellen am Bug.

Wie groß und anders alles aussieht gegen die ewige Ruhe des grünen Plans; am Himmelsrande die Bäume, so schwarz und schwer, jede Blume so leuchtend, jeder taumelnde Kiebitz riesig, jede Krähe, die japsend auf dem Pfahl sitzt, ein auffallender Fleck. Und dort unten, das Segel, riesenhaft hoch und breit und düster macht es sich hier, wo alles so flach und so hell ist. Wie ein Rätsel mutet es an, wie ein schwarzes Gespenst, das drohend und unheilvoll uns näher rückt. Der Angler am Ufer, halb vergraben im Grün, er unterbricht die Landschaft, alles beherrschend, ein fester Punkt in dem fließenden Grün weit und breit.

Ein kalter Schatten fällt auf die warme Landschaft. Im Nu hat die schwarze Wolke alles in andere Töne getaucht. Das warme Hellgrün der Wiesen hat sie kalt verdunkelt, das leuchtende Wasser getrübt. Aber da, wo ihre kalte Macht aufhört, blitzt und gleißt die Flut in strahlendem Silberweiß, leuchtet grell und heiß das Grün der Wiesen.

Grobe Stimmen weht der Wind heran. Stöhnend, jappend arbeitet sich ein Schleppdampfer hinter uns her, einen Torfbock im Seil. Dann klatscht es gegen unsern Kahn, lange Männer handhaben die langen Ruder, braune Gesichter nicken uns zu.

Vor uns kräuselt sich die Flut. Dort zappelt auch das Schilf reger. Und jetzt faßt auch uns der Wind fester in das schwarze Laken. Still war es um uns, als wir losfuhren, laut wird es jetzt. Aber ein anderes Lied wie im Walde singt hier der Wind. Dieses Geruschel, dieses Gekuschel der Binsen, das Flüstern des Schiffes, das Rauschen des Röhrichts, das Kluckern des Wassers, ganz anders klingt es wie Kieferngesumm, Buchengeflüster und Eichengemurr. Zu jedem Landschaftstext spielt der Wind eine andere Weise.

Torfschiffe segeln an uns vorüber. Ernste, glattbackige Männer sitzen am Steuer, wortkarg und stumm. Ein Nikken, ein tiefer Zuruf ist ihr einziger Gruß. Ein einziger von den vielen flötete vor sich hin. Aber er schämte sich, als er sich uns näherte, und lange hinter uns fängt er erst wieder an zu pfeifen.

Es ist ein Junge von sechzehn Jahren. Die Männer vom Teufelsmoor pfeifen nicht.

Die Segel, die so todesschwarz und so nachtdunkel sind, wenn sie uns begegnen, sie glühen hinter uns auf wie rotes Gold, hinter uns, von der Sonne durchschienen. Als ich es entdeckt hatte, sah ich ihnen nach. Es war mir ganz so, als wenn sie ein Lächeln überflog, die ernsten Segel, ganz dasselbe stille Lächeln, das die ernsten Gesichter der Schiffer erhellte, wenn sie uns nachsahen.

Immer mehr Segel rauschten an uns vorbei, eins im Kielwasser des anderen. Vor uns lauter schwarze, hinter uns lauter rotdurchleuchtete, und jedem muß ich entgegensehen, wenn es schwarz heraufkommt, wenn goldrot leuchtend es hinunterfährt.

Eine Stunde fahren wir schon. Näher kommt uns schon der Weyerberg mit seinem dunklen Baumgrün und seinem hellen Dünengelb, mit seiner Mühle und seiner Kirche. Aber in der Nähe, da blitzen silbern die Binsenstiele über der Flut, schwenkt der Kalmus seine gekräuselten Blätter, schaukeln sich Mummelblätter und nicken rosige Dolden über weißen Blumenrispen, zucken des Rohres Fahnen, auf den Altwässern schnattern die Enten zwischen den weißen Nixenblumen, über die Wiesen gaukeln die Kiebitze, schweben die Stare, und eine silbergraue Seeschwalbe begleitet uns ein Stück Weges, bis sie umkehrt und weiterjagt, immer auf und ab den Fluß. Und immer Segel auf Segel, Grün auf Grün, noch eine Stunde lang, und dann ein Marsch durch Staub und Sand, und Rast unter den Linden Worpswedes, wo es lebt und webt wie in der Stadt von Wagen und Stadtmenschen.

Noch ein Stündchen Schlendern über dürre Dünen, Ausschau auf das unendliche Moor, ausgestreckt im rosigen Heidekraut, umschwirrt von Libellen, umgeigt von Heuschrecken, und dann den staubigen Weg hinunter, daß es hinter uns mülmt wie hinter Schäfer und Herde, zu unserem Torfschiff.

Und nun sprecht wieder nicht, bis wir an Land sind! Laßt den Kiebitz rufen und die Möwe kreischen, bis sie alle übertönt des Reihers heiserer Schrei, der breitflügelig in das Abendrot rudert. In andere Töne kleiden sich jetzt Wasser und Wiesen, Weite und Nähe. Gespenstiger noch sehen die schwarzen Segel vor uns aus, verlassener noch klingt des Viehes Gebrüll.

So schwer, so satt, so fett ist die Landschaft, die so lustig war und so hell und so leicht in der Mittagsglut. So verstohlen klingt das Geplätscher der Wasser, so heimlich das Flüstern des Schilfes. Unzerstörbare Ruhe, mächtiger Frieden erfüllt das Land. Des Reihers Ruf, der Enten Schrei, auftauchend und verhallend, verschärfen die Stille nur, und die hellen, nickenden Blumen am Ufer, viel märchenhafter scheinen sie uns jetzt.

Nicht sprechen! Das paßt uns nicht zu dem Blaugrau des Himmels, zu den sanften Gluten am Himmelsrande, zu der leisen Flut der lauen Luft, zu dem einsamen Abendstern vor uns, zu den goldüberschienenen Fluttümpeln, in denen schwarz und starr die Binsen stehen, zu den Fledermäusen, die im Zickzack uns umkreisen, zu den fernen, stillen Segeln, die immer mehr in die schwarze Nacht hineinschwimmen, die uns immer näher rückt.

Schon hat sie am Himmelsrand die letzten Sonnenrosen gepflückt, schon die dunklen Bäume verhüllt und die Wiesen verschleiert; sie wirft ihre Schatten hinter uns auf die

Flut, verdunkelt die Ufer und die Blumen und Büsche und rückt dicht an unser Schiff heran.

Und so treiben wir dahin. Ein schwarzes Segel führt unser schwarzes Boot auf schwarzer Flut zwischen schwarzen Wiesen. Und stumm und schweigend schauen wir hinauf nach dem einen goldenen Stern dahinten über der Marsch.

Das Bergmoor

Menschengesichter gibt es, hinter deren düsteren Augen und verschlossenen Lippen wir ein böses Geheimnis ahnen; wir gehen ihnen aus dem Wege.

Und wieder gibt es Menschengesichter, ernst, aber mit Güte in den Augen, mit Lippen, die nicht oft und nicht viel reden, mit Geheimnissen, die aber keinen Hauch von Grausen ausströmen; an solchen Menschen nehmen wir Anteil.

So ist der Brocken. Er hat seine Geheimnisse, aber sie sind nicht schrecklicher Art. Es sind Geheimnisse, wie einsame Menschen von viel Gemüt und gutem Humor sie in sich hegen, Leute, wie Arnold Böcklin und Wilhelm Busch es waren, die der gemeinen Menge als schrullenhafte Sonderlinge gelten.

Wer kennt ihn von den zweimal hunderttausend Leutchen, die alljährlich zu Fuß oder mit dem Wagen oder auf der Eisenbahn auf seinen Gipfel klettern? Nicht hundert davon sehen mehr von ihm als die gelben Granitwege zwischen sturmzerfetzten Fichten, als die Aussicht in das bunte Land, als die weißgedeckte Tafel im Unterkunftshause mit ihren Flaschenkübeln.

Auf gebahnten Wegen geht es hinauf, man ißt und trinkt, bewundert die Aussicht oder schimpft, ist sie nicht da, schreibt Ansichtskarten, und dann geht man auf sicheren Steigen hinab in dem stolzen Gefühle, den Brocken kennengelernt zu haben. Man hat ihn kennengelernt wie einen großen Mann, den man im Gehrock und hohem Hute aufsuchte und mit dem man zehn Minuten sprechen durfte.

Und das ist gerade das Reizvollste an dem seltsamen Berge, daß ihn so viele Menschen besuchen, daß aber nur ganz wenige ihn kennen. Ist Pfingsten helles, warmes Wetter, dann kann es sein, daß dort oben zweimal tausend Menschen Mittag essen, daß alle Zuwege bunt von bunten Hüten und hellen Kleidern und laut von Gelächter und Gesang sind; wer aber Bescheid weiß, der tritt vom bezeichneten Pfade und ist dann allein, hört und sieht nichts mehr von dem Volke der Ausflügler, braucht keinen Singsang und kein Gejodel mehr auszustehen und sich nicht über Papier, Kartons, Stanniol, Eierschalen und Flaschenscherben zu ärgern, mit denen die Wegeränder verschandelt sind. Frau Einsamkeit sieht ihn mit großen, guten Augen an, hängt sich an seinen Arm und weist ihm die Geheimnisse des Berges, seine großen und kostbaren Schätze, seine kleinen und feinen Sächelchen, an denen er seine Freude hat.

Seitdem die Bahn bis zu seiner Spitze geht, hat er viele von seinen Schätzen beiseite geschafft, denn zu arg wütete das unholde Volk dagegen. Jetzt grasen die Leute die ganze Kuppe ab, hungrig auf Brockenmyrte, wie sie die zierlich begrünten Ranken der Krähenbeere tauften. Aber sieh dich hier im Moore einmal um! Du gehst nur auf Brockenmyrte, ganze Rasen bildet sie, und darüber nikken, rosig und weiß wie die Gesichter von Elfenkinderchen, die lieblichen Blüten der Rosmarinheide unter den silberweißen Wimpeln des Wollgrases. Nebenan, wo das Torfmoor verdächtig naß aussieht, rankt die zierliche Moosbeere und läßt auf haarfeinen Stielchen ihre entzückenden Blümchen, winzige Abbilder der Türkenbundlilie, erzittern, und daneben steht ein üppiger Strauch der Zwergbirke. Ist es ein Andenken, das der Berg sich aus jener Zeit bewahrte, wo das Inlandeis bis tief nach Norddeutschland hineinreichte und schlitzäugige, schwarzhaarige Jäger dem Mammut Fallgruben bauten und den Moschusochsen vor den Hunden erlegten? Oder haben reisende Vögel aus dem Nordlande die Samen hierher verschleppt? Unter der Kleintierwelt des Berges ist allerlei zu finden, was sonst nur in den Mooren des hohen Nordens oder vor den Gletschern der Hochalpen lebt, ein blankes Käferchen, ein grauer Falter, eine Spinne oder eine Milbe.

Jetzt, wo die Sonne gegen die wilde Trümmerhalde scheint, die das Moor umsäumt, lebt das kleine Leben auf. Da surrt und burrt es tausendfältig um die rötlichgrünen Kugelblüten der Heidelbeeren vor Bienen und Wespen, Fliegen und Hummeln, die Blöcke wimmeln von plumpen Rüsselkäfern, schlanken Schnellkäfern. Auf dem tiefen Tümpel, in dem die Äste der Zwergweide ihr goldgrünes Laub spiegeln, huschen Wasserwanzen hin, und am Rande ist ein Gewimmel eben ausgeschlüpfter Larven des Grasfrosches, eine willkommene Beute für die Bergmolche, deren himmelblaue Seiten und feuerrote Bäuche jedesmal aufleuchten, wenn die schlanken Tiere Luft schöpfen. Auf den von Flechten und Moosen buntgesprenkelten grauen Granitblöcken sonnt sich die Waldeidechse, und zwischen den Heidelbeersträuchern jagen sich liebestolle Spitzmäuse.

Heute wacht der Berg; gestern schlief er, hatte sich die Nebelkappe über den Kopf gezogen und schnarchte, daß die verwetterten Fichten hin und her schwankten. Kein Käfer kroch, keine Biene flog und kein Vogel sang. Aber heute früh, als der Nebel zerriß und die Sonne den Berg so lange streichelte, bis er ein vergnügtes Gesicht machte, da meldeten sich die Fichtenmeisen überall, der Fink schlug, die Braunelle zwitscherte, Graudrossel und Schnarre flöteten, der Laubvogel sang, und da erhob sich auch der Wiesenpieper, stieg ungeschickt in die Luft und klapperte seinen hölzernen Singsang, und über die Trümmerhalde stieg der Steinschmätzer und quirlte mit viel Geflatter sein Schalksnarrenlied heraus. Dann, auf einmal, wimmelte die Luft von Mauerseglern. Sie brüten dort unten in den Städten und lassen sich hier nicht sehen, wenn der Berg sein Nebelkleid trägt; sobald aber die Sonne auf seine Glatze scheint, sind sie da, kreischen hungrig und erschrecken die Brockenfahrer, die vom Turme in das leuchtende Land sehen, mit schallendem Schwingenschlage. Sobald aber der Wind kälter pfeift, sind sie verschwunden, wie fortgezaubert.

Denn der Berg hat seine Launen; er lacht gern, aber er hat doch dicht am Wasser gebaut. Außerdem ist er ein Freund von Späßen. Hier ist doch Mai, leuchtender, lachender Mai mit hellgrünen Tannensprossen, jungem Ebereschenlaub, bienenumschwärmtem Heidelbeergekräut, blütenüberdecktem Sauerkleerasen, Falterflug, Käfergeschwirre und Vogelgesang. Dicht daneben ist Winter. Da liegt der Schnee hart und fest zwischen dem wilden Getrümmer, rührt sich noch keine Fichte, haben die Heidelbeeren noch dünne Zweige, fliegt kein Falter, kriecht kein Käfer, und hurtig hüpft der Gletschergast im nassen Moose umher. Daneben aber, wer möchte es glauben, ist Sommer, reichlicher Frühsommer. Die Heidelbeeren sind abgeblüht, der Sauerklee steht in Frucht, die Fichten haben lange Triebe. Noch etwas weiter hin, und der Vorfrühling winkt mit den allerersten Grasspitzchen, winzigen Knöspchen an den Fichtenzweigen und eben sich erschließenden Heidelbeerblüten.

Ach ja, es ist ein sonderbarer Geselle, der Berg. Die Wege und die Bahn hat er sich gefallen lassen müssen und das Gasthaus und die Wetterbeobachtungsstelle; mehr gewährt er aber nicht. Hier starren, von Heidelbeergebüsch, Moos und Farn halb verdeckt, gewaltige Mauern, kunstvoll gefugt, und leicht denkt sich der Wanderer eine Raubritterburg in früheren Zeiten hierhin. Aber dem ist nicht so gewesen. Die Räuber, die hier wohnten, hatten vier Beine und hießen Bär, Luchs und Wildkatze, und bis auf die letzte, die unten am Berge noch ihr heimliches Leben führt, sind sie verschwunden, der eine seit zweihundert, der andere seit hundert Jahren, und jenes Gemäuer ist der Rest von Torfarbeiterhäusern und Torfköhlereien. Die Arbeit war zwecklos; der Berg litt es nicht, daß man seine Moore ausbeutete; er wartete, bis die Torfhaufen aufgetürmt waren, und dann weichte er sie so ein, bis sie umfielen. Da gab man es auf.

Auch seine Fichten will er so haben, wie es ihm paßt. Und es paßt ihm nicht, stehen sie in Reih und Glied, wie die da unten im Forst. Hier und da läßt er sie ja wachsen, aber gar zu keck dürfen sie nicht werden, denn dann ruft er den Wind. Der kommt mit Schnee und Rauhreif, und davon packt er den Bäumen so viel auf, bis sie auf die Knie fallen, und wenn er seinen bösen Tag hat, dann wirft er sie durcheinander wie Kraut und Rüben und trampelt mit seinen Nagelschuhen darauf umher, daß sie tausendweise ihr Leben lassen müssen. Und dann kommt das tückische Torfmoos an, reckt sich, streckt sich, quillt und schwillt, überspinnt die toten Stämme, zernagt sie und frißt sie endlich ganz auf, und da, wo einst Fichte bei Fichte stand, in der die Meisen pfiffen, läßt der Wiesenpieper über kahlen Moorflächen sein ödes Gesinge erschallen, der Birkhahn führt im Frühling seinen Minnetanz dort auf, und im Frühherbste schreit hier der edle Hirsch.

Wer aber sieht den Birkhahn tanzen und springen und schaut zu, wenn der Platzhirsch dem Nebenbuhler heiser röhrend entgegenzieht? Wer kennt den einsamen Hasen, der zwischen den Trümmern der Granitkuppe wohnt, die unterirdische Gewalten einst sprengten und deren Reste bis nach Wernigerode und Ilsenburg rollten? Nur wer am Pflanzenwuchse erkennen kann, wo er den Fuß hinsetzen darf, ohne im Torfschlamm zu versinken, sieht das Reh das junge Gras äsen und belauscht den Urhahn, der sich im feinen Steingeröll badet, während die Henne im Heidelbeerbuschwerk ihre Brut den Käferfang lehrt. Er hat seine Nücken und Tücken, der Berg. Lose aufeinandergeschichtet ist das wilde Trümmerwerk, und hier ist die Torfdecke fest und sicher; daneben reichen drei Bergstöcke nicht aus, den weichen Schlamm abzuloten. Und darum wird der große Troß der Brockenfahrer niemals das geheime Leben des Brockens kennenlernen, sondern sich an den sicheren Wegen genügen lassen und an der Aussicht und der trefflichen Küche dort oben und nichts wissen von den geheimen Schönheiten seiner verschwiegenen Moore.

Zwischen Meer und Moor

Ich glaube, das Steinhuder Meer ist mir böse. Neulich, als ich es besuchen wollte, blieb ich im schönen Bad Rehburg hängen, das mir so sehr viel Schönes zu zeigen hatte, daß ich das Blaugeblinke des sonnenhellen Steinhuder Meeres unhöflich nicht beachtete. Dafür rächte es sich. Als ich dieser Tage meine Unhöflichkeit wiedergutmachen wollte, da schmollte es, zog sich graue Nebelschleier und einen schwarzblauen Baschlik über und schenkte mir kein Auge. Erst war ich deswegen tief betrübt, aber schließlich tröstete ich mich, und nachdem ich den Maimorgen im triefenden Tau und nassen Nebel verlebt hatte, einen Morgen, so wunderschön trotz der fehlenden Aussicht, weil Bad Rehburg so reich ist an nahe liegenden kleinen Reizen, kletterte ich nachmittags frohgemut in den Wagen, um Stadt Rehburg und das abseits aller Eisenbahnen und Landstraßen gelegene Dorf Brokeloh zu besuchen.

Als wir an den Sechs Buchen vorüberrollten, grüßte ich mit dem Hute das graue, grämliche Meer, das unwirsch seine Nebelschleier schüttelte. Vorüber an Wiesen, bunt gestickt mit gelbem Hahnenfuß und rotem Knabenkraut, vorbei an alten Kohlenschächten, die sich rotgelb und schwarz aus Maienblüte und Frühlingsgrün erhoben, ging es durch die wunderbare Kastanienallee, die mit ihrem duftenden, reichen, weiß- und rotgetüpfelten Blumenschatz aus der Fülle grünen Laubes uns umhüllte. Am Schützenkrug hieß es: „Prrr!" Im Gärtchen am Hause, vom Flieder umduftet, schmeckt der Kaffee so herrlich beim Blaudampf der Zigarre, wenn Pfingstvogel und Fink, Spötter und Dorfschwalbe bemüht sind, uns zu unterhalten. Dann ein Aufstieg zur Windmühle, die umrahmt von Busch und Baum hoch vom Hügel ragt. Ihre breite Galerie bietet Aussicht auf das Meer und die Weserberge, auf die roten, gleichmäßigen Dächer und den spitzen Kirchturm von Stadt Rehberg, auf den bunten Wiesenteppich, der sich um die Stadt breitet, auf Fuhrenwaldhügel dahinter und gelbe Sandflecke, die aus düsterem Grün hervorblenden.

In schlankem Trabe ging es hinab, Stadt Rehburg zu. Ein Wiesenfeld, flach wie eine Hand, umrahmt blühend und grünend die Ackerbürgerstadt. Kleine, einstöckige Häuschen, bald aus Backstein, bald Fachwerk, rot oder hessisch bunt, hier und da ein alter Erdgeschoßerker, blaues Gebälk, grüne Türen, nachmittags tot und verlassen, weil alle Fäuste auf dem Felde bei der Arbeit, im

Moore beim Torfstich sind. Nur einige alte Frauen bei der Hausarbeit, Kinder auf der Türschwelle, Hunde in der Sonne beleben die baumgeschmückte lange Straße, aus der sich der Ratskeller und die Oberförsterei auffallend abheben. Verblüffend wirkt am Ende der Stadt das Scheunenviertel: düstere Strohdächer, Lehmwände, für den Maler eine Reihe netter Studien. Aber ein Vorwurf, den ich allen unseren Heidemalern dringend empfehle, das ist der alte romantische Judenkirchhof hinter der Stadt. Unheimlich, altheidnisch, gespenstig, an Märchen und Sagen erinnernd, graulich wirkend und doch anziehend, liegt er da, ein einsamer Heidhügel, braun und düster, an grellgelber Sandgrube, von Fuhrengestrüpp eingefaßt, von einem Teiche besäumt.

Hier beginnt die Herrschaft des Sandes, meines Lieblings unter allen geologischen Gebilden. Alles haßt ihn, alle langweilt er: mich aber fesselt er, ich liebe ihn, sein starres, blaugrünes Büschelgras, seine zerzausten Birken, seine dürre Heide, seine gelbe Blöße. Er ist so arm, so mager — so scheint es; aber er ist so reich an bunten, glitzernden Käfern, fröhlichen Faltern, lustigen Libellen, zarten Kräutern, er stimmt so gedankenbannend, zerstreuend, träumeerweckend, er macht Augen und Herz so ruhig. Rechts und links fahnenweiße Birkenstämme, über uns grüne Laubsturzbäche, zu beiden Seiten braune Heide, dunkle Fuhren, gelber Sand. Flitternde Libellen zittern goldflügelig neben dem Wagen her, scheckige Falter tanzen im Wellenfluge über die Straße, wehmütig singt aus dichtem Birkenlaub die ewig traurige Sandammer, blitzende Käfer fliegen auf, erglühend im Sonnenstrahl, und betäubend duften der Ebereschen schwere Blütendolden. Langsam naht sich ein Torfwagen, von drei Kühen, im Dreieck gespannt, gezogen. Ein sehniger, hagerer Bauer, baumlang und braunbäckig, schreitet daneben, und eine

Bäuerin, den weißen Helgoländer um die ruhigen Züge. Freundlich bieten sie uns die Tageszeit.

Fuhrenwald nimmt uns auf mit kupferroten Stämmen und dunklen Kronen, sprossende Farren starren aus gelbem Boden, dann löst Eichen-Stangenort die Fuhren ab. Auf der Krämpe beschirmen zwei mächtige Buchen ein traulich Plätzchen, Tisch und Bänke. Hier wollen wir halten, wo Harzduft die Lunge stärkt, gebrochene Sonnenstrahlen uns umzittern, Finkengeschmetter uns umjubelt und bunte Fliegen uns umtanzen. Ein Plätzchen ist es, um Zeit und Zukunft zu verträumen.

Weiterfahrt! Mit braunen Armen umschließt uns das Schneerener Moor. Jetzt lebt das Moor. Es hat Flaggen aufgezogen, weiße Wollgrasflaggen, zum Einzug des Frühlings. Das wimpelt und flattert und blendet und blitzt auf der braunen Fläche, um die fahlbraunen Torfhaufen, aus den schwarzen Tümpeln, zwischen den düsteren Binsen. Und blendender noch und weißer nicken darin die weißen Hemdsärmel der Bauern, die weißen Helgoländer der Bäuerinnen, die dort in schwerer Arbeit den Torf gewinnen, und silbern erstrahlen die spitzen Torfschuten, die sie Stück um Stück aus dem Boden stechen. Dicht an der Landstraße hebt sich ein weißer Helgoländer: ein sonnenverbranntes Mädelsgesicht, braun wie reife Haselnuß, mit apfelroten Bäckchen und blitzenden Zähnen, hübsch zum Anbeißen, lacht uns in den Wagen und ruft uns „guten Tag!" zu, froh lachend die Kußhand quittierend. Nicht nur in Italien gedeiht Schönheit.

Über den Schwarzbach, aus dem blendendweißer Fieberklee die zarten Blüten reckt, führt der Weg zwischen vollaubigen Hängebirken und duftenden Ebereschen, dann geht es abseits in den Sandweg durch blaugrüne Grasheide, hinter der in grüner Baumgruppe die Wassermühle Brokeloh verschwindet. Langsam macht die Schafherde dem Wagen Platz. Grüne Felder künden Kultur an, der Feldlerche bunter Gesang löst der Heidlerche lullendes Lied ab. Hinter dem Wald tauchen die Türme und Schlote von Nienburg auf, in grüner Saat macht Meister Lampe Männchen, Stare schweben buschwärts, und da tauchen auch die schwarzen Strohdächer von Brokeloh auf, mit ihren Schützenscheiben, ihren Giebellöchern, denen der Herdrauch entströmt, und da sind wir im Schloßhofe, freundlich willkommen geheißen vom Gutspächter.

Schloß Brokeloh war einst ein von Münchhausensches Schloß; 1545 von Clamor von Münchhausen erbaut. Das Herrenhaus ist so recht für einen Sommeraufenthalt geeignet. Ein schwerer Fachwerkbau mit grauem, geschnitztem Eichengebälk, bewachsen bis zur Dachrinne mit Efeu, umkrochen von Kletterrosen, in einem gut gepflegten Garten gelegen, weit ab von Welt und Lärm. Nur ländliche Geräusche tönen hierhin, Vogelgezwitscher, Hahnengekrähe, Hundegebell, Wagengeroll und ein Peitschenschlag, hoch aus der Luft ein Bussardruf, vom Felde des Rebhahns schriller Lockton, vom Dorfe des Storches Kastagnettenvortrag, oder aus den Resten des Schloßgrabens der Frösche Minnegesang und aus den hohen Eichen der Heuschrecken eintöniges Lied. Und innen ist das Herrenhaus so altfränkisch gemütlich, ländlich anheimelnd, so reich an Räumen, in denen altmodische, schöne Möbel und alte Ölgemälde hängen, daß man durch keinen modernen Firlefanz aus der Ferienstimmung gerissen, an die Stadt erinnert wird. Auch zu Spaziergängen in Wald und Wiese, Heide und Holz ist Gelegenheit, die Gutsjagd ist klein, aber lohnend — so läßt sich hier gut leben.

Schwer trennte ich mich von dem versteckten Erdenfleckchen und unseren freundlichen Wirten, und langsam ging es durch tiefen Wald der Landstraße zu. Die Sonne stand tief, die Torfstecher zogen truppweise heim, Stadt

Rehburg zu, die Männer, zur Hälfte Gardefiguren, langbeinig und hochaufgeschossen, alle in langen Stiefeln, ein schöner Menschenschlag. Torfwagen an Torfwagen schleppte sich die Straße entlang, Hunderte von Torfstechern beleben die Straße, düster die Männer, licht durch ihre Kopftücher die Frauen wirkend. Im Scheunenviertel von Stadt Rehburg bot sich ein schönes ländliches Bild: Hunderte von Kühen, fast alle schwarzbunt, strebten ihren Ställen zu. Jede Kuh trägt eine Glocke, und klingend und brüllend und moschusduftend zieht die schwarzbunte Schar zum Tore hinein. Jede Kuh findet ihren Torweg selbst oder wird, wenn sie noch Lust zum Bummeln hat, von den Kindern mit einem Klaps auf die Lenden zum Heimgehen veranlaßt.

Wenn man, wie ich, seine Kindheit in einem Ackerbürgerstädtchen verlebt hat, dann wird das Herz weich bei Kuhgebrüll und Moschusgeruch, beim Anblick von Torfwagen und Plaggenhaufen, und eine gewisse Angst vor der lauten Großstadt kriecht um die Seele und das Gefühl, sich selbst nicht als voll zu gelten. Nur der Mensch, der ackert und sät auf eigener Scholle, ist Herrenmensch, und wenn die Scholle auch noch so klein ist: er ist König.

Die Furt

Die Hitze ist heute überall; die Luft flackert sichtbarlich über den Heidbergen.

Ich bin der Pürsche müde. Hier ist Schatten und weiches Moos, aber zuviel Geschmeiß singt und summt um mich her. Bei der Furt wird es kühler sein; ich wollte, ich wäre dort.

Wo bin ich gewesen? In einer weiten, hohen Kirche; rote Pfeiler trugen ein grün dämmerndes Gewölbe; Kerzenlicht flimmerte, Weihrauchduft wogte, dumpf klang eine Litanei. Aus dem Altarschreine lächelte die Madonna. Sie trug ein weißes Kopftuch, ein rotes Leibchen und einen blauen Rock. Ihr Gesicht war jung und lieblich, ihre Augen waren groß und gut. Sie lächelte und stieg aus dem Schreine heraus und wandelte leichtfüßig durch die Kirche.

Ich sehe den gelben Sandweg entlang, zu dessen Seiten sich die roten Fuhrenstämme erheben und in ein grün dämmerndes Gewölbe verlaufen. Helle Lichter spielen zwischen den Stämmen, schwerer Kienduft wogt, wie Priestergemurmel tönt es in der Runde. Dort, wo der Weg zwischen den schwarzen Machangeln bei dem Amberge verschwindet, kommt ein Mädchen her; sie trägt den weißen Flutthut, das rote Leibchen und den blauen Rock wie alle Mädchen hierzulande. Leicht geht sie dahin; ihre nackten Füße wirbeln goldenen Staub auf. Ihr Gesicht ist jung und lieblich, und ihre Augen sind groß und gut. Ihre Wangen blühen wie Rosen, und ihre Arme sind reizend anzusehen. Ein Hauch von Frische weht hinter ihr her, wie er an der Furt geht, gesättigt von dem grünen Dufte des Erlenlaubes und dem bunten Geruche der Wiesenblumen, und reißt mich aus dem Moose und den Sandweg entlang durch das Vorderholz über die Heide zu dem Bache hin,

in dem der Weg untertaucht und am andern Ufer in der Wiese wieder heraussteigt.

Wie eine Laube wölben sich die Erlen zusammen und verweben ihr Laub mit dem Himmelsblau; zwischen ihren schimmernden Stämmen ist die lachende Wiese sichtbar. In den Uferbuchten schweben die leuchtenden Blumen der Wasserlilien, die nur einen Tag leben. Vor der weißen Sandbank ist eine Insel von dunklem Wasserkraut, auf der viele Blüten zittern.

Das Wasser ist klar, und sein Grund ist rein; langbeinige Wasserwanzen werfen gespenstige Schatten darauf. Die Brombeerblüten beschauen sich lächelnd in der grünen Flut, und der Königsfarn bewundert sein stolzes Laub. Der Uferbord trägt einen Schuppenpanzer von Lebermoos, und darunter wallen und winken die rosenroten Wasserwurzeln der Erlen.

Ich lehne faul an dem moosigen Erlenstumpfe, kühle die Füße im Wasser, blicke dem Tabaksdampfe nach, der stetig über den Bach hinzieht und die blitzenden Fliegen verjagt, und sehe den zarten Wasserjungfern zu, die um das lachende Laub des Königsfarn flattern.

Wo bin ich wieder gewesen? Dort, wo die Blumen ewig blühen, wo keine Sense das grüne Gras zerschneidet, wo kein Nordost das Laub entfärbt und edelsteinfarbene Vögel aus den Büschen leuchten, wo es keine bitteren Gedanken gibt, die über süßen Wünschen schweben wie düstere Fliegen über lichten Blumen, in dem Land ohne Tod und Sünde, auf dem Eiland Avalun. Funkelt dort nicht der Vogel in den Edelsteinfarben? Wenn er das Köpfchen dreht, sprühen bunte Blitze um ihn her. Und ein Falter weht über den Bach, Morgenrotsonne auf den Schwingen, und ein Ruf ertönt wie eine silberne Glocke, und ein Vogellied perlt aus dem Laube, so süß wie die Liebe, süße junge Liebe im Maienlande Avalun, in dem die Menschen lachen und küssen, bis sie wie müde Blumen vergehen.

Hier ist Avalun. Über mir ist ein Baldachin aus grüner und blauer Seide über einem Teppich, flammend von Farben. Ich bin der König von Avalun. Wenn ich lache, wiegen sich die goldenen und silbernen Blumen fröhlich über dem Wasser. Hier ist es goldig und da silbern, dort rot und drüben blau. Es ist ein wunderbares Wasser, das Wasser von Avalun; es heilt die Wunden des Herzens und kühlt die Wünsche der Seele; es ist aus reinem Tau gebildet und ohne Fehl und Falsch.

Ein heller Pfiff ruft mich zurück; ein blauer Pfeil mit smaragdener Spitze fliegt über den Bach. Der Eisvogel, der

Gleißvogel, ist es und kein Vogel aus dem Lande, in dem meine Seele war, der Blumeninsel, um die der Sehnsucht perlgraue Wellen schluchzen. Meine Seele ist wieder in meinen Händen. Neben mir liegen die dreiläufige Waffe und das scharfe Glas. Alle Blumen tragen wieder kalte Namen, und für jegliches Wesen weiß ich das trockene Wort.

Vogel mit der abendrotfarbigen Brust, sing mir dein tautropfenklares Silberlied. Und singe es noch einmal, und singe es abermals, bis ich still wie das Wasser bin und ruhig wie die Lilienblüte; so still soll es in mir sein, daß ich meines Blutes Klingen lauschen kann und dem Atemholen des Windes, der in dem Walde schläft. Sing, Vogel, singe dein süßes Abendlied, daß mir die Augen wieder zufallen und meiner Gedanken Umrisse zu weichen Traumgestalten verdämmern, singe mir das silberne Lied vom goldenen Avalun.

Ich grüße dich, Königin von Avalun; so schön bist du, daß deine Schönheit hüllenlos sich zeigen darf. Die Sonne verweilt, um deine schlanken Glieder zu liebkosen, die Welle zögert, weil sie deine Füße küssen muß, und der Wind hält den Atem an, so erschrak er vor deiner Schönheit. Dich grüßt der silberne Liebesstern über dem fernen Walde, dir leuchtet der goldene Wurm im tauigen Moose, dir zur Ehre duften die Blumen so süß. Du bist so schön, daß kein Dichter es sagen kann; deine Schönheit ist wie ein goldenes Gitter, das unreine Blicke blendet, und deine Augen sind Schilde, an denen freche Wünsche abprallen.

Ein gellendes Lachen klirrt durch das sanfte Schweigen. Wer wagt solches Lachen in Avalun? Du, nachtschwarzer Vogel mit der giftroten Flamme auf dem Scheitel, du lachtest mich fort aus dem Märchenland? Lache noch einmal, und ich hebe die Hand und krümme den Finger, und im Sande mußt du verbluten. Und auch du hüte dich, kreisender Weih, und fürchte meinen Zorn; allzu höhnisch klingt deine Stimme. Was habe ich euch getan, daß ihr meine Träume erschreckt, so daß sie mit bleichen Gesichtern in schwarze Wälder fliehen?

Eine heiße Flamme schlägt mir ins Gesicht, Dunkelheit umspielt meine Augen, und meine Brust wird zu eng für das Herz. Dort unten, vor der grünen und goldigen Wand, steht in dem blausilbernen Wasser sichtbarlich und leibhaft, rot von der Sonne beschienen, ein nacktes Weib, läßt aus den hohlen Händen das Wasser über ihre schmalen Schultern rieseln und streut schimmernde Strahlen über ihren schlanken Leib. Die Welle zögert zu ihren Füßen, und der leise Wind, der von der Wiese kommt, hält erschrocken den Atem an. Die silbernen und goldenen Blumen grüßen sie, und das Rotkehlchen singt ein Lied zu ihrem Preise.

Mein Glas liegt neben mir; als ich es sah, sprang mir das Blut wieder ins Gesicht. Das Bild, das ich sehe, ist schön wie ein Traum: die schlanke, helle, im Sonnenlicht rosig leuchtende Gestalt in dem blitzenden Wasser vor der grünen Wand; aber ich wollte, ich wäre weit fort von hier. Doch hinter mir verschränken die Erlen ihr Astwerk.

Die Ellritzen spielen um meine Knöchel; weiße Falter wehen über die bunte Wiese hin wie stille Gedanken durch laute Stunden. Vom Walde klingt des Taubers Ruf; das tiefe Schluchzen des Sturmes ist darin, das bange Weinen des Windes. Von tiefer Zärtlichkeit und heißer Sehnsucht ist der Ruf, ein Lied ohne Worte, das alles sagt.

Ein goldenes Lilienblütenblatt treibt den Bach hinab und nimmt meine Augen mit. Verschwunden ist die rosenrote Gestalt unter dem grünen Baldachin, für immer verschwunden.

Aber ich war in Avalun.

Dahinten in der Heide, wo Has' und Fuchs sich gute Nacht sagen, zieht sich ein Fahrweg hin, der weder Anfang noch Ende hat.

Die alte Poststraße heißt er auf den Meßtischblättern, denn ehe daß der Bonaparte die feste Straße durch das tiefe Bruch legte, ging der Verkehr über die hohe Heide.

In der Nähe der Ortschaften ist die alte Straße teils ganz verschwunden und unter den Pflug gekommen, teils in das Landwegenetz aufgenommen und mit Birkenreihen begrenzt; dahinten in der Heide ist sie aber noch wie ehedem.

Wo der Boden eben ist, läuft sie flach dahin, durch hohe Heide hin, wo es feucht ist; auf den trockenen Stellen aber ist die Heide niedrig, weil die Schnucken sie dort kurz halten. Wo das Gelände bewegt ist, da schneidet die Straße tief in den Sand ein, stellenweise so tief, daß sie zum Hohlwege wird.

An manchen Orten ist sie nicht breiter als eine gewöhnliche Landstraße; wo der Boden anmoorig ist, da ist sie drei- bis viermal so breit, denn in nassen Jahren mußten die schweren Planwagen und Postkutschen zur Halbe fahren, wollten sie nicht im Moraste steckenbleiben. Auch in den Heidbergen ist sie manches Mal von doppelter Breite, denn wenn sommertags der Ostwind lang wehte, mülmten die Wagentrahen oft so tief zu, daß die Fuhrwerke sich neue Bahnen suchen mußten, und bei hohem Schnee war es nicht anders.

Rechts und links von der Poststraße dehnt sich weit und breit die blanke Heide aus, nur hier oder da von einem Machangel oder einer Krüppelfuhre unterbrochen oder von einer Sandwehe, die aus der braunen Heide hellicht hervorschimmert. Der Sand ist fein wie Mehl; nicht ein einziges Steinchen ist ihm beigemengt, und deswegen kann der Post hier auch nicht wachsen, kommt die Kreuzotter hier nicht fort, während auf der anderen Seite der Aller, wo der Boden nahrhafter ist, da er aus grobem Geschiebe besteht, der bittere Strauch und der böse Wurm gut gedeihen.

Wenn hier aber einmal ein Stein gefunden wird, dann hat es damit eine eigene Bewandtnis. Da, wo die Heide ansteigt, haben die Bauern Fuhren angepflanzt, die zum Teil schlank, zum Teil kraus gewachsen sind und stellenweise ganz ansehnliche Bestände bilden, während sie an anderen Orten nur kümmerlich blieben, so daß sie den tiefen Graben und die Wälle, die oft zu zweien und dreien nebeneinander die Straße begleiten, manchmal ganz verdecken und dann wieder freigeben. Hier stehen auch einzelne Birken, manche lustig gewachsen, andere schief und krumm, und auch Machangeln finden sich dort, alte breite Büsche, innen hohl wie Lauben, und junge, noch dicht und spitz.

An einer Stelle des gedoppelten Walles bilden alte Machangeln einen Kreis von über fünfzig Fuß im Durchmesser, und in dem Kreise wächst ein Eichbaum, der so aussieht, als wäre er knappe fünfzig Jahre alt, der aber wohl schon doppelt so lange hier steht, weil er in dem hageren Boden nicht so viele Säfte findet wie die Eichen jenseits des Flusses in der grünen Marsch. Rund um die Eichen standen fünf andere Eichen, wie der Eichenfarn verrät, der um die fünf breiten hohlen Machangeln wächst. Die Eiche, die hier noch steht, kommt nicht aus dem blanken Boden, sondern wurzelt in dem vermorschten, von einem dichten hellgrünen Kranze von Farnwedeln bekleideten riesigen Stumpfe einer anderen Eiche, zwischen deren olmigem Wurzelwerk sich die Fahrten eines alten Mutterbaues öffnen.

In dem gelben Sande, den die Füchse zutage förderten, findet sich ab und zu ein Stein, aber kein runder Kiesel, auch kein buntes Geschiebe, wie es jenseits der Aller massenhaft umherliegt, sondern zierliche, sauber gearbeitete Pfeilspitzen aus blaßgrauem Flintstein, glatt geschliffene Steinhämmer mit einem kreisrunden Loch in der Mitte, faustdicke, durchbohrte Netzbeschwerer aus Stein und dergleichen mehr, auch wohl ein Stück eines von Menschenhänden bearbeiteten Hirschgeweihes, ein Bröckchen grüner Bronze, das vom Rost zerfressene Endstück einer breiten Lanzenspitze, eine alte Münze, ein Knopf mit einem verschollenen Wappen, eine Bleikugel von klobiger Gestalt, eine Schuhschnalle, mit blitzenden Steinen besetzt, ein Hufeisen mit ausgebuchtetem Rande, eine Scherbe von einer tönernen Totenurne oder einem buntfarbigen Kristallglase.

Lauter Dinge, die von gestern und ehegestern und von noch viel früher reden.

Denn die Eiche, auf derem Stumpfe die krause Eiche steht, war ehedem die Raststelle für die Planwagen und Reisekutschen, für die Kriegsfähnlein, die hier durch die Heide zogen, und für die Marodebrüder und das Tatternvolk, das den Kriegsvölkern folgte, und bevor die Eiche, von der heute nur noch ein morscher Stumpf steht, erwuchs, reckte eine andere über dieser Stelle ihr knorriges Astwerk; unter ihr lagerten sich die langen blonden Männer nach der Jagd und brieten am geschälten Weidenstocke das Wildbret über der Flamme, die sie mit einem harten Stabe aus olmigem Holze herausgelockt hatten. Lange vor jener Zeit grünte noch eine andere Eiche dort: das war damals, als das Bruch noch ein See war, an dessen sandigen Ufern schlitzäugiges, schwarzhaariges Volk wohnte und den Lachs und den Stör fing, der sich aus dem Flusse in den See verirrte, bis die blonden Weidebauern

von Norden herniederstiegen und die gelben Leute vor sich hertrieben wie der Wind den Flugsand.

Ganz wenige Eichen wuchsen damals hier, denn die Höhen hielt die Fuhre besetzt, und in der Niederung zankte sich die Fichte mit den Birken und den Ellern um den besten Platz. Die blonden Leute aber wollten Eichen um sich sehen, denn diese gaben ihnen Mast für ihre Schweine; so ringelten sie die Fuhren und Fichten tot und pflanzten überall Eichen an, und mit der Zeit wurde aus dem ganzen Lande ein einziger hellichter Eichenhain, unter dem süße Gräser und nahrhafte Kräuter wuchsen, und nur auf den dürrsten Sandböden blieb die Fuhre am Leben, bloß in den nassen Tiefen durfte die Fichte weiter bestehen. Die alte Eiche galt den blonden Männern als heiliger Baum; deswegen schlugen sie rund um sie her die Fuhren nieder, pflanzten fünf Eichen in regelmäßigen Abständen um sie her und verbanden die gegenüberstehenden so durch schmale, mit weit hergeholten Steinen gepflasterte Wege, daß das Zeichen der ewigen Wiedergeburt, die beiden übereinanderliegenden Dreiecke, der Stern mit den fünf Zacken, der heilige Kreis, entstand. Hier lobten sie an den hohen Tagen Wode und Frigga, feierten sie die Siegesmahle, wenn es ihnen gelungen war, die Südlandsleute in die Irre zu locken und zu vernichten, tranken sie Minne den großen Toten ihres Volkes, deren Brüste das Pilum der Römer zerrissen oder deren Schädel die fränkischen Pfeile durchbohrt hatten.

Da die alte Eiche auf der Strecke lag, die von Nordwesten zum Südosten ging und das Nordmeer mit dem Binnenlande verband, so führte die Völkerbahn an ihr vorbei; deshalb wurde sie mit der Zeit zu einer Straße, und weil sie an dem heiligen Baume vorüberlief, hieß sie der Hilweg, der heilige Weg, und auch der Hellweg, der Hehlweg, ward sie genannt, denn manche tapfere Schar zog auf ihr gen Süden und kam nicht wieder, weil sie an den Gestaden des Südmeeres zugrunde ging, entweder unter den Schwertern der römischen Söldner oder in den Lüsten des üppigen Lebens. Viel Volk ist diese Straße gefahren, unbekannte Stämme, deren Steingräber hier und da in der Heide stehen, phönizische, griechische und römische Händler, fränkische und angelländische Mönche, die Wode zum Satan und Frigga zur Hexe machten und den heiligen Fünfstern ein Höllenzeichen hießen.

Allerlei Blut ist zu beiden Seiten des Hellweges geflossen; die Kolkraben brauchten damals nicht so weit nach Atzung zu fliegen wie das letzte Paar, das hier noch horstet als Erinnerung an die Zeiten, da die Heide ein Wald war, in dem der Adler wohnte und der Schwarzstorch, in dem der Bär das Elchkalb riß und der Grauhund den Hirsch zu Stande hetzte. Bunt ging es damals hier zu; überall kreischten die Blauracken, und wenn sie von Stamm zu Stamm flogen, dann war es, als ginge Frigga durch den Wald und die Sonne spielte auf ihrem Stirnschmucke; allerorts stelzte der Wiedehopf und erfüllte den Wald mit seinem Geläute, ohne sich um die halbnackten Blondköpfe zu kümmern, die das Vieh an ihm vorübertrieben.

Elch und Hirsch sind verschwunden, der Bär auch; wenn sich auch ein Grauhund nach dem Kriege gegen Frankreich noch einmal spürte oder sich ein reisender Adler blicken läßt, sie gehören nicht mehr hierher; statt des Hirsches weidwerkt der Jäger den Rehbock, und Reineke Rotvoß dünkt ihm ein gefährliches Untier. Auch der Schwarzstorch ist selten geworden, die Blauracke verschwand, und ein einziges Paar Wiedehopfe lebt hier noch, ist aber scheu und heimlich; im Laufe der Jahrhunderte fraß die Saline zu Lüneburg die Eichen auf, und die Vögel des Eichenwaldes zogen fort.

Heute ist es dort fast so wie damals, als die schlitzäugigen, schwarzhaarigen Lachsfischer mit den breiten, gelben Gesichtern da hausten; blank sind die Höhen und leer die Tiefen. Einzig und allein die Fuhre vermag hier zu leben, einige Birken, die Machangeln und die eine Eiche, die auf dem Stumpfe ihrer Urahnen wächst. Aber doch ist es hier schön, wenn auch nur der Kriechginster hier und da etwas Gold zwischen das braune Heidkraut streut und die Murke Silber über das Moor wirft, wenn auch nur die Haubenmeise und der Fink hier singen, Kukkuck und Schwarzspecht hier rufen und die wilden Tauben; denn um die Unterstunde, wenn die Sonne auf der Heide liegt und kein Halm sich regt, summt Frau Sage den Sang von dem, was einst hier war, und es rauschen die Blätter der Eiche, in Sehnsucht nach der alten Zeit erschauernd.

In den hohen Nächten, in der ersten Maiennacht, der Nacht der Wodefreite, und um die Sonnenwende, dann geht Er den Hellweg entlang. Er, der hier einst geehrt wurde mit Gesang und Brand; auf seinen Schultern sitzen die Raben der Weisheit und raunen ihm Runen zu, und vor ihm her traben die Grauhunde der Vorsicht, um zu wittern, was über dem Winde auf dem Wege ist.

In den heiligen zwölf Nächten aber jagt Wode hier wie vordem; wer dann über die Heide muß, der hört durch den Sturm den Hall der Meute, das Anjuchen und das Klappen der Peitschen hellweg über die Heide schallen; und scheu drückt er sich hinter den Machangelbusch, bis sie vorüber ist, die wilde Jagd, die Meute und die Weidgesellen, und vornweg von den Raben umflattert, von den Grauhunden umheult, Wode, der Hellwegreiter.

Der dritte Damm

Hell und frei ist es auf den Wiesen der Ise; aber dumpf und dunkel ist es im Espenleu, der sich hinter ihnen wie ein schwarzes Bollwerk erhebt und so aussieht, als gäbe es weder Weg noch Steg in ihm.

Es sind aber mehr als genug da, enge, heimliche, vielfach gewundene Pirschsteige, verwachsene, feuchte Holzwege, graswüchsige Gestelle, und dann die drei Dämme, die quer durch den Forst auf das Moor zuführen und auf denen die Bauern von Wahrenholz sich Bruchheu und Torf holen, breite, tief ausgefahrene Fahrwege, nur an wenigen Stellen, wo der Sand ansteht, trocken, zumeist aber feucht oder ganz naß. Den ersten und den zweiten Damm kenne ich schon länger; den dritten habe ich mir gestern gesucht. Ich wußte, daß er da irgendwo zur rechten Hand weit hinter dem zweiten Damme liegen müsse, und so überschritt ich den schmalen, schlüpfrigen Steg, unter dem der Bach lustig sein goldbraunes Gewässer dahinschießen ließ, und ging dem engen Pirschsteige nach, der in einen düsteren Kiefernstangenort führte. Da war es dumpf und modrig.

Ein hartes Gras bedeckte den moorigen Boden, Farne schossen aus muffigen Gräben, wie Gespenster sahen die untergebauten Fichten aus. Die Nonne hatte sie umgebracht, und nun standen sie tot und rot da.

Der Boden war bedeckt mit faulendem Fallholze, über das Moos und Schimmel hinwegkrochen. Überall schossen Pilze hervor, große und kleine, gelbe und braune, hellrote und dunkelblaue und giftgrüne und eisengraue. Die Luft war erfüllt von ihrem Dufte; wie in einem Keller roch es.

Mir war, als hörte ich die Verwesung durch das Dickicht schleichen und als spürte ich ihren faulen Atem.

Heller wurde es dann vor mir. Goldgrün leuchtete in der fahlen Sonne der Adlerfarn, der den Windbruch ausfüllte. Aber ebenso dumpf und modrig roch es auch dort, nur noch strenger, denn jeder Baumstumpf, jeder Wurfboden war mit großen braunen, gelben und leichenfarbigen Schwämmen bedeckt, und überall quollen zwischen den Moorhalmbülten die dicken, mißfarbigen, geborstenen Knollen der Hirschtrüffel aus dem braunen Boden und erfüllten die Luft mit olmigem Dufte.

Alles, was ich gewahrte und vernahm, mutete mich seltsam und sonderbar an. Traurig hingen die Zweige der Fichten herab, jämmerlich verrenkt sah das Astwerk der Kiefern aus, und der von graugrünen Flechten überzogene Stumpf des verrotteten Wurfbodens wirkte wie ein verwitterter Leichenstein auf einem verwahrlosten Grabe. Das Gewisper der Goldhähnchen in den dunklen, mürrisch raunenden Kronen klang so schüchtern, das Locken der Haubenmeisen im Unterholze voller Angst, unheimlich heulte in der Ferne der Hohltäuber, Entsetzen kreischte aus des Hähers schneidendem Schrei, geisterhaft schallte des Schwarzspechts Ruf, und das dröhnende Schrecken des Bockes, der mit Geprassel durch das Gestrüpp brach, mutete mich wie eine zornige Verwünschung an.

Auf eine schmale, feuchte Bahn trat ich schließlich, suchte mir das nächste Quergestell, in dessen hohem, weichem, saft- und kraftlosem Grase noch der Tau der letzten Nacht hing und kalt auf meine Schuhe schlug, ging es bis zu Ende und stand dann auf dem dritten Damme. Hoch reckten sich zu seinen Seiten alte Fichten und Fuhren über dicht verschränktem Buschwerk, und ein geschlossenes Bollwerk von üppigem Adlerfarn, hier goldgelb, dort bleich gefärbt, zog sich neben den dumpfen Gräben entlang, aus denen die Wasserlilien drohend ihre grünen Schwerter hervorstreckten.

Der Wind legte sich; ganz still war es. Kein Blatt rührte sich, kein Halm schwankte. Plötzlich schüttelte sich eine Espe, als rüttele eine unsichtbare Hand an ihrem Stamme. Die Strahlen der Sonne fielen schräg durch die Kronen und malten blutrote Flecke auf die Stämme, die wie unheimliche Gesichter aus dem Laube hervorleuchteten. Ein klagender Habichtsruf kam von irgendwoher; ein höhnischer Bussardschrei antwortete ihm. Ein Dürrast fiel in den Graben. Ein Vogel flatterte hastig durch das Gesträuch. Ich ging leise, als fürchtete ich den Schall meiner eigenen Tritte. Wo ein dunkles Wasserloch an dem Wege starrte, fuhr ein gewaltiger schwarzer Vogel empor, machte einige plumpe Sätze und strich ab. Der Waldstorch war es; wie eine Erscheinung aus einer anderen Welt kam er mir vor.

Ein Heuwagen, von schwarzbunten Kühen gezogen, kam angeschwankt. Ein baumlanger, dunkel gekleideter, ernst blickender Bauer geleitete ihn. Stumm nickte er mir zu, und ich dankte ihm in gleicher Weise. Dann war ich wieder allein mit mir zwischen den hohen, düsteren Bäumen, über die heiser quarrend die Krähen hinschwankten, und ging zwischen den hohen Moorhalmen neben dem schwarzen Graben her, den verwelktes Gekräut halb verhüllte, in dem hier und da eine bleiche oder blutrote Blüte wie eine trübe Erinnerung an schönere Tage sichtbar war. Zwischen den grauen Stämmen glotzten die schwarzen Spiegel vermoorter Kolke mich an. Andenken an schwere Stürme, die hier einst mächtige Bäume umkippten und samt gewaltigen Wurzelballen aus dem Erdboden rissen.

Immer seltsamer und wunderlicher wurde mir zumute; mir war zu Sinne, als müßte ich noch etwas Besonderes erleben. Ich gab dem Wetterumschlag die Schuld, der in der Luft lag und der mich bedrückte. Fast hätte ich mich erschreckt, als neben mir eine Taube von der Blöße emporpolterte, und froh war ich, als ein Reh auf den Damm trat und vor mir herzog. Aus Gewohnheit pirschte ich vorsichtig hinter ihm her, obgleich ich ohne Wehr und Waffe war und dort nicht jagen durfte. Das Reh sprang ab, denn wieder nahte ein Heuwagen, geleitet von einem langen, ernst dreinschauenden, stumm grüßenden Bauern, dem ich wieder stumm dankte. Zwei Eichkatzen, die sich fauchend und schnalzend um einen Stamm jagten, freuten mich nicht. Das Lächeln war mir eingefroren.

Zu meiner Rechten lag über dem Graben ein moosbedeckter Holzsteg. Gleichgültig sah ich nach ihm hin, denn ich dachte, er führe zu einem Pirschsteige. Da fielen meine Blicke auf einen kleinen Steinhügel, der mit Moos bewachsen war und in einer Ausbuchtung der Dickung stand, und auf dem sich ein grauer Granitblock erhob, der eine schwarze eiserne Tafel mit goldener, stark verblichener Inschrift trug. „Hier fiel ..." stand da. Zögernd trat ich vor den Hügel und las weiter: „... am 14. August 1863 durch Mörderhand der brave Hilfs-Forst-Aufseher Ernst Sander aus Schönevörde." Da wußte ich, weswegen mir den ganzen Nachmittag so zumute war, als stände mir etwas Besonderes bevor, und warum mich der dritte Damm immer so gelockt hatte und weshalb er mir, als ich ihn fand, so unheimlich vorgekommen war, obgleich ich schon auf verlasseneren Wegen in öderen Wäldern geschritten war.

Noch einmal las ich die kurze, schlichte Aufschrift; dann ging ich weiter, an der verlassenen Meilerstelle vorbei, bis ich auf dem Knüppeldamm war und vor der großen Brandfläche stand, sah dem Bocke zu, der durch das Birkengebüsch zog, und kehrte um. Blutrot zerschmolz die Sonne in blauschwarzem Gewölk, Nebel krochen aus den dunklen Gräben und überspannten den Damm, die Dämmerung schlich aus der Dickung und verschmolz Nähe und Ferne, eine Eule flog lautlos quer über den Weg, eine Fledermaus zickzackte um die Wipfel, Spitzmäuse schrillten im Gekräut, verstohlen brach es im Unterholz und schreckte dann laut. Endlich war der Wald zu Ende, und durch die Wiesen, die im Nebel schwammen, kam ich dahin, wo Menschen wohnen.

Abends erzählte mir im Kruge ein Bauer die Geschichte von dem Förstersteine. Zu hannöverschen Zeiten stand viel Hochwild im Espenleu, und das Freijagen lohnte sich. Da lebte in Wahrenholz ein Arbeitsmann, der lieber die Büchse zur Hand nahm als Axt oder Spaten. Als dann der Forstaufseher mit zwei Kopfschüssen tot aufgefunden wurde, wurde dieser Mann festgenommen. Er leugnete, aber das Gericht überführte ihn durch viele Zeugen; so wurde er zum Tode verurteilt, doch begnadigt. Achtundzwanzig Jahre schob er im Kalkberge zu Lüneburg den Karren; dann wurde er entlassen. Zur Arbeit war er nicht mehr fähig, und als die anderthalbhundert Taler, die er sich im Zuchthaus erspart hatte, alle waren, fiel er der Gemeinde zur Last. Im Armenhause zu Wunstorf ist er gestorben.

Bis zu seinem Ende aber hat er die Tat bestritten, von der im Espenleu bei Wahrenholz der graue Stein am dritten Damm meldet.

Der Bock vom weißen Moor

Silberwellen fluten über das Moor.

Zauberwellen sind es; kaum vernehmbar ist ihr heimliches Geflüster.

Sie rieseln an meinen Knien vorüber und gleiten weiter und weiter, bis sie dort hinten, wo die gestorbenen Fuhren stehen, zu einer leuchtenden Brandung zusammenschäumen. Zahllose Wollgrasblüten sind es, des Windes liebstes Spielzeug. Er wird es nicht müde, über die weichen Seidenflocken dahinzufahren, sie zu rütteln und zu schütteln und sich daran zu freuen, wie sie schimmern und flimmern.

Vielleicht tut er das aber auch der Moorfrau zuliebe, die mir den Bock nicht gönnen will, der hier seinen Gang hat, den schwarzen Bock vom weißen Moor. Schabernack auf Schabernack spielte sie mir, damit ich ihn nicht bekommen sollte. Dem Würger und der Mooreule gebot sie, ihn vor mir zu warnen, drehte die Luft um, daß er meinen Wind bekam, und zauberte so viel Wasser aus der Wetterwolke herunter, daß ich nicht über die Gräben kommen konnte.

Heute hat sie sich mit dem Wind und der Sonne verbündet, daß sie mich blind machen. Als die Hähne im Dorfe erwachten, stand er auf, kam über die Geest, weckte die Sonne, und nun ließ er die Wollgrasblüten zittern und sie ließ sie flittern, daß ich bald nichts mehr sah als eine weiße Welle neben der anderen und darüber den hohen hellen Himmel, und schließlich ward der Himmel zum silbernen Gewoge, und blau und still stand das Moor.

Da warf ich mich hinter die Birkenbüsche in das bißchen Schatten, den sie gaben, deckte mir das Gesicht zu und schlief mitten zwischen den weißen, lautlosen Wellen, deren unhörbares Rauschen meine Träume mit seltsamen Bildern erfüllte. Jede Flocke wurde zu einem kleinen, feinen Gesichtchen mit listigen Augen, die mich spöttisch anzwinkerten, und einem goldenen Mündchen, das ein höhnisches Liedchen summte. Um mich herum aber zog der schwarze Bock, grinste mich an wie der böse Feind und plätzte, daß mir der Torf ins Gesicht flog.

Als ich erwachte und nach meiner Backe griff, faßte ich einen hübsch gestreiften Moorfrosch, der bei der Fliegenjagd dorthin gesprungen war; der schwarze Bock und die vielen boshaften weißen Elfenfrätzchen aber waren verschwunden. Die Sonne stand nicht mehr so hoch, der Wind hatte etwas nachgelassen, und die Luft war ein wenig kühler geworden. So verwirrte mich das silberne Geflimmer und Geflirre nicht mehr so sehr, und meine Augen sahen mehr, als nur und nichts außer den weißen Wellen und dem blauen Himmel; sie fanden die rosenroten Perlen der Rosmarinheide zwischen den zitternden Flocken, die blauen Falter, die um die hohen Heidbüsche tanzten, und die blitzenden Kiesel auf dem braunen Damm.

Und nun will ich sehen, wer seinen Willen bekommt, die Moorhexe oder ich. Der Wind hat sich ein wenig gedreht; er ist nach Abend herübergegangen; und das ist gut für mich, denn nun kann ich unter Deckung nach dem Brandmoore hinkommen, wo der Bock am liebsten steht, weil dort die Quelle aus dem Sande herauskommt, unter der die kleine Kleewiese liegt, der einzige grüne Fleck weit und breit. Tag für Tag stand der Bock da, aber er hat so weiten Umblick, daß er mich ein jedes Mal eräugte, wenn ich mich heranpirschte, mit hohen Fluchten abging und mich mit seinem dröhnenden Basse verhöhnte. Vielleicht geht es mir heute wieder so, und ich bekomme ihn ebensowenig wie im vorigen Jahre, wo ich seinetwegen manchen Tag hier umherschlich.

Langsam steige ich durch die kniehohe Heide und die silberflockigen Blüten. Unter meinen Schuhen knistert das graue Moos, seufzt der braune Schlamm. Noch steigt hier und da ein Pieper, hölzern singend, empor; aber schon schwebt dort unten ein weißer Weih über dem Abstich, in dem die Frösche grölen, und hier und da lockt eine Himmelsziege. Rundumher läuten die Kuckucke und lachen heiser, wenn sie von Busch zu Busch flattern. Silberne Motten stäuben vor meinen Füßen auf, und rostrote Falter taumeln in regellosem Fluge dahin. Ein trillernder Pfiff ertönt in der Ferne, schwillt zu einem runden Geflöte an und verklingt in einem schneidenden Gewimmer. Der Brachvogel ist es. Er kreist über der nassen Sinke.

Die Sonne rüstet sich zum Heimgang. Das dunkle Wasser in den Abstichen glüht goldig auf. Ein feuerroter Fleck leuchtet in dem weißen Gefilde. Die alte Ricke ist es; sie zieht den Damm entlang. Ich warte, bis sie weit genug ist, und schleiche zum nächsten Birkenbusche. Da sehe ich, daß meine Hände wie Flammen im Abendschein brennen, und ich denke daran, daß mein Gesicht wie eine Fackel lodert. Ich nehme eine Handvoll Moorerde und reibe mir Backen und Stirn damit ein. Hinter der Brandblöße blitzt es silbern, schimmert es weiß; die Torfstecher gehen heim.

Eiliger pirsche ich voran, die Blicke hin und her werfend über das weiß beschneite Moor, das sich immer goldener färbt. Mehr und mehr Himmelsziegen locken, und hier und da beginnt eine zu meckern. Noch ein Reh sehe ich zur Feldmark ziehen, und wiederum eins, und ein drittes, und jedes muß ich erst vorbeilassen, ehe ich weiterschleiche. Ein neuer Abstich zwingt mich, einen weiten Bogen zu schlagen; durch einen älteren wate ich hindurch, daß mir das Wasser bis über die Knie zieht. Und wie ich hinter einem mächtigen Moorbeerhorste heraussteige, ziehe ich schnell den Kopf wieder zurück, denn mir gegenüber steht vor der kleinen Wiese eine schmale, schwarze, hohe Gestalt, über deren Haupte es hell funkelt. Das ist mein Bock.

Ich warte, bis er weiterzieht, schleiche in dem Abstiche entlang bis zu den drei toten Fuhren hin und komme ganz langsam bei ihnen aus dem Sumpfe heraus. Der Bock steht da, steif und still, als wäre er ein Pfahl, steht und rückt und rührt sich nicht. Mücken umsummen mich; es werden immer mehr. Ich lasse sie stechen und sehe nach dem Bocke, meine Büchse tief haltend, damit die Abendsonne sie nicht verrate. Und so kauere ich da und starre nach dem schwarzen Gespenst vor mir in dem weißen Geflim-

mer, bis das Moor schwarz und der Bock weiß wird und ich die Augen ein Weilchen schließen muß. Ein Kuckuck kommt laut rufend an, läßt sich auf dem letzten der drei Fuhrengerippe nieder, ruft wieder und wieder und flattert weiter. Da erst mache ich die Augen wieder auf.

Erst sehe ich nichts als das weiße Moor und die grüne Wiese darin und muß lange suchen, ehe ich den Bock finde. Endlich erblicke ich ihn; er steht vor einem hohen Grasbusche und äst sich daran, aber alle Augenblicke hat er den Kopf hoch und sichert. Die Dämmerung wird tiefer. Die Nebel steigen aus den Abstichen. Überall meckern die Himmelsziegen, und schon spinnt und pfeift die erste Nachtschwalbe und klatscht mit den Flügeln. Warte ich noch länger, geht mir das Büchsenlicht fort. So wische ich vorsichtig die Mücken von Stirn und Nacken. Aber sofort hat der Bock das Haupt hoch und äugt steif nach mir hin. Dennoch wage ich es, auf den Busch vertrauend, der mir den Rücken deckt, ziehe den Kolben an die Backe und drücke, ehe der Bock Zeit zum Abspringen hat.

Rot fährt der Feuerstrahl über das weiße Wollgras. Der ferne Wald wirft dreimal den Knall zurück. Zwei Rehe, die hinter der Wiese standen, flüchten zornig schreckend in das Moor zurück. Ich erhebe mich und spähe nach der Wiese. Eine Nachtschwalbe kommt lautlos angeschwenkt, schwebt um mich her, weicht, kommt wieder und tanzt, während ich voranschleiche, vor mir auf und ab wie ein Gespenst. Und dann stehe ich vor dem Bocke, der regungslos vor der Quelle liegt, und freue mich, daß sein Gehörn gehalten hat, was es versprach, und schleppe ihn auf den Damm, breche ihn auf und lausche, während er auskühlt, auf die Stimmen des Moores, meine Pfeife rauchend.

Ein dumpfes Murren ist hinter meinem Rücken. Ich drehe mich um und sehe ein schwarzes Riesenhaupt am Himmel emporsteigen, aus dem ab und zu glühende Blicke herausblitzen. Die Moorfrau ist es, die sich an mir rächen will. Ich stopfe meine Beute in den Rucksack, hänge ihn um und gehe eilig den Damm entlang durch das Moor, das nun aussieht, als läge ein Leichenlaken darüber, verfolgt von den dumpfen Flüchen der Moorhexe.

In der hohen Heide

Sonne auf den Kopf und Wasser unter die Füße muß der Honigbaum haben, wenn er rechtschaffen blühen soll.

Im vorvorigen Sommer hatte er zuviel Wasser unter sich und gar keine Sonne über sich, und so brachte er es nicht zum Blühen. Im vorigen Sommer ging es ihm umgekehrt, und wieder wurde es nichts mit ihm. Dieses Jahr aber hat er es damit richtig getroffen, und so blüht er wie lange nicht mehr.

So ist denn alles rosenrot rechts und links von der schnurgeraden, mit hohen Hängebirken eingefaßten Straße, die sich bei dem einsamen Wirtshause zwillt, in dem ich abgestiegen bin. Da geht es heute laut zu, denn es ist Sonntag, und von allen drei Seiten kommen Heidfahrer zu Fuß und zu Rad, mit Gespannen und im Kraftwagen angeströmt und erfüllen das Gelände um den Krug mit Gelächter und Gesang. Das ist nicht nach meinem Geschmack, und so stehle ich mich durch die Fuhren nach der hohen Heide hin, wo ich sicher bin, keinem Menschen zu begegnen.

Die Sonne meint es gut; kein Wölkchen ist an dem hohen, hellen Himmel, der sich über den rosenroten Plan spannt. Kreuz und quer über den Weg flirren die Schillebolde, grüne Sandkäfer schwirren vor mir auf, winzige blaue Falter flattern um die blauen Glocken- und gelben Habichtskrautblüten, und die warme Luft, die von Honigduft und Kiengeruch erfüllt ist, bebt von dem Geläute der Bienen und dem Geschrille und Gezirpe der Heuschrecken und Grillen. Die grünen, braunspitzigen Moorhalme neben dem Fußwege schimmern wie Seide, und die roten, gelben, blauen und weißen Feuersteinsplitter im Graben blitzen und funkeln nur so. Die Fuhren werden sparsamer und hören schließlich ganz auf, die Machandelbüsche werden kürzer und seltener und bleiben zuletzt völlig weg, und platt und kahl erstreckt sich die Schnuckenheide mit ihren knapp handhohen, zertretenen, verbissenen Heidkrautbüschen, deren dürftiges Gezweig auf seltsame Weise gewirbelt ist und flach auf dem Boden anliegt. Trotzdem aber der Schäfer, der dort an dem Anberge hütet, seine dreihundert Schnucken Tag für Tag hier über die Heide treibt, blüht sie dennoch auf das beste und gibt den Immen reiche Beute.

Ich gehe auf den alten Schafkoben zu, der sich dort oben zwischen glatten Birken und knorrigen Eichen erhebt, umstanden von Hunderten von hohen und breiten, schlanken und krummen Machandelbüschen, von denen manche dreifache Manneshöhe und mehr haben und die vielfach auf ganz alberne oder unheimliche Weise verrenkt und verbogen sind und teilweise wie Untiere, teils wie menschliche Gestalten aussehen. Mehr als einmal habe ich, wenn ich zwischen Tag und Nacht am grauen Vormorgen den schmalen Fußweg zwischen ihnen dahinschritt, schnell nach der Büchse gegriffen, einmal, weil ich meinte, ein Hirsch stände vor mir, ein anderes Mal, weil ich einen Wilddieb zu sehen glaubte. Und es waren doch nur Machandelbüsche, die mich zum Narren gehalten hatten.

Die Fährte eines guten Hirsches steht nagelfrisch in dem anmoorigen Boden des Weges. Der muß ich nachgehen. Sie steht gerade auf den alten Schafstall zu, unter dessen moosigem Strohdache ich manche Nacht geschlafen habe, wenn ich zur Brunft hier weilte. Hier um die alte, dicke, von dem Weidenbohrer ganz durchlöcherte Birke, der der letzte Sturm den halben Wipfel ausbrach, ist ein buntes Geflatter und ein lautes Gesummse. Über ein Dutzend Trauermäntel schweben um den blutenden Stamm, auch einige Admirale, oder sitzen an der Rinde und saugen, desgleichen Hornissen, Wespen, Schmeißfliegen und allerlei Käfer. Aber sosehr mich das bunte Treiben auch fesselt, ich blicke doch daran vorbei, denn der mannshohe Wacholderbusch ist ganz kurz und klein geschlagen, und wie ich ihn absuche, finde ich ganze Fetzen noch feuchten Bastes von dem Geweihe des Hirsches, dessen er sich hier heute nacht entledigte, und so gehe ich seiner Fährte weiter nach, quer über den Anberg, hinter dem die Köpfe krauser Fuhren hervorsehen.

An dreien von ihnen hat der Hirsch wieder geschlagen; schon von weitem leuchten die verwundeten Stämme, und einige andere weisen ältere Male von den vorigen Nächten auf, auch sind wieder einige Machandelbüsche zuschanden gemacht, und die Reste der roten, gelben und weißen Pilze, die über die hellgrünen Polster der Krähenbeere und das dunkle Gezweige der Bärentraube verstreut sind, geben an, daß der Hirsch sich an ihnen geäst hat. An der Quelle, die in dem moorigen Grunde liegt, hat der Hirsch geschöpft; seine Fährte steht zwischen den frischgrünen, mit kupferroten Fruchtrispen gezierten spitzen Beinheilblättern, die aus den wirren Wollgrasbülten hervorsprießen, geht dann durch das üppige Schlingwerk von weiß blühendem Schweinsohr hindurch, das das Wasserloch ausfüllt, und wendet sich der hohen Heide zu. Mir ist warm geworden, denn die Sonne sticht; über Nacht wird es ein Gewitter geben. Dahinten über der dunklen Wohld stehen weiße Wetterköpfe vor dem hellen Himmel. Ich kühle die Stirn und die Hände mit dem Quellwasser und lasse mich für ein Viertelstündchen auf einem der drei großen Findelsteine nieder, die hier nebeneinander ruhen und zwischen denen die Reste einer Birkhenne liegen, die der Habicht kröpfte. Auf der großen Sandwehe unter mir rennt der Brachpieper zwischen den blaugrünen Büschen des Schafschwingels umher und ruft ab und zu traurig, und auf einen der fünf spitzen Machandelbüsche, die dort dicht beieinander im Kreise stehen, läßt sich der Raubwürger nieder, wippt bedächtig mit dem langen Schwanze, fliegt weiter, sein buntes Gefieder entfaltend, rüttelt eine Weile, stößt nieder und stiebt mit seiner Beute den Fuhren zu. In der Ferne ertönt ein weiches, wehmütiges Flöten. Sechs Brachvögel kommen angestrichen und fallen auf der graswüchsigen Flanke des Anberges ein, wo sie lange mit hohen Hälsen sichern und dann kopfnickend nach Gewürm suchen.

Vor mir in den Doppheidbüschen bewegt sich etwas; eine Mooreidechse flitzt hervor und rennt über den in allen Farben glitzernden Kies, wo sie sich ganz platt macht und von der Sonne durchbraten läßt. Über ihr an einem Heidkrautzweig frißt die fingerdicke, leuchtend hellgrüne, herrlich rosenrot getüpfelte Raupe des Nachtpfauenauges. Weiterhin rennt ein grauer, weißgebänderter Raubkäfer hastig dahin, eine blinde Fliege in den scharf gezähnten Zangen haltend. Eine Schnarrheuschrecke mit himmelblauen Unterflügeln kommt angerasselt und läßt sich auf einem roten Feuerstein nieder, wo sie wie ein dürres Stückchen Holz aussieht. Zur Linken schiebt sich der dicke Kopf einer Grille unter einem Grasbüschel her, fährt aber wieder zurück, sowie ich den Kopf wende. Um alle Heidbüsche flattern Bläulinge, und ab und zu tanzt ein bräunlicher Lieschgrasfalter vorüber.

Ich erhebe mich. Die Eidechse schlüpft unter den krausen Machandelbusch, die Heuschrecke schnarrt davon, und die Brachvögel fliegen laut klagend von dannen. Ich gehe wieder der Fährte nach, die auf die hohe Heide zusteht. Immer länger wird das Heidkraut; stellenweise reicht es mir bis über die Knie und bringt es zu mehr als fingerdicken Stämmen, die üppig grünen und überreich blühen. Das Gesumme der Bienen, die hier zu Tausenden schwirren, weil hinter dem Machandelhagen ein großes, an hundert Körbe fassendes Immenschauer steht, klingt wie das Brausen einer fernen Orgel, und die Luft ist gesättigt mit Honigduft. Es ist alles ein und dasselbe Heidkraut, das hier wächst, denn die Doppheide blieb im Grunde zurück, aber unglaublich ist die Verschiedenheit an Wuchs und Färbung. Hier ein sparriger Busch mit langen, dünnen, weißlich blühenden Zweigen, da einer, kurz beastet und kraus und tief rosenrot, dort ein schneeweißer, der weithin leuchtet. Dieser Busch breitet seine vielen Zweige flach über den Boden aus, jener besteht aus einem Stamme mit einer runden, dichten Krone. An dem einen Busche ist das Laub freudig grün, an einem anderen trübe, weiterhin bräunlich und dort gar kupferfarbig oder blutrot. Am reizendsten aber sieht die Heide hier dicht vor meinen Füßen aus. Da hat der Bauer den Boden abgeplaggt, und ein junger, zarter Heidbusch steht neben dem andern, hellgrün belaubt, und über und über hellrosenrot blühend.

In der langen, mehr als kniehohen Heide habe ich die Fährte verloren; ich muß sie auf den Sandwehen und den abgeplaggten Stellen wiedersuchen. Einen Bogen nach dem andern schlage ich, finde auch übertägige Fährten in Menge, die frische aber nicht. So wate ich denn auf und ab in dem rosigen Blütenmeer, atme nichts als Honigduft, höre nichts als Immengeläute, sehe den silbernen und goldenen Schillebolden nach, die hin und her flirren, und den Schnarrheuschrecken, die laut rasselnd vor mir auffliegen und dabei ihre scharlachroten Unterflügel aufleuchten lassen, nehme einen versteinerten Seeigel mit, trete einen der wenigen Hasen heraus, die hier auf der hohen Heide leben, beobachte lange die glatte Natter, die sich vor dem krausen Brombeerbusch, der einen roten Findelstein umspinnt, sonnt, und die Goldregenpfeifer, die in der grasigen Delle um das Wasserloch rennen und alles Getier mit klagendem Rufe vor mir warnen, und steige

höher und höher, bis ich ganz oben auf dem Heidberge bin.

Da sieht es seltsam aus. Große und kleine Machandelbüsche, alle möglichen putzigen oder unheimlichen Gestalten vortäuschend, stocken hier, und zwischen ihnen erheben sich absonderlich verbogene und gekrümmte Fuhren sowie ganz wahnsinnig gewachsene Fichten. Als sie noch jung waren, haben die Schnucken sie verbissen. So wuchs die eine wie eine Leier, die andere wie eine

Harfe, diese hat zwei Spitzen, jene drei, die dort sogar sieben, weswegen sie einem Armleuchter ähnelt. Auch die Birken, die hier stehen, haben zumeist einen ganz verrückten Wuchs, und die wenigen Eichen ebenfalls. Einige stolze Stechpalmen, hier kraus, da spitz, sind aufgekommen, etliche Faulbaumbüsche sowie Brombeeren, Rosen und Weißdornen. Weidenröschen, Glockenblumen, Habichtskraut, Kartäusernelken und Knopfblumen erheben über den krausen, grauen Flechten und dem glatten goldenen Moose ihre roten, blauen und gelben Blüten, zwischen dem vielfarbigen Geschiebe protzen allerlei grelle Pilze, und aus dem silbern blitzenden Kronsbeerenrasen funkeln die roten Früchte und schimmern die zierlichen weißen Blüten.

Ich werfe mich unter eine wie ein Schirm gewachsene Fuhre auf das dichte Krähenbeerenpolster und sehe in das rosenrote Land unter mir, in dem die Fischteiche silbern blitzen, und das dort hinten, wo es wieder hoch ansteigt, von dunklem Walde besäumt ist, der eine Kirchturmspitze überschneidet und eine Mühle, deren Flügel sich langsam drehen, denn ein heißer Wind hat sich aufgemacht. Er ruschelt in der langen Heide, raschelt in den hohen Halmen und raunt in den wirren Kronen der gespenstigen Bäume und vermischt sein Gesäusel mit dem Geläute der Immen und dem Geigen der Grillen zu einer wunderlichen Schlummerweise. Mir wird zumute, als läge ich auf einer rosenroten Wolke und würde von ihr in den Himmel getragen, von dem der Lobgesang der Engel und der Schall silberner Glocken herniederklingt. Dann ist auf einmal die Heide himmelblau und der Himmel heiderot, bis das Bild sich wieder umkehrt, der Traum verfliegt und ich wieder die Bienen summen und die Grillen fiedeln höre. Doch aus den kleinen Stimmen höre ich allerlei Worte heraus, und der Wind singt ein ganz bestimmtes Lied, dessen Worte ich nur halb verstehe und dessen Weise ich bloß ein einziges Mal gehört habe.

Ich muß wohl eine geraume Weile geschlafen haben, denn nun steht die Sonne als runde, rote Scheibe schon tief über der hohen Geest, und die Fischteiche im Grunde sehen nicht mehr wie Silber, sondern wie Gold aus. Das Summen der Bienen ist leiser geworden, die Grillen geigen lauter. Nur wenige blaue Schmetterlinge fliegen noch, und hier und da taumelt ein rostroter Abendfalter in unstetem Fluge dahin. Ich steige den Berg hinab und suche so lange, bis ich die Fährte wiederhabe, die auf das Porstbruch zusteht, über dem vor der schwarzen Wohld wie ein Gespenst eine helle Weihe hin und her schaukelt. Bis in die Wohld hinein halte ich die Fährte; dann drehe ich mich um und steige wieder den Heidberg hinauf.

Kühl weht der Wind. Das Summen der Bienen hat aufgehört. Die Heide strömt keinen Honiggeruch mehr aus. In Nebel schwimmen die Tiefen; am Himmel steigt dunkles Gewölk empor, in dem die Sonne zerlodert. Wandernde Brachvögel rufen kläglich; die Kraniche, die sich im Bruche versammeln, schreien heiser. Die langen Heidbüsche zappeln hastig hin und her; gespenstig zuckeln die Machandeln. Schwer fällt die Dämmerung hernieder, spinnt Himmel und Erde zusammen und verschmilzt die Nähe mit der Ferne. In den rauhen Fuhren ist ein verhaltenes Seufzen, und von der Quelle weht ein banges Schluchzen her.

Der helle Tag hält den Atem an; ächzend und stöhnend schleicht die Nacht über die hohe Heide.

Um die Ulenflucht

Hinter den schwarzen Kanten der hohen Fuhren verschwand die rote Sonne; ein Weilchen noch war alles Glut und Glanz, Feuer und Flamme, jetzt ist es abgeblaßt in des Ringeltaubers Farben.

Ich habe diese Stunde lieb, und fast noch lieber das weiche, warme, tieftönige Wort, das unsere Bauern dafür erdichteten. Ulenflucht nennen sie die Zeit, wenn der Tag müde hinter schwarze Wälder sinkt und die Nacht heraufschwebt, in den graublauen, hellrot gesäumten Mantel gehüllt, den ein einziger großer Funkelstein zusammenhält, der Abendstern.

Es muß ein großer Dichter gewesen sein, der dieses Wort erfand. Vielleicht nur ein geringer Knecht, ein Mann der harten, einförmigen Arbeit, der nie in seinem Leben ein Lied schrieb, eine Strophe erdachte. Aber in diesem e i n e n Worte ist mehr Kunst als in vielen Büchern, in denen Lieder gedruckt sind.

Es ist ein großes Kunstwerk, dieses Wort; denn es gibt so viele. Es bringt heiliger Schauer wie die ernsten Bildsäulen der unbekannten ägyptischen Meister; es schenkt dem Herzen selige Träume, wie eines der großen Werke Böcklins, es trägt mich hinauf zum Himmel und führt mich hinab zur Hölle wie Beethovens hohe Melodien.

Wenn die Ulenflucht naht, dann werde ich anders in der Stimmung; Heiterkeit wandelt sich in Ernst, Verdruß in Feindseligkeit, beengtes Denken in unbegrenztes Ahnen.

Nie bin ich im Geiste da, wo ich bin um diese Zeit. Aus schwarzen Dachumrissen werden dunkle Baumwipfel; den Kauz höre ich rufen aus dem Geheul der Fabriksirenen, und heimliches Blättergeflüster erklingt aus dem Geräusch der Großstadt.

Bin ich aber draußen im stillen Holz, im einsamen Moor,

dann wandelt sich die ferne Waldeswand zur Stadt um; des Kauzes Ruf klingt mir wie das gellende Jauchzen der Fabrikpfeifen, die eines schweren Arbeitstages Ende verkünden.

Im Blättergeruschel höre ich Seufzer von Menschen, die der schwarzen Nacht entgegenbangen.

Seltsamen Zauber übt diese Stunde auf mich aus. Gestern um diese Zeit, zwischen frohen Gesichtern im festlichen Saal, da waren meine Augen auf einmal weit weg. Ich hörte die Maus im Fallaub pfeifen, sah die weißen Motten tanzen und die schwarzen Fledermäuse taumeln, hörte es um mich herum rispeln und rascheln, knistern und knirren.

Da, wo ich heute bin, waren meine Gedanken, in diesen stillen Wald zogen sie, wo die Schummerstunde nahte mit leisem Tritt und Tag und Nacht die Hände gab, die eine heranziehend, den andern mit sich fortnehmend, beide verbindend und trennend.

Nicht der Sonnentod ist es, der mir dann das Herz weit macht; die Viertelstunde nachher, die blaßgraue, liebe ich mehr, mit ihren leisen, langsamen Übergängen; wenn alle Umrisse sich verwischen, alle Einzelheiten vergehen, wenn die Kleinigkeiten die Augen nicht mehr stören und das Herz dem großen Eindrucke sich öffnen kann.

Nur deshalb liebe ich die Jagd so. Nichts bringt uns der Natur so nahe wie diese Viertelstunde zwischen Tag und Nacht, und nur die Jagd ist es, die uns dazu erzieht, diese kurze Spanne Zeit zu verstehen in ihrer großen Feierlichkeit, in ihrer geheimnisvollen Andacht.

So wundervoll hell und sonnig war es vor einer Stunde hier; im alten Laube leuchteten gelbe und weiße Sterne, rundherum sang und klang, pfiff und trillerte es aus Hunderten von kleinen Kehlen, in der breitästigen alten Eiche jauchzte der Schwarzspecht sein wildes Liebeslied, der

Tauber schwebte klatschend über den Kronen und rief tief und zärtlich seiner Taube.

Jetzt ist all das laute Leben verstummt; der letzten Drossel Weise verklang. Rotkehlchens Silberlied erstarb; ein Mausepfiff im Dürrlaub, ein Kiebitzschrei vom Moor, ein Rebhahnruf vom Felde kommt dann und wann zu mir heran. Aber die verlorenen Laute machen die Stille nur noch stummer, sie sind wie einzelne Sterne am tiefen dunklen Nachthimmel.

Vor mir im Westen, wo über dem feinen Gezweig der Birken der Himmel rötlich schimmert, taucht ein feines Silberpünktchen auf, verschlafen, blinzelnd; hinter mir, tief im Holze, klingt ein hohles, dumpfes Rufen; die Eule grüßt den Abendstern.

Heller schimmert der Stern, glüht aus Silber zu Gold um, lauter ruft der Kauz, verstärkt sein dumpfes Rufen zu gellendem Jauchzen.

Die stille Stunde ist gekommen, die Stunde, da es umgeht im Walde. Überall rispelt und raschelt es verstohlen, rundherum knickt und knackt es schüchtern; was die Sonne bannte und der Tag band, wagt sich hinaus; heimliches Leben, scheues Weben wird kühn und sicher.

Die tagfrohen Wesen zittern um diese Zeit. Ängstlich drückt sich die Ammer im Winterlaub der Jungeiche an den Stamm, klein macht sich der Sperber auf seinem Ast. Todesangst klingt aus dem Schrei der verspäteten Krähe, der ziehenden Kraniche Ruf ist voller Furcht und der streichenden Drossel Pfiff von Bangigkeit erfüllt.

Meine hellen Sonnengedanken schauern zusammen und verkriechen sich irgendwohin, wo ich sie nicht mehr auffinden kann; große, schwarze Träume steigen aus den Tiefen der Seele, lautlos dahintaumelnd in unstetem, haltlosem Flug, wie Fledermäuse, stark und frei sich dahinschwingend, wie die Vögel der Nacht; und wenn sie durchdringend schrillen, gellend rufen, dann kriechen die hellen Gedanken noch scheuer zusammen.

Auf der Brandrute vor mir brauen die Nebel; bleiche Schatten schleppen sich müde den Weg entlang; im Unterholz klingt ein röchelndes, hohles Husten; ein zögernder stolpernder Schritt tappt schwer durch den Stangenort, ein Krachen ertönt, ein Sturz; etwas Totes fiel in das faule Laub; gellend ruft der Kauz sein dunkles Lied.

Ich fasse den Kolben fester und spähe über alle Wipfel, ob die Schnepfe nicht kommt, denn ihretwegen bin ich hinausgegangen; die Jagdlust hat mich in den Wald geführt. Das sage ich mir laut vor in Gedanken; denn langsam tappt das Grauen auf mich zu durch die Stille des Waldes.

Näher bei mir im Holze heult jetzt der Kauz; wie lauter blutrote Wellen sehe ich sein Lied hinter ihm herfließen; seine tiefschwarzen Augen glühen.

Ich höre, wie er hinter mir die weichen Flügel laut klatschend zusammenschlägt; damit jagt er den Vogel aus dem Schlaf.

Er hört ihn flattern auf dem Zweige, reißt ihn aus dem Versteck und meuchelt den Schlaftrunkenen mit seinen Dolchklauen.

Gellend lacht er über mir. Ich fahre zusammen, als wäre eine Rieseneule über mir mit weitschattenden Flügeln, ihre dolchbewehrten Griffe über meinem Genick öffnend. Mitten im Knospen und Treiben, Blühen und Schwellen des Frühlingsabends höre ich das blutrote Lachen des Todes hinter mir.

Und dann, wie es kam, ich weiß es nicht mehr. Ein dünnes, schrillendes Pfeifen war vor mir, ein dumpfes, tiefes Murken über mir, zwei Schatten zickzackten unter dem Abendstern über die Birken hinweg, ein Feuerstrahl riß ein Loch in den Abendhimmel, ein Donner verjagte das Schweigen im Walde, und aufatmend nehme ich die

Schnepfe vom Boden auf, die ich tötete aus Angst vor der Todesangst.

Gelassen gehe ich durch die bleichen Nebel des schwarzen Weges. Die Schauer der Ulenflucht ließ ich hinter mir. Die Waffe, die ich hatte, und das Ziel, sie retteten mich vor ihren Gespenstern.

Eine Waffe und ein Ziel. Hat man das, dann verliert die Ulenflucht alle ihre Schrecken, die Ulenflucht trüber Stunden, des kommenden Alters Dämmerung.

Eine Waffe, die Arbeit, ein Ziel, seinen Platz auszufüllen in diesem Leben, so gut, wie man kann, die einzigen Mittel sind es gegen unsere große Angst in der Ulenflucht.

Der Heidweg

Tag für Tag gehe ich denselben Weg, der von dem Hofe durch die braune, rosig überhauchte Heide zum Holze führt, eine halbe Stunde lang hügelauf, hügelab, nach links und rechts sich wendend, bald breit, bald schmal, wie die Heidwege so sind.

Er hat gar nichts Besonderes an sich, dieser Weg; er ist so wie alle Heidwege: kein Landmesser legte ihn fest, kein Arbeiter beschotterte ihn, keine Dampfwalze festigte ihn. Die Gewohnheit hat ihn geschaffen; er ist der kürzeste Weg zwischen den beiden Höfen an der Landstraße und dem Einzelhofe dahinten hinter der Forst; die Räder der Wagen, die ab und zu hier fahren, um Plaggen, Holz oder Bienenkörbe zu befördern oder Leute hierhin und dahin zu bringen, schnitten den Weg in den heidwüchsigen Boden der höheren Lagen, in den weißen Sand hier, in den grauen Bleisand da, in den dürren Anger in den Senkungen. Hatte es ein starkes Gewitter gegeben, so daß in den Sinken Wasser stand, dann fuhr der Bauer rechts und links um die Stelle herum; dann wurde der Weg dort breiter, doppelt, dreifach, vierfach.

Ich gehe den Weg jeden Tag, um abzuspüren, ob Rotwild oder Sauen durchgewechselt sind, oder um zum Anstand zu kommen; ich gehe ihn morgens vor Tau und Tag, wenn die Eule noch ruft und die Lerche noch nicht wach ist, und abends, wenn der Reiher über die Fuhrenkronen streicht und rostbraune Abendfalter hastig und unstet über die Heide fahren.

Ich sah ihn im Frührotschein und in der Abendröte, bei sengender Mittagsglut und bei pfeifendem Nordost; ich kenne ihn auswendig.

Ich kenne jeden Strauch und jeden Baum rechts und links von ihm; ich weiß, daß da ein größerer Stein kommt, daß hier ein Hasenunterkiefer im Sande bleicht, daß dort ein Pfeifendeckel neben einer Binsenstaude liegt; ich kenne die Wollflocke in dem toten Machangel und den Trichter des Ameisenlöwen unter dem Quendelbüschel; ich weiß, daß links vom Wege ein Hase sitzt und daß rechts in der langen Heide Birkwild liegt, daß hier oben Rehfährten den Boden narben und daß dort unten der Dachs gestochen hat, einen wie den andern Tag; Neues kann er mir nicht bieten, der Heidweg.

Und darum gehe ich ihn einen um den andern Tag in derselben gleichgültigen, unaufmerksamen Weise, die Pfeife im Munde, die Hände auf Lauf und Kolben der Büchse, die ich über den Rücken gekreuzt habe; und wenn ich so dahingehe, dann sehe ich jeden Tag dasselbe, und bei jedem Ding fällt mir dasselbe ein.

Da ist zunächst eine Fuhre, ein keckes Ding von fünfzehn Jahren. Wie die sich das Leben denkt: leicht, einfach, schön. Ach ja. Jetzt, wo sie noch klein ist, wo sie im Norden der Stangenort, im Osten der Hochwald, im Süden und Westen die Heidberge schützen, da kann sie noch die

Zweige keck und froh in die Höhe recken, als wolle sie in die Wolken damit.

Aber die hohe Fuhre am Berge, die weiß, wie das Leben ist; auch sie war einst so keck und froh und langte mit geraden Zweigen in die Wolken. Aber Ostwind und Nordwind und Schneelast faßten sie und drückten sie, machten ihre Zweige krumm, ihre Krone flach und gaben ihr den Zug stiller Entsagung, den Ausdruck hoffnungsloser Wehmut.

Über den schwarzen Machangelbusch, der dort hinten so keck die Heidhöhe überschneidet, muß ich jedesmal lächeln; von hier aus sieht er so groß aus, sieht viel höher aus als die Heidberge hinter ihm, und je näher man an ihn herankommt, um so kleiner wird er, um so größer werden die Berge.

Doch das geht nicht bloß dem Machangel so, das kommt auch sonst noch vor.

Die schlanke Fichte dauert mich; ihre Form paßt so gar nicht zu den welligen Linien der Heide; sie ist ja auch nicht von hier, gehört auf die Berge, wo schroffe Linien sind. Der Nordostwind weiß das; der wird ihr den Mitteltrieb ausbrechen, wird ihre Zweige verbiegen, bis sie so rund und struppig sind wie die alten Fichten dort. Dann paßt sie in die Heide.

Bei ihren jüngeren Schwestern übernehmen die Schnukken die Arbeit; in jedem Frühjahr verbeißen sie die jungen Triebe, aus dem schlanken Tannenbäumchen wird ein struppiger Igel, und wenn es groß ist, dann sieht es seltsam verschnörkelt und verkrümmt aus. Äste, Äste, lauter Äste und kein Stamm.

Es gibt auch solche Menschen; sie müßten gerade und schlank aufwachsen, aber sie stehen auf falschem Boden, in einer Umgebung, die nichts Schlankes und Gerades verträgt. Allerlei beißt und biegt an ihnen herum, und schließlich werden sie schrullige Geschöpfe. Und konnten Großes sein.

Eine stand da, die war groß und schlank und stolz und schön; die hat der Blitz zerspellt. Den Krüppeln tut er nichts. Aber hochzuwachsen und vom Blitz getroffen zu werden, schließlich ist es doch besser, als krüppelig zu bleiben und verschont von Blitz und Sturm.

Es gibt Menschen, die anders denken; die leben, damit sie im Alter nicht verhungern. Aber das ist dann auch kein Leben.

Hier der Machangel duckte sich und krümmte sich und schickte sich; und was hat er nun? Ein graues, krummes Skelett ist es, über das die Schnucken trampeln. Aber um die Ruine der Riesenfichte müssen sie herum; im Tode noch läßt sie nichts Kleines an sich heran.

Die Hängebirke auf dem Hügel tut mir leid; ihre Zweige greifen verlangend umher, ihre Bewegungen haben etwas Rührendes, als wollten sie zurück in die Jugend und in den Frühling. Es gibt nichts Traurigeres als eine alte Birke im Herbstwind.

Und nichts Lustigeres als den jungen Maibaum; schlanke Äste, hochauf, besät mit goldgrünen Blättchen, leuchtend, duftend vor Jugend und Schönheit. Eine junge maigrüne Birke im Sonnenschein, dann lacht mein Herz; aber meine Seele trauert, sehen meine Augen die Hängebirke auf der Heide. Ich weiß wohl, warum.

Hier hat eine Königskerze gestanden: ein zerknickter Stengel, zwei verwelkte Blätter blieben davon; das taten die Hufe von hundert Schnucken; und Hunderte von Schnuckenhufen zertreten Tag für Tag die Heide, Hunderte von Schnuckenmäulern rupfen daran herum. Der Heide schadet das nichts; sie bleibt kurz, krümmt sich zu Boden, treibt kümmerliche Blüten, aber sie lebt doch und blüht. Mancher verträgt eben Fußtritte, mancher nicht.

Und darum gibt es nicht so viele Königskerzen wie Heide; das Häufige ist nie schön und vornehm.

Hier, wo vom letzten Gewitterregen der Boden feucht geblieben ist, ist das Jagdgebiet einer dicken Kröte; gestern abend sah ich ihr zu, wie sie vorsichtig dort pürschte und ab und zu mit der Klapperzunge ein Insekt wegfing. Heute stehe ich hier und sehe dem Falken zu, der auf der Heide eine Lerche jagt; er stößt fehl und streicht weiter.

Die Kröte hat nie Fehljagd. Aber sie jagt auch Spinnen und Fliegen und Würmer.

Es geht gegen Abend; eine Schnarrheuschrecke mit grellroten Unterflügeln fliegt ruckweise, laut schnarrend, an mir vorbei; sie denkt wunder, wie schön das ist, und dabei ist er eigentlich recht lächerlich, dieser ruckweise Schnarrflug; und doch wird er seine Wirkung auf die kurze, schwarze Schöne im Heidekraut nicht verfehlen. Jeder Verliebte ist lächerlich, nur nicht für die eine. Tröstet euch damit.

Ein rostroter Nachtfalter kommt angesaust. In unsteten Zickzacklinien huscht er über die Heide; jetzt ist er dort unten, jetzt kommt er wieder näher, nun taumelt er über die kurzen Brombeerbüsche der jungen Besamung und fährt hastig weiter nach den gelben Schmielen; er sucht eine, die ihn lieb hat; aber es ist schon zu spät im Jahr, und wer weiß, ob er sie findet; und es ist doch so schwer, zu sterben und nicht zu wissen, was Liebe ist. Für den Falter ist das nicht so schlimm; er sucht nur eine, aber der Mensch sucht nur die eine.

Am Buchweizen gähnen vier schwarze Schlünde und vier an den Kartoffeln; das sind Ansitze, die sich der Bauer gemacht hat; von da aus erlegt er die Sauen und das Rotwild, die seine Äcker verwüsten. Hier unter dem struppigen Machangel gähnen lauter silbergraue Sandtrichter, in jedem lauert ein scharfbewaffnetes Ungetüm auf Spinnen und Ameisen, die in den Trichter fallen. Ein grüner Käfer rennt flink über den Sand, in den scharfen Zangen eine Fliege. Zierliche Schwalben fahren über die Heide; ich höre die kurzen Schnäbel knappen; jeder solche Laut ist der Tod eines Wesens. Aus dem Brombeerbusche klingt ein jammervoller Ton, dünn, fein, aber voll Todesangst; da wickelt die dünne Spinne eine bunte Schwebfliege ein. Überall ist der Tod.

Ich gehe gelassen über die Heide und blase sorglos den Dampf der Pfeife in die Luft; ich gehe und töte im Gehen Pflanzen und Tiere. Das ist nun einmal so. Und wer weiß, ob dicht bei mir nicht etwas auf mich lauert, um mich hinabzuzerren, heute oder morgen oder übermorgen oder einen Tag später. Eigentlich müßte mir das alle Lebenslust nehmen.

Ich gehe einen Weg, dessen Anfang und Ende ich nicht sehe; Anfang und Ende verlieren sich in dunkler Heide und düsterem Wald; und doch bin ich ganz gelassen.

Vor jenem Heidhügel, dessen Kuppe ein heller Sandfleck schmückt, steht ein einsamer schwarzer, hoher Machangel; da zur Rechten steht ein ganzer Haufen derselben Sträucher, alle gleich in der Form. Aber der Einsame sieht ganz anders aus. Ja, die Gesellschaft, wie sie abschleift das Böse und das Gute. Wenn du in ihr leben willst, mußt du den Charakter opfern. Wenigstens verstecken.

Manchmal ist es aber auch ganz seltsam, ganz anders. Hier steht mitten zwischen rotblühender Heide ein Busch, der blüht weiß wie Schnee; weit und breit ist keiner so wie er. Muß der Mut haben!

Und hier ist noch etwas Seltsames. Mitten in dem sandigen Windriß, mitten zwischen dem bunten Geröll, blüht ein Heidbusch, so rosenrot wie keiner ringsumher; alle anderen sind fahl gegen ihn. So etwas kommt vor; in Schmutz und Elend und Verkommenheit findet man oft ein Gesicht, blühend in Schönheit und Adel.

Eine halbe Lanzenspitze aus Flintstein liegt im Geröll; das war einmal. Der Nordostwind trägt ein Donnern und Pfeifen heran; das ist der Schnellzug Hamburg—Hannover. Wie weit wir sind! Aber der Nordostwind lacht; wieviel Kulturen hat er blühen und welken sehen. Steinwaffe und Bronze, Eisen und Stahl, alles ist vergänglich. Und einmal bringt er das Nordlandeis wieder in die Polarnacht, und halbwilde Fischer und Jäger klopfen sich hier mühsam wieder Lanzenspitzen und Beile aus Flintstein.

Eine silberne Distelsamenflocke fliegt mir an den Rock; wo mag sie herkommen? Ich sah nirgendwo hier eine Distel; aber nächstes Jahr wird eine hier blühen, und wieder ein Jahr weiter, dann sind es viele, die hier ihre Purpurköpfe leuchten lassen. So wandern die Gedanken.

Wie hoch und lang hier die Heide ist, wie scharf heben sich die Kuppen der Hügel ab; dann kommt die Dämmerung und macht alles klein; nur die hohen Machangeln bleiben noch sichtbar, noch einige Zeit. Bis die Nacht kommt.

Ich will dahin gehen, wo die Heide so wunderbar voll, so tief rosig blüht. Aber ich will es lieber lassen. In der Nähe sieht sie aus wie alle Heide; da ist das Fahle, das Braune, das Graue stärker als das Rosenrot; nur aus der Ferne sieht sie so schön aus. So geht es mit allem, dem wir zustreben. Es lohnt sich wirklich nicht, auf etwas zuzugehen.

Aber hier ist ja der starke Hirsch durchgezogen; ich muß doch sehen, wohin er gewechselt ist. Die Fährte steht nach der Forst zu. Aber dazwischen liegt Heide, und da spürt es sich schlecht. Und dann kommt die Landstraße, und die haben die Dragoner zerritten. Und dann kommt wieder Heide, und ich werde einen Bogen nach dem andern schlagen müssen, um auf den Bahnen, Wegen, Gestellen und Pürschsteigen die Fährte des Jagdbaren wiederzufinden; viel Mühe wird es kosten.

Ich muß lächeln. Eben dachte ich mir jeden Zweck aus dem Leben heraus, und nun kommt das Leben und hält mir lachend ein Ziel entgegen, und im Grunde genommen ein so geringes Ziel; und doch gehe ich mit Eifer darauf los.

So ist der Mensch.

Der Überhälter

Nicht weit von dem Waldrande, eingeschlossen von Dickungen und Stangenörtern, steht ein alter Eichbaum. Mit knorrigen Wurzeln, die wie ein Haufen von Schlangen übereinanderkriechen, hält er sich in der Erde fest. Sein hochschäftiger Stamm trägt eine lange, breite, aber gut verheilte Narbe von der Wunde, die ihm der Blitz schlug, der auch einige der Äste in der krausen Krone tötete, die nun als kahle Hornzacken starr gegen den Himmel stehen.

Einst standen viele solcher Eichen hier; dieses ist die letzte. Sie stand schon, als der Adler hier noch horstete, als der Uhu hier noch jagte, als der Wolf noch aus dem Walde brach und die Schafe riß, als die Wildkatze nächtlicherweile das Unterholz verließ, um auf Raub auszugehen. Hunderte und Hunderte von alten Eichen und knorrigen Hagebuchen standen an Stelle der Fichten- und Rotbuchenörter und boten in ihren Höhlungen Kauz und Hohltaube, Blauracke und Wiedehopf Brutgelegenheiten die Menge. Unter den Eichen stockten Schlehen, Weißdorne und Stachelbeerbüsche und bildeten dichtes Gehege für die Schnepfe, die in dem Dung der Kühe und Schweine, die hier zur Weide getrieben wurden, reiche Nahrung fand.

Es kam eine andere, holzhungrige Zeit. Alle die alten Eichen fielen unter Axt und Säge. Als die Hohltaube, die Blauracke und der Wiedehopf wiederkehrten, fanden sie keine Bruthöhlen mehr und verzogen anderswohin; der Kauz aber paßte sich der neuen Zeit an und bequemte sich dazu, in einem alten Krähenneste zu brüten. Der Waldschnepfe gefiel es dort auch nicht mehr, denn die Dornbüsche wurden ausgerodet, das Vieh ging nicht mehr auf Weide in den Wald, und so blieb auch sie fort.

So war es eine Zeitlang öde und still da. Dann bedeckten

sich die Kahlschläge mit Fichten- und Buchenjugenden, es wurden allmählich Stangenörter daraus, und die wuchsen, bis sie zu Altholz wurden, und ein neues Leben webte im Walde. Vielfältig war es zwar, doch nicht so bunt und so reich wie ehedem. Der Buchfinken und Amseln wurden so viele, wie es einst Dompfaffen und Singdrosseln gab. Statt der Hohltaube rückte die Ringeltaube ein, Krähen ersetzten die Dohlen, die Häher die Racke, der Star den Wiedehopf, der Fasan die Schnepfe.

Auch die letzte alte Eiche, die stehengeblieben war als Wahrbaum für die Landmesser, bekam andere Gäste. Die Zeiten, daß der Adler von ihrem Wipfel aus Umschau hielt und der Uhu in ihrem Geäste den Igel kröpfte, waren schon lange vorbei, desgleichen die Tage, da der Waldstorch sich in ihr einschwang und der Wanderfalke in ihr horstete; sogar der Gabelweih, der einst so gern auf ihren Hornzacken fußte, und der Kolkrabe, der von da aus Wache hielt, blieben mit der Zeit aus, denn die neue Zeit litt nicht mehr, daß sie am Leben blieben.

Immer aber ist sie noch von allen Bäumen im ganzen Forste der, der die meisten Freunde hat, ganz gleich, ob sie in vollem Laube steht oder ihre nackten Äste wie wunderliche Runen gegen den Himmel reckt. Der Falke aus Nordland, der vorüberreist, rastet auf ihr, die Krähen aus dem Osten fallen auf ihr ein, wenn sie über das Land ziehen, die Stare pfeifen auf ihren Hornzacken, wenn der Frühling kommt, und wiederum, ehe der Herbst hereinbricht. Sie sucht sich der Schwarzspecht, will er sich ein Weibchen ertrommeln, und der Grünspecht, läßt er sein Werbegejauchze erschallen, in ihrem Geäste halten die Häher Schule ab, und auf ihrer Spitze sitzt an schönen, windstillen Mittagen der Pfingstvogel und singt so zart und fein wie eine Grasmücke.

Alles Geflügel, das in dem Forste sein Unterkommen

hat, besucht den alten Baum einmal. Lebt auch das Rotkehlchen im unteren Holze, im Vorfrühlinge schwingt es sich ganz oben in den Überhälter und läßt von da sein silberhelles Lied in die Dämmerung hinunterrieseln. Die Dorngrasmücke, die im Gestrüppe wohnt, und sogar der Zaunkönig, der sonst nur am Boden haust, bekommen auch dann und wann den Einfall, in das krause Geäst zu flattern und von da herab ihre frischen Weisen erklingen zu lassen, und die Amsel sucht sich nicht minder als die Singdrossel den höchsten Ast, singt sie dem einschlafenden Tage das Schlummerlied.

Es vergeht nicht eine Stunde zur Sommerszeit, daß der alte Baum nicht neuen Besuch erhält. War es eben der Trauerfliegenschnäpper, der lustig in ihm sang, so ist es jetzt der Gartenrotschwanz. Eben jubelte der Mönch dort, nun trillert das Müllerchen da. Vorhin rutschte der Baumläufer an dem Stamm entlang; jetzt klettert die Spechtmeise dort umher. Fuhr gestern der Habicht aus dem Laube und schlug die Krähe, so schießt heute der Sperber dort hervor und greift die Amsel. Vor einem Weilchen schmetterte der Schwirrlaubvogel, wo hinterher der Weidenzeisig rief, und ihm folgte der Fitis. Der Hänfling löst den Stieglitz, diesen der Buchfink ab. Dem Goldammer folgt der Feldspatz, und dann sitzt der Kuckuck da, ruft laut und fliegt immer noch rufend in den Stangenort, und wo er saß, läßt sich der Täuber nieder und ruckst. Dann klopft der Buntspecht an einem toten Aste herum, die Kohlmeise kommt und pickt nach Käferlarven, die Blaumeise folgt ihr, und ihr die Sumpfmeise, und schließlich fällt ein Kernbeißer ein, rastet einen Augenblick und fliegt weiter. So geht es den ganzen Tag, und auch bei der Nacht bekommt die Eiche bald von dem Waldkauz, bald von der Ohreule Besuch.

Auch an anderem Leben mangelt es ihr nicht. Tagsüber

turnen die Eichkatzen gern in ihr hin und her, und alle paar Nächte erklimmt sie der Marder. Unter ihrem Wurzelwerk wohnt die Waldmaus, und deshalb stöbert das Hermelin dort gern herum. Die Waldeidechsen sonnen sich gern auf den Wurzelknorren, und eine dicke Kröte hat dort ihren Unterschlupf, denn an Nahrung gebricht es ihr hier nie. Zwar an den stolzen Heldenbock, dessen Larven den Stamm kreuz und quer durchlöchert haben, und gar an den wehrhaften Schröter, der so gern an dem gegorenen Saft, der aus dem Rindenrisse quillt, leckt, wagt sie sich nicht, auch nicht an die Trauermäntel und Admirale, die um den Stamm flattern, und noch weniger an die Hornissen und Wespen, die dort ebenfalls umherfliegen, aber die blauen und grauen Schmeißfliegen und das viele andere kleine Volk, das hier schwirrt und flirrt und krimmelt und wimmelt, ist ihr verfallen, sobald es in den Bereich ihrer Klappzunge gerät.

Immer und immer lebt es um den alten Baum. In seinen Rindenritzen birgt sich das Ordensband, an seinem Stamme haften die grünen Wickler, klettern die Puppenräuber, huschen die Mordwespen, und wintertags, wenn die Dämmerung früh in den Wald fällt, ist um seinen Stamm ein wildes Geflatter von bleichen Frostspannermännchen, die auf der Weiberjagd sind. Kommt dann der Morgen, so rücken die Meisen heran, geführt von einem Buntspechte, gefolgt von Goldhähnchen und Baumläufern, und sorgen dafür, daß das Geschmeiß sich nicht so sehr vermehre, daß es im Mai dem Baume alle jungen Blätter nimmt.

Viele tausend Eichen stehen in dem Forst, keine aber ist so alt und so ehrwürdig wie der Überhälter. Doch sein Kern ist rotfaul, sein Stammholz von Larven durchwühlt. Die große Ameise zernagt ihn, und Pilze fressen an seinem Marke. Noch einige Jahre oder Jahrzehnte wird er sich halten, mit knorrigen Wurzeln die Erde packen und starre Hornzacken gen Himmel recken. Aber eines Jahres wird der Blitz ihn fällen oder der Sturm ihn zerbrechen, den alten Überhälter, dessen Astrunen so schön von den Tagen sprachen, da noch der Adler hier hauste und der Uhu des Nachts seinen Weidruf erschallen ließ.

Das rosenrote Land

Vom Lindenbaume fiel das erste gelbe Blatt, Herbstseide zieht über die Stoppel, die Wiesen blühen nicht mehr, Georginen und Totenblumen prahlen in den Gärten; die schönste Zeit ist vorbei. Für die Heide aber kommt sie erst. Dreimal hatte sie sich schon fein gemacht, im Frühjahr mit silbernem Wollgras ihre Moore geschmückt, im Vorsommer mit goldenen Ginsterblüten die Hügel ausgeputzt und späterhin einen herrlichen Teppich neben den andern gebreitet, blumenbunte Wiesen, schneeweiße Buchweizenbreiten und Lupinenfelder, gelb wie Honig und duftend wie dieser.

Nun aber legt sie ihr Staatskleid an, das rosaseidene, heftet flimmernde Paletten auf ihre Schleppe, himmelblaue, kleine Falter, tränkt ihr Mieder mit einem feinen Duft von Honig, heftet einen Strauß azurner Enzianen daran und schlingt den Erbschmuck aus purpurnen Korallen in ihr roggenblondes Haar. „Die Oerika blüht!" hallt es durch die Städte, und die Stadtmenschen, heidhungrig und heißhungrig nach Blumen und Sonne, kommen angezogen, erfüllen die Stille mit Liedertafelgesang, raufen bündelweise das blühende Heidekraut aus, hinterlassen Papierfetzen und Flaschenscherben bei den Denkmälern der Vorzeit, schmachten und schwärmen von Heidfrieden und Heidpoesie und kehren wieder heim und denken, daß sie die Heide nun kennen.

Die aber erschließt sich ihnen nicht so leicht. So wenig kennen sie sie, daß sie von der blühenden Erika mit dem Ton auf dem E schwärmen, aber der Ton muß auf dem I liegen, und nicht die Erika, die Glockenheide, ist es, die dem Lande den Rosenschimmer gibt, denn deren Blumen sind schon längst vertrocknet, und nur hier und da ist noch ein blühender Busch zu finden, sondern die Calluna ist es, die Sandheide, das bescheidene Sträuchlein hier auf den dürren Flächen, wo die Schnucken weiden, hoch und stark aber dort in den moorigen Gründen, in die nur der Jäger sich hineintraut.

Wer bloß auf den sandigen Höhen bleibt, wo der Erdboden fest und trocken ist, der lernt die Heide nicht kennen, wie der ihr Volk nicht kennt, der nicht sieben Scheffel Salz mit ihm teilte. Wer die stillen Gesichter mit den kühlen Augen und den verschlossenen Lippen betrachtet, der denkt vielleicht, dahinter sei nicht Feuer noch Flamme, nicht Wunsch noch Wille. Aber es hat seine Geheimnisse, die es in fest verwahrten, eisenbeschlagenen Truhen verbirgt, Erbtümer aus den Zeiten, da es sich mit Römern und Franken, Nordmännern und Wendenvolk herumschlagen mußte, und die gespenstigen Mährenhäupter über den Strohdächern und den Rauchfängen der Herde erzählen, daß der Glaube an Wode und Thor heute noch nicht ganz erloschen ist.

Auch das Land selber birgt Erinnerungen mannigfacher Art. Gewaltige Bauwerke, aus ungefügen Granitblöcken aufgeschichtet, umgeben von vielen Hunderten von Hügelgräbern, Steinbeile, Bronzekelte, Eisenschwerter und allerlei Schmuck aus Edelmetall geben Kunde von den Völkerwellen, die hier hin und her fluteten, von den unbekannten Menschen der Steinzeit, die vor den Kelten flohen, bis diese den Langobarden weichen mußten; die aber schlugen sich mit den Sachsen herum, bis sie sich schiedlich vertrugen, um gemeinsam den Anprall der slawischen Sturmflut abzuwehren, die weit in das Land zwischen Elbe und Weser hineinspülte, bis ihre Macht sich brach und Slawen und Germanen neben- und durcheinander sich zu gemeinsamer, friedlicher Arbeit zusammentaten, nachdem jahrhundertelang die Weiler in Rauch aufgingen und hüben und drüben das Blut reichlich floß.

Noch andere Andenken an die Vorzeit hält das Land eingeschlossen. Beim Torfmachen, bei Entwässerungen und Erdarbeiten werden gewaltige Eichenstümpfe bloßgelegt, werden mächtige Eibenstämme aufgedeckt, die Früchte von Hasel- und Hainbuche an Orten gefunden, wo heute Torf ansteht und Heide wächst und außer Birke und Eller kein Laubholz gedeiht, feste Beweise dafür, daß bis auf die nassen Gründe und die dürren Höhen ein lockerer Eichenhain das Land bedeckte, in dem ein fleißiges Volk wohnte, das sein Vieh weidete und seine Äcker bestellte, das nach der Nordsee hin und bis Byzanz Pferde, Wolle, Felle, Wachs und Honig handelte, bis der Franke einbrach, mit Gewalt und List das Land an sich brachte, das Volk umbrachte oder verschleppte und den Rest unter das Kreuz zwang. Weite Strecken wurden damals wüst und vermoorten oder verheideten; weitere Wüstungen brachte dann die Feudalzeit mit ihren ewigen Kriegen mit sich, die Saline zu Lüneburg und die Hafenbauten Hollands fraßen die Eichenwälder auf, und so entstand das, was man da nennt: die Lüneburger Heide.

Bis auf die letzte Zeit war sie ein unbekanntes Land, so unbekannt, daß sie als eine trostlose Wüste galt, so daß ein französischer Schriftsteller von ihr schrieb, sie werde bewohnt von un peuple sauvage, nommé Aidschnukes. Noch heute trifft man in Büchern allerlei falsche Beschreibungen von ihr an, als gäbe es dort nichts als platte, dürre, heidwüchsige Flächen, und es ist doch ein Land, reich an lachenden Flußtälern, bewachsen mit meilenweiten Wäldern, besät mit stattlichen Weilern, Dörfern, Flecken und kleinen und größeren Städten, ein Land, das eine fleißige, wohlhabende Bevölkerung beherbergt, seitdem es sich nach dem Dreißigjährigen Kriege von dem grauenhaften Elende erholt hat, das Dänen und Schweden, Wallonen und Kroaten und nicht zum mindesten deutschblütige

Kriegsvölker ihm brachten, und von dem in den Kirchenbüchern und Schatzregistern mancher Name ausgegangener Höfe und Dörfer meldet, von denen es dort heißt: „Ligget wüste."

Freilich umfaßt es auch weite Strecken Ödland, meilenlange Heiden, so leer wie eine Bettlerhand, nur hier und da mit krüppeligen Wacholdern und krausen Kiefern bestockt, unübersehbare Moore, deren Eintönigkeit kaum ein Baum unterbricht, breite Brüche mit undurchdringlichen Dickichten, unheimliche Wildwälder, von selber angeflogen, in denen es nicht Weg noch Steg gibt. Doch das gereicht der Bevölkerung eher zum Nutzen als zum Schaden, denn es bietet auf lange Zeit Tausenden von Menschen Gelegenheit, sich ein eigen Stück Land zu erwerben. Von Jahr zu Jahr nehmen die Einöden mehr ab. Die kahlen Heiden werden aufgeforstet, die Brüche zu Wiesen und Ackerland gemacht; wo einst Hirsch und Sau, Schreiadler und Waldstorch hausten, wo Heide und Wollgras wucherten, stehen Häuser, weidet Vieh, rauschen goldene Ähren das Hohelied vom Bauernfleiß. Kreuz und quer zerschneiden Eisenbahnen und Straßen das Land, und an ihnen entlang rückt die Bebauung. Heute schon ist die Heide das nicht mehr, was sie vor fünfzig Jahren war; und in abermals fünfzig Jahren wird niemand mehr das Recht haben, ihr den alten Namen zu geben.

Weichlich wäre es, darüber Klage zu erheben. Das Christentum hat nichts nach dem künstlerischen Gehalt des Urglaubens gefragt, als es ihn bis auf den Wurzelstumpf mit Feuer und Schwert vernichtete; so kümmert sich auch die Kultur nicht darum, schreitet sie voran und nimmt sie dem Lande ihr altes Gewand. Es ist auch sehr die Frage, was in Wirklichkeit schöner ist, eine rosenrote Einöde, die auf einer Geviertmeile keinen zehn Menschen Nahrung bietet, oder die fruchtbar gemachte Scholle, die Hun-

derte nährt. Unsere überfüllten Städte haben uns sentimental gemacht, so daß wir das wilde Hochgebirge und die wüste Heide schön finden mußten, die den schönheitsfrohen Griechen nichts bot als Schrecknisse und Langeweile. Und, Hand aufs Herz, wo ist die Heide am schönsten, wo wirkt das Hochgebirge am tiefsten auf uns? Da, wo nichts und weiter nichts vor uns liegt als das wüste Land oder Klippen und ewiger Schnee, oder dort, wo ein weißer Weg auf dem rosigen Hügel, eine graue Windmühle vor dem blauen Himmel, oder eine Sennhütte oder eine Brücke, Menschheitsspuren, uns mit der Natur verbinden?

Wo das nicht der Fall ist, zerdrückt das Gebirge den Menschen, zerquetscht die Heide ihn. Mit den gebahnten Wegen hört alle Heidschwärmerei auf. Da zieht sich ein Moor hin, meilenweit, meilenbreit. Kein Weg führt da durch, selbst die Jäger wissen nicht, wie die Jagdgrenzen laufen. Daumendick sind am Grunde die Heidbüsche, und ihre Spitzen reichen dem Wanderer bis an die Brust. Kein Haus, kein Kirchturm, keine Windmühle überschneidet den Himmelsrand. Heide, Heide, nichts als Heide, so weit man sieht, die allerschönste, rosenroteste, honigduftende Heide, laut vom Gesumme der Bienen, bunt von dem Geflatter blauer Schmetterlinge, überflittert von zahllosen Libellen, flimmernd und glimmernd in der Sonne, überspannt von einem lichten, von weißen Wolken gemusterten Himmel, aller Schönheit voll, und doch unheimlich, tot und schrecklich für den einsamen Wanderer, der da auszog, um Heidfrieden und Heidschönheit zu finden, und nun dasteht, ein Häufchen Unglück, ein Nichts in dieser unwegsamen, unwirtlichen, unendlichen rosenroten Wüstenei und in sich nach einem einzigen Menschen schreit, und wenn es auch ein landfahrender Stromer wäre.

Oder kommt er von der Straße ab und verläuft sich in der kahlen Schnuckenheide, auf deren hungriges Blühen die Sonne herniederprallt, oder gerät vom Wege und irrt im Bruchwalde umher, in dem eng verfilzten, dumpfen, schwülen, wo die Otter am Boden kriecht und die Luft von stechendem Geschmeiße lebt, oder steigt im Torfmoore umher, bis er nicht aus und ein weiß, weil überall der Boden nachgibt, oder er geht in später Dämmerung einen schmalen Weg, der ihn über eine Wacholderheide führt, und rechts und links und fern und nah stehen gespensterhafte Gestalten, die ihn drohend anstarren, dann weiß er, daß das Land, über dessen rosenrote Pracht er in Entzücken geriet, als er am herrlichen Mittage auf der Kuppe des Hügels unter der Schirmkiefer rastete und es unter sich liegen sah, lachend und lieblich, ein einziges großes, schön bewegtes Blumengefilde, daß es seine Tücken und Gefahren hat, und seine Geheimnisse, wie die ernsten, aber freundlichen Leute in dem großen, strohgedeckten Hause, wo er um einen Trunk Wasser bat und Kaffee und Honigbrot bekam, ohne daß er dafür zahlen durfte.

Aber davon weiß das fröhliche Völkchen nichts, das zu der Zeit, wenn der Honigbaum, wie der Heidjer das Heidland nennt, am Blühen ist, sonntags zu Hunderten aus den Eisenbahnwagen quillt, mit Hurra und Juchhe die Sandwege entlangwandert, von der blühenden Oerika schwärmt, den Schnuckenschäfer dumm fragt und nach bequemer Fahrt Erkleckliches im Vertilgen von Schinkenbutterbroten und Dickmilch leistet.

Ein angenehmer Ausflugsort ist es ihm, ein bequemer Spielplatz für große Kinder, eine billige Erholungsstatt, und so krimmelt und wimmelt es denn um diese Zeit da überall von Menschen, bauen sich von Jahr zu Jahr mehr Stadtleute dort an, schnurren die Räder, donnern die Autos auf allen Straßen, wachsen Hotels und Restaurants, wo einfache Dorfkrüge standen, verliert es immer mehr an eigener Art, das einst so mißachtete, rosenrote Land.

Die letzten Lieder

Es könnte noch Sommer sein, aber es ist schon Herbst. Der Himmel ist grau, und der Regen rieselt. Wenn einmal die Sonne durch die schmutzigen Wolken kommt, dann sticht sie. Weiße Wetterköpfe schieben sich hinter den Häusern her, wachsen immer weiter und zerfließen in graue Massen. Die Sonne geht weg, und es regnet wieder aus grauem Himmel.

Grau ist es draußen auf der Straße, grau ist es drinnen im Zimmer, und im Herzen der Menschen ist es ebenso grau. Alles ist ihnen langweilig an solchen Tagen. Es ist ihnen, als wäre keine Hoffnung mehr für das Leben und als hätte alle Arbeit keinen Zweck. Ich stehe am Fenster und sehe in den Garten. Der ist naß und häßlich. Auf den Wegen wächst Moos, gelbe Blätter liegen im Rasen, die letzten Blumen faulen, ehe sie noch recht aufgeblüht sind. Träge Schnecken kriechen über die Efeuranken. Heute morgen, als es hell wurde, war der Garten schöner. Ich war früh aufgewacht von der Sonne, die durch die Vorhänge fiel und goldene Kringel an die Wand malte. Halbwach lag ich da und sah auf die Sonnenflecken. Und da hörte ich es draußen singen und pfeifen und zwitschern und flöten, und schlaftrunken, wie ich war, dachte ich: es wird Frühling, die Stare sind da. Schnell sprang ich auf und zog den Vorhang zurück. Da saßen sie vor ihrem Häuschen, die beiden. Sie schlüpfte ein und aus, putzte sich und schlüpfte wieder ein, steckte den Kopf heraus und zog ihn wieder zurück, und er saß auf dem Dach, klappte mit den Flügeln, hielt den Schnabel in die Höhe, sträubte die Kehlfedern und sang und sang und sang.

Sein Lied brachte den Frühling in den Garten. Der Nachtregen blitzte auf dem Rasen wie Frühlingsmorgentau, das Efeu glänzte wie Silber, die letzte Rose streckte sich der Morgensonne entgegen, und die große goldene Sternblume strahlte und leuchtete. Ich war so froh, daß ich die gelben Blätter im Rasen nicht sah und die toten Blütenstiele; ich hatte der faulenden Knospe nicht acht, und die verkümmerten Waldrebenblumen störten mich nicht. Ich lachte, als wäre es Frühling.

Weit vor das Tor ging ich hinaus, durch die Felder. Über die winzigen Blümchen zwischen den Stoppeln freute ich mich, als wenn es die ersten Frühlingsblüten wären. Der goldene Hederich auf dem Felde lachte mich an, und im Graben die gelbe Kettenblume war mir die erste, die unter blühenden Schlehen sich zeigt. Auf dem Wegepfahl sang ein Goldammerhahn dieselbe Weise, die er im Frühling singt. Der Text ist anders im Herbst. „Wie, wie hab' ich dich lieb", singt er im Mai. Wenn es aber Herbst wird, dann klagt er: „Mein Nest ist weit, weit, weit." Ich hörte den Frühlingstext heraus heute morgen. Das kam davon, daß die Sonne schien. Und die Stieglitze auf den Kletten am Schutthaufen, die Hänflinge auf dem Sturzacker sangen Frühlingslieder, und der Hahn vor dem ersten Hof krähte, als schiene heute die Sonne zum ersten Male.

Hinter dem Dorf auf den Telefondrähten war ein Gewimmel, schwarz und weiß, und ein Gezwitscher, bunt und lustig. Alle die Schwalben aus dem Dorfe und von den Nachbardörfern saßen da und sangen und sangen, als wären sie gerade wieder heimgekommen nach der langen Fahrt über Land und Meer. Sie zwitscherten und flogen auf und setzten sich wieder, putzten sich und schnäbelten sich, und dann nahmen sie sich alle auf, teilten sich und flogen nach ihren Ställen.

Im Gasthof an der Straße kehrte ich ein und setzte mich an den runden Tisch in dem Grasgarten in die Sonne. Goldene Georginen nickten über den Zaun, die Hühner kratzten im Kiese, Mücken tanzten auf und ab. Etwas Buntes schwirrte heran, schnurrte vor meine Füße und hüpfte kopfnickend über den Kies. Ein Finkenhahn war es. Nicht so bunt war er als im Mai. Nicht so hellblau war sein Schnabel, nicht so grün der Rücken, nicht so leuchtend rot die Brust. Aber das Lied, das er aus seinem Kehlchen schmetterte, es klang ebenso froh und so frisch wie im Mai.

Das fällt mir alles so ein, wie ich hinausstarre in den nassen Garten, auf den der graue Regen fällt, mißmutig und übelgelaunt. Gleichmäßig grau ist der Himmel, und unablässig rieselt es aus ihm heraus, und der Tag geht früh zu Ende. Es klappert auf die Blätter und klatscht auf den Weg, läuft an dem Birnbaumstamm herab und fließt aus der Dachrinne, tropft von der Gartentischecke und klingelt auf die Gießkanne. Die letzte Rose läßt den Kopf hängen, die goldenen Sternblumen hängen schwer herab, und die silberne Eberwurz hat ihren Kelch geschlossen und sieht grau und grämlich aus.

Da klingt ein helles Stimmchen in das langweilige Getröpfel, ein Stimmchen, froh und klar. Vom First des hohen grauen Hauses kommt es, das schwarz und schwer gegen den grauen Himmel steht. Das Rotschwänzchen singt sein Abendlied. Es ist kein kunstgerechtes Lied, es ist nicht schulgerecht. Das ist dem kleinen Vogel aber ganz gleichgültig. Er singt, und wenn er zu hoch kommt mit der Stimme, dann räuspert er sich und kräht sein Lied zu Ende. Ihm ist es gleich, ob die Sonne scheint oder nicht. Seinetwegen kann es ruhig regnen, er singt doch. Jeden Morgen und jeden Abend singt er, froh darüber, daß er lebt. Der Star und die Schwalbe, die Goldammer und der Fink singen Herbstlieder, Scheidelieder, Meidelieder, denn Wanderangst sitzt ihnen im Herzen, und unstete Bange plagt sie. Die einen ziehen weit fort, die anderen streichen weit umher, fern von Heimat und Frühling. Rotschwänzchen weiß von Scheiden und Meiden nichts. Heut' singt es noch und morgen noch, und wenn die andern schon lange das Singen verlernten auf der Wanderschaft, dann singt es immer noch vom Dachfirst sein Lied, jeden Morgen und jeden Abend, bis auch es fort muß. Das ist das einzig Wahre. Einmal muß jeder fort. Für jeden kommt der Herbst. Dann ist es Zeit, mit dem Singen aufzuhören.

Bis dahin aber soll man singen, wie auch das Wetter ist. So lehren es uns die letzten Lieder.

Mit dem Frett

Dick und fest liegt der Nebel auf der Heide, und die Luft ist rauh und naß. Das ist das Wetter, wie wir es brauchen.

Die letzten Tage war es uns zu schön. Hoch war der Himmel und warm die Luft. Wunderschön war es in der Heide. Die Birken waren goldene Springbrunnen, der Bent gesponnenes Glas, die Rauschbeerbüsche hatten Blätter aus roter Seide.

Mißfarbig sind heute die Birken, fahl der Bent, und schmutzig sehen die Rauschbeeren aus. Und doch gefällt uns die Heide heute besser als gestern und ehgestern, denn da steckte kein Kaninchen im Bau; vergeblich schliefte das Frett ein, und auch die Suche brachte nicht viel, weil die Karnickel zu fest lagen. Heute aber wird das Fretten sich lohnen.

Ich trete an den Zwinger und mache den Mausepfiff. Es raschelt in dem Heu, ein rotes Näschen erscheint, der gelbweiße Kopf taucht hervor, hellrote Augen blinzeln mich an. Ich fasse das noch halb verschlafene Tier, stecke es in die Manteltasche, und dann gehen wir drei Schützen los.

Der Nebel wogt und wallt in den Gründen. Unsichtbare Krähen quarren, unsichtbare Häher kreischen, Bergfinken quäken, Zeisige quietschen, Dompfaffen flöten, Meisen trillern und pfeifen überall. Aber keine Heuschrecke fiedelt, wie gestern, kein Falter fliegt, keine Hummel brummt, kein Reh zieht über die Wiesen.

Hier auf dem Kopfe des Hügels ist der große Bau. Gestern steckte kein Stück darin; heute wird er gut befahren sein. Ich lange das Frett heraus, ziehe ihm den Gummifaden mit der kleinen Schlittenschelle über den Kopf, setze es vor eine der Ausfahrten und gebe ihm, da es noch halb im Schlaf ist, einen kleinen Klaps. Faul schlieft es ein, aber sobald es unter Tage ist, hören wir an dem hastigeren Geklingel, daß es sich vermuntert hat und fleißig sucht.

Ich sehe mir die beiden anderen Jäger an. Mein Freund steht mit aufmerksamem Gesicht da, das Gewehr in den Händen; eifrig gehen seine Augen hin und her. Der Jagdaufseher sieht aus, als schliefe er. Mit halbgeschlossenen Augen steht er da, die Pfeife im Mundwinkel, die Hände in den Taschen, den Drilling unter dem Arm. Wer ihn nicht kennt, möchte glauben, er höre und sehe nicht. Aber er wird, wie immer, so auch heute Jagdkönig bleiben.

Es rumpelt unter der Erde. Meines Freundes Augen gehen blitzschnell hin und her. Der Jagdaufseher döst weiter. Da flitzt ein graues Ding vor seinen Füßen aus der Erde, schlägt einen Haken und flüchtet nach den hohen Heidbüschen hin. Aber schon hat der Jagdhüter den Kolben an der Backe, es kracht, und etwas Weißes blitzt im Heidkraute auf. Noch einmal knallt es, und wieder leuchtet es weiß zwischen den braunen, rötlich beperlten Büschen. Der Aufseher legte das zweite Stück um. Und noch einmal knallt es und abermals. Mein Freund schoß ein Kaninchen mit dem zweiten Schuß. Nun rumpelt es bei mir; ein grauer Kopf mit großen schwarzen Augen erscheint in der Fahrt, geht wieder zurück, und gleich darauf flitzt das Karnickel aus einer anderen Fahrt, und so schnell heraus, daß ich es erst mit dem zweiten Schuß langen kann.

Da klingelt es auch, das Frett schlieft aus, ich nehme es auf, und es geht zu einem anderen Bau. Es ist etwas heller geworden. Die Sonne kämpft mit dem Nebel, und der Wind, den sie mitbringt, hilft ihr, ihn zu verjagen. Hier und da beginnt ein Birkenbaum zu strahlen, die Rauschbeerbüsche glühen auf, dort an der Hügelflanke lodern die Bickbeeren blutrot, das Sandrohr über ihnen schwenkt silberne Fahnen, und der Bent leuchtet wie blankes Gold.

Lustiger locken die Meisen, öfter prahlen die Häher, der Grünspecht läßt sein gellendes Lachen erklingen, und aus der Höhe kommt das Gekurre reisender Kraniche.

Im bunten Wald

Der Nebelung ist ein harter Herr; was er sagt, das gilt. Ein Blick von ihm, und der Espenbaum wird blaß; ein Wink, und die Linde ist kahl; ein Wort, und die Pappel gibt ihr Goldlaub her. Mit dem Weinmond läßt sich noch reden; wenn er auch rauh tut, er meint es nicht so schlimm. Sein Nachfolger aber besteht bis zum letzten Buchstaben auf seinem Scheine, und dieser besagt: Das Laub soll fallen, und die Blume muß welken, stumm wird der Vogel, und es stirbt der Wurm.

Den bunten Rock, den der Frühherbst dem Walde schenkte, nimmt der Spätherbst ihm fort; die Lieder, die die Herbstsonne die Amsel lehrte und den Star, verbietet der gestrenge Herr ihnen; der Falter versteckt seiner Schwingen Sammet und Scharlach in einer Rindenritze, und die Hummel, die um die letzte Kleeblume flog, wird zum langen Schlaf in das Moos geschickt.

Freilich, so leicht wie sonst wird es dem harten Herrn in diesem Jahre nicht, seinen Willen durchzusetzen. Zuviel Saft ist im Holze, zuviel Kraft in den Wurzeln, und weil im Sommer die Sonne fehlte, lebten die Blätter der Bäume langsamer denn je. Nach Sonnensommern waren die hohen Birken um diese Zeit schon längst nackt und kahl; heute aber leuchtet ihr goldfarbiges Laub noch lustig vor den schwarzen Kiefern, die mit mürrischen Gesichtern darauf warten, daß sie allein dort zur Geltung kommen. Ein Weilchen werden sie noch lauern müssen. Die Birken haben bald ausgespielt; sie tun zwar so, als sei es ein Spaß für sie, die grüne Wintersaat mit gelben Blättern zu bestreuen, aber morgen schon ist es aus mit diesem kurzweiligen Spiele. Die Rotbuchen sind zäher; da ist noch manche, die sich nicht ergeben will und so grün dasteht, als sei sie zwei Monate im Kalender zurück, und die Eichen lehnen die Zumutung, dem Herbst zuliebe das braune Kleid anzulegen, mit Hohngebrumm ab.

Das hilft ihnen aber alles nichts; wollen sie heute nicht, so müssen sie morgen. Eine Buche nach der anderen fügt sich der Vorschrift und kleidet sich dem neuen Herrn zuliebe in Goldgelb und Feuerrot, um dann Stück für Stück der bunten Tracht wieder abzulegen und schließlich arm und leer dazustehen. Den Eichen wird es nicht besser gehen; diese und jene Krone bräunt sich schon, dichter wird der braune Teppich zu ihren Füßen, und eines Tages haben sie nichts mehr vor den Buchen voraus als den Ruhm, länger ausgehalten zu haben.

Es lohnt sich schon, diesem Kampf zwischen dem Walde und dem Wetter zuzusehen, wo der Boden rot ist von den Wunden, die der Herbst dem Walde schlug. Niemals im Jahre, selbst im leichtsinnigen, lustigen Brachmonde nicht, ist der Berg so bunt wie zur jetzigen Zeit, und so kahl sind die Wege und Raine noch nicht, als daß sich nicht noch ein bescheidener Strauß letzter Blumen finden und binden ließe mit einem prangenden Hintergrunde von goldenem Blattwerk und silbernen Grasrispen, ein wirklicher, handgreiflicher Strauß oder einer, der nur in der Erinnerung blüht. Und es ist auch noch nicht so tot und still im Walde, daß nicht ein lustiger Laut, ein froher Ruf die Stille unterbräche oder die schwermütigen Herbstlieder der Kronen auf einen fröhlicheren Ton stimmte.

Die alten Eichen am Eingange des Fahrweges brummen ärgerlich, und die hohen Buchen murmeln zornig; der Grünspecht aber lacht den Wind aus; wenn er von Stamm

zu Stamm flieht, funkelt sein roter Scheitel, leuchtet sein maigrüner Rücken in der Sonne so unvorschriftsmäßig sommerfarbig, daß die winzigen Goldhähnchen, die in dem winterdunklen Nadelwerk der Kiefern schüchtern piepend umherhuschen, ein keckes Gezwitscher erheben, daß der Fink noch einmal so laut seinen Lockton hören läßt und der Zaunkönig im Rosenbusche zu singen anhebt, als wäre der Frühling eben in den Wald gezogen.

Mag auch immer wieder brummiges Südwestgewölk über die Berge kriechen, die Sonne läßt sich nicht unterdrücken. Sie erobert sich die bunten Abhänge, nimmt das lachende Tal hin, gibt der jungen Saat Maigrün und kleidet den Wald in Zauberfarben. Mit klirrendem Luftschrei jagen sich die blitzenden Krähen in der Luft, der Bussard schickt aus der Höhe seinen klingenden Ruf hinab, und der Goldammerhahn auf dem Schlehenbusch findet das kleine Lied wieder, das er im jungen Sommer sang, als der Rain zwischen Wald und Feld bunt von Blumen war und voll von fröhlichem Volk.

So ganz kahl ist er heute noch nicht. Wer sich oft genug bücken mag, findet bunten Lohn. Hier und da lebt noch eine rote Flockenblume oder ein weißer Stern, die sich vor der Sichel retteten, überall schimmern die kecken Maßliebchen, weiße Dolden stehen bei rosigem Tausendgüldenkraut, Hahnenfuß und Habichtskraut recken ihre gelben Blüten über das Gras, mit blauer Farbe können Braunwurz und Flockenblume dienen, und damit auch das grelle Rot nicht fehle, sprengt am Grenzsteine der wilde Mohn seine allerletzte Knospe, während den Graben entlang das Sandrohr seine Silberrispen im Winde schwenkt und im Weißdornhagen die blanken Beeren wie Korallenketten leuchten. Über den letzten Blumen aber schwebt und summt es von blitzenden Fliegen und schimmernden Wespen. Nicht viele sind es mehr, aber doch immer genug, um

Leben in den Rain zu bringen, und wenn die Sonne voll auf den Waldrand fällt, wirbeln Wolken silberner Wintermücken dahin.

Im Wald selbst ist es auch farbig genug, so weit die Sonne reicht. Da funkelt das bunte Laub, da wehen die Zweige und winken die Äste lustig und munter, in mailichem Grün prangt der grasige Weg, und das Reh, das mitten im Wege steht, bekommt eine warme Farbe, als trüge es noch sein rotes Sommerhaar. Eine Buche, die voll im Lichte steht, sieht aus, als hätte sie eben erst ihr Laub entfaltet, die krausen Stechpalmenhorste unter ihr sprühen silberne Funken umher, die Wedel der Farne verjüngen sich in der Sonne, die grauen Stämme nehmen den Ton alten Silbers an, und das Fallaub zwischen ihnen bekleidet den Abhang mit einem prunkvollen Teppich.

Finkenschlag und Drossellied hat der Wald nicht mehr, und Mönch und Laubvogel sind lange fort; steht die Sonne aber vor den Wolken, dann flötet die Spechtmeise, lockt der Baumläufer, Meisentrupps erfüllen die Kronen mit lustigen Lauten, Krammetsvögel lärmen dahin, der Dompfaff flötet durch das Unterholz, die Eichelhäher schimpfen von Baum zu Baum, und ihre nordischen Vettern, die seltsamen, langschnäbligen Nußhäher, seit langen Jahren einmal wieder hier zugereist, mischen fremde Laute in die bekannten Töne.

Im hohen Ort, wo die Sonne nicht hinkann, ist es still und stumm, und nur das Geraschel des Laubes geht um. Im Lichtschlage nebenan lodern alle Farben der Welt durcheinander und finden sich wieder in dem funkelnden Gefieder des Fasanenhahnes, der so stolz auf dem moosigen Buchenstumpfe hockt, als meine er, der Wald bemühe sich, ihm gleichzukommen an Glanz und Pracht, bis der Wind auffrischt und den bunten Narren in die Dickung scheucht.

Nun aber wird es erst recht lustig auf der Rodung. Das ist ein Gezucke und Gezappel und Gerucke und Gerappel, ein Funkeln und Flammen, ein Lodern und Leuchten, wild und toll; aus allen Kronen rieselt es herab, es wirbelt über die Blöße, als schwebten tausend goldene Schmetterlinge dahin, es schwebt und gleitet, tanzt und springt, fliegt und flattert, wirbelt und wimmelt, daß es dem Hasen, der stillzufrieden im Lager sitzt, nicht mehr hier gefällt und er zu Felde rückt, wo er vor dem Laubfalle Ruhe hat. Und sowie er fort ist, verschnauft der schabernacksche Wind, und stille ist es wieder im Walde.

Der Wind nahm die Sonne mit. Fahl sind die Höhen, trübe die Gründe, fort ist das rote Gold, verschwunden das schimmernde Silber, grau sind die Stämme, und braun ist das Laub. Was eben so lustig klang, vom Tale her des Hundes Gebell, des Hahnes Ruf, heiser und hart klingt es jetzt, trübselig mutet der Dompfaffen Lockton an, häßlich der Häher Gekreisch, und die letzte Blume am Wegesrand wirkt wie ein verlegener Witz in einem Sterbehause.

Über die Berge kommt die Dämmerung gekrochen, steigt in das Tal hinab und schiebt sich in den Wald, heuchlerische Tränen vergießend und verlogene Seufzer ausstoßend. Die Schatten rücken zusammen und drängen die Farben fort, jeder frohe Laut geht im hohlen Blättergeruschel unter, und irgendwo hinten im Walde spukt einer Eule gespenstiger Pfiff umher.

Aus ist es für heute mit des Waldes Pracht. Mit der Sonne kann sie wiederkommen, ist die Nacht vorüber. Mit jedem Morgen wird sie geringer sein. Schließlich bleibt nichts von ihr übrig als mürrische Stämme und ernste Kronen. Von allen den frohen Stimmen behält der Wald nur einen leisen Lockton, einen rauhen Ruf. Die Blumen am Raine fallen um, die blitzenden Fliegen vergehen. Der Herbst kommt zu seinem Rechte.

Die Gefolgschaft der Menschen

Es ist ein Heidmoor, eines der vielen Norddeutschlands, unberührt, urwüchsig, wild und weit. Heidkraut, Torfmoos, Wollblumen und Riedgras bilden den Untergrund der Pflanzenwelt; einzelne Birken, Kiefern und Wacholder überschneiden die braune Fläche. Ganz fern bollwerkt ein Wald wie ein schwarzer Strich.

So sah es vor hundert Jahren hier aus und vor tausend und vor zehntausend. Alle dreißig Jahre änderte hier und da der Torfstich ein wenig das Bild, bis das alles gleichmachende Torfmoos und nach ihm Ried, Wollblume und Heide die Spuren menschlicher Arbeit hier verwischten. Selbst große Moorbrände änderten wenig an dem alten Bilde. Auch die Tierwelt blieb, wie sie war, nachdem Mammut und Riesenhirsch, Moschusochs und Rentier und noch viel später Wisent und Elch und wieder einige Zeit nachher Bär und Luchs und noch später Biber und Wolf verschwunden waren. Das Rotwild und die Sauen wechseln nach wie vor über das Moor, wenig Rehe, noch weniger Hasen leben in ihm und Fuchs und Otter, Dachs und Iltis. Heute noch, wie zu Urzeiten, jagen dort Schwarzstorch und Schreiadler die Kreuzotter, trompetet der Kranich bei Sonnenaufgang, klagt die Mooreule in der Dämmerung, ruft der Regenpfeifer, spinnt die Nachtschwalbe, meckert die Heerschnepfe. Sausenden Fluges streicht der Birkhahn dahin, über die Sinken schwebt die Wiesenweihe, aus den Wolken dudelt die Heidlerche. Pieper und Rohrammer trillern und zwitschern.

Ein Menschenpaar zieht in das Moor, ein Knecht und eine Magd. Sie haben lange genug gedient; nun wollen sie frei sein auf eigener Scholle im weiten Moore. Ein Haus entsteht, ein Gärtchen wächst, eine Wiese grünt auf, Ackerland drängt die Heide fort, Zaunwerk ragt auf, Obstbäume kämpfen sich hoch, Stauwerke und Stege bringen neue Farben in die Wildnis. Ein Jahr geht hin. Es ist ein Sommertag, warm und still, Mann und Frau sitzen auf der Knüppelbank vor der Türe und sehen in das Abendrot. Aus dem Hause schallt das frohe Gekrähe des Erben, den die Großmutter hütet. Da zickzackt ein schwarzes Ding um den halbkranken Pflaumenbaum. Der Mann zeigt mit der Pfeifenspitze danach. „Eine Fledermaus!" sagt er.

Herbst wird es. Die Ernte ist geborgen. Sie fiel mager aus, aber es langt für drei Menschen. Der Bauer pflügt die Stoppel um. Da kommt zwitschernd ein Flug kleiner Vögel heran und fällt auf der Stoppel ein. Der Mann lächelt wieder. Die ersten Spatzen sind es, die sich hier sehen lassen. Vorläufig sind es erst Feldspatzen.

Der Wind stößt den Schnee gegen die Scheiben. Bei der Tranlampe flickt die Frau des Mannes Zeug; er flicht Bienenkörbe. Im Ofen glühen Heidschollen und verbreiten einen strengen Geruch. Hinter dem Schranke raschelt es. Mann und Frau sehen sich an. Es piept, ein schwarzes Ding huscht scheu durch die Stube. „Wahrhaftig eine Maus! Wo kommt die wohl her?"

Die Jahre vergehen. Die Bäume halten schon ihre Zweige über das Haus, die Stachelbeerbüsche hängen über den grauen Zaun. Im Garten blühen bunte Blumen. Rund um die Anbauernstube mußte jedes Jahr ein Stück Heide vor Wiese und Acker zurückgehen. Und jedes Jahr brachte neue Gäste. Zuerst brütete ein Paar Feldspatzen unter dem Dache. Dann siedelte sich die weiße Bachstelze an. Als sechs Kühe auf der Weide waren, kam die gelbe Bachstelze hinzu und nach ihr ein Paar Elstern. Auch die Wanderratte stellte sich ein, wurde aber vertilgt. Den Hausmäusen folgte das kleine Wiesel. Zwischen den Heidlerchen singen Feldlerchen. Hausspatzen kamen vom fernen Dorf zu Besuch; schließlich baute ein Paar. In einem

alten Kasten, den der Bauer an den Stall hing, brütet der Star. Die Hasen werden häufiger; um die jungen Kohlpflanzen müssen schon Scheuchen gestellt werden. Auf einmal war auch ein Rebhuhnpaar da und brachte die Brut hoch.

Weiter oben im Moore steht noch ein Haus, ein neues, es trägt ein Ziegeldach. Von dessen First singt der Hausrotschwanz. Im Schafstall brütet das Steinkäuzchen. Holunder und Flieder blühen dort; in ihnen klettert singend der Gartenspottvogel umher. Jeder der sechs Starenkästen ist besetzt. Das Rad auf dem Dache stand drei Jahre leer; jetzt klappert der Storch darauf. Eine neue, dem Moore fremde Tierwelt ergriff Besitz von den beiden Flecken Baulandes, zu dem die Ansiedler das Urland umwandelten. In der Fährte des Menschen rückt seine Gefolgschaft an.

Dieser Vorgang, der sich heute überall wiederholt, wo der Mensch das Urland zur Kulturschicht macht, ist so alt wie alle menschliche Kultur. Schon der Wanderhirt griff in die Zusammensetzung der Tierwelt ein. Der Jäger und Fischer der Urzeit tat das noch nicht. Er stand nicht über der Tierwelt, er lebte in ihr; er war nicht ihr Herr, er war nur der verschlagenste, gefährlichste Räuber. Mit seiner geringen, durch ewige Stammeskriege, Hunger und Seuchen zurückgehaltenen Vermehrung brachte er es zu keinem festen Gesellschaftsgefüge, so daß sein Einfluß auf die Tierwelt gering war. Er hatte keinen festen Wohnsitz; seine Horden zogen den Beutetieren nach, wanderten ihnen entgegen. Er wehrte die Raubtiere ab, so gut er es konnte, und tötete von den Nutztieren so viele, als er frisch aufbrauchen oder durch Eis, Rauch und Sonne aufbewahren konnte. Er jagte nie zum Vergnügen, immer nur zum Bedarf, und so vertrieb er kein Tier, rottete er keine Art aus und lockte auch keine fremden Arten an.

Das wurde anders, als der Wanderhirte auftrat. Der mußte sein Vieh gegen die Raubtiere schützen; er war auch gezwungen, die Wildpferde und Wildrinder zu vertreiben oder auszurotten. Er befehdete sie, so gut er konnte, schreckte sie mit Klappern und Feuer fort, holzte ihre Verstecke ab, brannte ihre Schlupfwinkel aus, rottete manche Art ganz aus, rieb andere bis auf kleine Bestände, die in unwirtlichen Gegenden übrigblieben, auf. Aber sowie er mit Axt und Feuerbrand das Land kahl machte, schuf er solchen Tieren, die die Steppe lieben, Daseinsbedingungen, und manche Art, die vor jener Zeit selten gewesen sein mag, wie Reh, Hase, Feldhuhn und Wachtel, wird seitdem zugenommen haben.

Andere Tiere dagegen, die in dem Lande bisher wenig Nahrung und Brutgelegenheit fanden, wie die Schwalben, merkten, daß sich ihre Nester an seiner Rindenhütte, an seiner Fellkibitke ebenso gut bauen ließen wie an den Klippen des Mittelmeeres, und da die Fliegenschwärme, die sein Vieh umsummten, ihnen reichliche Nahrung boten, so siedelten sie sich bei ihm an, wie sie heute noch bei den Wanderhirten Nordasiens leben.

Als der Mensch aus dem Wanderhirten Weidebauer wurde, sich ein festes Haus baute, sich umzäunte Viehweiden schuf, auch ein wenig Acker- und Wildwiesenbau trieb, da bot er wieder einer ganzen Anzahl von Tieren südlicher und östlicher Herkunft bequeme Daseinsbedingungen. Südliche Fledermäuse, die im Norden bisher keine warmen Schlafräume fanden, stellten sich in seinen Gebäuden ein; die Hausmaus folgte dem Getreidebau, das kleine Wiesel und der Steinmarder der Hausmaus, und eine Vogelart nach der anderen rückte vom Süden und Osten vor und nahm von dem Lande Besitz. Damals werden sich der Storch und der Kiebitz, die weiße und die gelbe Bachstelze, die Elster und die Dohle, die vier Würgerarten, der Wiedehopf, die Blauracke und das Steinkäuzchen bei uns niedergelassen haben.

Je mehr der Mensch zum Ackerbau überging, je mehr fremde Getreidearten er anbaute, je enger sich die Weiler zu dörflichen Verbänden aneinanderdrängten, sich mit Straßen verbanden, je mehr Urland zu Weide, Acker und Wiese umgewandelt wurde, um so mehr nahm dort die ursprüngliche Tierwelt ab, um so stärker war die Einwanderung und Vermehrung fremder Arten.

Immer mehr breitete sich die Kultur aus, immer mehr schrumpfte das Urland zusammen. Aus Dörfern wurden Flecken, aus Flecken Städte. Um jede Niederlassung bildete sich ein neues Stück der Kulturschicht, das durch Wege und Straßen mit den älteren Kulturflächen verbunden war; immer mehr wurde die alte Tierwelt zurückgedrängt.

Die großen Umwälzungen, die die Völkerwanderungen und die Feldzüge der Römer in politischer Beziehung brachten, hatten auch in naturgeschichtlicher Hinsicht bedeutenden Einfluß. Die wandernden Volksmassen schleppten neue Fruchtarten mit, mit denen neue Schädlinge folgten, wie die alte Hausratte, die dann am Ausgange des Mittelalters wieder von der Wanderratte verdrängt wurde. Auch die Eroberung Nordwestdeutschlands durch die Franken wird neben vielen Nutz- und Zierpflanzen manche wilde Tierart des Südens zu uns gebracht haben, und da die Kreuzfahrer eine ganze Anzahl südlicher Nutz- und Ziergewächse, so auch den spanischen Flieder, einführten, ist anzunehmen, daß um diese Zeit die spanische Fliege, die an Syringen frißt, und einer unserer besten Singvögel, der Gartenlaubvogel, bei uns eingewandert sind, denn er findet sich fast nur in solchen Gärten und Anlagen, in denen viele Syringen stehen.

Diese Zuwanderung südlicher und östlicher Formen findet fortwährend statt. Je mehr Deutschland durch die Zunahme der Bebauung zu einer Kultursteppe wird, je mehr sein Straßen- und Schienennetz es mit dem Süden und Osten verbindet, um so mehr drängt die Tierwelt des Südens und Ostens nach uns hin.

Vögel, nach ihrer ganzen Lebensweise, nach Färbung und Stimme ausgesprochene Steppentiere, wie Haubenlerche und Grauammer, sind erst seit verhältnismäßig kurzer Zeit bei uns heimisch. Der Hausrotschwanz, ursprünglich ein Klippenvogel der Mittelmeerländer, findet, daß es sich auf unseren künstlichen Klippen, den Dächern, ebensogut leben läßt wie im Süden, und so bürgerte er sich vor hundert Jahren bei uns ein; der Girlitz, ein hübscher kleiner Fink Südeuropas, Vorderasiens und Nordafrikas, ist seit ungefähr fünfzig Jahren bei uns heimisch geworden und nimmt mit der Zunahme des Obstbaues ständig zu, und es ist nicht unwahrscheinlich, daß sich auch die Zwergtrappe, ja vielleicht sogar das Steppenhuhn auf die Dauer bei uns seßhaft machen.

Bei vielen Tieren, von denen man annehmen kann, daß sie zu der eingewanderten Tierwelt Deutschlands gehören, läßt sich der Nachweis nicht führen, daß sie einst zugereist sind. Wenn aber ein Vogel, wie unsere Turmschwalbe, jetzt einer unserer gemeinsten Stadtvögel, seine ganze nächste Verwandtschaft im Süden hat, außerdem nach Färbung und Stimme uns sehr fremd anmutet, so kann man ruhig annehmen, daß er aus dem Süden stammt und erst bei uns einwanderte, als höhere Steinbauten, zuerst wahrscheinlich die Kirchen und Burgen, ihm das boten, was er bei uns früher nicht überall fand, die Klippen.

Wenn andererseits ein Vogel wie die Gartenammer in Norddeutschland verhältnismäßig selten ist und nur an Landstraßen auf bebautem Sandlande vorkommt, während er im Süden häufiger und nicht so wählerisch in seinem

Aufenthalte ist, oder wenn die hübsche Brandmaus auf Sandboden und Urland niemals bei uns vorkommt, sondern nur auf schwerem, bebautem Boden lebt, so ist auch von diesen anzunehmen, daß es Einwanderer sind, wenn auch ihre Einwanderung schon sehr lange zurückliegt.

Die Fledermäuse, die nur in Ortschaften bei uns leben, wie die kleine Hufeisennase, die langohrige, die Mops-, die rauhhäutige, die Zwerg-, die spätfliegende und die gemeine Fledermaus, und die Spitzmäuse, die, wie die Haus- und die Feldspitzmaus, nur in und bei Gebäuden, in Gärten und dicht bei den Ortschaften liegenden Feldern bei uns vorkommen, Mauswiesel und Steinmarder, die immer in der Nähe der Menschen leben, ein Vogel, dessen Stimme, wie die der Nachtigall, gar nicht in die deutsche Landschaft hineinpaßt, oder die, wie Haus- und Feldsperling, Feldlerche, weiße und gelbe Bachstelze, Elster, Storch und Kiebitz, ohne die Nähe menschlicher Gebäude oder von Ackerland und Wiese nicht zu denken sind, können mit gutem Gewissen als Einwanderer betrachtet werden, denen der Mensch erst Vorarbeiten leisten mußte, ehe sie sich hier heimisch machen konnten.

So haben wir zwei getrennte Tierwelten bei uns, eine ursprüngliche, an urwüchsiges Land, und eine hinzugekommene, an die jüngste Erdschicht, nämlich an die Kulturschicht, gebundene. Der ursprüngliche Wald, die Heide, das Moor, das unbewohnte Gebirge haben eine ganz andere Tierwelt als die auf ihnen zerstreuten menschlichen Siedlungen mit ihren künstlichen Steppen, den Äckern, Wiesen und Weiden, ihren künstlichen Gebüschen und Wäldchen, den Gärten, Friedhöfen und Anlagen, mit ihren künstlichen Felsklippen, den Häusern, ihren künstlichen Dolomiten, den Dörfern, ihren künstlichen Gebirgszügen, den Städten. Jedes Stück Bauland im Urland ist ein abgesondertes Gebiet, dessen Tierwelt größere Verschiedenheiten aufweist als die von Ebene und Bergland, Wald und Heide.

Erdkräfte schufen früher allein an dem Aufbau der Tierwelt; dann half der Mensch dabei mit. Der jüngsten geologischen Schicht, dem Quartär, zwang er seine noch jüngere auf, das Quintär; er schuf ihr ein eigenes Pflanzenbild, die Kultur- und Advenaflora, und eine eigene Tierwelt, die Quintärfauna, zu der sowohl die weite Ferne wie die Nähe beisteuern mußte; er drückte der Natur seinen Stempel auf, schuf sie um.

Der echten Quintärfauna, seiner alten Gefolgschaft, schuf der Mensch von Tag zu Tag bessere Lebensbedingungen; je mehr Häuser, je mehr Gärten, Felder und Wiesen es gibt, um so besser geht es Maus und Ratte, Spatz und Lerche. Die übrige Tierwelt stellt er aber fortwährend vor eine neue Form des Kampfes um das Dasein. Jahrhundertelang behielt die Kulturschicht Deutschlands im großen und ganzen die alte Form; da änderte der Mensch sie völlig durch die Verkoppelung, die die Einzelbäume und Wäldchen, Hecken und Feldbüsche beseitigte. Nun hieß es für viele Tierarten: „Biegen oder brechen; paß dich an oder stirb!"

Und so wie bei uns ist es auch in anderen Ländern, anderen Erdteilen; hinter dem Kulturmenschen her zog von altersher eine Gefolgschaft von Säugetieren, Vögeln, Kerbtieren und Schnecken, gar nicht zu gedenken der Schmarotzer an Mensch und Vieh, und wo heute die neue, europäische Kultur die alten Kulturformen umformt oder ausbaut, da bringt sie, soweit es das Klima zuläßt, der alten Gefolgschaft der Menschen eine neue, führt den Spatz in Amerika ein, schleppt die Wanderratte über alle Erdteile, die Kellerschnecke durch alle Breiten, und international, wie er selber, wird auch die Gefolgschaft des Menschen.

Frau Einsamkeit

Die Einsamkeit wollte ich haben, nicht die schmerzliche, traurige, verlassene, die nicht, aber meine stille, gute, kluge, liebe Einsamkeit, die mir zuredet mit leisen Worten, die mir ihre stillen Lieder singt und mit mir geht, stumm und froh, durch die braune Heide, durch große, ruhige Weiten, die mir lieber sind als der schönste Wald, als die gewaltigsten Berge, als die herrlichsten Wasser.

So wanderte ich von Bielefeld über sonnige Höhen, wo die goldenen Ziströschen im dürren Grase brannten, durch alte Wälder, in denen kein Vogel mehr sang, über hohe, braune Heidhügel, deren strenge Farbe ein dürftiger Rosenschein milderte, nach Örlinghausen und weiter zur einsamen Senne, dem Lande, das nie der Wanderer besucht, das nie die Neugier betritt, in dem die Menschen so spärlich sind und die Häuser so dünn gesät; ziellos und planlos wollte ich wandern, den Zufall zum Handweiser nehmend und die Wagengeleise als Straße, keine Karte, kein Reisebuch in der Tasche, die von Sehenswürdigkeiten reden und schönen Punkten, wo viel Volk ist und die Menge sich staut.

So stieg ich bergauf, an der Hünenkapelle auf dem Tönsberg vorüber, durch Buchenwald, in dessen Schatten die Bickbeersträucher strotzten vom Segen der Waldfrau, vorüber an Quellsümpfen, mitten durch enkeltiefen Treibsand, bis sie vor mir lag, die herbe Senne. Und da sah ich sie auch, sah das gute Gesicht der ernsten, stillen Frau, und meine Augen nur grüßten sie, Frau Einsamkeit. Um ihren Kopf wehte ein zarter grauer Schleier, um ihre starken Glieder floß das braune, gelb geflammte, rosig überhauchte, grün besetzte vornehme Kleid, das langhin schleppte und den Treibsand mülmend aufwirbeln ließ; und so stolz sie ist und so langweilig sie sein kann bei lautem Volk, mich mag sie gern, und mir ist sie gut, weil ich gerade so still bin wie sie und nur froh bin bei ihr; denn sie ist eifersüchtig und duldet keinen neben sich; und so legte sie die feste, angebräunte, schöne Hand in meine und schob ihren Arm unter meinen und ging mit mir, den Rand der Senne entlang.

Einen Teppich hatte sie breiten lassen unter unseren Füßen, weich und schön. Blühende Heide war es und schneeweißer Sand und blaues Büschelgras, gestickt mit goldgelbem Habichtskraut; und da Grauduft den Blauhimmel verbarg, so hatte sie ein Stück Himmel heimlich mitgenommen und ihn zerpflückt und gab den Stückchen Leben und streute ihn nun vor uns her, daß er tanzte über die rosige Heide, ein Gewimmel kleiner blauer Falter, die jeder goldenen Sternblume einen Kuß gaben und immer weiter vor uns hertanzten, leicht und luftig. Und auch ein bißchen Sonne hatte sie gestohlen und in große, gelbe Schwalbenschwänze verwandelt, die vor uns hinschwebten. Und um jedes dürftige Heidblütchen summten die Immen, und überall fiedelten die Heimchen, und der Föhrenwald brummte undeutliche Lieder in den Bart.

Ach, was war das schön den Morgen, als dann die Sonne uns lachte! Alles so ruhig, so groß, so sicher weit und breit zur Rechten, wo aus der weiten Heide ein weißer Weg schimmerte, ein spitzer Turm glänzte, ein rotes Dach leuchtete in dem Braun und Grün, und links, wo am Berg im Buchwald die Sonne die Farne golden bemalte und das Moos leuchten ließ. Der Buchenwald links so laut und lebhaft im Wind, und rechts die Sonne, still zuhörend seinem Geplauder.

Einmal nur fühlte ich den mahnenden Fingerdruck meiner Begleiterin auf dem Arm und blieb stehen. Mit den Augen zeigte sie nach dem Horst wildzerzupfter Krüppelföhren. Dahinter schob es sich rot zum Holze hin mit langen schlanken Läufen und beweglichen Lauschern und großen, dunklen Augen, hier noch ein Hälmchen rupfend, da ein Blättchen nehmend, ein Rudel Wild. Lautlos glitt das Wild über den Weg und zerfloß im Schatten der Buchen. Und noch einmal drückte Frau Einsamkeit meinen Arm und lächelte. Da standen zwei Frauen, halb gebückt, noch die Braken, die sie zur Feuerung suchten, in den Händen, und sahen uns still verwundert an. Wann kommt hierher wohl je ein Stadtmensch? Stumm nickten sie auf unser stummes Nicken und sahen uns nach.

Als die Sonne den Morgennebel fortjagte, da summten fröhlicher die Immen, tanzten vergnügter die Bläulinge, goldgrünschimmernd flog vor uns her der Sandläufer flinke Schar, silberflügelige Jungfern umknitterten uns. Auch der Wind lebte auf und stieß die ernsten Föhren in die Seiten, daß sie mürrischlustig brummten, und den Triebsand nahm er und begrub darin die schwarzen Föhrenäpfel und die silbergrauen Wurzeln und krümelte ihn auf die sonnenfaulen Eidechsen, daß sie ängstlich in die Heide schlüpften.

Ein Mensch begegnete uns, ein Mädchen, groß, blond, blauäugig, das mit den starken braunen Armen die schwere Karre voll Plaggen vor sich hinschob in dem Mehlsand. Freundlichernst nickte sie uns zu. Ob sie wohl wußte, wie schön sie war in ihrem selbstgewebten Rock, mit dem schlichten Haar? Der Hermann da oben schien sie zu grüßen, das Bauernmädchen, mit hochgerecktem, grünblitzendem Schwert als eine Urtochter von denen, die als Mütter ihm Söhne gaben, Feinde zu würgen und Räuber zu schlachten, gleichgültig und erbarmungslos, wie es das Raubzeug verdient. In den grünen Wald gingen wir dann, wo die zarten Farnfächer im Winde zuckten und die Schatten mit den Lichtern Kriegen spielten, bis schwarzweiß und grün der Dörenkrug uns winkte zur Rast unter schat-

tigem Lindenbaum, zu kurzer Rast, und dann nahm uns wieder auf kienduftiger Wald, eines toten Fürsten Jagdrevier. Hier hatte er geweidwerkt Tag für Tag, der Eisbart Waldemar, und auf den edlen Hirsch gepirscht in Abendnebel und Morgentau, in Frost und Glut. Wer weiß, was ihm das Leben getan hatte und die Menschen, daß er ihnen aus dem Wege ging und immer da sein wollte, wo Fährten den Boden narbten und Schälstellen die Rinden zerrissen, wo unter den Schalen des Edlen das Geknäck brach und wo des Starken Brunstruf klang über Berg und Tal, wo der grimmige Basse seine Gewehre an den Knorrwurzeln der Eichen wetzte und Wodans Rabe über braunzapfigen Wipfeln krächzte. Hier lebte er mit Frau Einsamkeit, bis ein Stärkerer ihm zurief: „Jagd vorbei!"

Am Donoper Teich standen wir dann lange und sahen in die klare Flut, in der Nixenkraut grün vom Grunde wucherte; uralte Bäume flüsterten und rauschten, und der Bach schwatzte, wie ein Kind in ernster Leute Kreis. Aber laute Menschen störten uns fort von dem stillen Ort, und weiter zogen wir, an tückischem Machangel und waffenstarrendem Fubusch vorbei, an toter Eichen Gespensterleiber, an Dickungen, in denen die Sauen bliesen, auf Lopshorn zu, des toten Weidmanns Jagdschloß. Der Markwart meldete uns krächzend, die Amseln schimpften, und mißtrauisch sah Hirschmann, der rote Schweißhund, den unbekannten Landläufern entgegen, bis seine feine Nase ihm verriet, daß wir wohl wert wären einer freundlichen Begrüßung. Ein Stündchen Ruhe in kühler Hopfenlaube, bis die laute Neugier auch hierher kam und uns weitertrieb auf die weiße Kalkstraße, wo uns Riesenbuchen Schatten gaben, bis uns mit Sand und Heide und Föhren die Senne wieder aufnahm. Unter dem Schatten der Föhren im dürren Grabengras schauten wir stumm in die lange, breite Trift, die schwarze Föhren ummauerten. Wir träumten von alten Tagen, wo noch das Elch hier stand. Unser Traum trat uns in die Augen. Zog es da nicht heran, hoch im Widerrist, zwischen den Stämmen? Schnaubte es da nicht laut und wild? Die freien Sennepferde waren es, wohl dreißig, die da, ledig von Zaum und Eisen, nackt und ungeschirrt, über die Trift zogen, die Nasen im Wind, wie Wild. Und eins warf sich in den Mehlsand der Trift und fühlte sich, daß es mülmte, und noch eins, und wieder eins, eine gelbe Wolke qualmte zwischen den schwarzen Föhren, aus ihr zuckten Beine und Hälse und Schweife, und ein Gewieher erklang, so frei, so stark, wie nie ein Roß wiehert, das Zaum und Zügel kennt. Wir lagen mäuschenstill im Grase, an den freien Tieren die Augen labend, bis Stück für Stück aufstand und weidend und wedelnd drüben in den Föhren verschwand. Lange noch hörten wir ihre Glocken klingen.

Dann tauchten wir wieder in der Senne unter, in der Kammersenne, die weit und unabsehbar vor uns lag, immer gleich und immer anders, so arm und doch so reich. Stunde auf Stunde verrann, keine Seele begegnete uns. Da ein Dach, dann wieder eine Stunde Einsamkeit, dann ein Hof, und wieder eine braune Weite, flache rosige Hügel, eine krüppelige Föhre, einige Sandblößen als weithin sichtbare Merkzeichen darin, aber kein Bach, kein Teich, nur die arme dürftige Heide. Ganz langsam gingen wir hier mit weitem Herzen und offenen Augen, glücklich und still, noch eine Stunde und noch eine, bis die Straße nach Horn in Sicht kam und viel laute Menschen.

Erst dann zog Frau Einsamkeit ihren Arm unter meinem fort und nickte mir zu, und das Nicken sagte: „Auf Wiederkommen!" Und mein Nicken sagte auch: „Auf Wiedersehen, Frau Einsamkeit!"

Blink und blank hing der Vollmond mitten im hellen Himmel über dem stillen Lande.

Der junge Soldat, der auf Grenzwache stand, sah träumend vor sich hin. Er dachte an sein Mädchen am fernen Rhein, und das alte Lied ging ihm durch den Sinn: „Köln am Rhein, du schönes Städtchen, Köln am Rhein, du schöne Stadt; und darinnen mußt ich lassen meinen herzallerliebsten Schatz."

Da lief es ihm kalt über den Rücken, denn ein hohles Heulen kam durch die Stille, ähnlich dem Geheul, das die Hunde von sich geben, wenn sie fühlen, daß der Tod durch das Dorf geht, aber doch ganz anders. Eine Weile nachher war es dem Posten, als rausche es leise in dem dürren Röhricht hinter ihm, und als er sich umdrehte, vernahm er ein kurzes Schnaufen, und er gewahrte einen auffallend starken Hund, der mit gespenstiger Eile dahinflüchtete.

Es war aber kein Hund, sondern ein alter Wolf, ein Irrläufer aus Russisch-Polen. Der Wald, in dem er jahrelang gehaust hatte, war von Holzhändlern gekauft und niedergelegt worden, und so war er obdachlos. Viele Tage hatte er sich schon umhergetrieben, hatte hier ein Reh gerissen, da eine Katze, die sich vor das Dorf gewagt hatte, gewürgt, dort einen Hasen gefaßt, und so war er, ohne es zu wissen, über die Grenze gekommen, wo es ihm ungewohnt und unheimlich vorkam. Ganz verlassen fühlte er sich, und deshalb hatte er sich auf die Keulen gesetzt und den Mond angeheult, aber keine Antwort von einem seiner Sippschaft erhalten.

Als er bei dem Posten vorbeihuschte und dessen Witterung auffing, hatte er sich gewaltig erschreckt, und nun trottete er, so schnell er konnte, dahin, immer die Nase gegen den Wind haltend. Ihm war merkwürdig unruhig und unsicher zumute. So ganz anders kam ihm das Land hier vor, so ordentlich, so reinlich, so vom Menschen beherrscht. Er war froh, daß ihm endlich Waldluft zuwehte, und schnell trabte er darauf hin. Aber vor dem Forst verhoffte er; der Graben, der schwarzweiße Schlagbaum und die große weiße Tafel mit dem schwarzen Getüpfel, alles das wollte ihm durchaus nicht gefallen. Ängstlich schlich er an dem Holz entlang. Plötzlich senkte er die Nase, denn es roch nach Wild. Sofort fiel er die Fährte an, die über den Grenzgraben führte, überfloh diesen und hielt sie durch die Dickungen und Stangenörter bis in das raume Altholz.

Dann aber stutzte er, denn auf einmal hörte der Wald auf und wurde von einem breiten Wege begrenzt, wie ihn der Wolf noch nie in seinem Leben angetroffen hatte, denn der war ganz eben und hart und trocken und roch nicht nur nach Mensch und Pferd und Hund, sondern nach etwas, was ihm völlig unbekannt war. Ein ganz fürchterlicher, stechender, beißender kneifender Geruch war es, der ihm schwer auf die Nerven fiel. Er sträubte das Rückenhaar, zitterte, stieß ein klägliches Winseln aus und sprang in das Holz zurück, ohne weiter an die Fährte zu denken, obgleich es ihn sehr hungerte. In guter Deckung rannte er neben der Straße her, bis er auf breites Gestell kam. Dort stutzte er wieder, denn da, wo ein Quergestell die Hauptbahn schnitt, erhob sich schwarz und gespenstig ein hohes Gerüst, vor dem Isegrim so erschrak, daß er ohne Besinnung durch dick und dünn stürmte, bis er Wiesenduft auffing und zugleich frische, warme Wildwitterung spürte. Da erst besann er sich und schlich lautlos auf dem Steige bis dicht an die Wiese heran und spähte, gedeckt von einer Fichte, über sie hin.

Grün glühten seine Lichter, und silberne Geschmacksfäden liefen ihm von den Lefzen, denn vor ihm äste sich ein ganzes Rudel Wild. Dem Wolf bebten die Flanken vor Gier, als er das Wild eräugte, die beiden geweihten Hirsche zur Linken, das alte Gelttier geradeaus, und halbrechts die beiden Stücke Mutterwild mit ihren Kälbern, die jetzt vor Übermut hin und her sprangen. Und drüben vor den Fichten stand noch mehr Wild. Der Wolf lauerte so lange, bis kein Stück mehr das Haupt hoch hatte, dann schlich er ein Endchen auf dem Pirschsteige weiter, bis dahin, wo der Fichtenhorst in der Wiese zwischen ihm und dem vordersten Kälbertiere war, wartete dort noch ein Weilchen, stahl sich dann bis hinter die Fichten, und sobald die beiden Kälber sich wieder einmal umhertollten und dabei in seine Nähe kamen, machte er drei Sätze und faßte das letzte an der Strosse, es mit einem einzigen Griff niederziehend, während das andere fortsprang, das alte Tier laut schreckend davonpolterte und das übrige Rudel hier und da in die Dickung stob, daß es dröhnte und prasselte.

Das Kalb, das er gewürgt hatte, schlug noch etwas mit den Läufen. Er biß ihm das Genick durch, packte es und schleppte es dem Stangenorte zu, denn auf der Wiese war es ihm zu offen, als daß er es da fressen mochte. Auch in dem Stangenorte war es ihm zu räumig, und so schleifte er seine Beute dahin, wo Dickungsluft ihm entgegenkam.

Er war schon fast dort angelangt, als ihn ein solcher Schreck befing, daß er das Wildkalb fallen ließ und mit einer hohen Flucht in das Stangenholz zurückpreschte, denn dicht vor ihm kam über die Brandrute ein Wesen gesaust, das hampelte und strampelte und klirrte und war schnell wie der Wind. Als der Wolf nun mit flackernden Flanken im Schatten stand, vernahm er eine halblaute menschliche Stimme, und scheu stahl er sich weiter. Bei dem Wildkalb aber stand der Forstaufseher, der mit seinem Schweißhund auf Wilddiebsstreife durch den Forst radelte. Er hatte den Wolf wohl abspringen gehört, aber gemeint, es sei ein Stück Rehwild gewesen. Doch da winselte der rote Hund plötzlich kurz auf, drängte sich dicht an das Rad, sträubte die Rückenhaare, zitterte wie in Todesfurcht und äugte seinen Herrn angstvoll an. Der sprang ab, lehnte das Rad gegen einen Baum und folgte dem Hunde, der zitternd und zagend vorankroch, dahin, wo der Wolf den Riß hatte fallen lassen. Als der Förster bei dem Kalbe stand und es mit der elektrischen Taschenlampe beleuchtete, krauste er die Stirn, nahm den Hund an den Schweißriemen und ließ ihn, obschon der vor Angst sich kaum vorwärts traute, bis in die Wiese arbeiten, wo der Wolf das Kalb gerissen hatte, und als er an einer modrigen Stelle die Fährte des Räubers antraf, eilte er zu seinem Rade zurück, fuhr, so schnell er konnte, nach Hause und meldete durch den Fernsprecher der Oberförsterei: „Ich habe einen starken Wolf in meinem Belauf."

Isegrim schlich derweilen so verdattert, wie er in seinem ganzen Leben noch nicht gewesen war, in den dichten Beständen umher, von wütendem Hunger gequält, der nur noch schlimmer wurde, als er ein paar Mäuse zu fassen bekam, denn nach dem Kalbe wagte er nicht zurückzukehren. Erst in der Vordämmerung gelang es ihm, einen Fuchs zu reißen, den er bis auf die Lunte auffraß, worauf er sich satt und müde in eine große Dickung steckte und schlief.

Als es hell wurde, wachte er auf, und es wurde ihm so unheimlich zumute, daß er sich erhob, nach allen vier Windrichtungen hin witterte und verstohlen am Rande der Dickung entlangschnürte, auch ab und zu vorsichtig den Kopf hinausschob und sich Wind holte. Ihm war so, als vernehme er entfernte Geräusche, aus denen er nicht klug wurde, und dann kam ihm ein Geruch in die Nase, der in den Wald nicht hineingehörte. Das seltsame Geräusch war auf allen Seiten, und wohin er auch schlich, immer wehte ihm der sonderbare Geruch zu. Hin und her zog er, von Dickung zu Dickung, wobei er sich, wenn er eine Bahn nehmen mußte, so niedrig wie ein Fuchs machte, aber nirgends war die Luft rein. Auch schreckte bald hier ein Stück Rotwild, und dort schmälte ein Reh. Er hatte das Gefühl, als wenn ringsumher der Tod auf ihn lauere.

Nach einiger Zeit hallte ein heller, langer Ton durch den Forst, und sofort begann auf der anderen Seite, aber in weiter Ferne, ein verworrenes Geräusch, das sich dem Wolf zu nähern schien. Er stand auf und lauschte; das Geräusch kam wirklich, wenn auch langsam, unter dem Winde näher. Er stutzte, schlich unschlüssig hin und her, und dann wich er in dem Maße, wie der Lärm herankam, nach der anderen Seite aus, ängstlich darauf bedacht, immer den Wind gegen sich zu behalten. Schon war er am Ende der Dickung angelangt, da preschte er zurück, denn nun hatte er den unerklärlichen Geruch dicht vor sich. Er schnürte an der Kante der Dickung entlang, aber der Geruch begleitete ihn, und als er verstohlen aus einer Lücke über die Bahn hinäugte, gewahrte er an deren Ende lauter lange bunte Dinger, die im Luftzuge hin und her zappelten. Ganz bestürzt zog er sich zurück, kroch weiter in der Dikkung entlang und versuchte an einer anderen Stelle, ob die Luft da sauberer sei; aber dort war am Ende der Bahn abermals die bunte Zappelei, und außerdem roch es ausdrücklich nach Mensch. Er drückte sich wieder in die Mitte der Dickung, wich aber bald wieder nach der anderen Seite, denn das unklare Getöse kam näher und näher und drängte ihn, ob er wollte oder nicht, gegen den Wind zurück. Sobald er aber wieder vor die Kante der Dickung kam, scheuchte ihn der Geruch der bunten Zappeldinger oder menschliche Witterung wieder dahin, von wo das Getöse herkam.

So wußte er nicht ein noch aus. Er mochte hinschleichen,

wo er wollte, überall war es nicht sauber; hier roch es nach Mensch, da zappelte es, dort war Geräusch. Mit einem Male wurde ihm die Sache klar: er wurde getrieben; man wollte ihn durch das Lärmen dahin bringen, von wo der menschliche Geruch herkam und wo es trotzdem so auffallend still war. Da also mußte es am gefährlichsten sein, und nicht dort, wo der Lärm war. Denn wenn der Mensch laut kommt, dann hat er nichts Böses vor; das wußte er aus Erfahrung. Wenn er sich dagegen ganz still verhält, hat er Schlechtigkeiten im Sinne. Zweimal hatte Isegrim derartiges erlebt. Das eine Mal hatte eine Kugel seinen rechten Hinterlauf gestreift, und deshalb lahmte er auf diesem für immer ein wenig; das zweite Mal hatte ein Schrotschuß ihn für viele Tage krank gemacht. Beide Male war ihm das zugestoßen, als er den Menschen nur gewittert, aber weder eräugt noch vernommen hatte. Darum hielt er es nun für das beste, vorsichtig dem Getöse entgegenzuschleichen.

Er trabte ein paar Schritte, hielt dann wieder inne, schnüffelte in der Luft umher, spitzte die Lauscher, schlug einen Bogen nach links, trottete dann wieder nach der anderen Seite, vermied aber ängstlich jede Lücke und nutzte den Wind und die Deckung auf das sorgfältigste aus. Wo die Schonung zu Ende ging, schlich er so lange in ihr entlang, bis er auf der Bahn, die zwischen ihr und der nächsten Dickde lag, einige Fichten eräugte, die mitten daraufstanden; mit einem Satz war er bei ihnen und mit einem zweiten in der Nachbardickung, und so schnell, daß die Kugel, die ihm gelten sollte, hinter ihm herpfiff. Trotzdem ihn der Schuß, der gar nicht weit von ihm gefallen war, sehr erschreckt hatte, so stürmte er doch nicht unbesonnen voran, sondern drückte sich nur ganz behutsam vorwärts, dem lauten Brechen und Treten entgegen, das auf ihn zukam. Er war um so vorsichtiger, als er mit dem Winde voran mußte und so nicht weit wittern konnte, und obwohl er eine entsetzliche Angst auf dem Leibe hatte, so zwang er sich doch, auch diese Dickung zu durchqueren, bis er an ihrem Ausgang stand.

Da aber machte er halt; vor ihm lag nun ein räumiger Ort, und aus dem kam Brechen und Treten. Er lauerte und lauerte, bis es dicht vor ihm war, und dann zog er sich etwas zurück und drückte sich zwischen zwei dicht ineinander verschränkte Fichten. Darauf brach und trat es rechts von ihm und auch auf seiner linken Seite, hier kam ein halblautes Husten her, da ein verhaltenes Geräusper, und dann entfernten sich die Tritte und das Knicken des brechenden Dürrholzes nach dem Winde zu, und vor ihm war es ganz still bis auf das Kreischen des Hähers und das Geschimpfe der Amsel. Noch ein Weilchen wartete er, schob sich an den Bord der Dickung, sicherte und witterte dort lange, überfiel die schmale Brandrute mit einer mächtigen Flucht, drückte sich im Stangenholz erst hinter einen Brombeerbusch, windete eine ganze Zeit, lauschte angestrengt und äugte nach jedem dürren Farnwedel hin, den der Wind rührte, und dann huschte er, sich deckend, so gut es ging, auf einem Wildwechsel weiter, bis er an einen vermoorten Windbruch kam, in dessen Mitte er sich unter einem ganz von Gestrüpp umwucherten großen Wurfboden barg.

Noch zweimal vernahm er den hellen, langgezogenen Ton, und es war ihm auch, als käme das Treten und Brechen einmal näher; aber dann wurde es ganz still ringsumher, außer daß die Meisen pfiffen und die Dompfaffen flöteten und ein Specht an seinem Stamme klopfte. So blieb er, müde und matt von all der ausgestandenen Angst, im Halbschlaf liegen, bis die späte Dämmerung Stamm und Strauch zusammenspann und Himmel und Erde durcheinanderwebte. Da erhob er sich, schlich so lange umher, bis ein kümmerndes Schmalreh sich ihm durch seinen hohlen Husten verriet. Das riß er, fraß sich aber nur halb satt daran. Denn er wollte fort aus dieser Gegend, es war ihm da zu gefährlich. Außerdem kam der Wind von dort, von wo er zugewechselt war, von Morgen her; hell und klar war er und machte dem Wolf Heimweh. Daß der Mond aufging, paßte ihm zwar so recht nicht; doch das war nun einmal nicht anders.

Eilig, aber mit Vorsicht, trabte er durch den Forst. Es kostete ihn freilich sehr viel Überwindung, die glatte, trockene und so wunderlich riechende Straße zu überfallen, und er war kaum hinüber, da stürzte er vor Angst beinahe um, denn brausend und rauschend und rasselnd und prasselnd kam ein riesenhaftes Wesen mit großen glühenden Augen dahergesaust und verbreitete eine Witterung, daß Isegrim der Atem in der Lunge stehen blieb. Wie wahnsinnig rannte er vorwärts und hielt erst stand, als er den stechenden Mißduft nicht mehr in der Nase spürte. Dann rannte er etwas behutsamer weiter, in ewiger Angst, daß irgendeins der unbekannten strampelnden und klirrenden oder donnernden und glühäugigen Tiere ihm begegnete.

Aber er hatte Glück; es kam ihm keins mehr in die Quere, und heil und gesund gelangte er über die Grenze in die liebe russische Heimat, wo ein Wolf noch leben kann, ohne auf Schritt und Tritt von Tod und Not umgeben zu sein.

„Wo die bunte Forelle schwimmt ..."

Auf Fischweid mit Hermann Löns

Von Franz Friese

Hermann Löns war Waldläufer und Fischer von Kindesbeinen an. „Teils durch meinen Vater — so erzählt er —, teils durch das Leben auf Gütern und Förstereien, auf denen ich meist die Ferien verbrachte, wurde ich Fischer und Jäger." Und es ist kennzeichnend, daß schon der Junge kein Beutemacher um jeden Preis war; denn in den Erinnerungen heißt es weiter: „... doch war mir schon damals ein unbekannter Fisch, ein seltener Vogel, eine regelwidrig gefärbte Eichkatze von größerem Werte denn ein gutes Gehörn oder ein ganzer Galgen voller Hühner."

Mit dieser Einstellung, die er später als Journalist und Jagdschriftsteller immer wieder bahnbrechend und richtungweisend vertreten hat, ist Hermann Löns bei uns zum weithin bekannten Inbegriff des weidgerechten Jägers geworden. Zugleich aber ist er auch der weidgerechte Fischer.

Das Wasser — der Fluß, der Bach, der Tümpel, der Teich — und das vielfältige Leben darin und darum nehmen in den Löns'schen Naturschilderungen einen weiten Raum ein. Dies mag den wundern, dem Löns, nach zuweilen recht einseitigen Darstellungen, als ein „Heidemann" erscheint, dessen Liebe nur einem „trockenen, dürren und sandigen Gelände" galt.

Wir dürfen aber nicht vergessen, daß Löns seine Lüneburger Heide, mit der sein Name schier untrennbar verbunden ist, erst als erwachsener Mensch kennenlernte. Sein erstes tiefes und entscheidendes Landschaftserlebnis — und Jugenderlebnisse sind ja oft lebensbestimmend — empfing er in seiner westpreußischen Heimat, vor allem in der Umgebung von Deutsch-Krone, in der Löns bis zu seinem 18. Lebensjahr aufwuchs. Der Löns-Biograph Dr. Wilhelm Deimann beschreibt sie folgendermaßen: „In ihrem leicht wellenförmigen Boden blitzt es nicht nur von zweihundertzehn größeren und kleineren Landseen, umrandet von Rohrwäldern, von Kalmus, Schilf- und Schachtelhalmen, es schlafen da auch viele Teiche, Sümpfe und Brüche, die meist alle durch Fließe und Bäche verbunden sind."

Dieser westpreußischen Landschaft blieb Hermann Löns zeitlebens innerlich verbunden. Immer wieder wird er sich, als erwachsener Mann noch, in Versen wie in Prosastücken der Erlebnisse in jenem Lande seiner Kindheit und Jugend erinnern. „Hechtedröhnen", eine Fischergeschichte, die der 42jährige Löns schrieb (Dr. W. Deimann teilte sie in seinem Nachlaßbande „Geliebte rätselvolle Jagd" mit), besteht fast nur in den Einleitungs- und Schlußabsätzen aus Gegenwartsschilderungen, in ihrem Hauptteil aber aus einem Jugenderlebnis, das er und sein Freund als „Feld-, Wald- und Wiesenstrolche" beim Hechtfang hatten. Und auch in einigen Schilderungen dieses Bandes entsinnt er sich seiner Jungenzeit: als er den „Haubensteißfuß" beschreiben will, ruft er sich „die Bucht am Galgenberg bei Deutsch-Krone" ins Gedächtnis zurück, „wo ich so oft den Haubentaucher belauschte." In „Am Fließe" sieht er sich „obschon drei Jahrzehnte darüber hin sind ... zwischen Wasser und Land dahinstapfen" im Winter „die Igelmütze in die Stirn gezogen, den Kragen der Pelzjacke hochgeschlagen", mit „nassen krebsroten Händen" und sommers „in der verschossenen Schilfleinenjacke, den verwitterten Lodenhut auf dem wirren Haar, Schweißtropfen im mageren, braunen Jungensgesicht und mit leuchtenden Augen nach dem Waldrand spähen", und in „Südsüdwest" denkt er „an den Tag, wo ich am Schloßsee bei Deutsch-Krone als 15jähriger Bengel mich eine volle Viertelstunde mit einem 16pfündigen Hecht herumbalgte, bis ich ihn endlich landete."

*

Wo Wasser ist, ist Leben. Einst war es dem Menschen Daseinsnotwendigkeit, er mußte dessen Nähe suchen. Wasser in der Landschaft aber zieht auch den modernen Menschen an, selbst dann, wenn er es nicht zum Schwimmen oder Rudern aufsucht. Der Camper stellt sein Zelt oder seinen Wohnwagen gern am Ufer eines Sees oder Flusses auf. Wenn wir wandern, rasten wir besonders gern in Wassernähe — und sei es auch nur an einem munter dahinplätschernden Bächlein. Reizt uns die Kühle und Frische in seiner Nähe? Unser Auge folgt der Strömung, unser Ohr vernimmt das Rauschen und Klatschen des Wellenschlages am Ufersaum. Wo Wasser ist, ist Bewegung, gibt es keine Langeweile.

Um wieviel interessanter und lebendiger muß die Wassernähe aber erst für den Naturforscher sein, der mit wissendem Auge beobachtet und mit geschärften Sinnen sehr viel mehr sieht: die Vielfalt der Planzenarten etwa, die sich in und an ihrem Lebenselement angesiedelt haben, das reiche Insektenleben und die Vielfalt der Vogelarten, denen das Wasser und seine pflanzlichen und tierischen Bewohner Nahrung spenden.

Löns war Naturwissenschaftler — er hatte Medizin und Naturwissenschaften studiert, — und er ist zeitlebens, auch als er sich beruflich dem Journalismus zugewandt hatte, ein Sammler und Forscher geblieben. Er, der schon als Schüler und Student zoologische Arbeiten in fachwissenschaftlichen Zeitschriften veröffentlichte, hat sich auch als erwachsener Mann laufend mit naturwissenschaftlichen Arbeiten beschäftigt. Sind auch seine wissenschaftlichen Publikationen „Botanische Erinnerungen aus dem Kreise Deutsch-Krone" und „Molluskenfauna Westfalens" deutlich Nachklänge aus seinen Gymnasial- und Universitätsjahren, so arbeitet er später lange Jahre u. a. an einer „Wirbeltierfauna Hannovers", für die er mit 300 Mitarbeitern aus allen Kreisen in Verbindung stand.

Sein umfassendes Wissen, seine geschulte exakte Beobachtungsgabe aber sind es, die seine Naturschilderungen und Tiergeschichten im engeren Sinne auszeichnen: sie sind nicht in dichterischer Freiheit hinfabuliert, sondern wissenschaftlich einwandfreie Darstellungen. Der Zoologe und Forschungsreisende Prof. Dr. Dr. Hans Krieg — selbst ein Tierschilderer von hohem Rang — schrieb uns nach Erscheinen der ersten beiden Löns-Bände dieser Reihe: „Hermann Löns hat, obgleich es zu seiner Zeit noch keine Verhaltensforschung in unserem heutigen Sinne gab, doch so erlebt und geschildert, wie ein

Zoologe und Jäger und wirklicher Tierfreund erleben und schildern muß."

*

Fluß und Bach, See, Tümpel und Teich, sie spielen in den Löns'schen Naturbildern immer wieder eine besondere Rolle, je nachdem sie das Gepräge der geschilderten Landschaft bestimmen oder für die Darstellung einer Tierart von Bedeutung sind.

Selbst wenn Löns eine Stadt beschreibt, vergißt er die Wasser nicht, die sie umgeben oder durchfließen: das westpreußische Deutsch-Krone ist ein „reizend zwischen zwei großen Seen gelegenes Städtchen"; bei Münster wird die lebendige Aa erwähnt, „über die im Sommer die Jungen springen und die im Frühjahr wie ein Strom flutet und manchmal über die Straße springt", und an der Umgebung lobt er: „Bäche und Flüßchen, Tümpel und Teiche sind reichlich vorhanden"; Hannover wird „die helle, schöne, freundliche Stadt am hohen Ufer", und als er schließlich die Provinz Hannover als das „schönste deutsche Land" preist, sind bestimmend für ihn: „Drei Flüsse, die Ems, die Weser und die Elbe, nach Ursprung und Uferform von dem verschiedenartigsten Charakter, verleihen seiner Bodengestalt eine jähe Folge von Abwechslungen." Zahlreiche Stellen ließen sich zitieren, in denen Löns auf Flußtäler und Marschen hinweist, in denen der Stadtmensch, ist er einmal „der engen Stadt und des dumpfen Waldes müde, seine Augen in die Weite schicken und seiner Brust frische Luft zuführen" kann.

Und geht es gar um seine Heide — für Eichendorff war sie noch eine „lungensüchtige Steppe" — so tritt er auch hier dem Vorurteil, sie sei nur „eine platte Ebene, aus Sand und Moor bestehend, mit hungrigen Kiefern bestanden", leidenschaftlich entgegen, indem er auf „die lachenden Flußmarschen der Aller, Örtze, Böhme, Sotried, Fuhse und der anderen Flüsse" hinweist:

„Hier schleicht ein Moorflüßchen mit bierbraunem Wasser matt durch das grüne Wiesenland, da wälzt ein lustiger Forellenbach sein quellklares Wasser durch einen luftigen Hain ...“; „In allen klaren Flüssen und Bächen lebt die Forelle, in einigen die Äsche; der Lachs und die Flunder besuchen alljährlich die Flüsse, ab und zu auch Meerforelle, Stör und Lamprete. Bitterling und Moorlieschen finden sich in den Teichen, Groppe, Neunauge und Querder in den Bächen ...“

„Hier ladet ein liebliches Wiesental mit sprudelndem Bächlein zum Verweilen ein, dicht daneben die wilde Wohld drängt zur Eile. Ein Flüßchen, schnell wie im Bergland, springt hier fröhlich durch buntgeblümte Wiesen, dort schleicht ein schwarzes Wasser mürrisch durch das fahle Moor ... Auf klaren Teichen wiegen sich lichte Wasserrosen; aus trüben Gräben reckt sich das düstere Blutauge ...“; „... kaum hat man sich an dem einsamen Teich in der Heide erfreut, da sprudelt ein lustiger Quell über blumenbedeckte Ufer und ladet ein, dem Lauf des Baches zu folgen ...“ — „Es fehlt nicht an reizenden Fleckchen im Schatten, von wo man auf das Wasser sehen kann, das lustig dahinströmende, über das die blauen Jungfern fliegen und in dem die bunte Forelle schwimmt ...“

Am Forellenwasser

Dumpf ist die Luft und drückend. Die Schwalben fliegen tief, die Fliegen sind lästig, die Menschen schwitzen und stöhnen.

Das ist das richtige Wetter für den Fliegenfischer. Ich ziehe den leichten Manchesteranzug an, hole die Angel aus dem Gewehrschrank, suche Fliegenbuch, Kätscher und Fischkorb heraus und radele zur Bahn.

Einzelne dicke, große Tropfen fallen, langsam und in Pausen. Drohend poltert es in den Wolken. Und kaum, daß der Zug im Gange ist, da schlagen dichtere Tropfen an die Fenster, ein gelber Schein, ein lauter Knall, und aus den Wolken taucht die Sonne wieder auf. Auf der Haltestelle sehen mich die Bauern groß an. Forellen, die fängt man doch besser mit der Hand oder mit dem Netz, aber nicht mit so einer bleistiftdünnen, schwanken Rute, wie ich sie aus der Wildlederhülle ziehe. Und wie ich die Rolle einklemme und die Schnur durch die Ösen ziehe, das Vorfach anknüpfe und die Fliege vorschlinge, da schütteln sie die Köpfe: „Wenn das man was gibt?"

Hinter dem Dorfe, bei der grauen Steinbrücke, wo die hohen Pappeln schatten, fängt mein Gebiet an. Zehn Schritte vom Ufer bleibe ich stehen, daß mein Schatten nicht auf das Wasser fällt, rolle fünfzehn Fuß Schnur ab, mache erst ein paar Probewürfe durch die Luft, und dann, aus dem Handgelenk mit lose angelegtem Arm, eins, „sßt", sagt die Schnur, zwei, „sßt", sagt sie noch einmal, und leise wie ein Hauch fällt die Fliege auf das Wasser.

Dem Wurf folgt ein leiser Ruck. Das geht ja heute gut; auf den ersten Wurf gleich Anbiß! Ganz unbewußt habe ich den Ruck durch ein Zucken des Handgelenkes beantwortet. Mit der Linken fasse ich die Kurbel der Rolle, kürze die Schnur, es plätschert im Bach, schnellt sich im

Rasen, und zu meinen Füßen tanzt eine viertelpfündige Forelle.

„Dunnerschlag", meint der alte Bauer, der mir zugesehen hat, „wenn das so weitergeht!" Er macht aber ein dummes Gesicht, als ich den Fisch zart vom Haken löse und in den Bach zurückwerfe. ‚Stadtvolk, Narrenvolk!' denkt er wohl. Aber erstens ist es alter Fischerbrauch, den Erstling nicht mit nach Hause zu nehmen, sonst jagt die Wasserfrau alle Fische fort, und dann, viertelpfündige will ich nicht, die sind mir zu klein. Ein halbes Pfund müssen sie wiegen.

Hier steht lauter kleines Zeug. Noch drei lande ich, dann gehe ich stromauf, wo über den Strubbelköpfen der Kohldisteln die breiten, weißen Schirme hoher Dolden stehen, wo die Weidenröschen ihre roten Rispen über den mächtigen Blättern der Pestwurz recken. Dort hat sich der Bach diesen März, als das viele Wasser aus den Bergen kam, einen tiefen Kolk bei dem andern gewühlt, und da stehen gute Fische.

Der Neuntöter mit dem zimtbraunen Rücken schlägt großen Lärm, als ich mich nähere, und der lasurblau und smaragdgrün schillernde Eisvogel verläßt mit schrillem Aufschrei seinen Lauerposten auf dem dürren Weidenzweig.

Die Stieglitze aber zwitschern lustig weiter in der Feldeiche, und die dunkelblauen und tiefgrünen Wasserjungfern flirren ungestört hin und her.

Ein hübscher, kleiner Blondkopf mit hellblauen Augen und einem ganzen Mund voll weißer Zähne sieht mir zu. „Willst du mir das halten, Junge? Kriegst auch 'n Groschen!" Er nickt und lacht. Ich gebe ihm die Jacke und den Fischkorb, und stolz über das wichtige Amt, sieht er seine barbeinigen Schwesterchen an, die Hand in Hand, dicke Sträußchen von Klatschrosen und Kornblumen in den freien Händen, mir erstaunt zusehen, wie ich zum Bachbett hinabsteige.

Anders geht es hier nicht. Vom Ufer aus kann ich nicht angeln. Weiden hindern den Wurf, blühende Rosen schnappen mit zackigen Zweigen nach der Leine, Hopfen, Geißblatt, Kletten und Disteln, Schlehen und Kreuzdorn bringen Fliege und Vorfach in Gefahr. So ziehe ich die langen Strümpfe aus, behalte nur die derben Sandalen an und wate in das gurgelnde, sprudelnde Wasser hinein. Die Bachnixe will mir die glatten Steine unter den Sohlen wegziehen, ich lache sie aus, denn die Sohlen sind scharf genagelt.

Aber die blinden Fliegen! Das ist ja schrecklich! Schnell die Pfeife heraus und Dampf gemacht. Das hilft. Und nun der erste Wurf. Nein, erst ein Probewurf durch die Luft. Sßt, sßt, und noch einmal sßt, sßt. Und nun dorthin, wo der große schwarzweiße Schmetterling über den Erlenblättern gaukelt, die Fliege geworfen. Plumps, sagt es da, ehe ich geworfen habe, ein fußlanges, goldenes Ding fährt aus dem schwarzgrünen Wasser, und der edle Falter ist fort. Das war ein zweipfündiger Fisch, um den lohnt es sich.

Dreimal lasse ich die Fliege über den Fleck fallen, wo die starke Forelle aufging, aber sie kümmert sich nicht darum. Ich reiße die Fliege ab, suche eine andere, das größte grüne Heupferd, das in meinem Buche ist, und versuche es damit. Aber auch der fette Happen lockt sie nicht aus ihrem Loch. Na, warte nur, du Dickkopp, dich kriege ich doch. Ich habe ja schwarzweiße Hühnerfedern in meinem anderen Buch. Schnell zwei davon herausgeholt, mit der Schere auf die Größe eines Falters zurechtgestutzt, mit feinem Silberdraht an einen mittelgroßen Haken gebunden, schnell das Vorfach darangeknotet, und nun wollen wir einmal sehen.

Schlecht wirft es sich mit der riesigen Fliege. Erst nach zehn Probewürfen über den blau blühenden Quendel und den goldenen Mauerpfeffer am freien Ufer hinter mir habe ich den falschen Schmetterling so weit dressiert, daß er dahin flattert, wohin ich ihn haben will. Und noch ist er drei Zoll über der Stelle, wo der alte Räuber aufging, hat noch nicht den Wasserspiegel berührt, da blitzt es goldig aus dem Wasser heraus, und schnell, blitzschnell, haue ich an und fasse die Rollenkurbel.

Wie sie sich wehrt! Bald tief im Kolk, daß die Rute krumm wie ein Flitzebogen wird und ihre Spitze fast das Wasser berührt, so daß ich vorsichtig Schnur geben muß, dann wieder obenauf, daß das Wasser platscht, daß die Rute sich streckt und ich schnell aufrollen muß, denn ist die

Schnur einen Augenblick schlapp, dann schlägt sie sich los.

Langsam wate ich bachab, den sich heftig sträubenden Fisch mit dem Strome drillend. Meine kleine Gesellschaft am Ufer erhebt ein dreistimmiges Freudengebrüll: „Er hat eine; 'ne dicke! Huih!"

Still, ihr Krabben! Wollt mich wohl berufen! Hab' ihn noch lange nicht! Platsch, plumps, klitsch, klatsch, so geht es in einem fort. Jetzt ein Ruck, dann ein Sprung, da heißt es aufpassen! Aber allmählich wird sie matter, ihr Schlagen läßt nach, und jetzt kommt ihr Kopf über Wasser mit weit geöffnetem Rachen.

„Das Netz!" rufe ich dem Jungen zu. Er reicht es mir, natürlich verkehrt. „Umdrehen!" So, ich habe es, tauche es in das Wasser, bringe, immer rückwärts watend, den Fisch darüber, hebe es hoch, und da habe ich ihn.

Ein dreistimmiges, unmusikalisches Hoch am Ufer. „Och, Karl, was 'n Bengel." — „Dunnerschlag, was 'n Biest!" — „Und so bunt is er: ordentlich wie Kattunzeug!" Ich löse den Mordskerl vom Haken, töte ihn schnell durch einen Schlag mit dem Weidmesser und lasse ihn in den Korb gleiten.

Aber ansehen muß ich ihn mir. Das ist ja beinahe Größe Lachsforelle. Die wiegt mehr als zwei Pfund. Und aus ihrem Schlunde sieht ja etwas Grünliches heraus. Ich schlitze sie auf und fördere eine fast halbpfündige Forelle zutage. Und den Schmetterling hat sie auch noch im Leibe und einen halbwüchsigen Frosch. Kein Wunder bei dem Appetit, daß sie einen solchen Rücken hat, breiter als mein Handgelenk. Ordentlich warm hat sie mich gemacht. Und die Pfeife ist dabei ausgegangen. Ich glaube, ich habe eine Zigarette verdient. Und einen Augenblick Ruhe im Grase. Was haben nur die Grasmücken da drüben? Die machen ja einen Heidenlärm. Ach so, das Großwiesel! Ganz gemütlich kommt es da angetrabt, eine Wühlmaus im Mäulchen.

Jetzt hat es uns bemerkt, macht, mit der Maus im Maul, ein Männchen, und wupps, ist es in den Schlehbüschen verschwunden.

So, jetzt kann es weitergehen. Ich werfe den Rest der Papiros in den Bach. Plumps, sagt es. Wohl bekomm's! Die scheinen ja heute auf alles zu beißen.

Ich wate wieder hinein und lasse die Fliege auf das Wasser fallen, erst unter die Weiden, dann vor die Ellern, dann dahin, wo der Baldrian blüht und das Mäuseholz rankt, aber ich kriege keinen Biß. Und immer sehe ich starke Forellen aufgehen.

Wenn ich nur wüßte, wonach. Es fliegen da Wasserjungfern, aber danach sehe ich sie nicht springen. Auch um die auf und ab tanzenden Eintagsfliegen kümmern sie sich nicht. Aber halt, der ziegelrotflügelige, stahlblauleibige Käfer, der da oben so träge flog, verschwand im letzten Plumps. Also auf den harten, dicken Pappelblattkäfer beißen sie jetzt.

Hab' ich den in meinem Buch? Ja, sogar sechsmal. Der lange Forellenfischer im Harz empfahl ihn mir, der den drei Engländern bei schlechtem Beißwetter in einer Stunde zwölf Pfund vorangelte. „Indeed splendid! In fact grand!" zischten sie neben ihren Pfeifen heraus, als er die dreipfündige durch die Klippen drillte.

Ich reiße meinen Schmetterling ab und schlinge die rotblaue Fliege an. Fünfmal, sechsmal werfe ich, aber keine beißt. Ich hänge eine kleine, silbergraue Beifliege, der Eintagsfliege ähnlich, an, aber auch die nehmen sie nicht. Das ist doch sonderbar! Aber so ist sie, die Forelle; nach Zigarettenstummeln geht sie auf, wenn sie will, und dann kann man sein ganzes Buch durchsehen und ihr anbieten, was man will, und es fällt ihr nicht ein, zu beißen.

Große, dunkelbraune Köcherfliegen sehe ich flattern. Ich will es mit diesen Stinkern einmal versuchen. Ich suche mir etwas Passendes aus dem Buche und werfe. Plumps und platsch! Ich haue an. Nanu? Das sind ja zwei auf einmal! Ach so, an die Beifliege habe ich gar nicht mehr gedacht.

Ich wate rückwärts. Am Ufer geht das Freudengeschrei wieder los: „Jetzt hat er zwei! Hurra!" Sechs nackte, braune Beine führen einen Jubeltanz auf. Aber zu früh. Denn die starke Forelle, die die Endfliege nahm, schlägt sich los, und nur die halbpfündige lande ich.

Aber von da ab fluscht es. Biß auf Biß, meist nur halbpfündige, ab und zu auch eine ganz schwache, die wieder in den Bach fliegt, es wird mir langweilig, dieser glatte Fang. Ich will nach dem großen Kolke gehen, wo ich vor acht Tagen den starken Fisch verpaßte.

Da ist es wunderschön: dicht an den Kolk drängt sich das Rübenfeld, übersät mit den knallroten Wimpeln des Mohns. Eine Garde von hohen blaukelchigen Glockenblumen steht am Ufer. Weiße Spiräen werden von bunten Faltern und blanken Fliegen umschwärmt. An der anderen Seite ist ein Beet von himmelblauen Vergißmeinnicht, am steilen Ufer glüht ein rotes Weidenröschen neben dem anderen. Schwer ist der Wurf da. Rechts reckt die Silberpappel einen langen Ast über das Ufer, links wartet ein Schlehbusch auf das Vorfach, und mitten im Kolk liegt ein entwurzelter Weidenbaum. Aber gerade an solchen Stellen ist die Freude um so größer, landet man einen guten Fisch.

Die Fliege pfeift hinter mich, kommt zurück und schwebt auf das tiefblaugrüne, stille Wasser, mitten zwischen die langbeinigen Wasserwanzen, die entsetzt auseinanderstieben. Es plumpst. Ich rolle auf und lache: ein dicker, grüner Frosch hampelt und strampelt das Lehmufer hinauf. Hinter mir geht es los: „Huih, 'ne Pogge!" Fahre hin, Quaker, und sieh dich ein andermal besser vor!

Wieder fällt die Fliege auf das Wasser: Nichts. Noch einmal: Nichts. Zum dritten Male: Nichts. Und jetzt hier unten. Hoho, da ist sie! Das ist die große, ich merke es am Ruck. Derb haue ich an, denn ich fühle es, der Fisch hat die Fliege fest genommen.

Nun aber ist guter Rat teuer. Schießt der Fisch nach links, dann kommt er unter die Faschinen, und ich bin ihn los. Geht er nach rechts ab, so fängt sich die Leine in der Weide, und ich kriege ihn auch nicht. Da muß ich mitten in den Bach hinein, und der ist hier tief. Aber was schadet das, es ist ja Sommer!

Bis an den Leib stehe ich im Wasser. Die Kinder machen ängstliche Augen: „Er versäuft sich!" Beinahe wäre ich es. Hätte ich mich nicht noch schnell an der krüppeligen Esche festgehalten, so wäre ich hinterrücks in den unteren Kolk gefallen. So aber werde ich nur bis an die Hüften naß.

Den Fisch aber habe ich. Der kommt nicht los. Er wehrt sich sehr, doch das hilft ihm nichts. Rückwärts erklettere ich das Ufer, drille ihn unter Wasser hundert Schritt weit stromab, und wo die Wiese mit gelbweißen Margeriten, roter Kuckucksnelke und braunem Sauerampfer an das Ufer stößt, bringe ich ihn zu Land.

Die große von neulich ist es nicht. Die wog mehr. Aber eine gute Anderthalbpfündige. Mit der will ich Schluß machen. Sechs Pfund habe ich, drei für mich, drei für meinen Jagdfreund. Mehr fangen, als man braucht, das ist Raubfischerei.

Den Bach entlang

Der Tag ist schwül, hinter den Dächern der Stadt drohen auf hellblauem Hintergrunde weiße Wettertürme, im Westen hängt eine bleigraue Wolke, und die Sonne sticht. Das ist mir sehr angenehm. Heute beißt die Forelle.

Ich ziehe den leichtesten Jagdanzug an, nehme Rucksack und Wetterkragen und lange den Angelstock aus dem Schrank.

Nicht die Fluggerte, die ist an dem Bach nicht angebracht, an dem verwachsenen, unter Weiden, Winden und Hopfen dahinklucksenden, dessen Kolke nicht Raum bieten für den Wurf mit der Fliege. So bleibt das Fliegenbuch im Fach, und in den Rucksack wandert die Wurmbüchse.

Eine Stunde Bahnfahrt, eine Tasse Kaffee auf dem Kleinbahnhof, noch zehn Minuten Fahrt auf der Kreisbahn, dann bin ich angelangt. Ein kurzer Weg auf kalkweißer, flimmernder, augenblendender Landstraße, und ich bin an Ort und Stelle.

Hinter der grauen Steinbrücke, aus deren Ritzen die zierlichen Wedel der Mauerraute herabhängen, kluckst der Mühlgraben durch ein dichtes Gewirr von großblumigen Weidenröschen, Sauerampfer, Wasserhirse, wildem Bandgras, hohem Baldrian und noch höherer Kohldistel. Rechts und links ist Feld, Rüben mit blanken Blättern, blühende Kartoffeln, alles besät mit den roten Flatterblumen der Klatschrose. Weiterhin an den Hängen färbt der Quendel ganze Flächen rötlichblau, goldgelb prangt dazwischen das Johanniskraut.

Die Angel ist ausgezogen, die Schnur angemacht, ein dicker, langer Wurm windet sich am Haken. Ich gehe den Bach entlang. In den wenigen offenen, seichten Stellen, wo das Wasser klar ist, schießt die junge Brut hin und her. Da habe ich nichts zu erwarten. Stände hier eine gute Forelle, wäre keine Brut da. Aber dort, wo des Pestwurzes riesige Schirmblätter den Bach beschatten, wo die dunkelblauen Libellen um die Windenblumen flirren, da ist es tief. Ein dicker Wasserfrosch macht einen tadellosen Kopfsprung, wie ich mich nähere. In die zwei Hände breite Lücke zwischen den breiten Blättern lasse ich den Wurm fallen. Ein Klatschen folgt und ein Reißen. Ich gebe Schnur und warte. So, jetzt! O weh! Die Schnur verfing sich.

Ich streife einen frischen Wurm auf und lasse ihn auf denselben Fleck fallen. Die Schnur spannt sich, der Köder schwimmt. Aber kein Ruck erschüttert die Angel. Langsam ziehe ich den Köder und lasse ihn wieder schwimmen. Da ruckt es, die Schnur geht stromauf und pendelt hin und her; im Bogen fliegt eine Forelle in das Gras und schlägt sich frei.

Hier oben will ich mich aber nicht länger aufhalten, hier steht nur geringes Zeug, viertelpfündiges höchstens. Ich gehe den Graben entlang, höre den Hänflingen und Stieglitzen zu, die in den Pflaumenbäumen zwitschern, gehe an dem Lehmabhang vorbei, um den die Uferschwalben fliegen, an Böschungen, prangend von rotem Mohn, an Uferbuchten, wo auf duftender Minze goldene Käfer kriechen, bis zu der Brücke, bei der der Mühlgraben in den Bach stürzt.

In den Mühlgraben werfe ich den Köder. Die reißende Strömung wirft ihn mir zurück. Vor mir steht die Schnur einen Augenblick, dann geht sie langsam stromauf. Ich habe Anbiß. Jetzt ein kleiner Ruck, dann ein Zerren; ich reiße durch ganz leises Anziehen, und nun folgt ein Klatschen, ein Prasseln, daß das Wasser spritzt. Ich will mit einem Schwung die Forelle auf den Rasen holen, aber die Schnur sitzt fest. So springe ich bis an die Knie in den Bach, lange die Schnur heraus, ziehe an und fasse die Forelle. Eine stramme Amerikanerin, wohl über ein Pfund schwer.

Ein Schlag mit dem Gnickergriffe über ihren Nacken macht sie schlapp, ich kann den Haken aus ihrem Schlund lösen und die Schnur frei machen.

In ein breites Pestwurzblatt wickele ich sie sauber ein, versenke sie in den Rucksack und überschreite die Brücke. Hier beginnt das Hauptwasser. Weiter unten ist es zwar besser, da sind offene Kolke. Aber hier, wo der Bach versteckt liegt, in einem Gewirr von Weiden und Winden, Ellern und Hopfen, Weidenröschen und Pestwurz, Baldrian und Spierstaude, da macht es mir Spaß, unter tausend Schwierigkeiten den Wurm hineinzubringen und den Fisch zu landen.

Aber schwül ist es. Der Schweiß tropft mir von der Stirn. Ich gebe Hut und Joppe einem kleinen Blondkopf, der mir für einen Nickel die Sachen zur Wirtschaft trägt. Dann ziehe ich einen munteren Wurm auf und werfe da, wo großblumige Käspappeln ihre Stengel recken, ein. Dem Wurf folgt ein Anbiß. Ich lasse schlucken und ziehe an; bis in die Weiden habe ich die Halbpfündige schon heraus, da verfängt sich die Schnur, und die Forelle schlägt sich los.

Ein frischer Wurm und fünf Schritt weiter. Ärgerlich schimpft der Neuntöter; es paßt ihm durchaus nicht, daß ich bei seiner Kinderstube bin. Vor mir, unter dem Weidenbusch, ist eine tiefe Stelle. Aber wie da den Köder hinbringen? Oben hindern die Zweige, unten des Pestwurzes Blattschirme. Zehnmal versuche ich es, immer gelingt es vorbei. Aber nun gerade! Beim elften Male klappt es. Plumps, sagt der Wurm, ratsch-klatsch, die Forelle. Sie sagt, sie will nicht, tobt hin und her, bachauf, bachab. Die lohnt sich. Aber ich lasse ihr Zeit, rucke nur leicht an. Und dann ein Schwung, ein Silberblitz in der Luft, und da tanzt sie in den blanken Rübenblättern. Ein halbes Pfund mehr.

Da unten ist wieder eine Lücke, und darunter sprudelt der Bach recht munter. Ich bringe die Angel hinein, der Wurm treibt, aber es beißt nichts. Zurück und wieder schwimmen lassen. Und noch einmal und so sechsmal. Aber da spannt sich die Schnur. Heraus mit ihr. Ein Schierlingsstengel ist die Beute. Na, denn noch einmal. Siehste wohl, hat ihn schon. Ein Viertelpfund mehr für die Küche.

So, jetzt will ich es bei den Malven noch einmal versuchen, wo mir die eine abfiel. Und ich will einen ganz dicken Wurm nehmen. Große Würmer, starke Fische. Fünfmal lasse ich es plumpsen, zehnmal ziehe ich zurück, dann schnappt's. Jawohl, sie ist es. Unter dem linken Nasenloch hat sie den Riß vom vorigen Mal. Aber nur knapp ein halbes Pfund.

Hier unten ist gar nichts zu machen, hier hat die Waldrebe alles verfilzt. Mit Angstgeschrei stiebt die Amsel ab, und das Großwiesel, das am Rande des Rübenstückes mauste, macht ein Männchen und fährt in das Gestrüpp. Hier geht's nicht, da stehen die dickköpfigen, roten, nikkenden Disteln im Weg. Da auch nicht, da hindert mich die Krüppelesche. Hier erst recht nicht, da erlauben es die Brommelbeeren nicht, und da kann ich wegen des Schneeballbusches nicht heran. Aber hier geht es, wenn auch schlecht. Ich muß den Wurm unter den Weidenbusch treiben lassen. Hoppla, die erste. Hinein in den Rucksack. Und die zweite hinterher. Und zwei Schritt weiter die dritte. Alle von derselben Größe, vier auf ein Pfund.

Das ist heute feines Beißwetter. Das meinen die blinden Fliegen auch. Ich muß schmöken, als wenn so 'n armer Bauer backt, sonst ist es nicht zum Aushalten. Aber das schad't nichts. Wo ein Loch im Gebüsch ist, werfe ich ein. Jede Forelle kostet mindestens fünf Würmer, so oft verheddert sich die Angel, aber ich habe Zeit und Geduld. So Stücke sieben hole ich nach und nach heraus, dann wird's mir zu dumm, dieses ewige Angellosmachen und Herumgekrebse in Wurzelwerk und Faschinen, und ich gehe zu den Kolken.

Hier unten macht der Bach Knick auf Knick, und in den Ecken ist freies Wasser, und in diesen tiefen Löchern stehen die großen Räuber. Besonders hier in diesem Kolk, da kann man heute eine starke Forelle herausholen, und morgen hat eine noch stärkere die Wohnung bezogen. Eine dikke Grauammer, die von der Spitze des Kreuzdornbusches ihr hölzernes Lied mit wenig Witz und viel Behagen herabrasselte, fliegt mit hängenden Beinen einen Busch weiter, wie ich einwerfe. Der Wurm sinkt bis auf den Grund, die Schnur rührt sich nicht. Ich ziehe auf und lasse ihn am hohlen Ufer vorübertreiben, einmal, zweimal, dreimal. Dann zuckt die Rute, die Schnur zittert und verschwindet unter dem Ufer. Leise ziehe ich an, aber sofort gibt es da unten ein Mordshallo. Das platscht und klatscht und spritzt und schäumt, als säße ein mittelstarker Haifisch am Haken. Von hier oben kann ich nichts machen, ich muß hinab in das Dschungel von Kletten, Disteln, Klebkraut und Nesseln und versenge mir Hände und Gesicht. Ich ziehe langsam die Forelle aus ihrem Uferloch. Aber immer wieder schießt sie unter das Ufer. Zehn Minuten lang gebe ich ihr Schnur und hole auf, dann läßt sie sich bis in die Mitte des blaugrauen, trüben Kolkes ziehen. Und dann ein Schwung, daß die Rute in ihren Gelenken knarrt, ein Plumpsen in den Hafer, und jetzt habe ich sie im Genick, die pfündige Bachforelle.

Ein Staatskerl. Es ist gut, daß sie tot ist. So manchen aus der eigenen Sippe wird sie übergeschluckt haben. Die soll morgen, auf eigenem Teller serviert, von Vergißmeinnicht und Bachehrenpreisblüten umgeben, den Stolz der Tafel bilden.

Hinter den Bergen grummelt das Gewitter. Einzelne Tropfen fallen. Ich hänge den Regenkragen um und fische weiter, aber nur die Kolke nehmend. Bei jedem dritten Wurf lande ich eine Forelle, ab und zu, wenn die Schnur sich verfängt, schlägt sich eine los, aber ich bringe doch so viele zu Land, daß mir das ewige Rucksackaufmachen schon lästig wird. Und ich habe auch genug, mehr als genug. Nur noch einige so bei Wege mitgenommen, und dann bei Blitz und Donnerwetter und strömendem Regen zum Kruge. Angeln macht Durst.

Das hübsche roggenblonde Wirtstöchterlein setzt mir das Glas hin und wiegt die Forellen. Fünf Pfund und ein halbes. Das genügt.

Wo die Oder rauscht

Es war eine Liebe auf den ersten Blick. Auf Anhieb verschoß ich mich in sie, in die lustige Tochter eines ernsten Vaters, in die sprudelnde, springende, lustige, launenhafte Oder, des finsteren Blocksberges fideles Kind. Ich sah sie aus dem Brockenmoore heraussickern, wo das Wollgras seine Silberfahnen schwenkt, ein wildes, kleines Ding. Dann trafen wir uns bei Oderbrück, wo man dem frechen Backfisch eine ungeheure steinerne Schnürbrust anlegte, damit er hübsch artig und fleißig sei und in den Gruben von Sankt Andreasberg den Bergleuten helfe. Aber ganz bändigen ließ sich die Kleine nicht, der Wildfang sprang bald wieder ohne Schuhe und Strümpfe und Korsett über moosige Steine und algenbedeckte Blöcke talab, daß die ernsten Fichten ganz verwundert die Köpfe schüttelten.

So lustig sie ist, kann sie auch mächtig ernst sein. Wenn sie so ihren Zug kriegt, dann schlägt sie alles kurz und klein. Gerade dem Bahnhof Scharzfeld gegenüber lag ein festes Mühlenwehr, aus Stämmen, Flechtwerk und Steinen mühsam in monatelanger Arbeit von vielen schwieligen Fäusten aufgebaut. Jahrelang hat die Oder sich das Hemmnis gefallen lassen. Auf einmal aber wurde es ihr zu dumm, und im letzten Frühling wischte sie es weg.

Von diesem Wehr flußabwärts bis eine Wegstunde hinter Scharzfeld konnte ich angeln, aber ich begnügte mich mit der Ecke vom Wehr bis zur Brücke, soweit der Bergabhang vom Kirchholz bedeckt ist, von diesem Holz, in das ich mich auch gleich Knall und Fall verliebte, trotz seines geringen Rehstandes, in das ich mich verschoß über Hals und Kopf wegen seiner heimlichen Klippenecken und Felswinkel, wegen seiner seltsamen, zwischen Blöcken und Quadern sich herauswindenden Fichten und Buchen und wegen seines Überreichtums an schönen und seltenen Blumen. Im Schatten glänzt die Haselwurz, da steht steif und stolz die goldbraune Vogelnestwurz und krumm und gebückt der leichenfarbige Fichtenspargel, weiße Orchideen leuchten im finsteren Stangenort, um dessen Stämme die Waldrebe ihre zähen Taue zieht. Hinter der Brücke, da sind die Ufer kahl, da lockt es mich nicht hin. Zwischen Wehr und Brücke bleibe ich.

Es ist schwül und drückend heute morgen, und die Sonne sticht. Da wird sie beißen, die Forelle. Oben am Wehr beginne ich, da, wo zwischen dem glucksenden, rauschenden, strudelnden, sprudelnden Wasser eine klare, grüne Stelle ist. Im Schatten der Eller, deren Blätter in der Julisonne metallisch glänzen, mache ich die Angel fertig. Einen Augenblick sehe ich den Bachstelzen zu, die auf dem Ufergeröll Fliegen jagen, dann lasse ich die künstliche Fliege auf die glatte, tiefe grüne Stelle fallen und hole sie mit zitternder Handbewegung zu mir heran. Wie ein lebendes Insekt tanzt sie über das Wasser. Schon ist sie dicht an den überspülten Ufersteinen, da schießt ein blankes Ding heran, hascht nach ihr und verschwindet als silberner Blitz wieder in dem Kolk. Wieder fällt die Fliege auf den grünen Spiegel und noch einmal, und dann platscht es, und ich rucke an. Aber die Äsche zeigt mir höhnisch die Schwanzflosse. Sie hat nur ein paar Härchen von der Fliege gezupft.

Im Schatten der Eller löse ich die Fliege vom Vorfach und nehme eine andere. Ein Stück weiter unten lasse ich sie dann über das flache, rasche, laute Wasser tanzen, da, wo die flinken Forellen stehen, den Kopf gegen den Strom gerichtet. Nachher will ich es wieder mit den Äschen versuchen. In weitem Bogen fliegt die Schnur durch die Luft, und kaum, daß die Fliege das Wasser berührt, so klatscht es auch schon, und ein heller Blitz funkelt durch die schnellen Wellen. Ein leiser Ruck des Handgelenkes hebt eine

Forelle aus dem Wasser, und in hohem Bogen fällt sie auf den Schotter des Ufers zwischen die goldgelb blühende Wolfsmilch. Vorsichtig löse ich den Haken aus dem Gaumen des zappelnden Fisches und setze ihn in den Eimer, in dem er wütend hin und her schießt. Das Kreuzholz hindert ihn aber am Herausspringen.

Es wird immer drückender. Die Sonne fällt aus tiefen Wolken blendend auf die glitzernde Flut, und zwischen dem silbergrauen Schotter summt es von Fliegen und Bienen. Drüben vom anderen Ufer weht Fichtenduft herüber, schwer und schwül. Ein heller, schwermütiger Ruf ertönt. Als blendender, hellblauer Blitz streicht der Eisvogel über das Flüßchen und fällt als funkelnder Edelstein am Mühlengraben ein. Ich werfe die lästige Jacke ab und gehe weiter das Ufer entlang bis dahin, wo drüben die losgewaschene Weide das Flußbett verengt und zerrissene Felsblöcke eine Stromschnelle bilden. Stumm streicht vom hohlen Ufer die Wasseramsel ab und macht mir von der Kuppe eines gischtumspritzten Blockes einen spöttischen Knicks nach dem anderen, kokett ihre weiße Weste zeigend. Wenn das nur etwas Gutes bedeutet!

Zwischen der umgefallenen Weide und der Klippe ist ein tiefer Kolk mit klarem, grünem Spiegel. In dem steht sicher eine starke Forelle. Aber es ist schwer, die Fliege dahin zu bringen. Hüben und drüben hindern die Ellernbüsche den Arm am Schwung. Zweimal versuche ich es, aber jedesmal verheddert sich die Schnur im Gezweig. So steige ich denn bis an die Knie in das Wasser. Mörderisch zankt drüben der Zaunkönig. Er meint, ich will seiner flüggen Brut an den Kragen, die wie die Mäuschen durch die Riesenblätter der Pestwurz schlüpfen. Ich werfe von weitem die Fliege auf den Kolk. Ein Sprung, ein Silberblitz, ein Platschen und Plumpsen, die Schnur läuft rasselnd aus der Rolle, dann ein Ruck, und ihre Spannung hört auf. Ich rolle auf, und fliegenlos pendelt das Vorfach um meinen Kopf. Pech! Da hat sich die Schnur an einer Wurzel oder hinter einer Klippenzacke geklemmt, und die Forelle hat die Fliege mitgenommen. Also darum dienerte die Wasseramsel so höhnisch!

Ich schlinge eine neue Fliege an das Vorfach und versuche aufs neue meine Kunst. Aber vergebens lasse ich die Rute schwippen und die Schnur fliegen, der alte, starke Räuber hat genug vom ersten Male. Und da höre ich auch das Geröll rasseln hinter mir. Der eine der drei Engländer, die seit gestern im Hotel Schuster wohnen, kommt mit seiner Angel an. Es ist ein alter Forellenfischer. Seit acht Jahren kommt er alle Augenblicke nach dem schönen Scharzfeld und macht reiche Beute. Die beiden anderen sind oben, wo die Äschen stehen. Unaufhörlich blitzen die Angelruten in der Luft.

Ich erzähle mein Unglück mit der starken Forelle. Er sieht meine Fliege an, schüttelt den Kopf und zeigt mir seine Fliege. Dann läßt er sie leicht auf den Kolk fallen. Ich sehe ihm zu; von dem kann ich lernen. Wie weit er wirft, wie lose die Fliege auf das Wasser fällt, wie er sie mit zitternder Handbewegung quer über den Strom tanzen läßt, es ist eine Freude, zuzusehen. So hocke ich denn am Ufer, rauche, beobachte ihn und höre, was Fink und Mönch, Ammer und Zippe singen, und lausche dem Quirlen und Sprudeln, Klucksen und Gurgeln des Wassers. Eine halbe Stunde lang sehe ich zu. Vier Forellen und eine Äsche sind schon in den Eimer gekommen, aber die große ist noch nicht dabei. Und immer noch fällt die Fliege vor und hinter dem Kolk und nur ab und zu auf seinen grünen Spiegel.

Hinter dem Kirchholz grummelt ein Gewitter. Ein Windstoß rauscht in den Fichten. Die Hohltauben, die sich am Ufer tränkten, flüchten zum Holze. Einzelne Tropfen fal-

len. Des langen Engländers Gesicht rührt sich nicht. Er zieht die Kappe fester, stopft sich sein Pfeifchen und wirft von neuem die Fliege auf das Wasser, hierhin, dahin, wo es brandet und braust, und dann wieder einmal dahin, wo das Wasser stille steht, grün und klar. Und in demselben Augenblick ein lauter Plumps, ich sehe eben noch einen silbernen Streif, aber einen handbreiten, sehe das abgemessene Anrucken in des Engländers Arm, bewundere die

Sicherheit, mit der er die abrollende Schnur durch geschickte Gegenbewegung in Spannung hält, ich höre die Rolle rasseln, sehe die Angelrute hin und her pendeln und sehe zum ersten Male heute in dem schmalen, braunen Gesicht etwas wie Aufregung, das tief versteckt lag hinter den ausdruckslosen Mienen. Aber immer bleibt der Grundzug des Gesichtes ruhig, und der Rauch des Pfeifchens flattert in gleichmäßigen Wolken flußaufwärts mit dem Winde.

Langsam rollt er jetzt auf, aber rasend schnell läuft die Schnur wieder ab. Und wieder rollt er auf, und noch einmal läuft sie ab, und so nochmals und abermals. Dann aber ist die Forelle matt, und vorsichtig, rückwärts gehend, watet er dem Lande zu. Wir haben keinen Kätscher mitgenommen, das ist dumm. So greift er denn die Angelrute entlang bis zur Spitze und zieht mit der Rechten Schnur und Vorfach heran. Und dann, in demselben Augenblicke, wo der Kopf der Forelle schon fast die Luft berührt, ein Schwung, und sie schnellt sich, vom Haken frei, in dem blühenden Wundklee herum.

Da lacht er aber doch über das ganze Gesicht. Eine zweipfündige, dieselbe, die gestern seinem Freunde das ganze Vorfach fortnahm. Und dann sagt er lachend: „Ich habe schrecklich viel Angst gehabt."

Und dann faßt er die wütend zappelnde Forelle mit schnellem Griff über den drei Finger breiten Nacken hinter die Kiemen, sieht frohen Auges an den dunkelrot getupften Seiten entlang und tut sie in den Eimer, in dem sie einen Höllenspektakel vollführt. Nun kommen auch die beiden anderen Engländer an. Sie haben sieben Äschen gefangen, aber sie gäben sie gern hin für die eine Forelle. Das sieht man ihren Augen an.

Weiter unten im Flusse ist eine Stelle, da ist mein Lieblingsplatz. An der rechten Seite ist das Ufer hoch und mit

Ellernbüschen bestockt, links greift der Fels in das Bett ein, zerrissen und zerborsten, und engt den Strom so ein, daß er eine niedliche kleine Stromschnelle bildet. Rundherum sind Altwässer, in denen sich die junge Brut der Äschen und Forellen tummelt und bei unserem Herannahen unter den braungelben Algendecken versteckt, und zwischen den Felsen sind flache Mulden, in denen die dickköpfigen Groppen faul auf den kaum mit Wasser bedeckten Steinen liegen. Der Eisvogel, der hier gern fischt, stiebt mit ärgerlichem Ruf ab, wie wir kommen, und die Groppen verschwinden vor unseren Tritten, mit den Schwänzen das Wasser trübend, in den Steinritzen. Unter den Felsen sind große, stille Tiefen. Vier Forellen holte ich gestern da heraus, aber die fünfte, die beste nicht. Der eine Augenblick, in dem ich, auf schlüpfrigem Fels stehend, vergaß, die Schnur straff zu halten, genügte ihr, sich frei zu machen, und sie biß nicht wieder. Aber der alte Forellenangler wird sie schon kriegen, und ich, der junge, lerne dabei.

Der Engländer sieht sich die Sache an. Links der Wildrosenbusch, rechts die Ellern und Weiden, oberhalb der tiefe Strudel, das ist dumm. Da muß alles im Handgelenk liegen. Dicht über das Wasser fliegt die Fliege, jetzt tanzt sie wie eine Eintagsfliege, die ihre Eier ablegen will, über den Strudel, jetzt zittert sie auf dem Kolk, jetzt schlüpft sie über die nassen, algenbesponnenen Steine. Noch einmal! Nichts. Noch einmal! Dasselbe. Und noch einmal! Auch nichts. Und wieder einmal! Wieder nichts. Und dann klatsch, plumps, das Geratter der Rolle, das Zittern der Angel, und die Forelle ist zu Land gebracht. Aber nichts Besonderes. Also wieder weiter. Nichts. Und wieder weiter. Klatsch, plumps. Das war eine Äsche. Die hatte nur angefaßt und hielt das Anrucken nicht aus. Also noch einmal, noch einmal und noch einmal.

Hoppla, das ist etwas Besseres. Rrrr geht die Rolle, hierhin, dahin geht die Rute, mit Luchsaugen paßt der Engländer auf, daß die Schnur straff bleibt, immer die rechte Hand an der Kurbel, Schnur nehmend, Schnur gebend, dem Fisch scheinbar den Willen lassend, bis er ganz matt ist und sich so weit ziehen läßt, daß ein Schwung ihn auf das Geschotter des Ufers wirft.

Am Wildbach

Die letzten Tage hatte der Bach schlechte Laune; holterdiepolter kam er dahergetobt, schäumend und zischend vor Wut.

Nun hat er den Ärger darüber, daß das Gewitter da oben in den Bergen seine Wellen trübte, verwunden und sprudelt und strudelt wieder klar und lustig dahin.

Die Forellen, die sich in den Felsspalten und unter den Ellernwurzeln verkrochen hatten, solange der Bach Hochwasser führte und seine Wellen trübe und schmierig waren, haben ihre alten Plätze wieder eingenommen, und ich will sehen, ob ich nicht ein paar Pfund zusammenfischen kann, denn die Luft ist weich und drückend.

Um die gelben Fingerhutblüten, die an den roten Felswänden nicken, und die blauen Glockenblumen und über den weißen Schirmen der Dolden und den gelben Rispen des Goldweiderichs summt und brummt es, und über dem Wasser schwirrt und flirrt es nur so von Wassermotten und Köcherfliegen; fortwährend gehen die Forellen danach auf. Ich glaube, sie beißen heute gut.

Hier vor mir, wo die sechs alten Ellern den Kolk unter dem hohen Ufer beschatten, stehen meist gute Fische. Da will ich es zuerst versuchen. Ich gehe etwas dichter an das Ufer. Mit schrillem Rufe stiebt der Eisvogel ab; herrlich funkelt sein märchenhaftes Gefieder in der Sonne. Ein dutzendmal lasse ich die künstliche Fliege auf das dunkelgrüne, langsam dahinquirlende Wasser fallen, doch kein Fisch beißt.

Ich nehme mehr Leine und werfe nach drüben hin, wo der Bergholunder die Klippe mit roten Korallen geschmückt hat und unter ihm das Waldkreuzkraut sich aus dem Geröll erhebt und mit breiten, goldenen Blütenschirmen prahlt. Zweimal, dreimal werfe ich, bekomme aber wieder keinen Anbiß auf die trockene Fliege. So will ich es mit der nassen versuchen. Ich werfe in den Strudel, und das sprudelnde Wasser führt den künstlichen Köder zwischen den Klippen hindurch nach dem Kolke unter den Ellern. Sofort habe ich Biß, haue an und fühle am Gegenzug, daß ein sehr guter Fisch den Haken hat.

In das strudelnde Wasser muß ich nun bis über die Knie hinein bis an das andere Ufer; denn wenn ich von dieser Seite aus den Fisch drille, so verfängt sich die Leine in den Zweigen. Die Wellen schlagen mir bis an den Leib, und das Wasser ist kühl, aber das schadet nichts; die Hauptsache ist, daß ich meinen Fisch bekomme. Ich lasse ihm so viel Schnur, wie er haben will, und hole dann wieder auf. Aber das gefällt ihm nicht; er wehrt sich kräftig und versucht sich loszuschlagen, und ich muß scharf aufpassen, daß Rute und Leine immer gespannt bleiben, und nur sehr vorsichtig kann ich den Fisch davon abbringen, das hohle Ufer anzunehmen und sich unter dem Stakwerke zu bergen. Fast eine Viertelstunde muß ich ihn drillen, ehe er klein beigibt und ich ihn im Käscher habe. Es ist ein pfündiger Fisch, ganz dunkel gefärbt, so daß die roten Flecke kaum zu sehen sind.

Hier darf ich vorläufig nicht mehr fischen, denn durch das lange Drillen habe ich den Platz beunruhigt. Dort unten, wo die Felsen weit in den Bach hineintreten und ihn von

beiden Seiten einzwängen, ist eine gute Stelle hinter der überschäumten Klippe; tief ist das Wasser da und klar und still. Mehr als einen guten Fisch habe ich da schon herausgeholt. Die Wasseramsel knickst höflich, als ich herankomme, und schnurrt dann bachabwärts. Ich versuche einige Male trocken zu fischen, doch auch hier habe ich damit kein Glück, und wieder muß ich, so wenig Freude mir das macht, mit der nassen Fliege fischen. Doch die braune Fliege wird nicht genommen; ich suche ein helles Heupferd in dem Fliegenbuche, knüpfe es als Hauptfliege an das Vorfach und werfe oberhalb der Klippe ein. Kaum hat der Köder das Stillwasser gefunden, so ist Anbiß da, doch auf mein Anhauen gibt es einen Plumps und ein Blitzen, und wie ich anrolle, sehe ich, daß die Beifliege sich in einer Steinspalte gefangen hat. Ich gehe bachabwärts, ziehe vorsichtig, bis der Haken sich löst, und suche mir einen anderen Platz.

Da unten, wo Disteln, Dolden, Kletten, Glockenblumen, Blutweiderich, Rainfarn und Kreuzkraut ein hohes, bunt blühendes Bollwerk am Ufer bilden, gehen gute Fische auf. Ich werfe, habe Biß und lande ohne viel Mühe eine halbpfündige Forelle, und gleich darauf eine gleich schwere, und noch eine, die fast ebensoviel wiegt. Aber ich will ganz starke Fische haben, und so gehe ich bachaufwärts und lasse die Fliegen wieder nach dem Kolk unter den Ellern treiben, denn wenn eine der groben Standforellen gebissen hat, wird wohl auch noch eine die Fliege nehmen. Ich wate quer durch den Bach bis an das andere Ufer, was die Bergbachstelze, die dort nach Fliegen springt, sehr verdrießt, denn nun muß sie sich einen anderen Platz suchen, und lasse die Fliege in den Strudel fallen.

Sie verschwindet in dem Gischt, taucht wieder auf und treibt nach der falschen Seite hin. Erst beim vierten Male habe ich sie da, wo sie hin soll, sehe einen goldenen Schein unter ihr, fühle einen leisen Ruck, so daß ich denke, ein Häsling spiele an dem Köder, doch sowie ich anhaue, dreht sich die Rolle in rasender Eile, so daß ich kaum Zeit habe, die Kurbel zu fassen. Kreuz und quer saust der Fisch durch den Bach, ist bald im Kolke, bald in der Untiefe, nun dicht vor mir, dann da unten, jetzt drüben bei den Ellern in der dunkelgrünen Stillflut, und darauf zwischen den Klippen mitten in dem weißen Gischt. Fortwährend muß ich aufrollen und ablassen, bald Leine geben, bald nehmen, und immer aufpassen, daß die Schnur sich nicht hier in den Zweigen der Ellern, dort in dem Rosenbusch, da in dem Kreuzdorn und den Schlehen verfängt.

Schon denke ich, die Forelle ist matt und gibt sich, da geht das Getobe aufs neue los. Jetzt blitzt es unterhalb des rosig blühenden Wasserhanfes, nun da, wo die breiten Blätter der Pestwurz sich spiegeln, und zeigte die Spitze der Rute, die dicht über dem Bach hin und her zuckt, eben nach links, so ist sie jetzt wieder nach rechts geneigt, sie hebt sich, senkt sich, schnellt in die Höhe, krümmt sich von neuem, und je nachdem der Fisch sich hier- oder dorthin wendet, muß ich die Kurbel der Rolle so oder so drehen, muß drüben zum Ufer hin und wieder zurück, und bin schließlich bis an die Hüften vom Spritzwasser durchnäßt und tropfe im Gesicht von Schweiß. Der Fisch gibt sich jetzt anscheinend. Da, wo der Brombeerbusch sich über die Wellen neigt, endet die Schnur im Wasser. Ich gebe scharf acht, und als eine Weile die Schnur so bleibt, wie sie ist, versuche ich es mit dem Drillen. Doch sobald ich Schnur nehmen will, muß ich wieder welche geben, mit solcher Gewalt schießt der Fisch bachabwärts. Dann wendet er jäh und flieht gegen den Strom, und ich muß die Leine in aller Eile kürzen und mich schnell umwenden, um ihrer Bewegung zu folgen. Im Nu geht der Fisch aber wieder mit dem Strome; abermals muß ich mich umdrehen und ihm Leine geben. Ich lasse ihm so viel, wie ich habe. Dann aber ist es mit meiner Geduld aus und alle. Ich drille ihn, so schnell ich kann, gegen die Strömung, daß er das Atmen lassen muß, mit weit aufgerissenem Maul bis dicht vor meine Füße gerissen wird und den Käscher erst spürt, als er längst darin ist. Es ist ein Fisch von mehr als zwei Pfund, ebenso tief gefärbt wie der pfündige, den ich vorhin hier holte; ein alter Räuber, der wohl manche geringe Forelle auf dem Gewissen haben mag.

Nun will ich wieder zu der Klippe zurück, wo sich eben der Haken verfing. Ich lasse die Fliege ein über das andere Mal auf die Stillflut fallen, sehe auch, daß fast jedesmal ein guter Fisch daran zupft, doch beißen will keiner. So muß ich wiederum naß fischen. Sobald die Fliege aus dem Strudel hervortaucht, habe ich Biß und lande ohne viel Mühe einen halbpfündigen Fisch. Doch ein viel gröberer, wohl pfündiger, schlägt sich beim Anhauen los, und ein dritter reißt die Leine in den Schlehenbusch, daß sie sich verfängt und der Fisch abgeht.

Ich sehe nach der Uhr; es ist Zeit, daß ich zum Forsthause gehe, damit die Fische noch zurechtgemacht werden können. Der Förster hat Gäste, und die sollen heute frische Forellen haben. Und was ich heute fing, das langt für uns alle. Wer mehr fängt, als er braucht, ist Raubfischer.

Am Äschenwasser

Zarte, kaum sichtbare, blaß rosenrote Wetterköpfe stehen über den dunklen Fichten im perlgrauen Dunst. Die Luft ist weich und warm und still; kein Lüftchen rührt an Halm und Laub. Die Schwalben fliegen tief, die Bremsen sind böse; über dem Bache schwirrt, flirrt es von allerlei großem und kleinem Getier, und alle Augenblicke geht ein Fisch danach auf.

Mit der Fluggerte über der Schulter spähe ich den Bach entlang, der sich dort sprudelnd und strudelnd durch die zerwaschenen Klippen quält und hier glucksend und klucksend an grauen Schotterbänken und blumigen Ufern vorüberströmt.

Dort drüben, wo ein dichtes, mannshohes Bollwerk von Disteln, Dolden, Glockenblumen, Spierstauden, Nesseln und Riesenampfer sich bis an das Ufer drängt, wo auf den roten, blauen, gelben und weißen Blüten es von Faltern, Käfern, Fliegen, Bienen, Wespen und Hummeln surrt und burrt, ging eben ein guter Fisch auf. Silbern blitzt er: Eine Äsche ist es. Die will ich haben.

Ich suche im Fliegenbuche eine große, braune Fliege, schlinge sie an das Vorfach, mache einen Probewurf in der Luft und lasse die Fliege dahin fallen, wo es wieder einmal blitzte und platschte. Kaum hat der künstliche Köder die Flut berührt, da habe ich Anbiß, haue an, merke am Mangel an Widerstand, daß es nicht die starke Äsche ist, schwinge einen Fisch von knapp einem viertel Pfund in die Wiese, löse ihn von dem Haken und werfe ihn wieder ein, der Bachfrau zuliebe, damit sie mir nicht den Fang verdirbt. Der starke Fisch geht jetzt dort auf, wo die Waldrebe das dunkle Laub der Ellern mit silbernen Sternen durchflicht und der Bergholllerbusch seine roten Korallen leuchten läßt. Dreimal lasse ich die Fliege dahin fallen, wo sich das dunkelgrüne Wasser mit goldenen Kringeln schmückt. Beim dritten Male gibt es einen Ruck, doch wie ich anhaue, surrt die Leine leer durch die Luft. Der Fisch hat nur gespielt. Ich fische eine Weile verloren, bringe die Fliege jetzt dahin, wo die Pestwurz ihre breiten Blätter spreizt, dann auf die Stelle, wo das Waldkreuzkraut mit seinen mächtigen goldenen Blütenschirmen prahlt, darauf vor den krausen Schneeballbusch, der über und über mit rubinroten Beeren behängt ist, aber kein Fisch beißt, alle zupfen nur.

Die Luft ist zu dick und zu unsichtig für die graue Fliege. Ich reiße sie ab, knüpfe eine ganz helle an und werfe dort ein, wo vorhin die starke Äsche alle Augenblicke ihren silbernen Bauch zeigte. Dem Wurfe folgt Anbiß, und ich fühle es, ich habe sie, so biegt sich die Rute, so strammt sich die Leine, so zerrt und ruckt und spritzt und planscht es. Ich gebe dem Fisch so viel Schnur, wie ich habe, und nehme sie ihm wieder, dreimal drille ich ihn zu mir her, dreimal lasse ich ihn ab, erst dann wird er ruhiger, wehrt sich nur noch wenig, ich kann ihn bis an das Ufer drillen, ihm den Kätscher unterschieben und ihn in das Gras werfen, wo er fußhohe Sprünge macht. Eine mehr als pfündige Äsche ist es.

Ich habe ihr eben den Rest gegeben und sie in den Rober gleiten lassen, da burrt es den Bach entlang. Sechs putzwunderliche Vögel fallen auf der Schotterbank ein, knicksen wie Zaunkönige, piepen und wippen mit den Stummelschwänzen. Ein Wasseramselpaar mit seiner Brut ist es. Die Alten stürzen sich in die Flut, rennen auf der Bachsohle umher, tauchen dann auf, irgendein Gewürm im Schnabel, und locken die Jungen heran, die piepsend und mit kurzen Flügen zitternd ihnen entgegentrippeln und laut girrend sich füttern lassen. Ich sehe ihnen zu, bis die Alten sich aufnehmen und den Bach hinabfliegen und die Jungen hinter ihnen herflattern.

Hinter den goldgelben großen Blüten der Gauklerblume, die die Schotterbank schmückt, blitzte es lang und breit auf und platschte es ganz gefährlich; das ist ein Fisch, der sich lohnt. Ich rolle die Leine kürzer auf, wate in das Vorwasser und werfe ein. Der Fisch nimmt sofort an und geht mit der Fliege ab, daß die Leine nur so von der Rolle fliegt. Sobald ich aufrolle, wirft er sich wieder so, daß ich Angst haben muß, daß er sich losschlägt, und ihm wieder Schnur geben muß. Schon ist er da unten bei dem Tollkirschenbusche hinter dem Schilfhorste, um den ein Geflitter und Geflatter von braunen, blauen und grünen Wasserjungfern ist und hinter dem die ausgespülte Weide quer in dem Bache liegt; geht der Fisch bis dahin, so ist er mir verloren samt Fliege und Vorfach. Schon strammt sich die Schnur allzusehr, und die Rutenspitze berührt fast das Wasser. Da hilft nur Gewalt. Ich wate bis auf die Schotterbank, und dann drille ich den Fisch so schnell stromaufwärts, daß ich ihm die Atemluft nehme und er mit offenem Maule über dem Bache auftaucht und betäubt in den Kätscher zurückfällt. Ich wiege ihn in der Hand: anderthalb Pfund! Hinter der losgespülten Weide sah ich aber gestern zwei Fische stehen, die noch viel stärker waren, die jedoch keine Fliege nehmen wollten, so viele ich ihnen auch anbot. Vielleicht beißen sie jetzt, wo die Luft so dick und so schwül ist. Vom Ufer aus kann ich nicht angeln, hüben hindern die Ellern, drüben stürzt die Felswand jäh ab. Ich wate bis an den Leib in den Bach hinein, der sich alle Mühe gibt, mich umzuwerfen, übersteige den Baum, dränge mich an die Wand und belauere den Fisch. Aber was da unterhalb des dichten Gewirrs von goldenem Labkraut und blutroten Lichtnelken aufgeht, ist nur geringes Zeug. Doch da, unterhalb der Klippe, von der die Bergbachstelze nach Fliegen springt, wird alle Augenblicke das stille Wasser von einem leichten Gekräusel gemustert; die groben Fische nehmen dort antreibende Kerfe fort.

Ich werfe einmal, zweimal, dreimal, doch sie kümmern sich nicht um die Fliege. Hier hilft mir das Fischen mit der trockenen Fliege nichts. Ich suche ein hellgrünes Heupferd aus dem Fliegenbuche und versuche es damit. Zweimal treibt es falsch, das dritte Mal schwimmt es, wie ich es will, und kaum ist es unter der Klippe, da verschwindet es in einem blitzenden Wasserkringel. So leise und zart nimmt der Fisch die Fliege, daß ich meine, es ist ein ganz geringer, den ich im Schwunge landen kann, ohne ihn drillen zu brauchen. Doch dem Anhiebe folgt ein solches Planschen und Pratschen, daß ich eiligst aufrollen muß und ebenso schnell Leine hergebe und immer denke, der Fisch schlägt sich los oder das Vorfach reißt oder die Rute bricht, so strammt sich die Leine, so biegt sich die Angel. Bald hierhin, bald dorthin wird die Rutenspitze gerissen: jetzt schießt der Fisch stromabwärts, und ich muß ihm schnell Leine lassen; nun fährt er bachaufwärts, und ich muß mit aller Gewalt drillen, damit die Schnur nicht schlaff wird und die Äsche sich nicht losschlägt. Eben war er unter der Klippe, nun ist er vor der Weide, jetzt platscht er vor den Ellern, nun wieder drüben vor dem Schilfe. Ich muß mich fortwährend drehen und wenden, aufpassen, daß ich in dem tiefen Wasser nicht den Boden verliere und lang hinschlage, und zugleich, daß Rute und Leine immer gestrafft bleiben, und so bricht mir der Schweiß am ganzen Leibe aus, und Herz und Puls klopfen und schlagen wie im Fieber.

Endlich gibt sich der Fisch. Rute und Schnur rühren sich nicht. Langsam nehme ich Schnur, aber sofort folgt darauf ein wütendes Reißen und Rucken. Ich achte kaum auf den Eisvogel, der den Bach entlanggeschrillt kommt und im Bogen um mich herumblitzt, ich weiß es nicht recht, fängt es an zu regnen, oder tröpfelt es bloß so von meiner Stirn, ich blicke immer nur dahin, wo die Spitze der Rute hinzeigt, denn es ist schon so dämmerig, daß ich die Leine nur noch ab und zu sehen kann in dem wilden Gewirbel von Köcherfliegen und Wassermotten, die über der Flut umherwirbeln. Fest halte ich die Rute mit der linken und habe die rechte Hand an der Kurbel der Rolle, jeder wilden Bewegung des Fisches mit Aufrollen und Ablassen folgend.

Nun regnet es wirklich gröber; die Schnur verschwindet völlig im Tropfenfall und Wellengespritze, und sogar die Spitze der Rute wird zeitweise unsichtbar. Immer noch wehrt sich der Fisch. Ab und zu steht er, doch sobald ich ihn heranzudrillen versuche, tobt er wieder los. Ich glaube, ich bekomme ihn nicht. Zwar hat der Regen wieder aufgehört, doch es schummert immer stärker, und hier zwischen der steilen Felswand und den dichten Ellern ist es besonders dunkel. Die Rotkehlchen ticken überall im Unterholz, die Krähen streichen quarrend nach ihrem Schlafholze, der Bussard schwingt sich polternd in den Fichten über der Wand ein, Fledermäuse huschen über den Wasserspiegel, Salamander und Waldmäuse krispen im Vorjahrslaube. Die roten, blauen und gelben Blumen sind ausgelöscht, die Blüten des Geißblattes leuchten immer stärker. Ich gebe dem Fisch etwas mehr Leine und wate bachabwärts, bis die Ellern aufhören und die Wiese beginnt. Doch weiter darf ich nicht, denn nun kommt die Brücke, und vor ihr hängen die Weidenbüsche tief auf das Wasser hinab. So drille ich den Fisch vorsichtig nach dem Ufer hin. Einmal sträubt er sich noch tüchtig, dann gibt er sich, und ich kann ihn ausheben. Aber sobald er den Kätscher unter sich fühlt, schlägt er dermaßen, daß ich Rute und Kätscher im Bogen in die Wiese schleudern muß, und dann stürze ich mich auf den hin und her springenden Fisch und fasse ihn noch glücklich, als er schon hart am Bach umherzappelt.

Es ist die stärkste Äsche, die ich jemals gefangen habe; sie wird nicht viel unter drei Pfund wiegen. Es ist gut, daß sie fort ist. Solche groben Fische leben fast nur von ihresgleichen und Forellen, und es ist ein wahres Wunder, daß dieser hier auf den künstlichen Köder ging. Morgen will ich versuchen, seine Genossen hinter dem Weidenbaume herauszuholen.

Südsüdwest

Die letzten Tage waren über die Maßen langweilig. Der Wind kam erst kühl aus Norden und dann naß aus Westen. Kein Bock trat aus, kein Fisch lief. Grau wie der Himmel war meine Stimmung.

Als ich heute früh hinausblickte, hing der Himmel wieder voller schmutziger Wäsche; doch als ich das Fenster aufstieß, kam mir eine weiche, warme Luft entgegen, und als ich nach der kunstvollen Windfahne auf der Schmiede sah, lachte ich; der Wind kam von Südsüdwest.

So aß ich denn mit fröhlicherem Gesichte als die Tage vorher, packte mir ein halbes Dutzend Butterbrote ein, langte den Fischkober von der Wand, machte die Schottangel klar, und jetzt bummele ich, das Brummelbeerlied flötend, nach der Marsch, über die die Schwalben fliegen und an deren Gräben Rohr und Risch in dem lauen Winde silberne Wellen schlagen.

Heute ist es anders als gestern, wo ich faul und verdrossen durch die Wohld schlich und mich über alles ärgerte, über das Gezeter des Zaunkönigs, das Gepiepse der flüggen Vogelbrut, den Regenruf des Schwarzspechtes, die Schnecken am Boden und die Wolken in der Höhe. Zum Lesen hatte ich keine Lust gehabt, zum Schreiben noch weniger, die Jagd brachte auch nichts, das wußte ich; so wankte ich stumpfsinnig durch den Wald, müde am Leibe, mürrisch von Gemüte. Ein toter Tag war es gestern.

Heute ist er quick und frisch. Lustig schwenken die Eichen und Ellern ihre Zweige, die Hänflinge schwatzen, die Buttervögel tanzen, die Blumen am Grabenborde nikken fröhlich mit ihren blauen, weißen, roten und gelben Köpfen, die Kiebitze tummeln sich über der Brache, hoch über mir kreist das Storchenpaar mit seinen drei Jungen, die Weidenbüsche blitzen und blinzeln nur so, der Goldammerhahn singt ein inniges Liedchen ohne Ende, die Heuschrecken fiedeln in den Hecken, Spatzenschwärme brausen zwitschernd dahin, Schillebolde flirren über jedem Kolk, und alle Bauern, die mir entgegenkommen, haben blanke Augen. Gestern war die Welt scheußlich; heute ist sie schön. Das meint auch der Müller, der in dem blauen, weiß bemehlten Beiderwandanzuge vor der Tür steht: „Schön' Wetter von Tage!" ruft er mir zu. „Heute beißt der Hecht, wenn er überhaupt gebissen hat." So ist es nämlich. Im allgemeinen beißt er bei Südsüdwest am besten, aber es kann vorkommen, daß er auch dann nicht beißt. Ich will es hier im Mühlenkolke gleich einmal versuchen. Zwischen den Stengeln der Mummeln und Wasserrosen pflegen ganz gute Hechte zu stehen. Ich rolle auf, werfe und rolle an; wie ein Silberblitz schießt der Blenker durch die dunkle Flut. Hopp; schon habe ich Anbiß, haue an und schwinge den Fisch auf die Wiese, denn am Biß fühle ich, daß es ein geringer Hecht ist, den ich nicht zu drillen brauche. Ein halbpfündiger ist es nur, und er hat sich so oberflächlich gefangen, daß ich ihn leicht von dem Haken losmachen und wieder zurücksetzen kann, der Bachfrau zuliebe, damit sie mir nicht den Fang verdirbt.

Hier am Kolke will ich aber nicht weiterfischen; im stillen Wasser freut mich das Angeln nicht. Da unten, wo die drei dicken Ellern sich über das Flüßchen lehnen, dicht umsponnen von Hopfen und umstanden von rosig blühendem Kunigundenkraut, dort will ich es versuchen. Dazu muß ich aber über den schwankenden Steg und hinter den von weißblühenden Buschwinden durchflochtenen Weidenbüschen durch das brusthohe Gewirr von Nesseln und Disteln, Kletten und Klebkraut. Mit weitem Schwunge bringe ich den Blenker zu Wasser und lasse ihn dicht an den rosenroten Wasserwurzeln der Ellern vorüberspielen. Aber Anbiß habe ich nicht. Noch einmal fliegt er in die Wellen und blitzt hinter dem Uferschilfe durch die Flut. Und wieder beißt nichts. Und zum dritten und vierten Male flimmert er durch die Wellen; doch kein Zucken und Rukken kündet mir Fang.

Weiter gehe ich durch die Wiese, in der die blauen Taubenblumen nicken und die weißen Dolden schwanken, bis ich bei dem Flutloche bin, das das Winterwasser in das Ufer riß. Da drängen sich Kalmus, Wasserlilien, Igelkolben und Rohr durcheinander, gelbe Mummeln und weiße Seerosen erheben sich über ihren breiten Blättern und zwischen dem starren Laube der Krebsschere, ein guter Platz ist das für einen Fisch, er hat hier ruhiges Wasser, wie es der Hecht liebt, schattige Deckung und zugleich Sonnenwärme, und dicht dabei den offenen Fluß, will er seinen Stand verändern. Ich überlege: soll ich drüben einwerfen, wo an dem Grabenkopfe Blutweiderich und Goldweiderich mit weißen Spierstauden und blauen Klingelwicken ein grellfarbiges Gewirr bilden, oder weiter unten, wo das Geißblatt den Eichbusch mit wachsgelben Blüten und purpurnen Beeren behängt hat? Und soll ich dippen oder spinnen?

Hinter mir in der hohen Pappel kichert eine Elster; vor mir auf dem Schlehbusch macht sich der Dorndreher über mich lustig. Ich will erst dippen und dann spinnen. Behutsam lasse ich den Blenker an kurzer Leine auf ein Teichrosenblatt niedergehen und lotse ihn von da in das Wasser, ihn dreimal sinken lassend. Beim dritten Male habe ich Biß, haue an und winde auf. Schwer geht das; ein guter Fisch scheint gefaßt zu haben. Nur zieht er zu stetig, wehrt sich zu wenig. Am Ende ist es ein Ast oder eine Wurzel. Ich ziehe langsam, und ein mit dicken Flußschwammklößen bedeckter Zweig erscheint zwischen den Mummelblättern. Also darum kicherte die Elster, lachte der Würger! Hätte ich doch lieber gesponnen! Nun habe ich mir an der besten Stelle vorläufig den Fang verdorben. Vielleicht schlumpt es weiter unten hinter den Kopfweiden, wo der Bach in den Fluß fällt.

Langsam schlendere ich hinter den Ellern hin, in denen es von allerlei flügger Vogelbrut piepst und flattert. Dann schreien alle Schwalben auf, und mit einem Vogel in den Griffen streicht ein Sperbermännchen dicht über meinen Kopf hin. Die Kuhstelze flattert vor mir her und warnt, und von Busch zu Busch schlüpfen, von mir aufgescheucht, Rohrsänger und Grasmücken. Hier, wo ein Schilfhorst die kleine Bucht anfüllt und in den Fluß einspringt, könnte ich es versuchen. Gleichgültig werfe ich aus und rolle auf. Hui, Anbiß! Und ein fester Ruck war es, also wohl ein guter

Fisch. Ein Glück, daß ich keine Überlegung mehr zum Anhauen brauche. Ich rolle auf und versuche den Fisch zu landen, doch er wehrt sich gewaltig und strebt nach dem hohlen Ufer hin, wo der rosenrot blühende Brombeerbusch bis auf das Wasser hängt. So gehe ich rückwärts und drille den Hecht erst in das freie Wasser, gebe ihm Leine und rolle dann so schnell auf, daß er Atemluft und Leben verliert, und lande ihn. Kein Riese, aber immerhin ein Hecht von vier Pfund. Den hätte ich hier nicht erwartet.

Ich gebe ihm durch Genickstich und Schwanzschnitt den Rest, mache ihn hohl, tue ihn in den Kober und bummele weiter. Hier hinter der Fahrbrücke ist eine tiefe Stelle mit ruhigem Grundwasser. Am Ende habe ich dort Biß. Der Blenker fliegt weit hinter den Kolk und blitzt durch das Wasser. Noch ehe er da ist, wo ich ihn hinhaben wollte, beißt es; schnell haue ich an und werfe einen pfündigen Barsch in das Gras. Wo ein Barsch steht, sind mehrere, und beißt einer, so beißen alle. Wieder werfe ich aus und hole ein, und noch einmal, und noch siebenmal, und sechsmal hole ich einen pfündigen Barsch heraus. Jetzt fängt der Kober schon an, mir das Kreuz zu drücken, denn elf Pfund Fisch habe ich darin. Und nun bekomme ich Fanghunger. Ich lasse den falschen Fisch durch den Kolk spielen und harre gierig auf Anbiß. Ein Dutzend Male sehe ich das silberne Ding durch das Wasser wirbeln; aber kein Hecht beißt.

Der Himmel bezieht sich; die Sonne verkriecht sich; schwüler weht der Wind, es tröpfelt verloren, und die Mücken werden lästig. Die Schwalben fliegen tief, das Habichtskraut faltet seine gelben Blumen zusammen, und die Schmetterlinge hängen sich unter die Ellernblätter. Das ist feines Beißwetter; Südsüdwest und Gewitterluft! Ich gehe weiter und lasse den Blechfisch immer wieder spielen, hole aber nur einen pfündigen Hecht heraus. Aus dem Tröpfeln wird ein Geriesel. Ich habe keinen Regenrock mit, und so ist es besser, ich mache, daß ich zur Mühle komme; Fische habe ich ja genug. Aber hier, bei dem Winterwasserloch, wo ich vorhin den Ast angelte, will ich es noch einmal versuchen, und nicht durch Dippen, sondern mit Spinnen. Ich lasse fliegen, doch der Blenker fängt sich an einem Reithalme und fällt auf die Sandbank, gerade einem dicken grünen Frosch vor das Maul, der hastig danach schnappt und sich fängt. Esel, komm, ich will dich losmachen! Ich ziehe langsam Blenker und Frosch quer über das Wasser, da platscht es und plumpst es, Blenker und Padde sind fort, ich kann gerade noch anhauen, und noch einmal anhauen, und dann rolle ich auf, muß aber wieder Leine geben, denn die Rute biegt sich zu sehr. Das muß ja ein Mordsfisch sein!

Ich nehme Leine und gebe welche, einmal, und noch einmal, und zum dritten Male, und abermals, und während mir das Herz klopft und der Puls fliegt und der Schweiß ausbricht und das Haar mich juckt, denke ich an den Tag, wo ich am Schloßsee bei Deutsch-Krone in Westpreußen als fünfzehnjähriger Bengel mich eine volle Viertelstunde mit einem sechzehnpfündigen Hecht herumbalgte, bis ich ihn endlich landete. Am Ende ist dieser ein ähnlicher Unflat, denn er wehrt sich nicht schlecht. Bald schießt er zu Grunde, bald strebt er flußabwärts; jetzt ist er hier und nun wieder da. Die Rute biegt sich und windet sich, die Leine ist gespannt wie eine Bogensehne, und ich kann immer nur aufrollen und abrollen, denn jedesmal, wenn ich den Hecht dicht am Ufer habe und landen will, wupp, rasselt die Rolle, und er geht wieder zu Grunde.

Doch jetzt endlich scheint er matt zu sein. Langsam und stetig rolle ich auf, stoppe die Leine, schiebe die Rute hinter mich, greife die Leine und ziehe so lange, bis der Kopf des Hechtes sichtbar wird, und dann greife ich ihm schnell hinter die Kiemen und werfe ihn in die Wiese, wo er wie wahnsinnig hin und her springt, bis ich ihm den Genickfang und den Schwanzschnitt beigebracht habe. Ein tüchtiger Kerl, wenn auch kein Sechzehnpfünder; doch seine acht Pfund wiegt er sicherlich.

Ich ziehe ihm eine Weidengerte durch die Kiemen und hänge ihn über die Angelrute, einmal, weil er zu lang für den Kober ist, und dann, weil ich nicht ganz frei von Stolz und Eitelkeit bin, denn solche Hechte fängt man nicht alle Tage.

Die Großmutter

Zwischen der Mühle und der Brücke verengt sich das Bachbett so sehr, daß das Wasser dort wilde Stromschnellen bildet.

Zischend, brausend, klatschend und platschend wirbelt es zwischen den zerwaschenen Klippen hindurch, zerstäubt zu silbernem Gischt und stürzt sich in einen Kolk.

Dieser Kolk ist von steilwandigen Felsen eingefaßt, deren Spitzen aus der Flut hervorragen und miteinander kleine Wasserbecken bilden, in denen bei warmem Wetter die Groppen umherkriechen.

Herrlich dunkelgrün ist der Spiegel des Kolkes und so klar, daß man bis auf den Grund sehen kann, der aus zackigen Klippen mit vielen Löchern und Ritzen gebildet ist; nach oben hin ist der Kolk völlig von den Felsen umschlossen, am Grunde aber öffnet sich ein halbrundes Tor, in dem einige grüne Ranken langsam hin und her wedeln.

In diesem Felsentor liegt die Großmutter. So haben die Angler, die hier mit dem Spinner und der künstlichen Fliege die Fischweid auf Forellen und Äschen ausüben, die gewaltige, wohl über sechs Pfund schwere Forelle genannt, deren fester Stand der Kolk ist. Hier liegt sie in dem Felsentor und wartet auf die Beute, die ihr der Bach vor das Maul spült. Alles muß an ihr vorbei, und so wurde sie wählerisch. Um Würmchen und Fliegen kümmert sie sich nicht; aber jede Forelle, jede Äsche und jeder andere Fisch, der an ihr vorbeischwimmt, jede Maus, jeder Jungvogel, jeder Maikäfer, jeder mutende Krebs, sie alle fallen ihr zum Opfer.

Meist liegt sie verborgen in dem Felsentor, so daß kaum ihr breiter, weiß schimmernder Kopf zu sehen ist. Wenn aber die Sonne heiß auf den Kolk fällt und ihn bis zum Grunde durchleuchtet, dann kommt sie aus ihrer Räuberhöhle hervor. Langsam und feierlich schwimmt sie dann hin und her, bleibt eine Weile stehen, wendet um, und sowie eine Wolke sich vor die Sonne stellt, taucht sie wieder in ihrem Versteck unter. Wenn ein sachter Gewitterregen auf den Bach tröpfelt, wenn alle Forellen und Äschen beißlustig nach Fliegen aufgehen und bald hier, bald da ein goldener oder silberner Bauch sichtbar wird und klatschend verschwindet, dann schwimmt sie wohl bis dicht an den Wasserspiegel, aber es fällt ihr nicht ein, nach einer von den vielen Fliegen aufzugehen, die in ganzen Wolken über dem Wasserspiegel tanzen, und selbst wenn ein dicker Käfer oder Abendfalter in den Kolk fällt, so nimmt sie ihn nicht. Sie hat ihre Gründe dazu.

Als sie noch jung und dumm war, sprang sie, wie alle anderen Forellen, nach allem, was auf dem Wasserspiegel war, und nahm alles fort, was dort angeschwommen kam, und an manchen Abenden blitzte ihr goldener Bauch unter dem Erlenbusche wohl hundertmal auf. Eines Tages aber ging ein Mann, der genagelte Sandalen und lange Strümpfe anhatte, am Bach entlang, eine aus vielen Gliedern zusammengesetzte Rute in der Hand, an deren Handgriff eine blitzende Rolle war, von der eine Seidenschnur an der Rute entlang durch die Drahtösen bis zu ihrer

Spitze lief; am Ende der Schnur war ein langer, glasheller Faden, der einer dicht vor dem Verpuppen getöteten Seidenraupe aus dem Leibe gehaspelt war, und daran hing ein winziger Haken, ganz verborgen in künstlich geordneten Federchen und Haaren, die genauso aussahen wie die Frühlingsfliegenart, die an jenem Abend über dem Bach schwirrte.

Langsam ging der Mann stromaufwärts, ab und zu stehen bleibend und mit einer kurzen, ruhigen Bewegung des Handgelenkes die Schnur so geschickt hierhin oder dahin werfend, daß die künstliche Fliege an ihrem Ende so leicht wie eine wirkliche Fliege auf das Wasser fiel; sehr oft sprang dann eine Forelle nach dem tückischen Köder, und ehe sie merkte, daß sie Haare und Federn zwischen den Lippen hatte, gab der Mann der Angel einen Ruck, daß der Haken in die Lippen des Fisches eindrang, faßte die Kurbel, rollte die Schnur auf und landete den Fisch, bis er ihn mit der Hand oder, wenn es ein starker Fisch war, der sich heftig wehrte, mit dem Käscher erreichen konnte. Die kleinen, untermaßigen Fische warf er wieder in den Bach, den guten gab er mit der Ebenholzkeule den Genickfang und tat sie in den Fischkorb, den er auf dem Rücken trug. Es war ein erfahrener Sportangler, der eine ausgezeichnete Leine warf und alle Kniffe der hohen Anglerei kannte. Sein Wahlspruch hieß: „Die Forelle beißt immer, wenn am dicken Ende der Rute ein firmer Angler ist."

Als er sah, daß an dem Erlenbusche eine Forelle so eifrig aufging, warf er die künstliche Fliege dorthin, und sofort hatte er Biß und ruckte an. Heftig schoß die Forelle hin und her, als sie den Stich im Maule fühlte, aber unwiderstehlich fühlte sie sich nach dem Ufer gezogen und in die Luft gehoben und von irgend etwas fest umfaßt. Sie schlug mit dem Schwanze, aber sie kam nicht los. „Eine ganz nette Viertelpfündige", sagte der Angler und faßte nach der Keule, besann sich aber, murmelte: „Ich habe genug für das Hotel", löste ihr den Haken aus dem Maule mit festem, sicherem Griff und setzte sie in das Wasser. Einen Augenblick stand sie, betäubt vor Schreck, noch da, dann schoß sie pfeilschnell nach dem Tief und fuhr unter die Wurzeln ihres Ellernbusches. Dort blieb sie eine ganze Stunde stehen. Die kleine Wunde im Oberkiefer fühlte sie kaum mehr, aber ein dumpfes Gefühl des Grauens verließ sie nicht. Erst als es fast dunkel war, schwamm sie aus ihrem Loch heraus, wagte sich aber nicht an die Oberfläche, sondern jagte am Grunde auf Gewürm.

Die Oberfläche des Baches war ihr seitdem verleidet; sie traute keiner Fliege mehr, die auf das Wasser fiel. Der Angler versuchte spaßeshalber, sie noch einmal zu fangen, aber sie nahm die trockene Fliege nicht, und da fischte er mit der nassen Fliege, indem er das Vorfach der Schnur samt der Fliege durch das Wasser zog. Dreimal schwamm die Fliege vor dem Maul der Forelle her, beim vierten Male schnappte sie zu, fühlte wieder den Stich und die fremde Kraft, die sie nach dem Ufer zog, und war bald darauf in der Hand des Anglers. Der löste ihr den Haken aus dem Maul und wollte sie gerade töten, da mußte er niesen und ließ die Forelle los. Sie fiel auf den Schotter, machte zwei Sprünge und klatschte in das Wasser, und der Angler sah ihr nach, lachte und sagte: „Gute Reise!" Sie aber stand lange hinter den langen, rosenroten, hin und her wedelnden Wasserwurzeln des Ellernbusches wie angenagelt und bewegte die Flossen nur ganz leise. Einen ganzen Tag fraß sie nichts, dann aber fuhr sie zwischen die Ellritzen in der Bucht und unter die jungen Forellen und raubte, bis sie satt war.

Tagsüber hielt sie sich meistens verborgen, und erst in der Dämmerung ging sie auf Raub aus. Sie schwamm dann hin und wieder und suchte Flohkrebse, Würmer, Schnekken, Larven und Fischbrut. So wurde sie größer und größer, und als in den Stromschnellen die alte Standforelle sich von den Raubfischern in das Garn treiben ließ, nahm sie deren Platz in dem Felsentor am Grunde des Kolkes ein und verjagte alle anderen Forellen, die ihr die gute Stelle streitig machen wollten. Und es war eine gute Stelle, die beste in dem Bach auf eine Meile hin. Oberhalb der Stromschnellen hingen allerlei Zweige über das Wasser, und alle Augenblicke fiel von dort etwas hinunter, Käfer, Raupen, plumpe Falter, manchmal auch ein halbflügger Vogel oder eine junge Maus. Kam ein starker Gewitterregen, dann brauchte die Forelle nur das Maul aufzumachen, so viel Fraß trieb dann in das Felsentor hinein. Niemand konnte ihr dort etwas anhaben; an die Angel ging sie nicht, ganz gleich, ob eine künstliche Fliege, ein Spinnfisch oder gar ein Wurm daran war; denn die Müllerknechte setzten heimlicherweise Nachtangeln. Sie sah sofort, daß der Wurm nicht richtig schwamm, und dann kümmerte sie sich nicht um ihn, weil sie Tag für Tag Nahrung in Hülle und Fülle hatte. Auch mit der Hand war sie in ihrem Versteck nicht zu greifen, weil das Wasser dort viel zu tief war. So wurde sie die größte Forelle im Bach.

Alle Angler, die dorthin kamen, kannten sie und gaben sich die größte Mühe, sie zu fangen. Ein Engländer, dessen Angelzeug einen Wert von zweitausend Mark darstellte und der in der Donau den Huchen, in Norwegen den Lachs, in Kanada den Saibling, auf dem Ozean den Riesenbarsch und den Mondfisch geangelt hatte, bot ihr vierzig verschiedene künstliche Fliegen und ebensoviele künstliche Heuschrecken und Käfer an; denn er hatte mit einem anderen Angler viel Geld verwettet, daß er die Großmutter fangen werde. Eine Woche wollte er aufwenden, drei Wochen blieb er da, fing manchen guten Fisch, aber was er nicht fing, das war die Großmutter.

Am Fließe

Die roten Sonnenmale in der Bucht verbleichen; das Reit, eben noch loderndes Gold, wird fahl; das eherne Laub der hohen Stechpalmen funkelt nicht mehr.

Katzenpfoten rennen über den See; der Wind frischt auf, und die Wasser des Fließes beginnen zu plätschern. Eine Amsel zetert im Ellerngebüsch, in der Waldhecke ticken die Rotkehlchen, Wasserspitzmäuse schrillen im Fallaube.

Ich rauche meine Pfeife und sehe über den See hin, von dem der Wind das Quieken der Nordlandsenten und das Bellen der Taucher zu mir heranbringt, und sehe nach der Lockente, die vor mir am Kopfe des Fließes gründelt, unbekümmert darum, daß eine Kordel ihr rechtes Ruder fesselt. Sie ist faul heute. Gestern wurde sie ein über das andere Mal laut und konnte gar nicht genug mit den Fittichen klappen, und so holte ich ihr vier feiste Grünkragen herunter, die sie mir herbeirief. Heute verschweigt sie, und selbst wie ich die hohle Faust vor den Mund halte und ihr etwas vorquarre, gründelt sie in dem Laichkrautgewirr weiter. Überall klingeln Enten; meine Bucht aber meiden sie. Sieben, die steil auf mich zuhalten, biegen ab und hasten wieder zurück. Mich können sie nicht eräugt haben, denn ich stehe im Schatten der alten Ellern, und die Schlehen geben mir Rückendeckung. Ich drehe den Kopf nach links, wo die Kähne der Stintfischer, Einbäumen der Vorzeit ähnlich, langsam dahingleiten, und zur Rechten, wo die Eiche wie eine seltsame Rune vor dem bunten Himmel steht, und ein Ruck geht durch meine Schultern, denn dort blockt der Seeadler. Ich mache schon eine Bewegung, um den Rucksack vom Boden zu langen, in dem das Zielrohr steckt; ein leichtes Ding wäre es, das auf den Drilling zu schlagen und den Meerkönig von seinem Throne zu werfen. Aber was hätte ich davon, wo mir die toten Bälge an der Wand ein Greuel sind und die Welt immer ärmer wird an adeligem Geflügel? Lebe weiter, Wiking, und wenn du morgen, die Wildgans in den Griffen, mit hellem Weidgeschrei dahinklafterst, herzhaft will ich einstimmen in deinen Jubel und dir ein Horüdhoh zurufen, ein gellendes Hoh Rüd ho do do do nach althannoverscher Art, Weidmannsheil dir wünschend und gut Gejaid.

Drei Fischerboote kommen von links. Der Adler erhebt sein Gefieder und streicht nach mir hin. Eilig schwimmt die Lockente unter die Ellernbüsche. Ich sehe dem Adler nach, der wie ein riesenhafter Schatten dahinrudert, mehr als bequem für den Schrotschuß, und kaum ist er verschwunden, so beginnt es hinter mir zu läuten, erst fein, dann gröber, und über mich hinweg wuchten, der Mitte des Sees zustrebend, zwei Singschwäne. Leicht gäbe ich einem von ihnen oder allen beiden den Tod, aber zuwider ist mir der Schuß auf die Zaubervögel, und der eine einzige, den ich erbeutete, heute noch denke ich ungern an ihn, obschon drei Jahrzehnte darüber hin sind.

Der Nordost hatte mit handtellergroßen, nassen Schneeflocken um sich geworfen und den See angebrüllt, daß er sich vor Angst auf den Strand zu retten suchte. Zwischen Wasser und Land kam ich entlanggestapft, die Igelmütze in die Stirn gezogen, den Kragen der Pelzjacke hochgeschlagen, halb blind von den Hieben, die mir der Schlackschnee versetzte, aber den alten einläufigen Vorderlader schußfertig in den nassen, krebsroten Händen. Und als ich hinter den Schlehbüschen vor der Bucht hervortrat, sprang mir das Herz in den Hals, und unbesonnen warf ich den Kolben an das Gesicht und hielt auf den mittelsten der drei Schwäne, die vor mir aufstehen wollten, und dann stand ich zwischen Saum und Schnee und Sprühwasser und langte nach meiner Beute, die der Wogenprall vor meine Knie warf, und etwas wie Angst oder wie Mitleid überschattete den Jubel in mir, als der Schwan, wild mit dem heilen Fittich schlagend und den Hals emporreckend, einen hellen Schrei von sich gab, als riefe er um Hilfe. Seitdem habe ich nie wieder auf einen Schwan geschossen, wenn ich es auch mehr als einmal gekonnt hätte.

Die Sonne hat den Wind mit zu Bett genommen; im Reit ruschelt es nur noch ganz leise, und das Fließ strömt still dahin. Vom See kommt das Quieken und Pfeifen der Enten lauter herüber, grob kläffen und bellen die Taucher dazwischen, und dann überschallt alle diese Laute das rauhe und rohe Gekrächze der Krähen, die hundertweise zu ihrem Schlafholze streichen. Ich könnte gehen, denn es dunkelt stärker. Aber ich kann das Käuzchen noch erkennen, das auf dem Netzpfahle fußt und lustig ruft, und die Tauchenten, die in langer Kette näher rudern. Und ich sitze bequem auf der Moosbank, die die Hütejungen sich unter der Eller bauten, und ich liebe diese Stunde viel zu sehr, um sie mir zu stehlen, und ich horche so gern auf alles das, was das dürre Reit mir zuflüstert, und der herbe Geruch des verwesenden Schwefelkrautes ist mir ein wahres Labsal, ruft er mir doch die Tage zurück, die lange vergangenen, verlebt an den Seeufern Pommerellens, wo die weißen Seeschwalben fröhlich über der blauen Flut kreischen und nach den Ukleis stoßen, unbekümmert um den Fischaar, der vor ihnen herniederplumpst und, einen silbernen Brassen in den Fängen, seinem Horste zustreicht. Dort warf der Sturm das Schwefelkraut in ganzen Wagenladungen an das Ufer, und die Sonne ließ es gären, daß es weithin stank. Mir aber roch es schöner als Veilchen und Rosen. In der Wallhecke raschelt es, und dann plätschert es in dem Wasser. Eine Ratte wird es sein. Am Himmel bildet sich eine lichte Stelle, vergrößert sich, und mit einem Male tritt der Mond hervor, eine helle Bahn über den See ziehend. Es ist mir, als ob die Helligkeit nicht nur die Gestalten der Büsche und Bäume mehr hervorhebt, sondern als verstärke sie auch den Geruch des verwesenden Krautes zu meinen Füßen, und abermals geistert vor mir die Erinnerung umher und beschwört die toten Tage herauf. Ich sehe mich auf der dürren Kiefernheide stehen, in der verschossenen Schilfleinenjacke, den verwitterten Lodenhut auf dem wirren Haar, Schweißtropfen im mageren, braunen Jungengesicht und mit leuchtendem Auge nach dem Waldrande spähen, vor dem zwei Blaurackenhähne, funkelnd und schimmernd, sich um die Henne balgen, und sehe mich dann, sowie die drei zwischen den silberweißen und kupferroten Stämmen verschwinden, im Walde untertauchen, in dem sich das Buchenblatt eben entfaltet, so daß es aussieht, als schwebten viele Hunderttausende von lichtgrünen Faltern um die strahlenden Stämme. Und ich stehe und staune über das junge Grün über mir und zu meinen Füßen, über die vielerlei bunten Blumen, und lausche dem Getriller und Geschmetter, das das ganze Tal des Fließes erfüllt, in dessen klarer Flut die Ellritzen um die rosenroten Wasserwurzeln der Ellern spielen, bis sie vor einer alten Forelle sich unter das hohe Ufer flüchten.

Hinter mir in der Wallhecke raschelt es, und es schnauft und niest, und ein scharfer Geruch sticht mich. Der Ilk jagt da auf Ratten oder sucht ein Weibchen. Jetzt ist er rechts von mir, und nun stöbert er vor mir herum, dort, wo der große Hecht liegt, den die Wellen antrieben. Die Lockente drängt vom Lande fort; sie hat den Schleicher geäugt. Ich sehe ihm zu, ohne den Dreilauf zu heben; zu putzig sieht es aus, wenn er ein Männchen macht und nach der Ente hinwindet, um dann mit einem Ruck in den Ellern zu verschwinden, denn der Wind trug ihm meine Witterung zu. Ich denke daran, wie stolz ich war, als ich mit zwölf Jahren den ersten Ilk am Kopfe des Fließes jenes Sees im Ostlande schoß, als er wie blödsinnig ein Dutzend Male zwischen den beiden hohlen Kopfweiden hin und her hüpfte und dabei fortwährend nieste. Und dann bin ich wieder als sechzehnjähriger Fant im maigrünen Buchenwalde und breche den Bock auf, und Maruschka kniet bei mir und sieht mir mit blutdürstigen Augen zu und rückt immer näher an mich heran, daß es mir eng und heiß um den Hals wird und ich mit einem Male das Messer fallen lasse und das Mädchen umfassen, sie küssen und an ihrem Halse flüstern muß: „Marja, Maruschka!" Und sie lacht und girrt, und ihre graublauen, goldbraun geäderten Augen schließen sich bis auf einen schmalen Spalt, und die Finken schlagen und die Drosseln pfeifen, und viele Blumen blühen, weiße, gelbe und zuletzt lauter rosenrote; blaue aber nicht.

Am Kopfe des Fließes planscht und quatscht es; irgendwelche großen Fische sind es. Glockengeläute ist vor mir; die Schwäne rufen. Heute nachmittag, als ich im Kruge am offenen Feuer saß, den bleichen Flammen zusah, die aus dem Torf hervorzüngelten, und den goldenen Funken, die um den schwarzen Kesselhaken sprangen, und das Warmbier trank, das die blonde Wirtstochter in dem blanken Zinnkruge in die Glut geschoben hatte, und sie mich ansah mit ihren blaugrauen, goldbraun geäderten Augen, fiel mir jener Maienmorgen ein, und jetzt, wo ich in den gelben Mondhimmel starre und auf den blinkenden See, und auf das Flüstern des Reites horche und auf das Quieken und Bellen des unsichtbaren Geflügels, steht ein Winterabend vor mir, ein sternheller, scharfer, an den ich kaum je wieder gedacht hatte. Ich sehe mich unter dem stärksten der beiden hohlen Weidenbäume am Kopfe des Fließes stehen, die Igelfellkappe im Nacken, den Kragen der Pelzjacke emporgeschlagen, in den Fäusten den Zwilling. Vom anderen Ufer des Sees kommt das Kläffen eines Fuchses herüber, die Enten quieken, die Taucher bellen, und hart ra-

schelt das gelbe Reit. Und ich stehe da, Wut und Ingrimm im Herzen, der Marja wegen, der Maruschka, denn sie sah mich kaum von der Seite an und schäkerte mit dem langen Verwalter. An Mord und Tod dachte ich und an andere Rache, bis ein Pfiff und ein Planschen mich weckte, und die Maruschka und alles, was das Haar geflochten trug, zum Kuckuck waren, denn vor mir auf der Sandbank war etwas Großes, Schwarzes, das auf eine alberne Art fauchte und sich auf die wunderlichste Weise krümmte, und wenn mir auch das Herz bis in den Gewehrlauf hinein schlug, sehr besonnen nahm ich Ziel und schickte den zweiten Schuß in gehörigem Abstande hinter dem anderen her, und dann kniete ich zwischen den Treibeisschollen und streichelte meine Otter, meine erste Otter, und pfiff auf alle Weibsleute und flötete, als ich die beiden Wildfischer zum Gutshause schleppte, fröhlich vor mich hin: „Marie, Marie, Maruschka war die ganze Nacht nicht da; Marie, Marie, Maruschka, wer weiß, was heute nacht geschah."

Aber ich glaube, nun wird es Zeit, daß ich zum Kruge gehe. Es gelüstet mich nach Warmbier und Rauchheringen, auf dem Rost über dem Torffeuer gebraten, und nach den Liedern, die mir die moije Swaane singen wird und wozu Jan ten Brink den Endreim mitbrummt. Jan, einst ein Dausenddeuwel und Dollhund, schnell zum Küssen bereit und zum Zuschlagen, kam ihm ein anderer in die Quere, und nun ein Wrack, das am Strande des Lebens in den Sand hineinfault. Aber wenn er das zehnte Glas Grog im Leibe hat, dann wird seine Stimme wieder jung und stramm, und alle die Bauern und Fischer nicken mit den Köpfen, legt er los: „Hamburg ist ein schönes Städtchen, weil's so nah am Wasser liegt", und wenn er losprahlt und erzählt, wie er bei Island dem Walfisch den Wurfspeer in den Leib jagte, und gar erst, gibt er die Geschichte zum besten, wie er im fernsten Osten ganz allein dreißig malaiische Matrosen aus einer Spelunke prügelte, „dieweil es ein Mistvolk ist und man dreist gegen ein Hundert von ihnen angehen kann, wohlgemerkt, hat man eine Wand im Rücken, denn die Stinker sind falsch wie alles, was 'n gelbes Fell haben tut", dann ist Jan ten Brink wieder der Dausenddeuwel und Dollhund, der er war, ehe ein Schlag seiner Faust ihn auf fünf Jahre hinter eiserne Stangen brachte. „Konnte ich wissen, daß der Mensch einen Kopf hatte, gebrechlich wie ein Hühnerei, Herr? Und es war ja auch man ein Franzmann, und er hätte die Finger von meinem Mädchen lassen sollen, tja!" Also sprach Jan und trank, und alle die Bauern und Fischer lachten, und ich lachte mit, aber nur mit dem Gesicht, denn ich liebe Jan und bedaure ihn und mein

Volk, das seine Wikinger in das Gefängnis schicken muß, weil es seit ewigen Jahren keine Arbeit mehr für Leute ihres Schlages gibt. Das Leben ist langweilig geworden. Die Helden werden in Acht und Aberacht gesteckt, und die Jämmerlinge kommen obenauf. Den Hasen schützt man, und den Wolf rottet man aus. Und darum lasse ich alles leben, was so ist wie der alte Fahrensmann Jan ten Brink. Soll ich nun gehen, oder soll ich bleiben? Es ist so schön hier, und ich habe nachher noch Zeit genug, mir die Füße am Feuer zu wärmen und zuzuhören, wie die schöne Swaane beim Gläserspülen singt: „An der Weichsel gegen Osten steht ein Grenadier auf Posten", und den goldenen Fäden zuzusehen, die die Funken um den großen Kessel ziehen, und die Schatten zu betrachten, die die riesigen Mährenhäupter des Herdrahmens gegen die Wände werfen. Zu schön riecht das morsche Gekräut am Ufer, so seltsam plaudert das Wasser unter dem Stege, und heimliche Kunde flüstert das Reit. So stopfe ich mir eine frische Pfeife, lausche dem dünnen Pfiff der ziehenden Drossel, dem Quieken der Enten, und starre auf die schimmernde Flut, bis ein lautes Klatschen und Plumpsen mich aus dem Dämmern weckt und meine Augen dahin zwingt, wo ein schwarzes, langes Ding etwas Blankes, Glitzerndes bewältigt. Ganz gelassen hebe ich die Waffe und richte sie, und nachdem ich geschossen habe, trete ich dahin, wo der Otter liegt und daneben ein achtpfündiger Hecht, hänge den einen an den Rucksack und ziehe dem anderen eine Weidenrute durch Kiemenloch und Rachen, und erst als ich im Gehen bin, die Lockente unter dem Arm, merke ich, wie kalt es mir geworden ist, und ich denke an meinen Binsenstuhl vor der Feuerwand, an den glimmenden Torf und das dampfende Bier, und lächele über mich selber, daß mich der Otter nicht mehr freut, als wenn es ein Hase gewesen wäre.

Wie Jan ten Brink komme ich mir vor, der nur noch jung wird, wenn er beim zehnten Glase ist, und sonst weiter nichts sagt als: „Das Leben ist ein Schiet, Herr, eine Hühnerleiter, Herr! Es könnte ganz schön sein, aber das mit dem Altwerden, das macht es einem über, Herr!" Aber heute soll er seine zehn Glas haben, steif wie ein Nordnordost, denn der Otter soll nach Gebühr totgetrunken werden, und den Hecht soll Swaane braten, und dann wollen wir singen, daß das ganze Fleet dröhnt, Jan ten Brink und ich.

Am Waldgraben

Es ist einer von den Gräben, die den Wald abgrenzen. Steil sind seine Ufer, stellenweise dicht bewachsen, dann wieder kahl und bloß. Je nachdem viel oder wenig Regen fällt, ist der Wasserstand hoch oder niedrig; manchmal läuft das Wasser wie ein quicker Bach, und zu anderen Zeiten schleicht es so langsam hin, daß es aussieht, als stehe es still. Zuzeiten kann ein kleiner Junge bequem hinüberspringen, dann aber wieder muß ein gewandter Mann sich sehr anstrengen, um von einem Ufer zum anderen zu kommen. Wenn die Märzsonne durch das Astwerk der Bäume und Büsche auf den Bord des Grabens fällt, dann regt sich hier zuerst im ganzen Walde das blühende Leben. Des Huflattichs Sonnenscheibe strahlt dann in heller Glut, und des Leberblümchens treu blickende Blüte leuchtet aus dem schwermütigen Geranke des Efeus heraus, bis lustige Lungenblumen, zweifach gefärbt, sich aus dem harten Blattwerk hervordrängen, um die behäbigen, in dichte Pelze vermummten Hummeln anzulocken.

Eines Tages aber werden die Hummeln ihnen untreu, denn in Menge erscheint der bunte Lerchensporn zwischen dem leichtsinnigen Geflatter der Windröschen, auch reißt eines Weidenbusches süß duftendes Blütenwerk die summende Kundschaft an sich, wie denn auch die gespenstige Schuppenwurz, deren nackte Blumen sich wie Kinderhändchen aus dem faulen Vorjahrslaube strecken, an unheimliche Märchen erinnernd, von allerlei Volk mit sonderbarem Geschmack besucht wird.

Es gibt unendlich viel zu sehen hier an dem Graben. Da ist ein Traubenkirschenbusch, dessen grüne Wellen jetzt noch in sanfter Flut hinabfallen, aber im Mai schäumen sie von weißen Blüten und hauchen betäubenden Duft aus. Ein Hasel steht da, der im März Gold auf die Efeuwände des Grabens streut, und der später mit seinem Widerbilde das dunkle Wasser erleuchtet.

Ein junger Ahorn weist herrlich geformte Knospen vor, Vorwürfe für einen Goldschmied, und eine seltsam verzerrte Hainbuche lehnt sich über die Flut und freut sich ihrer lichten Pracht.

Mitte Mai ist es am allerschönsten hier. Dann strahlen aus dem Efeu die glühenden Kettenblumen, und die Taubnessel prahlt neben ihnen. Dann rudern langsam große grüne Frösche durch das laue Wasser und überschreien den Laubfrosch, der im hellen neuen Kleide auf dem größten Blatte der Brombeerranke klebt und lustig seinen Maigesang anstimmt, während über ihm der Zaunkönig aus voller Brust sein lautes Lied herausschmettert.

Zu jener Zeit ist buntes Leben an dem Graben. Zierliche Bergbachstelzen schwenken sich über das Wasser und schnappen, an dem Ufer entlangtrippelnd, die Mücken fort. Der Eisvogel, der einsame Fischer, lauert von der Wurzel der Esche auf Wasserjungferlarven, und sein märchenhaftes Kleid blitzt und schimmert im Sonnenlicht. Wo das Ufer herabgesunken ist und eine Landzunge bildet, da tränken sich Amsel und Graudrossel, da baden Fink und

Goldammer, da sucht das Rotkehlchen Gewürm, da nimmt der Star ein Bad.

Auch andere Tiere lassen sich hier sehen. Dicke, große Wühlmäuse huschen scheu aus dem Efeu und plumpsen in das Wasser, eine fuchsrote Ratte hastet über das Laub und sucht nach jungen Vögeln, bis das Raubwiesel ihr mit einem Satze in das Genick springt und sich von ihr unter die Wurzel der Erle schleppen läßt, wo der grimme Kampf ein Ende findet, der Kampf, in dem das Wiesel immer Sieger bleibt. Scheint die Sonne auf das Wasser, dann fahren langbeinige, dünnleibige Wanzen darüber hin in merkwürdigen Zuckungen, oder blitzblanke, kleine Käfer drehen sich dort im Kreise, bis ein plumpsender Fall sie verjagt. Die Wasserspitzmaus ist es. Jetzt rennt sie, einem Quecksilberklumpen ähnelnd, auf der Sohle des Grabens entlang, taucht als schwarzer Klumpen empor, zieht lange blitzende Streifen durch das Wasser, huscht auf das Ufer, hastet zwitschernd an ihm entlang und verschwindet plumpsend wieder in dem Wasser.

Wo die Esche ihr krummes Wurzelwerk aus dem Ufer reckt, da gähnt ein schwarzes Loch. Ab und zu verschläft der Iltis den Tag dort, neben sich unglückliche Frösche und Kröten, denen er das Kreuz zerbiß und die sich nun so hinquälen müssen, bis er sie gänzlich tötet und hinunterschlingt. Auch der Baummarder schleicht nächtlicherweile hier entlang, die Waldmaus belauernd und nach der Brut von Rotkehlchen und Zaunkönig schnüffelnd, und mit Geraschel sticht hier der Zaunigel nach fettem Gewürm.

Unweit des Ufers steht ein Rotbuchenstumpf, breit und bequem. Wer ihn als Sitz erwählt und sich recht still verhält, der kann allerlei erspähen, ulkige Lustspiele und ergreifende Trauerspiele, schlimmer als die der menschlichen Gemeinschaft. Hinter dem dichten Efeugeflecht zittern der jungen Goldammern hungrige Stimmchen hervor. Vorsichtig lockend naht sich die Mutter, ein Räupchen im Schnabel haltend. Da zickzackt ein Schatten über den Graben, ein Todesschrei erschrillt, fort stiebt der Sperber mit dem Goldammerweibchen in den Fängen, und eine Viertelstunde später greift er den Hahn, und die verwaisten Vögelchen zerfleischt in der Nacht die häßliche Ratte.

Ein Lustspiel ist es aber oder eine Posse, wenn die eifersüchtigen Blaumeisenhähne, fest ineinandergekrallt, als bunter Federball aus dem Haselbusch herabwirbeln und in das Wasser hineinfallen und, naß und schwarz, sich schnell von dannen machen, verfolgt von dem gellenden Gelächter des Zaunkönigs und dem spöttischen Gekicher der Bergbachstelze, oder wenn die Waldmaus, in den Genuß eines fetten Käfers vertieft, nicht bemerkt, daß der dicke Frosch immer näher an ihre zuckende Schwanzspitze heranrudert. Auf einmal schnappt er zu, die Maus quietscht auf und fährt in das Efeulaub, und mit einem dummen Gesicht glotzt der Frosch hinterdrein und wischt sich ärgerlich das breite Maul. Auch ist es zum Lachen, wenn die nackte schwarze Schnecke, nachdem sie die höchste Spitze des Schaftheuhalmes erklommen hat, darüber noch hinaus will und sich streckt und reckt und dreht und windet eine halbe Stunde lang, um endlich ihren Plan aufzugeben und langsam den Rückweg einzuschlagen.

Idylle sind es, wenn Rotbrüstchen, Zaunkönig und Bachstelze ihre flügge Brut in das Leben einführen. Das schnurrt und burrt durcheinander, schwankt unglücklich auf dünnem Ast, flattert plump in das Laub, klettert mühsam wieder empor, bis schließlich alle Geschwister müde und matt eng aneinandergepreßt auf einem Aste sitzen wie Kinder auf einer Bank, dumm und ängstlich hin und her gucken und unaufhörlich nach Futter piepsen. Wenn aber erst die Wasserspitzmaus ihren Jungen das Schwimmen und das Tauchen und die Käferjagd zu Wasser und zu Lande beibringt, dann staunt sogar der Zaunkönig über das Gewimmel, trotz seiner acht Kinder, die doch auch allerlei Leben verursachen.

Großen Lärm aber gibt es, fällt es dem Häher ein, sich hier sehen zu lassen. Und wenn er auch vorgibt, er wolle sich Würzelchen aus dem Ufer hacken für sein Nest oder einen Schnabel voll Wasser mitnehmen, man kennt ihn zu gut, den bunten Heimtücker, und von allen Seiten wirft man ihm Schimpfworte an den dicken Kopf, bis er wütend abzieht. Kommt aber das liederliche Kuckucksweibchen angeschlüpft, um ihr Ei in die Obhut von Bachstelze oder Rotkehlchen zu geben, dann ist das Gekeife noch ärger, und schließlich setzt es auch Hiebe, aber alljährlich kommt hinter der Efeuwand ein junger Gauch hoch, und alles, was von kleinem Vogelvolk am Graben wohnt, fühlt sich verpflichtet, den Immerhungrig und Nimmersatt vollzustopfen.

Im Wasser selbst geht es auch nicht immer friedlich zu, denn gar streitbare Gesellen, schwer gepanzerte, trefflich gerüstete Stichlinge mit scharlachnem Brustlatz, mutige Gesellen, herrschen da unten. Wehe der armen Kaulquappe, die sich vom Strande in das tiefe Wasser wagt: ein Dutzend der Raubritter stoßen darauf zu, zerren das hilflose Tier hin und her und reißen es in Fetzen. Auch ein armer Regenwurm, der aus Unvorsichtigkeit in das Wasser gerät, muß unter den Bissen der winzigen Fische sterben, und wenn er sich noch so sehr krümmt. Kaulquappe und Wurm rächt dann wieder die Wasserspitzmaus, die Stichlinge in die Bucht treibend und ihnen das Genick zerbeißend.

Außer den Stichlingen leben noch andere Fische in dem Graben, die graue Schmerle, die sich gern in den Blechtöpfen versteckt, die auf dem Grunde des Grabens rosten, und der buntgestreifte Schlammpeitzger, der sich im modernden Laube verbirgt. Wer gute Augen hat, findet im Mai an den überspülten Steinen auch ein fingerlanges Fischchen hängen, das Bachneunauge, dessen wurmähnliche Larven im Sande der Grabensohle eingebohrt leben. Auch eine Quappe oder ein Gründling verirrt sich wohl aus dem Bache in den Graben.

Stets sind einige Taufrösche dort zu finden, die faul an dem Ufer sitzen, oder eine Erdkröte, die langsam unter dem Efeu herkriecht, und auch die flinke Kreuzkröte läßt dort ihr Geschnarre hören. Früher, als noch nicht jedes Tierchen für das Aquarium oder Terrarium fortgefangen wurde, kamen auch Waldeidechsen und Blindschleichen hier vor, und sogar die Ringelnatter betrieb dort die Froschjagd mit großem Eifer.

Außer Goldammer, Zaunkönig und Rotkehlchen brüten an dem buschigen Ufer noch die drei kleinen Laubsänger, ferner der Sumpfrohrsänger, und einige Male hat sogar der

Eisvogel dort seine Nesthöhle in die Wand getrieben und seine Jungen glücklich hochgebracht. In diesem Jahre baute ein Schwanzmeisenpaar sein kugeliges Nestchen in die Zwille der Birke, die unweit des Grabenbordes steht. Nicht weit davon hat ein Sumpfmeisenpaar ein Nestloch in der Erde gefunden, und weiter zurück brütet die zierliche Blaumeise in einem Spalt derselben Eiche, in deren Wasserreisergewirr eine Schwarzdrossel ihr Nest anlegte. Zehn Schritte weiter hat ein Baumläuferpärchen eine passende Stammritze für sein Nest gefunden, und die Singdrossel beginnt sich in dem dichten Weißdorn einzurichten, in dem im vorigen Jahre der Mönch brütete und unter dem der Hase so gern liegt.

Da hier selten ein Mensch geht, äsen sich die Rehe gern den Graben entlang. Jagt sie ein Hund, so überfliehen sie einige Male den Graben, bis der Hund ihre Fährte verliert, und der starke Bock flüchtet sogar in den Graben hinein, watet eine Strecke in dem Wasser entlang und bringt so die Hunde in Verwirrung.

So ist hier immer allerlei Leben vom frühen Morgen an den Tag hindurch, und auch des Nachts lebt und webt es dort. Im Frühling schwirren Eulenschmetterlinge um die Weidenschäfchen, im Sommer sausen große Schwärmer über die Geißblattblüten und fallen der großen, fuchsroten Fledermaus zum Opfer, die ab und zu aus den Wipfeln herunterfährt, denn das Gebiet über dem Graben ist eigentlich das Reich der Wasserfledermaus, die unablässig dicht über dem Wasser hin und her streicht und die Mükken fortschnappt. Mit Vorliebe jagen auch Waldkauz und Ohreule hier, denn irgendeine Maus oder Ratte erwischen sie stets.

Wintertags erscheint von weit her auch der Fuchs hier; aber ehe es dämmrig wird, schnürt er wieder in die großen Wälder zurück, denn gar zu unheimlich ist es ihm so dicht bei der Stadt. Ab und zu verspätet er sich aber doch einmal und versteckt sich in dem Jungfichtenhorste in der Dickung oder nimmt weiterhin einen alten Kaninchenbau an.

Den Fuchs wird nun nicht so leicht ein Waldwanderer gewahren, es sei denn, er sei schon bei dem ersten Drosselpfiffe draußen. Das andere Leben ist aber tagtäglich dort zu beobachten für den, der dafür Augen und Ohren hat und der leise zu gehen versteht hier am Waldgraben.

Am Heidpump

Anderthalb Büchsenschuß lang ist er, der einsame Pump in der Heide, und einen Schrotschuß breit. Sein Wasser ist breit und tief. Es hat keinen Grund, sagen die Bauern.

Rund um den Pump wächst hohe Heide in breiten, runden Horsten. Dazwischen ist der Boden naß und schwarz. An dem Rande des dunklen Wassers stehen Rischbülte mit harten, scharfen Blättern.

An der Morgenseite springt ein kleiner Sandbrink vor und bildet eine Landzunge. Darauf steht ein uralter, breiter Machandelbusch.

Er ist kaum so hoch wie ein Mann, der alte schwarze Busch, aber er ist das höchste Ding in der kahlen Heide, und wenn abends die untergehende Sonne rechts und links vor ihm den Pump rosenrot färbt, dann sieht er aus wie ein Zauberschloß.

Vielleicht ist er auch eins. In dem Bleisande unter seinen Wurzeln habe ich oft seltsame Spuren gesehen, als wenn da winzige Entchen gewesen wären. Aber so kleine Enten gibt es nicht; nicht einmal die Kricke macht so geringe Spuren.

Kuhlemanns Schäfer meinte, die Zwerge wären das gewesen. Die hätten Entenfüße. Und sie mögen gern unter alten Machandeln wohnen in einsamen Heidbrinken, vorzüglich, wenn Wasser dabei ist. Darin spiegeln sie sich, sagt er.

Früher hätte er das alles für Unsinn gehalten, wie es sich die Mädchen in den Spinnstuben erzählen, wintertags, wenn der alte Plaggenofen bullert und der Schnee gegen das Fenster schlägt.

Aber im vorigen Sommer sei er anderen Sinnes geworden über die Sache. Da sei er den Patt entlanggegangen durch die Heide. So um Johanni, bei einer wahnen Hitze,

einer Hitze zum Benaudwerden. Und da habe er den Neegenmörder schreiend vor dem Machandelbusch fortfliegen sehen, und wie er hingesehen habe, wäre helles Feuer unter dem Busche gewesen.

Na, und da habe er seine alte Beiderwandjacke ausgezogen und sei schnell nach dem Busche gelaufen, um das Feuer zu dümpen, damit es nicht weiterfräße. Denn der Wind hätte von Südosten gestanden, und es hätte einen bösen Brand geben können. Als er aber meist bei dem Machandel war, da war das Feuer aus, und es war auch kein Rauch da und keine Kohle und Asche auch nicht.

Und nun glaube er, und er lasse sich da nicht von abbringen, was auch Kuhlemann sage und der Lehrer und der Doktor, das wären die Zwerge gewesen, die hätten ihr

Gold gesonnt; und deswegen sei er da höllschen schnell von weggegangen, denn die kleinen Leute hätten ihre Nücken und könnten einem leicht etwas anhängen.

Als er mir das erzählte, der alte Schäfer, da machte ich ein ganz ernstes Gesicht. In mir aber lachte ich. Aber wenn ich den Patt entlangging an den Pump, dann habe ich niemals geflötet, sondern bloß halblaut gesungen. Das muß man tun, sagte der Schäfer, das rechnen sie einem hoch an, die Unterirdischen, wenn man sich bemerkbar macht, damit sie ihre Schätze beizeiten fortbringen können.

Nur flöten darf man nicht, das können sie für den Tod nicht vertragen, seitdem sie von den großen Leuten im Dorfe damit angeführt sind.

Das ist schon hundert Jahre her, aber die Lüttjen haben ein langes Gedächtnis. Ein Jahr ist für sie, was uns ein Tag ist. Darum konnte mir im Dorfe auch kein Mensch mehr sagen, wie das gewesen sei mit den Zwergen, warum sie da weggezogen sind und weshalb sie kein Flöten leiden mögen.

Aber daß die Sache von Kuhlemanns Hof ausgegangen ist, das weiß ich. Der Pump und die Heide darum gehören Kuhlemann. Aber nie wird der Bauer, oder wer seinen Namen trägt, bis auf dreihundert Schritt an den Pump gehen. Und seine Knechte wollen auch nicht gern dahin. Darum ist die Heide da auch so lang; denn keiner haut sie.

Weil es da nun so still ist und kaum einmal ein Mensch dahin kommt, haben die wilden Tiere es dort gut. Die Jagd gehört dem Bauern, aber um den Pump jagt er nicht. Er ist nicht abergläubisch, aber der Pump und die Kuhlemanns passen nicht zusammen. Der Großvater des Bauern ist da vom Blitz totgeschlagen, und ein Kuhlemannsches Kind ist vor hundert Jahren in dem Pump ertrunken. Das kann alles mit natürlichen Dingen zugegangen sein, aber genau kann man das nicht wissen, und besser ist besser.

Mir hat der Bauer auch gesagt, ich solle dort lieber wegbleiben. Aber ich bin ja kein Kuhlemann und habe mit den kleinen Leuten nichts vorgehabt. Und ich glaube auch nicht an sie.

So bin ich denn auch manches Mal an dem Pump gewesen. Mit dem Weidmesser habe ich das tote Holz innen aus dem Machandelbusche geschnitten, habe mir da Plaggen hingepackt und Törfe zum Sitz, und dann habe ich da gesessen zu allen Zeiten.

Ich war im Frühjahr da, wenn rundherum in der Heide die Birkhähne kullerten, die Himmelsziegen meckerten, und die Kiebitze riefen vor Tau und Tag.

Im Sommer habe ich da gesessen, wenn um den Pump die Murke blühte, als wäre alles voll Schnee. Dann sangen die Dullerchen, und der Pieper schlug, daß es eine Art hatte.

Eine ganze Mondnacht habe ich in dem Machandel verbracht. Vor mir blitzte das Wasser, in der Heide krispelten die Nachtschmetterlinge, eine Ente plätscherte mit ihrer Brut am anderen Ufer, und fern im Moor klagte die Eule.

Auch wintertags bin ich dagewesen, wenn alles weiß war von der Neuen und darauf deutlich verzeichnet war, was von der Forst zur Feldmark gekommen war bei Nacht, Hase und Reh und Marder und Fuchs.

Geschossen habe ich aber meinen Tag nichts an dem Heidpump. Es kam immer etwas dazwischen, oder ich traute mich nicht. Die Hähne balzten sich von dem Schirme weg, der Bock bekam Witterung, der Fuchs schnürte unter dem Winde heran, und die Enten fielen jedesmal zu weit weg ein.

Der Bauer lachte immer, wenn ich mit leerem Rucksack zurückkam, und meinte, warum ich nicht anderswohin ginge. Aber ich kann nichts dafür. Wenn ich den Pump sehe, muß ich dahin. Vielleicht ist es das Gruseln, das mich da immer hinbringt, und weil es da so menschenleer und verloren ist.

Darum mußte ich auch heute wieder dahin. Ich ging um den ganzen Pump und sah in den Ecken viel Entenfedern schwimmen. Auch der Fuchs spürte sich in dem anmoorigen Boden. Da dachte ich, ich könne wohl zum Schuß kommen.

Der Mond ist so hell, und die Gardinen sind so dünn, und das Bett ist so schwer, daß ich nicht einschlafen kann. Ich höre das Vieh mit den Ketten klirren, der Schimmel schlägt immer gegen die Wand, und Wasser heult den Mond an.

Wenn ich das so recht bedenke, so kommt mir das ganz natürlich vor, was ich heute an dem Pump erlebte. Aber wenn ich die Augen zumache, dann dünkt es mich doch seltsam.

Ich sitze in dem Machandel und rauche vor mich hin. Es ist recht nebelig, und weit kann ich nicht sehen. Eine halbe Stunde sitze ich so und denke an dies und das. Das Gewehr habe ich gespannt neben mir liegen. Vor mir ist das Wasser ganz schwarz.

Ich wundere mich, daß keine Enten kommen. Zeit wäre es; denn es schlägt im Dorfe schon halb sechs. Da höre ich es dicht bei mir klingeln und sausen, drei, vier schwarze Dinger sind vor mir über dem Pump. Ich reiße das Gewehr an die Backe und drücke einmal, zweimal, aber es blitzt nicht und es kracht nicht, und wie ich zufühle, sind beide Hähne in Ruhe.

Das Merkwürdige dabei ist, daß ich ganz genau weiß, daß ich sie gespannt habe, als ich mich ansetzte. Ich weiß es ganz bestimmt. Ich stopfte mir erst die Pfeife, spannte dann, steckte dann die Pfeife an und sah im Zündholzlicht, daß die Hähne hoch waren.

Wie ich noch darüber nachdenke, poltern die Enten fort,

und drüben, genau in der Schußrichtung, ruft der Hütejunge, ich solle auf den Hof kommen. Der Förster wäre da, er wolle mich gern wegen der morgigen Drückjagd sprechen.

Hätte ich geschossen, so hätte ich den Jungen getroffen. Eine merkwürdige Sache, daß die Hähne nicht gespannt waren. Und ich weiß doch, daß ich sie überzogen hatte.

Ich muß das Fenster aufmachen; mir ist zu heiß. Von hier aus kann ich bis an den Pump sehen; ich sehe ihn selbst nicht, aber den Wacholder als dunklen Fleck. Und bei dem Busch ist helles Feuer, grünlich glimmendes unirdisches Feuer, wie ich es noch nie sah.

Ich glaube, ich glaube, der Schäfer hat recht. Die kleinen Leute haben mich vor Unglück bewahrt.

Der Quellbrink

Oben auf dem Kopfe des Heidberges herrschen Magerkeit und Dürre.

Zwei alte, hohe, krummgewachsene Föhren stehen dort, ein halbes Dutzend schiefer Birken und eine Menge spitzer oder krauser, alter und junger Machandeln.

Wo nicht der gelbe, an buntem Geschiebe überreiche Sand zutage tritt, bedeckt der Schafschwingel mit bläulichgrünen Borsten den Boden oder andere büschelige Gräser, brechdürres silbergraues Renntiermoos und sparsam blühendes, von den Schnucken niedriggehaltenes Heidkraut.

Selbst wenn es tagelang geregnet hat, und der Wind streicht hinterher nur einige Stunden über den Heidberg, sieht es da so dürr und so trocken aus wie vordem. Doch die kräftigen Eichen, die beiden mächtigen Buchen und die stattlichen Fichten, die den an der Flanke des Hügels gelegenen alten Schafkoben beschützen, beweisen, daß der

Berg nicht so wasserarm ist, wie es den Anschein hat, und einige hundert Schritte davon sieht es schon anders aus.

Da ist die Heide kniehoch und mit Doppheide gemischt, und zwischen den runden Bülten zeigen sich kleinere und größere, nackte, schmierige Flächen schwarzbraunen Moorbodens. Stellenweise macht die Heide dem Wollgrase und dem Moorhalme Platz, ist immer mehr mit Torfmoos durchflochten, wird immer nasser, bis sie schließlich hinter den hohen Wacholdern, krummen Birken und krüppelhaften Föhren zu einem einzigen großen Quellbrinke wird, auf dem es überall quillt und träufelt und rieselt und fließt von dem klarsten Wasser.

Hier steht eine alte, windschiefe Eiche mit wunderlich gebogenem Gezweige. Unter ihren seltsam gestalteten knorrigen, dicht mit den Wedeln des Engelsüß bedeckten Tagwurzeln trieft und tröpfelt es unablässig und bildet einen schmalen Wasserfaden, der sich hier mit einem anderen vereinigt, der zwischen einem hohen, ulkig geformten Machandel und einer putzigen, krummen Fichte hervorkommt, und der bei der alten, dicken, wie eine riesige Harfe aussehenden Hängebirke zwei andere aufnimmt und mit ihnen zusammen einen kleinen, tief in das Torfmoos eingeschnittenen, vielfach gekrümmten Wasserlauf bildet, der in einem Quellbecken mit schön geschwungener Borde endigt.

So klein dieser Tümpel ist, so reizend ist er. An dem einen Ufer faßt ihn hellgrünes, an dem anderen goldgelbes, blutrot gemustertes Torfmoos ein. Seine Ränder sind ganz dicht mit den lichtgrünen spitzen Blättern des Beinheils besäumt, das mit grünlichgelben, kupferrot angelaufenen Fruchtrispen geschmückt ist. Die Einschnitte des Beckens, die von den eindringenden Wasserfäden gebildet sind, füllen die purpurnen, silbern glitzernden Blattbüschel des großen Sonnentaues aus. Auf dem weißen Sande, der den Boden des Beckens bildet und in dem es an einigen Stellen fortwährend quillt und wühlt, schlängeln sich wie große Würmer die schwarzgrünen oder rostroten Ranken des Quellmooses.

In der Mitte des Quellpumpes hat sich aus dem Stumpfe einer alten Eiche eine hohe, runde, aus blutrotem, am Rande goldgrünem und gelbem Torfmoose gewachsene Insel gebildet, in deren Mitte ein hoher, spitzer Fubusch wächst, dessen harte, dornige Blätter das Sonnenlicht in silbernen Blitzen zurückgeben. Das Torfmoorkissen unter ihm ist von der Moosbeere durchflochten, aus deren zierlichem Laube die roten Beeren hervorfunkeln. Hohe, bleiche Simsen mit silbrigen Blüten heben sich von dem starren Blattwerke des stolzen Strauches wirksam ab, und ein großer Fliegenpilz lodert davor wie eine glühende Flamme.

Alte Machandeln umgeben im Kreise die Quelle, als hüteten sie ein Geheimnis. Einige davon bestehen aus einem einzigen Stamme, der in einem spitzen Winkel oder in eine runde Krone ausläuft, andere sind aus vielen, auf gespenstige Weise verreckten Stämmen gebildet oder auf putzige Art verbogen und in ulkiger Weise gestaltet. Zwischen ihnen wuchert das Torfmoos in fußhohen, nassen Polstern, von der Doppheide überragt, die dort, wo es trockener ist, der Sandheide Platz machen muß, die sich hier zu drei Fuß hohen Sträuchern entwickelt hat, um deren reiche Blütenfülle es von Bienen summt und brummt, zwischen denen hier und da ein zierlicher blauer Falter flattert.

Aus der Quelle quält sich ein schmales Wässerchen unter dem Mooskissen her, bekommt von allen Seiten Zulauf und bildet bald darauf wieder ein Becken, in dessen Sandgrunde es heftig wogt und wirbelt und dessen bleichgelbe und blutrot gesprenkelte Moosufer von zwei herrlichen großen Königsfarnen beschattet werden, zwischen denen sich ein putzwunderlich gewachsener Schneeballstrauch mit rot angelaufenen Blättern und scharlachfarbigen Beeren hervorwindet und unter ihm ein Faulbaumbusch, ganz und gar mit schwarzen blanken Früchten behangen. Vor dem Abflusse dieses Beckens wuchert die zierliche Krötenbinse und bildet ein kleines, tief blutrotes Beet auf dem nassen Sande, und mitten zwischen ihr sitzt ein knallgrüner Laubfrosch und meckert lustig, während über dem Tümpel eine große, himmelblaue Wasserjungfer auf und ab schießt und bei jeder Wendung mit den goldbraunen Flügeln laut knistert.

Unter diesem Becken steigt der Boden an, so daß das Wasser seitabwärts sich seinen Weg suchen muß. Nach der einen Seite müht es sich durch ein verworrenes Machandeldickicht hin, um, sobald die Büsche ihm Raum lassen, einen winzigen Teich mit steilen Mooswänden zu bilden, der noch von vier Seiten Zufluß bekommt. Zwischen den beiden oberen Rinnsalen liegt ein mächtiger Findelstein aus weißlichem Granit, hinter dem sich ein alter, viel verästelter Rosenbusch hervorreckt, der so dicht mit dicken scharlachroten Früchten bedeckt ist, daß das Blattwerk dazwischen fast verschwindet, und unter dem Steine sprießen die hellgrünen Wedel eines zierlichen Farns aus dem blutroten fußhohen Moospolster hervor, auf dem ein grell gestreifter Moorfrosch hockt, der ab und zu die rote Zunge nach einer Mücke oder Fliege vorschnellt, blitzschnell sich dabei umdrehend. Da diese Quelle in der vollen Sonne liegt, flirrt und flattert es von vielen goldenen und roten Schillebolden über ihrem Spiegel, der rundherum unter dem Moose von den schirmförmigen runden Blättern des Wassernabels umschlossen wird.

Der andere Wasserlauf, der aus dem oberen Becken hervortritt und sich dann im tiefen Moose verläuft, hat einstmals auch einen offenen Pump gebildet; da er aber ganz von Weidengebüsch umschlossen ist, so wuchs einmal das Moos so üppig, daß es ihn bis auf ein tiefes Wasserloch zudeckte, und dann siedelte sich das Schweineohr in ihm an und wucherte so stark, daß es ihn ganz ausfüllte, so daß nichts mehr von ihm zu sehen ist, sondern er gänzlich verschwunden ist unter dem hohen und dichten Gewirre von dicken, fleischigen Stengeln, breiten, saftigen Blättern und großen, weißen Blüten, von denen manche schon zu dicken Fruchtkolben geworden sind, deren feuerrote Giftfarbe seltsam von dem Untergrunde absticht. In diesem feuchten, kühlen Grunde lagert sich das Birkwild gern, wenn es gar zu heiß ist, und äst sich an den Früchten der Moosbeere, die die nassen Polster unter den Weidenbüschen dicht berankt hat. Rund um das Buschwerk ist der Boden mit fußhohem Moose, Wollgras und Farnkraut bedeckt und ist selbst im heißesten Sommer immer naß. Dann hebt er sich zu einer dicht mit Machandeln bestockten, heidwüchsigen Sandwelle, aus deren anderer Seite ein halbes Dutzend Wässerchen herausquellen, die ein weites, offenes und tiefes Becken bilden, das von der Höhe her noch drei Zuflüsse bekommt. Die Ufer dieses Pumpes sind stellenweise recht steil und tief eingeschnitten. Auf den moosigen Landzungen recken stolze Farne ihre Wedeltrichter, und in den oberen Buchten wuchern Beinheil und Sonnentau, in den unteren ein hellgrünes Laichkraut, das sich mühsam aus dem angespülten Sande hervorarbeiten muß. Am Kopfe des Beckens steht eine junge, krumme, von einem alten Geißblattbusche halb erdrosselte Eiche, die eine Unmenge wachsgelb und hellrot gemusterter Blumenbüschel trägt, zwischen denen die Beeren wie Rubine funkeln. In dem Gewirre des Busches hat der Hänfling sein Nest, der auf dem Gipfel des hohen, spitzen Machandels, der gegenüber der Eiche auf der anderen Seite der

Quelle steht, lustig schwatzt, aber nun dem Raubwürger Platz machen muß, der von da aus auf eine Maus lauert.

Die Abflüsse dieses Beckens rinnen um drei schlanke Birken her, bilden zwischen einem halben Hundert alter Machandeln ein kleines Moor, das von der Sandheide rosenrot gefärbt und von den dürren Blüten der Doppheide rostrot gesprenkelt ist, und treten dann wieder in allerlei von Porstbüschen, Weiden und Brombeeren umwucherten und vom Torfmoose halb erstickten Tümpeln heraus, deren Wässer sich unter der Erde sammeln und bei einer vom Blitze der halben Krone beraubten kernfaulen Eiche einen kleinen, drei Fuß tiefen Teich entstehen lassen, bei dem sieben hohe spitze Machandeln Wache halten und in dem ein krummer Ebereschenbaum seine roten Früchte spiegelt. Der weiße Grund des Pumpes ist in fortwährender Bewegung; bald hier, bald da öffnet er sich, und ein silberner Strudel quillt daraus hervor und bewegt die langen, rosenroten Wasserwurzeln der Ellernstockausschläge, die die Ufer umgeben, hin und her. Allerlei schöne Blumen blühen hier, blaue Enziane und Knaule, gelber Weiderich und Hahnenfuß, weiße Dolden und Spierstauden und hohe Sumpfdisteln, um deren rote Köpfe die Hummeln brummen und weiße und rostrote Falter flattern, und auf die vielerlei Fliegen, die hier surren, macht die schlanke Waldeidechse Jagd, die sich auf dem Goldmoospolster an dem Fuße der Eiche sonnt.

Noch eine ganze Anzahl von quelligen Tümpeln, Wasserlöchern und Kuhlen sind über den Quellbrink zerstreut, dem eigenartigsten Fleckchen Land, das es hier weit und breit gibt, und das dem, der es oft besucht, jedesmal neue Überraschungen bietet. Denn hier schlüpft die Schlingnatter, lauert der Eisvogel, zwitschert die Wasserspitzmaus; der Hase scharrt sich sein Lager unter dem Machandel, und der Bock birgt sich im Weidicht; gern pirscht der

Fuchs hier, das Raubwiesel stellt den jungen Wiesenpiepern und die Otter den Mäusen nach, Sperber, Habicht, Lerchenfalk suchen hier nach Raub, auch die Kornweihe und die Eule, und wenn nachts das Rotwild aus dem Forst tritt und zu Felde zieht, tränkt es sich gern an den klaren Quellen, und in aller Frühe schleicht der Waldstorch dort umher, der heimliche Vogel aus der wilden Wohld da hinter dem Bruche. Immer ist es schön hier und reich an allerlei Leben, sowohl im Vorfrühling, wenn der Porst aufbricht und die Moormännchen zirpen, späterhin, wenn das Wollgras weiße Wimpelchen wehen läßt und die Heidlerche singt, zur Heuzeit, wenn die Doppheide anfängt zu blühen und das Beinheil mit goldenen, rot gezierten Sternchen bedeckt ist, die betäubend nach Honig riechen, im Erntemond, wenn die Immen um die blühenden Heidbüsche summen, und noch später, wenn die Birken wie goldene Springbrunnen im Winde wallen und die Krammetsvögel scharenweise auf den Machandelbüschen einfallen.

Sogar wintertags, wenn der Schnee auf der Heide liegt und Rauhreif die Bäume und Sträucher eingesponnen hat, lohnt es sich, den Quellbrink zu besuchen, dessen viele Wässerchen auch um diese Zeit nicht erstarren, sondern zwischen Eis und Schnee aus dem Boden quellen und sich sammeln und schließlich zu dem Bächlein werden, das sich dort unten durch die Wiesen hinschlängelt.

Die Mühlbeeke

Unterhalb der hohen Geest kommt sie aus dem Sande gepoltert, die Beeke, und gleich mit sieben Quellen auf einmal, weshalb die Bauern das Wasser den Siebenspring nennen.

Eine kleine Weile rennen die sieben Springe jeder für sich zwischen Kraut und Moos herum, bis ihnen der Eichenbusch den Weg versperrt und sie zwingt, ihre Wässer zusammenzuschmeißen und gemeinsam weiterzuwandern.

Der eine und der andere versucht es hier und da, sich abzustehlen und für seinen eigenen Kopf durch die Welt zu kommen, aber wo der Busch aufhört, steht der Müller, jagt sie alle auf einen Haufen zusammen, zwingt sie, das Korn zu mahlen, und sagt ihnen dann, sie möchten machen, daß sie weiterkommen.

Das tun sie dann auch, und zwar Hals über Kopf, denn das Müllergesellenspielen war ihnen durchaus nicht nach der Mütze, und deshalb haben sie sich ein ganz tiefes Bett ausgeschachtet, indem sie denken, dann sähe der Müller sie nicht, und darin laufen sie, was sie können, daß es nur so spritzt und sprüht. Aber eine Weile weiter, wo die Mühlwiesen aufhören und der Müller sein Recht verloren hat, verschnaufen sie sich und lassen es langsamer angehen.

Ganz bequem machen es sich jetzt die sieben Wasser, die nun eins sind, drücken sich nicht mehr aneinander und rennen zwischen Stämmen und Wurzeln dahin, sondern gehen breitspurig daher, als wenn sie sagen wollten: „Was gilt die Welt auf dem heutigen Markte? Wir haben Lust, sie zu kaufen!" Ein bißchen eilig haben sie es aber trotzdem, denn die Geschichte mit der Mühle liegt ihnen immer noch im Sinne, und es paßt ihnen durchaus nicht, daß sie sich bei den Weidekämpen bücken und unter dem Bruchwege durchquetschen müssen, und darum machen sie da, wo sie bei dem Übergang unter den drei dicken Steinen wieder zutage kommen, einen ganz gefährlichen Krach und spucken, daß es nur so spritzt.

Wehe dem Stichling und der Ellritze, die ihnen an dieser Stelle in den Weg kommen! Sie werden kopfoberst, kopf-

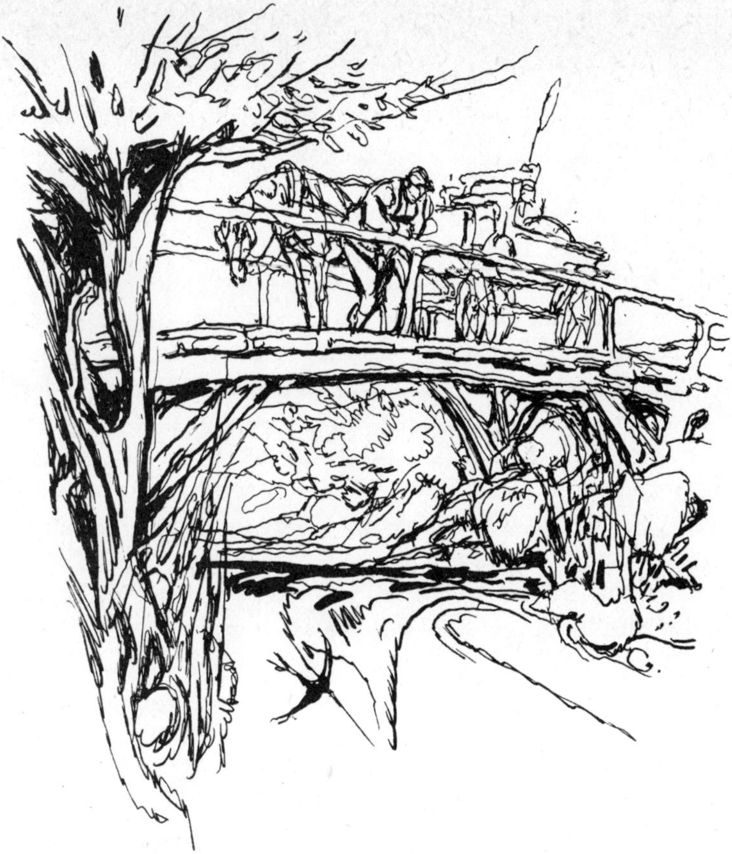

unterst gekegelt und kommen erst eine Weile weiter, wo die wütenden Wasser sich einigermaßen beruhigt haben, wieder zur Besinnung, sind aber dann meist so verdutzt, daß der Eisvogel, der dort gern auf dem großen Heckenrosenbusche lauert, sie spielend leicht erwischen kann. Von hier ab hat die Beeke es eine ganze Weile recht gemütlich und wird an einigen Stellen zuzeiten so übermütig, daß sie den ganzen Steindamm überspült. Dafür bekommt sie weiter unten ihre Strafe, denn ob sie will oder nicht, sie muß wieder unter einem Übergange durch, worüber sie natürlich fuchsteufelswild wird und mit den Stichlingen und Ellritzen von neuem Schindluder spielt.

Von da ab kann sie eine geraume Strecke machen, was sie will, höchstens, daß sie ab und zu unter einer Brücke durchkriechen muß, denn weil sie inzwischen von rechts und links mehrere andere Quellbäche aufgenommen hat, ist sie schon so mutig geworden, daß sie sich die engen Durchlässe nicht mehr gefallen läßt. Als der Bauer ihr zumutete, sie solle ihren Weg durch ein Zementbetonrohr nehmen, wurde sie dermaßen falsch, daß sie den Erdboden rechts und links davon mitriß und der Bauer schnell das Rohr fortnahm und eine Brücke an dessen Stelle setzte. Aber den Streich, den sie ihm gespielt hatte, vergaß er nicht, und als er seine neuen Wiesen fertig hatte, zwang er sie, ihm die zu berieseln, was sie denn auch, wenn auch erst nach allerlei Zappeln und Zieren, tat. Doch als er dachte, nun könne er ihr alles bieten und sie in seine Fischteiche hineinnötigen, spielte sie ihm einen ganz groben Schabernack, denn als der große Gewitterschauer kam, brach sie ihm die Deichwände durch und beredete fünfhundert Dutzend Forellen, auszukneifen, und der Bauer stand da und flötete hinter ihnen her. Zuletzt mußte sie aber doch klein beigeben und ihm den Gefallen tun, und als sie erst dahinterkam, daß er ihr das Wasser wiedergab, das er für seine Forellenzucht brauchte, fand sie, daß es eine ganz hübsche Abwechslung in ihrem Dasein sei, die vier Teiche zu durchrinnen, zumal von hier ab ihr Leben etwas langweilig wird.

Je älter sie nämlich wird, um so mehr geht sie in die Breite, wird behäbiger und bequemer, schlägt nicht mehr bei jedem kleinen Hindernis Lärm und nimmt es auch nicht mehr so krumm, muß sie fortwährend für die Kunstwiesen Wasser hergeben. Sie hat ja auch genug davon, mehr als genug. Aus dem Rauksberg springt ihr die mürrische Brummelbeeke bei und vom Barkenbusch der lustige Kinderborn, mit denen sie sich ausnehmend gut verträgt. Hingegen die braune Slieke, die im Dusterbrok entspringt, kann sie auf den Tod nicht ausstehen, und es dauert eine geraume Weile, ehe sie sich mit ihr verträgt. Die Slieke meint es aber nur gut, wenn sie die helle Flut der Mühlbeeke mit ihrem braunen Moorwasser gelb färbt, denn erstens sieht das dann, vorzüglich bei Sonnenschein, ganz großartig aus, zweitens muß die Mühlbeeke, so widerlich ihr das ist, vor der Brandheide die noch viel dunklere Fulbeck mitnehmen und ist nun schon etwas an das schwarze Volk gewöhnt und grault sich nicht mehr so sehr, wenn sich eine halbe Stunde später die beinahe ganz schwarze Schwattbeck zu ihr gesellt, ein ganz stinkfaules Wasser, das so langsam dahinschleicht wie ein Torfwagen und dabei so zähe ist, daß die Mühlbeeke sie mit Gewalt nicht los wird, schließlich ebenso stumpfsinnig dahinwankt und im Bullenbruche vor lauter Langweiligkeit manchmal kaum von der Stelle kommen kann. Aber das tut sie vielleicht nicht bloß aus Langeweile, sondern am Ende vor Angst, denn eine halbe Stunde weiter unten im Moore lauert die Aue auf sie, und es hilft der Mühlbeeke weder beten noch fluchen; mitgefangen, mitgehangen heißt es, und statt der lustigen Stichlinge, munteren Forellen und fröhlichen Ellritzen hat sie jetzt das Vergnügen, sich mit den stumpfsinnigen Karpfen, langweiligen Quabben und dösigen Aalen abgeben zu müssen, ein Verkehr, der ihr keineswegs standesgemäß vorkommt.

Voller Sehnsucht gedenkt sie dann der vornehmen Kreise, in denen sie früher verkehrte, der gemessen auftretenden Ringeltauben, die sich jeden Tag zweimal am Siebenspring tränken, der zierlichen Bachstelzen, die oberhalb der Mühle so gern an ihren Ufern umhertrippeln, der stolzen Schwäne, die sich in ihr spiegeln, wälzt sie sich durch den Mühlteich, des prunkvoll gekleideten Eisvogels, der sich am liebsten zwischen den beiden Übergängen aufhält, des einfach, aber hochfein angezogenen Reihers, dessen Bekanntschaft sie in den Forellenteichen machte. Von dem Augenblicke aber an, da sie sich mit der Slieke eingelassen hat, ist es aus mit dem feinen Besuch; einer nach dem andern von den besseren Gästen zieht sich von ihr zurück, und schließlich bleiben sie alle aus, und es läßt sich bloß noch allerlei gewöhnliches Volk, albern schnatternde Enten, großmäulige Frösche und dieser rücksichtslose Lümmel von Fischotter sehen, der sich lange nicht so gebildet benimmt wie weiter oben die Wasserspitzmaus und die Ufer mit den Resten seiner Mahlzeiten und auch sonst noch so zurichtet, wie sie es bis dahin nicht gewöhnt war, und anstatt daß ihr, wie früher, Heidlerche und Baumpieper, Zaunkönig und Frau Nachtigall ihre schönsten und besten Lieder singen, keift hier der Kiebitz, jammert der Kolüt, kreischt die Weihe und stöhnt die Mooreule, und die Himmelsziege, dieses Ekeltier, macht sich mit ihrem meckerigen Lachen obendrein noch über sie lustig.

Aber schließlich ist das weiter nicht verwunderlich, denn statt des Goldmilzkrautes, des Sonnentaues und des Beinheils, die um den Siebenspring wachsen, und statt der Hülsen des Liebholzes und des Küssebusches, die sie oberhalb der Mühle begleiten, und statt der Krauseminze, des Königsfarns und der Kuckucksblumen, die ihr weiterhin Gesellschaft leisten, drängt sich von der Zeit an, daß sie sich mit der Slieke einließ, lauter minderwertiges Volk an sie heran, Mäuseholz und Knooprisch, roter Hinnerk und Kunigundenkraut, bis zuallerletzt auch die zurückbleiben und nichts als das reine Lumpengesindel bei ihr bleibt, das zu weiter nichts taugt, als daß es die Kühe fressen, sei es grün, sei es als Heu.

Doch was hilft ihr das alles; wie man es treibt, so geht es, und wer sich in Gefahr begibt, kommt darin um. Aber trotzdem die Mühlbeeke von der Zeit an, daß sie mit der

Aue denselben Weg geht, schwarz wie eine Zigeunerin und ebenso wohlriechend ist, so viel Stolz hat sie doch noch behalten, daß sie ihren guten Namen ablegte und sich bloß noch die Beeke nennen läßt und nicht mehr Mühlbeeke.

Der Bergteich

Das Bergstädtchen ist heute ein einziger großer Blumengarten. Überall recken sich die Rispen des weißen und blauen Flieders zwischen dem hellgrünen Gesprieße der Tannen und dem tiefen Kupferrot der Blutbuchen, über jeden Zaun fluten des Goldregens leuchtende Trauben, die Roßkastanien sind überladen mit roten Kerzen, die Waldrebe entfaltet ihre blauen Sterne, der Rotdorn bricht fast unter der Fülle seiner Röschen, und die riesigen Knospen der Pfingstrosen sind aufgesprungen und lassen ihre weißen und roten Blumenblätter leuchten.

Der Himmel, der zwei Tage grau und grämlich war, ist vergißmeinnichtblau geworden, die Sonne, die zwei Tage lang hinter Grauwolken steckte, scheint heiß und lockte Bienen und Fliegen. Der frische, reinliche Ostwind hat den faulen, schmutzigen Westwind abgelöst, er schwenkt die blühenden Büsche und läßt die Falter flattern.

Wo tief zwischen grünen Waldkuppen ein kühles Wasser liegt, dahin zieht es alle Menschen an diesem glühenden Tag, über den Bergbach, dessen wilde Wellen rauschend und brausend, blitzend und blendend über das Wehr springen, den Wiesenpfad über den Berg hinan und hinein in den schattigen Wald, wo von hoher Felsböschung der Ginster seiner goldenen Blumen Fülle nicken läßt.

Am Teich sind alle Tische voll von frohem Volk. In der klaren, schönen Flut spiegelt sich der Buchen, Eichen, Fichten und Espen verschiedenfarbiges Grün in wunderbarer

Mischung; wo der Wind den Wasserspiegel erreicht, kräuselt sich das Wasser blau und silbern. Von den gelben Rudern spritzen leuchtende Perlen, und hinter den Kielen zittern silberne Streifen her.

Rund um den Teich führt ein abwechslungsreicher Weg durch warmes Licht und kalten Schatten, über bunte Wiesen und durch grünen Wald. In den sonnigen Buchten fahren die flinken Ellritzen hin und her, in den tiefen Ecken steht die bunte Forelle. Silberne Wasserjungfern knistern über die schwimmenden Blätter der Wasserhirse, stahlblaue Schwalben huschen über die Flut.

Aus dem Schatten der Buchen, wo einer hohen Kuckucksblume große weiße Blüten schimmern, tritt man auf eine sonnige Wiese, in der eine bunte Blume die andere drängt; da surren langhörnige Käfer, da schwirren glasflügelige Falter, da blitzt und funkelt es von allerlei sonnenfrohem Kleingetier.

Weiterhin in der sumpfigen Schattenecke plätschert das Wasserhühnchen herum, dicht über die schwarzgrüne Flut streicht ein Strandläuferpärchen, mit den langen, schmalen, gebogenen Flügeln fast das Wasser streifend, behäbig quarrt der Teichfrosch, lustig meckert der Laubfrosch, und langsam rudert ein Molch zwischen dem Kraut umher.

An einem Wieseneinschnitt, den ein kleines Wasser durchrieselt, ist ein dichtes Beet schneeweißer Dolden. Da schlüpft der Zaunkönig unter den grünen Schirmen der Pestwurz umher, und zwischen den überrieselten Steinen fischt die Bergbachstelze nach Gewürm für ihre Kleinen.

Und dann tritt man in das Gedämmer der Fichten, aus deren Wipfeln das dünne Gepiepe unsichtbarer Goldhähnchen ertönt, und wieder hinaus auf die sonnige Talsperre, mit ihrer Doppelaussicht auf die tiefe Klamm und die weite, grüne, von zwei Silberfäden durchzogene Wiese, und den stillen, grünen, grünumkränzten Teich.

Hinter uns geht die Sonne unter, rote Glut über das dunkle Wasser gießend. Die Drossel singt und der Kuckuck ruft, das Rotkehlchen plaudert und die Frösche quaken, Eintagsfliegen tanzen über dem Wasser in dichten Schwärmen, unbekümmert darum, ob ihr kurzes, auf Stunden bemessenes Leben von den scharfen Zähnen der Fledermaus beendet wird, die zwischen ihnen hin und her huscht, oder von dem Rachen der großen Forellen, die platschend nach ihnen springen, große, goldene Ringe in das tiefe Rot des Wassers malend.

Dann ruft die Eule, ein kühler Wind kommt über die Berge, der Teich verliert den Rosenglanz, und die Wälder um ihn ziehen ihr schwarzes Nachtkleid an. Aber der Mond will nicht, daß dem hellen Tag eine dunkle Nacht folgen soll. Groß und rund steigt er über den Berg und wirft eine lange silberne Straße über das Wasser, eine Straße, auf der nur Wesen gehen können, die ohne Leib sind. Aus den schwarzen Buchten tauchen sie auf, aus den schwarzen Winkeln kommen sie hervor, weiße, wesenlose Gestalten, aus dem Nichts entstehend, in das Nichts zerfließend, bis sie vor dem hellen Mondlicht wieder fliehen in ihre schwarzen Buchten und dunklen Winkel, die Nebelelfen.

Die lauten, frohen Menschen sind alle schon fort. Ganz still ist es geworden am Teiche. Eines kleinen Vogels süßperlendes Nachtlied, der Eule tiefer, runder Ruf, eines Fisches Platschen, der Espen Geflüster, alles ist es, was noch laut ist in der Mondnachtstille.

Wir sind auch ganz still. Was sollen Worte hier, wo die Gedanken kaum hineinzuflüstern wagen in die feierliche Stimmung von Wald und Wasser und Mondenschein.

Am Sommerdeich

Neben dem Flusse, seine unzuverlässigen Wellen bewachend wie der Hund die Herde, damit sie nicht vom Wege laufen und Schaden machen, geht der Sommerdeich. Je nachdem der Fluß sich benimmt, so verhält sich der Deich; wo der Strom eine scharfe Biegung macht, so daß man ihm ansieht, daß er Unfug vorhat, da bleibt er ihm dicht auf der Naht; wenn er aber sinnig geradeaus geht, dann kümmert er sich nicht so sehr um ihn.

Alle paar Tage gehe ich gern den Deich entlang, weil es dort so vielerlei zu sehen und zu hören gibt, und zu riechen desgleichen. Denn hier riecht es anders als im Bruche und auf der Heide. Der Schlick vom letzten Hochwasser strömt in der Sonne einen strengen Geruch aus, und wenn ich im langen Grase liege und in den blauen Himmel hineinsehe und den klirrenden Schrei der weißen Seeschwalben vernehme und dem Klucksen und Platschen der Wellen am Ufer lausche, und fern heult der Dampfer, dann ist mir mitunter so zumute, als wäre ich an der See. Aber wenn sich dann eine leichte Brise aufmacht und den Duft des Ruchgrases zu mir herweht und den der Lindenblüte, und die Schwalben zwitschern, und ganze Flüge von jungen Sprehen brausen über mich hin, dann schmecke ich, daß die Luft süß ist. Es liegt sich prachtvoll unter der krausen Eiche hier, um die wie eine Laube ein Kreis von hohen, dunklen Stechpalmen steht. Wenn ich hier liege, denke ich gar nicht daran, daß ich irgend etwas zu tun habe; das Wasser kluckst und platscht im Ufergebüsch, der Südwind ruschelt im Rohre, die Grasmücken singen in den Hagen, die Schwalben zwitschern in der Luft über mir, in der Eiche schwatzen die Hänflinge, die Bienen summen und die Hummeln brummen, die Wasserjungfern knistern, die Grillen geigen und die Heuschrecken fiedeln, alles das zusammen ist wie ein einziges Wiegenlied, bei dem man an nichts denken mag, sondern sich immer nur recken und strecken möchte. Und wenn eine Kuh aufbrüllt, eine Krähe quarrt, ein Kiebitz ruft oder die Mädchen, die zum Melken gehen, ein altes Lied nach einer süßen Weise singen, nichts davon stört den Frieden des Sommertages.

Jenseits des Flusses wenden sechs Mädchen Heu, immer in einer Reihe, bald dicht am Ufer, bald oben an der Hecke. Sie sehen zu hübsch aus, die sechs, alle in derselben Tracht, in den weißen Helgoländern, den roten Leibchen, die am Halse und über den braunen Armen ein Stückchen weißes Linnen freigeben, und in den blauen Röcken mit den weißen Schürzen. Je nachdem sie her oder hin wenden, sehe ich die blanken Harkenstiele, und die zwölf braunen Arme blitzen und leuchten, oder es kommen noch die sechs Gesichter dazu, die bei jeder Wendung aufleuchten und verschwinden. Und hier und da und dort in den Wiesen sind ähnliche Gruppen von Mädchen und Frauen, alle in derselben Tracht.

Auch sonst ist noch allerlei zu sehen. Ein Dutzend schwerer, schwarzweißer Kühe steigt langsam und besonnen das Ufer hinab und watet in das Wasser; laut schlürfen sie und schlagen dabei wild mit den Schweifen, weil die Bremsen um sie im Gange sind und die blinden Fliegen. Auf ihren breiten, glatten Rücken laufen die blanken Sprehen hin und her und suchen ihnen das Ungeziefer ab. An dem sandigen Ufer des Werders trippeln zwölf Kiebitze umher; Ringeltauben kommen angeflogen und tränken sich, und mit hellem Getriller, dicht über dem Wasser herstreichend, naht der Uferläufer und läßt sich auf dem Schlick nieder, während hinter dem Treibholz alle Augenblicke der schwarzweiße Hals eines Reihers aufzuckt, der dort auf Ukleis fischt. Aus dem Weidicht schwimmen Rohrhühnchen, flüchten aber wieder, gewarnt von dem Gezeter der Elster, denn am Ufer entlang schaukelt sich der Gabelweih.

Unter mir liegt ein runder, tiefer Kolk, von Schilf, Rohr, Pumpkeulen und Kalmus eingefaßt, ganz bedeckt von den breiten, blanken Blättern der Seerose, zwischen denen die großen, weißen Blumen leuchten. Das Rohr ist durchflochten von der Uferwinde, deren weiße Trichterblüten es beleben, und an fünf Stellen brennen die rosenroten Dolden der Blumenbinse im hellen Sonnenlichte. Aber herrlicher als alle diese Blumen sind die gewaltigen, goldgelben Blütenschirme der Riesenwolfsmilch, die an drei Stellen Büsche von Manneshöhe bildet. Jedesmal, wenn der Wind auffrischt, wirft er mir den betäubenden Honiggeruch der stolzen Blume zu, die so aussieht, als gehörten Palmen und andere Südlandsbäume in ihre Nähe.

Aber auch ganz in meiner Nähe ist es wunderhübsch. An den hohen Beinwellstauden hängen weiße und blaue Glöckchen, ein großer weißer, gelbgeäugter Stern steht auf langem Stengel neben dem anderen, wunderbare Disteln mit dicken, purpurnen Blüten, die mit zartblauen Staubfäden geziert sind, sehen stolz auf das Labkraut hinab, das einen goldenen Teppich vor ihnen ausbreitet, ein Heckenrosenbusch prangt über und über in Blütenpracht, und damit der Schlehdorn dagegen nicht so kahl aussieht, hat ihn die Klingelwicke ganz mit herrlichen blauen Blumen umsponnen, während ein bunt blühendes Geißblatt der Hainbuche denselben Liebesdienst tut. Davor aber protzt der Rainfarn mit lauterem Golde, als wollte er es dem Johanniskraute gleichtun, das sich aber noch neben ihm behauptet, zumal des Baldrians weiße Dolden ihm einen schönen Hintergrund geben.

Weil hier so viele Blumen wachsen, fliegt auch so viel buntes und blankes Getier, und deshalb sind auch solche Unmengen von Schwalben da, Rauchschwalben mit roten Kehlen, Steinschwalben mit silbernem Bürzelfleck, die grauen Uferschwalben, die so gemütlich schwatzen, und hoch in der Luft die wilden Turmschwalben, die Schreihälse. Jetzt kreischen sie alle auf einmal los und hetzen den Lerchenfalken, der von dorther, wo die braunen, schwarzhäuptigen Heidberge gegen die weißen Wolken stehen, gekommen ist, um zu rauben; um den Turmfalken aber, der über dem Kleestück rüttelt, kümmern sie sich nicht. Es ist so vieles hier zu sehen, daß ich nicht damit zu Ende komme, und wenn ich jeden Tag hier liege. Ein hoher Mauerpfeffer wächst aus der Deichböschung heraus und hüllt sie in reines Gold. Darüber ragen die rosenroten Häupter der Sandnelke, und überall funkeln die rubinroten Blütchen der Kartäusernelke über den sammetweichen Kätzchen des Mauseklees. Dann kommt ein Würger angeflogen und spießt eine Wasserjungfer auf den Schlehenbusch neben seine übrigen Vorräte; eine große Seemöwe, die der letzte Sturm in das Land geweht hat, jagt am Ufer entlang; am Werder stelzt der Brachvogel entlang, und hier und da und dort ist ein Storch zu sehen.

Nicht nur tagsüber ist es herrlich hier, sondern ganz besonders des Abends, wenn das Käuzchen umfliegt und in allen Kölken und Gräben die Frösche prahlen und das Wasser aussieht, als flösse es über schieres Gold. Aber noch schöner beinahe ist es morgens, wenn die Wiesen vor Tau blitzen und durch den Nebel, der über dem Flusse steht, die Reiher dahinrudern wie Schatten der Vorzeit.

Auch wintertags, wenn Randeis an dem Weidicht entlangrasselt und die ganze Marsch und die fernen Heidberge weiß sind, ist es schön hier, auf andere Art zwar, aber doch schön; denn schön ist es immer hier am Sommerdeich.

Strandgut

Vierundzwanzig Stunden lang schnauzte der Nordost in der Bucht herum.

Irgendwo in Nordrußland oder Sibirien hatte ihm irgend etwas die Laune verdorben, und nun ließ er seine Wut hier aus.

Mit den Menschen machte er den Anfang. Er warf die Dampfer hin und her, daß die Fahrgäste erst die Gewalt über ihre Hüte und Mützen und dann über ihre Mägen verloren und sich vollkommen unpassend benahmen.

Darauf belästigte er die Sommerfrischler. Erst versuchten sie sich dadurch zu helfen, daß sie die Strandkörbe mit dem Rücken gegen die See drehten. Das nützte ihnen aber wenig, denn er trieb das Wasser derart in die Düne, daß sie nasse Füße bekamen und sich hinter die Sanddornbüsche oder in den Wald, wenn nicht gar hinter die Glashallen der Gasthäuser, verzogen.

Nachdem es ihm auf diese Weise gelungen war, den Strand menschenfrei zu fegen, sah er sich nach anderem Zeitvertreib um. Es verdroß ihn, daß die Seenadeln und die Dorschbrut zwischen den Tangbüscheln und dem Meergras nach wie vor vergnügt umherschwammen und sich ihres Lebens freuten, und es ärgerte ihn baß, daß die Granate und die Flohkrebse und die Asseln so taten, als wenn es keinen Nordost gäbe, und so grölte er die Wellen so barbarisch an, daß sie kopfüber, kopfunter über die Vordüne stolperten, am Strande auf den Rücken fielen, sich wieder in die Höhe krabbelten und dabei alles, was zwischen Reff und Strand lebte und webte, durcheinanderbrachten, Sand und Steine, Tang und Seegras, Fisch und Gewürm, Schnecken und Muscheln.

Ein dicker Dorsch, der schon manchen Sturm erlebt hatte und auf die Kraft seines Schwanzes vertraute, stieß spaßeshalber aus der Tiefe auf, um sich den Kuddelmuddel da oben ein wenig anzusehen und dabei im trüben zu fischen. Er schluckte und schluckte, was er an junger Dorschbrut vorfand, und paßte dabei nicht auf. So kam es, daß er mit der Breitseite gegen die Brandung geriet. Quatsch, hatte er eins gegen die Rippen, daß ihm dumm zumute wurde. ‚Oha!' dachte er und wollte sich mit dem Kopfe gegen die Wellen stellen; aber pratsch, da hatte er schon wieder eins gegen Backbord, wurde um und um gestülpt, bekam noch eins gegen Steuerbord, und nun, rumms, eins gegen das Vorderdeck, und bumms, eins gegen das Achterdeck, und jetzt war ihm so, als wenn er leck sei, denn ihm fehlte das, was er zum Leben am nötigsten brauchte, Salzwasser.

„Grroßaartigerr Dorrsch", quarrte es bei ihm, und er bekam eins gegen das Auge, daß ihm schlimm wurde. „Prrachtvollerr Dorrsch", ging es wieder, und abermals hatte er einen Schnabelhieb weg. Das waren zwei Krähen, die auf diese heimtückische Weise ihr Strandrecht ausübten. Die Möwen aber waren damit zufrieden. Die eine keifte: „Mir hört er!" Und die andere zeterte: „Nein, mir!" Und die anderen zwanzig und dreißig schlossen sich ihnen an. „Nicht waahrr", quarrte die eine Krähe. „Weg da!" schimpfte die andere. „Wirr waarren zuerrst da!" Und ohne sich um die Möwen zu kümmern, die in einem fort „Gemeinheit, Schweinerei!" und ähnliches schrien, bearbeiteten sie den armen Dorsch derart, daß es bald mit ihm zu Ende war.

Fuchsteufelsfuchtig flogen die Möwen weiter, fischten hier eine Seenadel, da einen zollangen Dorsch, dort einen Stichling und benahmen sich dabei so gesittet, daß der Nordost seine helle Wut darüber hatte. Mit einem Male lachte er im Halse, denn am Schar hatte er drei Butt gesehen. Er blies in die Brandung, daß die armen Plattfische auf einmal ihre weiße Kehrseite zeigten und im nächsten

Augenblick bereuten, sich aus dem sicheren Tief emporgewagt zu haben. Aber nun war es zu spät für alle guten Vorsätze. Eine nach der anderen flog erst über die Brandung hinaus zwischen die Feuersteine, und über ihnen stießen die Möwen hin und her und schrien: „Mein Butt!" — „Nein, meiner!" — „Nicht wahr, meiner!" — „I wo, meiner alleine!" Dabei hatten sie sie noch gar nicht mal, denn der Wind machte sich den Ulk, die drei Butt wieder zurückzuwaschen, und nun ging es los: „Gemeinheit, Schweinerei, Niederträchtigkeit!" Und dabei schwebten sie über der Brandung, in der die drei Butt bald auf-, bald untergingen. Schließlich warf der Nordost sie alle drei auf den Strand, und nun waren die Möwen wieder die Dummen, denn da lauerten schon sechs andere Krähenpaare, und die Möwen mochten noch so heftig Einspruch erheben und sich auf ältere Rechte berufen, ihnen blieben nur die blanken Gerippe.

Immer bösartiger wurde der Wind, so bösartig, daß es schon mehr ein Sturm war. Von Stunde zu Stunde wühlte er die Vordüne tiefer auf, so daß das Wasser erst gelb vom Sand und dann braun oder grün oder rot anzusehen war, je nachdem, ob Blasentang, Seegras oder Rotalgen dort wuchsen. Die Herzmuscheln und die Sandmuscheln mochten sich noch so tief einbuddeln, es half ihnen nichts; sie wurden aus ihren Gründen herausgewaschen und zu Strande gebracht. Die Steckmuscheln glaubten, sie könnten sich auf ihre Verankerung verlassen, und die Uferschnekken wähnten, sich durch festes Ansaugen sichern zu können. Ja, Kuchen! Haufenweise wurden sie auf den Strand geschmissen, ganze Barren davon luden die Wellen ab, und es gereichte ihnen nicht zum Trost, daß hier ein Dorsch, da ein Butt und dort ein Knurrhahn daran glauben mußte und nun so lange mit dem Schwanze klatschte, bis die Möwen oder die Krähen über ihm waren. Es flogen so viele Fische an Land, daß die Krähen, vernünftig, wie sie waren, sich längst nicht mehr darum stritten, selbst wenn einmal etwas Neues, zum Beispiel ein Seeteufel oder ein Dompage, vor ihnen herumzappelte. Die Möwen aber, futterneidisch wie alles Volk, was haufenweise zusammenlebt, gönnten eine der anderen nichts und hörten noch nicht einmal auf zu zetern und zu zanken, als schon mehr Fisch als Möwe dalag, und selbst wenn der Wal, der jüngst hier herumfuhrwerkte, noch gelebt hätte und gestrandet wäre, hätten sie darum gestritten, wem das beste Stück gehören solle.

Aber der Sturm war noch immer nicht zufrieden. Haufenweise warf er das Seegras auf den Strand samt allem, was darin lebte, und hinterdrein schmiß er Steine über Steine, alle mit Blasentang und Algen bewachsen, zwischen denen es von kleinem Getier wimmelte und krimmelte, und ganze Berge von Steckmuscheln und anderen

Schaltieren häufte er an, und als die Sonne schon längst zur Ruhe gegangen war, schnauzte er noch immer in der Luft herum und trieb die See an, Leben um Leben auf den Strand zu schleudern, so daß die Möwen und die Krähen am anderen Morgen, als der Nordost schon längst wer weiß wo war, nicht wußten, wo sie zuerst anfangen sollten, so viel Strandgut lag da, Butt und Dorsch und Knurrhahn und noch viel mehr und sogar ein Dornhai, an dem sich der Fuchs, der allnächtlich den Strand abpirscht, gütlich tat.

Am Morgen aber machte die See ein Gesicht wie ein Säugling, der sich ganz vollgetrunken hat, und die Sonne lachte so freundlich wie eine junge Frau, die tags vorher noch Braut war, so daß all das Strandgut, das an der Flutmarke lag, nur so blitzte, und die Milliarden von Seefliegen, die darüber umherstoben, freuten sich ihres Lebens, denn ihr Tisch war reichlich gedeckt.

Denn was da blitzte und blinkte, schimmerte und flimmerte, das waren sterbende Muscheln und absterbende Fische, verschmachtende Krabben und verendende Quallen, vertrocknende Granate und verdorrende Seesterne.

Und die Sonne lachte, die Möwen kicherten, und die Krähen freuten sich und desgleichen die Kinder der Badegäste, gab es doch so viele hübsche bunte Dinge zu finden auf dem großen Leichenfelde.

Und so lobte alles den guten Nordost, denn er sorgte so schön für viel Strandgut.

Die Rohrsänger

Der Kiefernhorst singt ein anderes Lied als der Eichenwald; das Laub der Buchen raschelt anders als das Gezweige der Weiden und Pappeln.

Sind die Weisen, die das Rohr und das Schilf und das Riedgras bei Wind raunen, einander auch ähnlich, das harte Geraschel des Rohres bringt eine andere Stimmung hervor als das weiche Geraschel des Schilfes, und noch anders wirkt der Seggenblätter und des Brandgrases verlorenes Geflüster, das schleifende Rauschen des Kolbenrohres und das gleichmäßige Wetzen der Binsen.

In Rohr und Schilf, im Weidengebüsch und im Ried lebt eine Gruppe von Vögeln, ähnlich einander an Gestalt, Färbung, Benehmen und Stimme, Nestbau und Lebensweise, und doch verschieden in kleinen Abweichungen der Größe und Färbung, des Standortes und der Form der Nester, der Färbung und Zeichnung der Eier, des Klanges des Locktones, der Art des Gesanges; mögen unsere Rohrsänger sich noch so ähneln, sie sind doch so verschieden unter sich, daß die Systematik sie in drei Gruppen zerlegte, deren eine, die der Heuschreckensänger, sich am meisten von den anderen Gruppen, den Rohrsängern und den Schilfsängern, entfernt. Wenig beachtet das Volk diese Gruppe, unterscheidet kaum die eine von der anderen Art. Nur der größte deutsche Rohrsänger, der Drosselrohrsänger, brachte es zu einem eigenen Volksnamen; denn zu auffällig, zu merkwürdig, zu sonderbar ist sein Geschwätz, als daß es nicht bemerkt werden müßte. Die Quarrlaute der Frösche scheint er nachzuäffen, das Geraschel des Rohres und die schrillen Rufe von Wasserhuhn und Zwergtaucher, um daraus ein Lied zusammenzuflechten, eigentlich kein Lied, nimmt man das Wort genau, und doch eins, prüft man es auf seine Wirkung.

Je nach der Stimmung der Landschaft wirkt sein Lied gemütlich oder herbe, spaßhaft oder unheimlich. Wenn der See in der Mittagssonne glitzert, wenn das Rohr ganz leise rauscht und flüstert, wenn einzelne Frösche behaglich quarren, ab und zu ein Wasserhuhn scharf ruft oder ein

Zwergtaucher trillert, dann hat der Rohrdrossel Schwatzen eine gemütliche, einschläfernde Wirkung. Selten singen dann mehrere auf einmal, hier schlägt eine an, ruft faul ihr „karre, karre", macht eine Pause, klettert den Rohrhalm hinauf, schlüpft durch das Röhricht, stößt ihr schrilles, lustiges „kiek, kiek" aus und schweigt. Nach einer Weile beginnt drüben am anderen Ufer ein anderes Männchen. Mutvoll hebt es an: „hedder, hedder, hedder", schweigt, ruft: „tuitui, tui", schweigt wieder, knarrt laut weiter: „dorre, dorre, dorre", hört wieder auf, läßt das rauhe „karre, karre, karre" folgen, besinnt sich ein Weilchen, schreit: „kei, kei, kei", ist abermals still, krächzt laut: „kerr, kerr, kerr" und schließt, nachdem es noch einmal schwieg, mit heiserem „karra, karra" und gellendem „kiek, kiek". Und dann ist es still auf dem See. Die Schwalben fahren zwitschernd hin und her, klatschend wirft sich ein großer Fisch, in der Ferne verklingt das Kreischen der Seeschwalbe, steif und stumm steht das Rohr, und die Julihitze brütet auf der Landschaft.

Kein Frosch plärrt, kein Rohrsänger ruft. Stunden vergehen. Am westlichen Himmel erheben sich weiße Wetterköpfe, wachsen immer höher, holen schwarzes Gewölk herauf, stellen sich vor die Sonne. Der weißglühende, glitzernde See wird grau und dann schwarz. Die Schwalben sind fort, die Wasserjungfern verschwinden. Die Weiden lassen ihr Gezweig zappeln, laut raschelt das Röhricht, Katzenpfoten trippeln hurtig über die Flut. Jähe Windstöße lassen das Rohr klirren und werfen klatschende Wogen an den Strand. Goldrot bricht die Sonne aus den schwarzen Wolken, färbt den See blutrot und verschwindet wieder. Es pfeift in der Luft, es braust im Walde, der ganze Himmel wird schwarz, graue Regenschauer prasseln auf den See herab.

Da erklingt ein heller, froher, scharfer Ruf. Auf der

Spitze des höchsten Rohrhalmes, der wild im Winde zuckt, sitzt die Rohrdrossel, läßt sich schaukeln und singt mit dem Wind und dem Wasser, mit dem Rohr und den Weiden um die Wette. Je schriller der Sturm pfeift, je lauter die Welle klatscht, je wilder der Wald braust und je toller das Rohr rauscht, um so flotter singt und schwatzt der Vogel, und nicht in Pausen gibt er sein Sturmlied zum besten, nicht bruchstückweise, nicht in Absätzen, nicht faul und schläfrig, wie um die Unterstunde, sondern flott und frisch klingt es durch Sturm und Rohrgeraschel: „Heid, heid, heid — tui, tui, tui — dorre, dorre, dorre — karre, karre, karre — keik, keik, keik — kerre, kerre, kerre — karra, karra, karra — kiek, kiek, kiek", und noch einmal und abermals, und je toller der Sturm losgeht, je schwärzer der Himmel und je wilder das Wasser wird, um so lustiger singt der tapfere Vogel von seinem schwankenden Halme herab.

Sonst ist er nicht sehr für die Öffentlichkeit, und er zieht ihr das heimliche Leben im Röhricht vor, wo er von Halm zu Halm huscht, halmab, halmauf klettert, Motten jagend und Mücken, Räupchen und Larven. Unglaublich lang und dünn kann er sich machen und so leicht, daß der Binsenhalm, an dem er hängt, kaum Zeit hat, sich zu biegen. Das Schlüpfen, Kriechen und Klettern, das kann er trotz Zaunkönig, Braunelle und Meise. Das Fliegen liebt er nicht sehr. Ab und zu schlägt er, will er einen anderen Hahn aus der Nähe seiner Niststätte jagen oder einem anderen das Weibchen abspenstig machen, einen kurzen Bogen an der Wasserseite, aber das geht so flink, daß selbst der Sperber, der die Kunst der Buschklepperei doch nach allen Regeln kennt, ihn so leicht nicht erwischt, und die Rohrweihe kümmert sich gar nicht um ihn; sie weiß, daß er schneller als sie ist. So lebt er denn in dem Rohrwalde mit Fröschen, Enten, Wasserhühnern und Tauchern sein verborgenes Leben, bis Sturmwetter ihn verwegen macht und er hoch vom Rohrwalde mit dem Wind um die Wette singt. Sonst läßt er sein Lied meist aus dem Rohrdickicht erschallen, und ist die Nacht schön warm und lau, so schweigt er auch dann nicht und überschreit das Gequarre der Wasserfrösche und das Geplärre der Rohrkröten.

Sind aber erst die Jungen da, dann hat er nicht mehr so viel Zeit. Sie wollen schnell wachsen, denn Ende August geht es schon wieder nach Afrika, und so heißt es: fleißig füttern. Fortwährend schlüpfen die Alten heran und stopfen die vier oder fünf nimmersatten Gelbschnäbel, die aus dem merkwürdigen Neste heraussehen, das hoch über dem Wasser zwischen vier Rohrstengeln hängt. Als es gebaut wurde, war das Rohr noch niedrig, und so stand das Nest anfangs dicht über dem Wasser. Je mehr das Rohr aber wuchs, um so höher hob es auch das Nest. Dieses ist ein Bau eigener Art. Er ist dreimal so lang wie breit und äußerst künstlich aus Schilfblättern und Weidenbast gewirkt und mit Kolbenrohrwolle und Rohrflocken ausgelegt. Die Nestmulde ist so tief, daß kein Sturm die Eier herauswerfen kann, und so fest und sauber ist das Nest geflochten, daß der heftigste Wogenschlag es nicht durchnässen kann. In dieser luftigen Schaukel, die jede Bewegung der Halme mitmacht und jeder Strömung der Wellen folgt, wächst der Rohrdrossel Brut heran. Ehe sie aber noch völlig flügge sind, klettern die Jungen schon über das Nest hinauf und turnen an den Halmen auf und ab, bis der dumpf rollende Warnruf der Alten, wenn ein Raubvogel über dem See klaftert oder ein Boot sich naht, sie in das Nest zurücktreibt. Sind die Fittiche aber ausgereckt, dann folgen sie den Eltern, die sie mit lautem „tak, tak" hinter sich herlocken, und sie lernen von ihnen, wie man die Eintagsfliege fängt und die Wasserjungfer, die Motte und die Köcherfliege, wie man beim Herannahen des Sperbers wie ein Stein von der Spitze des Rohrhalmes in das Gewirr der Stengel und Blätter fällt oder mit hastigem Fluge zwischen Welle und Rohr dahinstreicht und im Bogen im Röhricht verschwindet.

So wie das Leben der Drosselsänger spielt sich das aller unserer Rohrsänger im großen und ganzen ab, und doch hat jeder sein Abzeichen in den Körpermaßen und in der Gefiederzeichnung, das Lied der einen Art ist mehr dem der Grasmücke, das der anderen des Gartenspötters ähnlich, aber ohne Nachahmung von Rohrgeraschel, Froschgequake und Rohrhuhngequieke geht es bei keinem ab. Keiner von ihnen allen ist so ausgesprochener Rohrvogel wie der Drosselrohrsänger. Ihm genügt das schönste Schilfdickicht, das dichteste Weidengebüsch nicht; Rohr muß er haben, nur Rohr und Wasser, dann ist er zufrieden, aber sonst auch nicht. Es kommt vor, daß auch er einmal im Buschwerk baut, aber nur in ärgster Legenot oder wenn der Mensch das Rohrdickicht zerstörte, als das Nest schon fertig war.

Der Rohrdrossel Vetter, der Teichrohrsänger, nimmt es mit dem Wohnort nicht ganz so genau. Er ist in jeder Beziehung eine verkleinerte Ausgabe der größeren Art, in der Färbung, im Nestbau, im Gesange und in der Lebensweise. Auch er liebt das Rohr mehr als alle anderen Uferpflanzen, doch nimmt er auch mit Kolbenrohr und Uferweiden vorlieb, und das Wasser kann er nicht entbehren. Wenn in seinem Gesange die Urlehrmeister der Rohrsänger, Rohr und Welle, Frosch und Wasserhuhn, auch nicht mehr so deutlich zur Geltung kommen wie bei der Rohrdrossel, man kann sie doch noch immer deutlich heraushören, denn es quiekt und schnarrt und quarrt und raschelt ganz wunderlich daraus hervor. Nur ist das Liedchen zusammenhängender, fließender, weniger abgehackt, nicht so rauh, hart und scharf, und es verrät, daß der Sänger nicht ganz auf das harte Rohr angewiesen ist. Aber lustig und fröhlich klingt auch des Teichrohrsängers Strophe. In seinem Neste, ist es auch nicht ganz so streng gebaut wie das des großen Vetters, ist er aber immer noch der echte Rohrsänger, selbst wenn das Nest im Weidicht steht. Am liebsten aber hängt auch er es in das Rohr und läßt es dort mit den Halmen emporwachsen.

Unabhängiger vom Wasser und gar nicht an das Rohr, ja noch nicht einmal an das Schilf gebunden ist der Sumpfrohrsänger. Mit jedem Buschwerk, das auf feuchtem Boden steht, ja selbst mit dem Gebüsch der Gärten und Anlagen, nimmt er vorlieb, und sogar in Erbsen-, Bohnen-, Hafer- und Rapsfeldern siedelt er sich an. Wenn auch sein Nest noch meist frei hängt nach alter Rohrsängerart, es ähnelt doch in der Form und Anlage schon bedeutend mehr dem der Grasmücken, und auch sein Gesang verrät nur noch in den Grundtönen die ursprüngliche Rohrsängerweise, kommt aber sonst dem der Grasmücke recht nahe. Wie er von der Dorngrasmücke es lernte, sein Leben dem Felde anzupassen, so entnahm er ihr auch den Gesang und verflocht darin alte Erinnerungen an Rohrgeraschel und Wellengeglückse, Froschgequak und Taucherschrei. Aber das genügte ihm noch nicht, und so stahl er denn der Wachtel ihren Dreitakt, äffte das heisere Kichern der Meise und das scharfe Locken des Rebhahnes nach, er stibitzte der Amsel ihr Geflöte und dem Spatz sein Geschilpe, dem Star sein Pfeifen und dem Bussard sein Miauen, und alle diese Laute quirlt er zu einem seltsamen Gesangsbrei zusammen, so daß ein Sumpfrohrsänger wie der andere singt; aber die alten rauhen und scharfen Rohrsängerlaute behält selbst der Vogel bei, der im Park zwischen Nachtigall und Amsel, Mönch und Braunelle, Rotkehlchen und Spötter aufwuchs, denn Art läßt nicht von Art.

Noch weiter von der alten Stammesart entfernter sich

die beiden Schilfsänger, der Schilfrohrsänger und der Binsenrohrsänger. Unterscheiden sie sich von den anderen Rohrsängern schon durch die dunkelgefleckte Oberseite und den hellgestriemten Kopf, so noch mehr durch ihre Wohnorte. Sie brauchen kein Rohr, sie wollen kein Schilf, aber Riedgras verlangen sie, Doldenpflanzen und Binsenbüsche, und an das Wasser sind sie so wenig gebunden, daß schon einige Wiesengräben oder gar der feuchte Grund ihnen genügt. Da sie dem Rohre untreu wurden, vergaßen sie auch, ein Rohrsängernest zu bauen, und so legen sie ihr Nest auf einer dichtbewachsenen Bodenerhöhung, in einer Riedgrasbülte, in einem Binsenbusche an, wie es die Rohrammer tut. Nach alter Gewohnheit verflechten sie den Rand des Nestes noch mit den Binsen- oder Riedhalmen, aber viel Zweck hat das eigentlich nicht mehr, weil das Nest meist auf dem Boden steht und nur noch ganz selten hängt. Auch sonst haben sie von den anderen Vögeln der Wiese und des Weidelandes, den Piepern und Rohrammern, allerlei angenommen. Der Schilfrohrsänger flattert wie der Pieper beim Singen schräg abwärts und läßt sich auf einem Busche nieder, und er äfft gern Wiesenbachstelze, Rohrammer, Pieper, Blaukehlchen und Schwalbe nach, und während er ganz wie ein Pieper oder eine Stelze dahintrippelt, schlüpft der Binsenrohrsänger mäuseähnlich gewandt wie ein Blaukehlchen über den Boden, und aus der Verborgenheit läßt er wie dieses sein wunderliches Liedchen ertönen.

Gänzlich untreu geworden aber den alten Rohrsängersitten sind die Heuschreckensänger. Sie sind so weit heruntergekommen, daß sie sich vergaßen, den Gesang der Heuschrecken und Grillen nachzuahmen, und morgens und abends lassen sie aus dem dichten, feuchten Gebüsche, aus nassen Feldern, bewachsenen Sümpfen, oder wo sie sonst gerade ihr Heim aufschlugen, ihr eintöniges Schwirren ertönen, meist aus der Verborgenheit, manchmal auch von einer Dolde oder von einer Zweigspitze.

Alle aber, wie sie da sind, unsere Rohrsänger, mögen sie nun im hohen Rohrwalde oder im dichten Uferschilfe, im Ried oder im Risch, im Busch oder im Felde wohnen, sonderbare Gesellen sind sie alle miteinander.

Er, der Herrlichste von allen

Was war das eben da über dem Bache, das bunte Ding, das mit schrillem Pfiff dahinstob? War es ein Vogel oder ein Falter, und wenn es ein Vogel war, aus welchem Lande kam er, der mit Himmelblau und Maibaumgrün und Silberweiß und Rot hier mitten in die Schneelandschaft Farben aus einer Welt hineintrug, die Hunderttausende von Jahren hinter uns liegt, Farben, wie sie die Vögel Indiens und Südamerikas vorweisen, Farben, die nur in Palmen zu denken sind.

Es war kein Kolibri, es war ein guter alter Deutscher, unser schönster Vogel, der Eisvogel, der nur deswegen wenig bekannt ist, weil dieses Prachtkerlchen in der warmen Jahreszeit ein recht verborgenes Leben an den stillen Ufern buschreicher Flüsse und Bäche führt und erst im Winter sich überall herumtreibt, wo es ein winziges Fischchen, einen Wurm, einen Wasserkäfer oder eine Larve zu erbeuten gibt. Und so kann man ihn, wenn man die Augen offenhält, besonders an schnellen Gräben öfter antreffen.

Dort sitzt er stumm, nur ab und zu den Kopf drehend, auf einer über das Wasser hängenden Dornranke, einem Zweig oder einem Pfahl, und lauert, bis seine scharfen Augen irgendeine kleine Beute im Wasser erspähen. Mit einem jähen Ruck plumpst er dann in das Wasser, kommt in einem Sprühregen wieder zum Vorschein, schüttelt die

Wasserperlen von seinem bunten Gefieder, wirft den Kopf in den Nacken, schleudert mit kurzem Ruck seine Beute ein Stückchen in die Luft, fängt sie mit dem zollangen, spitzen Schnäbelchen so auf, daß der Kopf des Fisches oder der Larve nach unten liegt, und würgt sie hinab. Um die jetzige Zeit ist er oft so vertraut, daß man sich ihm bis auf zehn Schritt nähern und sein wundervolles Federkleid bewundern kann, den rostroten Bauch, die silberweiße Kehle, den lasurblauen Rücken, die grünblauen Flügel, den dunklen Backstreif und die mennigroten Füßchen. Obgleich der kleine Kerl kaum Spatzengröße hat, ist er durch seine leuchtenden Farben, seine ulkige Gestalt, an der der lange Schnabel und das winzige Schwänzchen besonders auffallen, eine so seltsame Erscheinung, daß er von jedem Menschen beachtet werden muß, der ihn zufällig erblickt.

In unserer einheimischen Vogelwelt ist der Eisvogel eine eigenartige Erscheinung, der hier keine nahen Verwandten hat. Seine ganze Verwandtschaft befindet sich in den heißen Ländern und bringt es dort zu recht ansehnlicher Größe. Seine nächsten Verwandten in Europa sind die herrliche Blauracke und der prächtige Bienenwolf Südeuropas, der sich ab und zu nach Deutschland verfliegt.

An fischreichen Flüssen und Bächen mit steilen, buschigen Ufern spielt sich vom Frühling bis zum Herbst das Familienleben des Eisvogels ab. An einer abschüssigen, unzugänglichen Stelle des lehmigen Flußufers pickt sich das Pärchen, das sich im Gefieder kaum voneinander unterscheidet, eine zweieinhalb bis drei Fuß lange, zwei Zoll im Lichten haltende Höhle mit kesselartig erweitertem Ende in die Erde, wo das Weibchen auf einer Unterlage von Wasserjungferflügeln seine fünf bis sieben auffallend großen, kugelrunden, spiegelblanken weißen Eier legt, deren Schale so durchsichtig ist, daß man den Dotter erblicken kann.

Die jungen Eisvögel sind schnurrige Wesen. Von ihrer späteren Schönheit ist zuerst wenig zu sehen. Sie sind ganz nackt, haben mächtige Köpfe, und der Unterschnabel ist nur halb so lang wie der Oberschnabel. Da es sehr lange dauert, bis die Spulen platzen, so sehen die halb erwachsenen Eisvögel fast wie kleine Zaunigel aus mit den langen, weißen spitzen Posen. Dazu riechen sie noch stark nach Bisam. Auch halten die kleinen Kerle wenig auf Reinlichkeit; sie beschmeißen die Wände der Nesthöhle derartig, daß derjenige, der einmal versucht hat, junge Eisvögel auszunehmen, es niemals wiederholt. Wenn die Jungen flügge sind, dann prangen sie in einem so herrlichen Federkleide wie die Alten.

Um diese Zeit gelingt es auch wohl einmal, an einer stillen Bachbucht eine Eisvogelfamilie zu beobachten. Wer es einmal erlebt hat, der vergißt das niemals, denn wenn sechs oder acht dieser farbenprächtigen Kerlchen durcheinanderflirren, so ist das ein Leuchten, Funkeln, Blitzen, Schimmern und Glänzen, ein kunterbuntes Gewirr von Rot, Weiß, Blau und Grün zwischen den Büschen und über dem Wasser, eine jähe Folge scharfer und schriller Töne, ein fortwährendes Plumpsen und Spritzen des Wassers, daß man unwillkürlich die einheimische Pflanzenwelt vergißt und erstaunt ist, keine Palmen und Lianen um sich zu sehen. Noch reizender ist es, zuzusehen, wenn der männliche Eisvogel seiner kleinen Frau den Hof macht, was man im Vorfrühling manchmal beobachten kann. Das Weibchen sitzt dann im vollen Sonnenschein auf einem hervorragenden Ast, Pfahl oder Stein und wippt geschmeichelt mit dem Stummelschwänzchen, und das Männchen umflattert es mit gellendem Geschrei, in scharfen Zickzackschwenkungen, seines Hochzeitsröckchens Wunderpracht zur schönsten Geltung bringend.

So reizend unser Eisvogel und gering der Schaden ist, den er bei seiner Winzigkeit und seiner Seltenheit anrichten kann, so gibt es doch Menschen, die ihn auszurotten bestrebt sind, denn sie sagen, er schade der Fischerei. Wohl fängt der Eisvogel gelegentlich Fischbrut, und darunter ist auch manchmal eine junge Äsche oder Forelle. Sein Schaden kommt aber bei seiner Kleinheit kaum in Betracht; zumal jedes Eisvogelpärchen ein sehr großes Jagdgebiet hat, das es gegen die Übergriffe anderer ihrer Art eifersüchtig verteidigt. Darum ist es eine Rohheit und eine Ruchlosigkeit, diesen allerliebsten kleinen Fischer zu fangen und zu erlegen.

Der Eisvogel siedelt sich, wie die lustige und harmlose Wasseramsel, nur dort an, wo es eine Unmenge von Gewürm und Larven aller Art, zudem noch so viel wenig wertvolle Fische wie Schmerlen, Ellritzen und Groppen gibt, daß es ohne jeden Belang ist, wenn er sich auch manchmal eine winzige Äsche oder Forelle zu Gemüte zieht. Jedenfalls schadet eine große Äsche oder Forelle der eigenen Brut mehr als zwanzig Eisvogelpärchen.

Darum, wer ihn hat in seinem Reiche, sei er Jäger oder Fischer, der freue sich an ihm und schone ihn, stelle ihm nicht nach mit Schrot, Tellereisen und Leimrute, denn er stellt sich damit ein böses Dummheits- und Rohheitszeugnis aus. Unsere Kultur sorgt sowieso mit ihrer Sucht nach Ufergeradelegung und Buschausrodung allzusehr dafür, daß diesem Vögelchen unserer heimischen Vogelwelt die Daseinsbedingungen arg beschnitten werden, ihm, dem Herrlichsten von allen.

Die Entenmutter

Mitten im grünen, buntgeblümten Wiesenlande steht ein alter Weidenbaum am Bache.

Krumm und schief ist er gewachsen, hohl ist sein Stamm und so gespalten, daß Sonne und Mond hindurchscheinen können. Oben bildet er einen dicken, strubbeligen Kopf, zwischen dessen Zweigen Himbeeren und Farne wuchern und der vom Efeu dicht umsponnen ist. Mitten in dem Efeu hat eine Ente ihr Nest gebaut.

Ehemals bildete der Bach hier ein Bruch. Damals standen viele Kopfweiden an seinen Ufern, Schilf und Riedgras bildeten dichte Horste, so daß die wilden Enten dort gern brüteten. Dann wurde das Bruch entwässert und zu Wiesen gemacht. Das Schilf und das Riedgras verschwanden, die Weiden fielen unter der Axt. Diese eine ließ man stehen, damit die Schnitter ein schattiges Plätzchen hätten.

Die Enten, die hier gebrütet hatten, mußten sich andere Plätze suchen. Ganz vergaßen sie die alte Heimat aber nicht. In jedem Vorfrühling, wenn die Wiesen unter Wasser standen, trieben sich hier einige Paare umher, kreisten über den Wiesen, suchten im Grase nach Gewürm, stöberten in den Buchten des Baches nach Schnecken, verschwanden dann meist aber wieder, um sich an anderen Stellen Nistplätze zu suchen. Ab und zu brütete eine auch in dem Ufergebüsch oder im Felde.

Die Ente, die jetzt hier brütete, hatte sich weit von da bei dem Altwasser des Flusses zwischen zwei dichten Riedgrasstauden ein sehr schönes Nest gebaut, ein so sauberes Nest, wie es nur eine alte Ente fertigbringt. Da kam das Hochwasser, spülte das Nest fort samt dem ersten Ei und überschwemmte das Land weit und breit. Ganz unglücklich flog die Ente in ihrer Legenot umher und kam schließlich auch zu dem Weidenbaum, dessen strubbeliger Kopf mürrisch aus der gelben Flut hervorsah.

Ein Dutzend Male umkreiste die Ente den Baum, dann ließ sie sich in dem Geäste nieder. Die Gelegenheit erschien ihr nicht übel. Wenn sie einige alte Himbeerstengel beseitigte, war Platz genug da. Zudem brauchte sie gar keine Unterlage zu beschaffen, denn in der Mitte war der Knorren morsch; der warme weiche Mulm lag frei zutage, trockene Blätter fehlten auch nicht, und rund umher bildeten die Farnblätter und der Efeu einen dichten und hohen Wulst.

Am nächsten Tage lag ein Ei dort. Wenn die Ente fort flog, um sich Futter zu suchen, zerrte sie trockene Blätter darüber, damit das Krähengesindel das Ei nicht finden sollte. Als das Gelege vollzählig war, hatte die Ente nicht mehr nötig, es zuzudecken, denn die Zweige hatten sich begrünt, und kein Krähenauge konnte die zwölf Eier finden. Auch die Ente war geborgen, wenn sie auf dem Neste saß und brütete. Mehr als einmal strich der Habicht hart über den Weidenbaum hin, ohne sie zu eräugen, denn zu dicht war das Laub.

Der Ente gefällt es hier. Sie hatte einen schlimmen Winter hinter sich, einen ganz schlimmen Winter. Bis zum November war es herrlich; alle Teiche waren offen. Dann setzte aber der Frost ein und schloß erst die Tümpel und Teiche und hinterher die Seen, so daß sich die Enten an den Bächen und Flüssen durchschlagen mußten, bis auch die zum größten Teil zugefroren oder so viel Randeis ansetzten, daß keine Ente dort mehr leben konnte.

So mußten sie alle nach dem Süden, nach Gegenden, wo sie nicht Bescheid wußten. Fanden sie endlich ein offenes Wasser, dann dauerte es meist nicht lange, und es knallte, und zogen sie weiter und fielen in der Dämmerung in einer Flußbucht ein, dann blitzte und donnerte es wieder. Es war ein elendes Leben, zumal der Schnee hart und fest lag, so daß die Enten auf den Feldern auch keine Nahrung fanden, und während sie sich sonst im Februar schon reiheten, dauerte es in diesem Jahre bis in den März, daß die Paare sich fanden.

Es war ein ganz alter Entvogel, der sich zu der Ente geschlagen hatte, denn er hatte vier krumme Federn im Steiß, und der weiße Ring unter seinem goldgrünen Halse war breit. Er hinkte auf dem rechten Ruder, denn das hatten ihm die Schrote durchschlagen, und sie hatten zwei von den glänzenden, blaugrünen Spiegelfedern quer durch den Laufknochen getrieben, und die waren darin festgekeilt, was ganz schnurrig aussah. Es war noch ein netter junger Erpel dagewesen, der der Ente mit viel Kopfnicken und Schnattern den Hof gemacht hatte, aber der alte Erpel hatte ihn abscheulich behandelt und schließlich fortgejagt.

Den März über hatte sich der alte Erpel zu der Ente gehalten, und die beiden hatten sich umhergetrieben, wo es für Enten gut zu leben war. Den Tag über lagen sie in irgendeinem Bruche oder Weidengehege, aber wenn die Eule rief, erhoben sie ihr Gefieder und strichen mit lautem

Klingeln nach dem Altwasser, wo das große Entenstelldichein war. Das gab dann zuerst ein großes Geratsche und Getratsche, bis man sich erinnerte, daß man hungrig war, und dann schnatterten die Paare im Schlick und Schlamm umher, bis es im Osten hell wurde und das eine Paar hierhin, das andere dahin strich.

Ab und zu kam es dann noch vor, daß ein lediger Erpel sich zu dem Paar gesellte, und einmal dauerte es über eine Stunde, bis daß der Erpel den Nebenbuhler fortgeärgert hatte, und von all dem Gefliege und Gehetze war die Ente so müde, daß sie sich den Abend über im Grase hielt und den Erpel allein zur Entenversammlung fliegen ließ. Als sie in der Nacht schließlich doch nach der Bucht strich, war nur ein Entenpaar da, und das hielt sich ängstlich im freien Wasser weit vom Lande, denn als abends alle Enten auf einem Haufen dicht am Ufer waren und durcheinanderschnatterten, war der Fischotter plötzlich mitten zwischen ihnen gewesen und mit einem Erpel untergetaucht. Und das war der gewesen, der zu der Ente hielt, die nachher in der Weide brütete.

Eine Woche später kümmerte sich kein Erpel mehr um die Enten. Die Erpel hatten sich zu Flügen zusammengeschlossen und trieben sich überall umher, und die Enten saßen auf den Eiern. Dann waren die Erpel auf einmal gänzlich verschwunden. Sie mauserten und hielten sich verborgen, weil sie kaum fliegen konnten, und als sie wieder zum Vorschein kamen, waren sie nicht wiederzuerkennen, denn bis auf einige klägliche Reste von dem schönen Hochzeitskleide sahen sie fast wie Enten aus.

Das war um die Zeit, als das erste Ei unter der Brust der Ente in der Kopfweide zerbarst, und aus ihm kroch ein wolliges Entchen heraus, das so jämmerlich piepte, daß der Waldkauz bis dicht an das Nest heranschwebte, aber entsetzt abschwenkte, als die Mutterente ihm mit fürchterlichem Geflatter entgegensprang. Am anderen Vormittag bekam sie Besuch von dem Hermelin, das Lust auf Entchenbraten hatte; aber ehe das Wiesel noch recht wußte, was ihm geschehen war, flog es im großen Bogen durch die Luft in den Bach hinein. Pudelnaß kroch es heraus und nahm sich vor, nie wieder auf den unheimlichen Baum zu klettern. Auch eine Krähe, die das Piepen der Jungenten vernommen hatte, zog ganz verdutzt ab, als die alte Ente ihr wütend die Flügel um den Schnabel schlug und dabei schrecklich quakte. Menschen kamen um diese Zeit hier nicht vorbei; nur einmal stöberte der Fuchs dort umher und äugte sehnsüchtig nach dem Bau hinauf, schlich aber bald wieder weiter.

Als alle zwölf Entchen ausgekrochen waren, kam die Mutterente in große Not. Erst trippelten die Kleinen piepend zwischen den Zweigen umher, bis eins nach dem anderen das Übergewicht bekam und in die Wiese purzelte. Das Nesthäkchen aber piepte kläglich, denn es fürchtete sich vor dem Sturz in die Tiefe. Da faßte die Alte es mit dem Schnabel in den Nacken und flog damit in die Wiese. Eine ganze Stunde mußte sie nun aber suchen, ehe sie ihre zwölf Jungen zusammen hatte. Hier piepte eins in der Wiese, da eins in den Weiden, dort eins unter den Kleeblättern, und drei schwammen sogar schon auf dem Bache. Endlich hatte sie alle auf einem Haufen und brachte sie mit viel Mühe und Geduld nach der sumpfigen Ecke der Wiese, wo einige dichte Weidenbüsche standen und das Hochwasser Löcher gerissen hatte, und dort verlebten die Kleinen ihre ersten Lebenswochen.

War es auch still und ruhig dort, so ganz sicher war es da trotzdem nicht. Die alte Ente mußte fortwährend aufpassen. Einmal jagte die Kornweihe dort, und um ein Haar hätte sie ein Entchen gegriffen, wenn nicht die Mutterente den Raubvogel abgeschlagen hätte. Auch das Hermelin ließ sich dort ab und zu sehen, und es war so frech, daß die alte Ente alle Mühe hatte, es in die Flucht zu schlagen. Dann mußte sie noch auf die Krähen achten, denn denen war nicht zu trauen, und dem Storche erst recht nicht. Eines Abends war es ganz schlimm, denn da kam der Fuchs angeschlichen. Zum Glück war es kein alter Fuchs, sondern ein jähriger, und er fiel richtig darauf herein, als die alte Ente sich flügellahm stellte und so lange vor ihm herflatterte, bis sie ihn weit von ihrer Brut fortgelockt hatte; und da flog sie ihm vor der Nase fort, und er sah mit dummem Gesichte hinter ihr her.

Der Schreck war ihr aber so in die Glieder gefahren, daß sie auszuwandern beschloß. In der Wiese war es ganz schön, aber die Wasserlöcher zwischen den Weidenbüschen boten doch nicht Sicherheit genug. In aller Lerchenfrühe ging die Reise los. Es war eine lange, böse Reise, denn es war ein heißer Tag. Solange die Wiesen reichten, war das Marschieren eine Freude, aber dann kam eine kahle Brache, und da stach die Sonne zu sehr, und es gab nirgends Deckung vor Feinden. Aber man kam glücklich hinüber und in den Roggen, und von da in den Hafer, und von dort in den Weizen und in die Viehbohnen, und dort wurde erst haltgemacht, denn es war kühl und schattig dort, und es wimmelte von allerlei Gewürm am Boden und an den Bohnenstangen. Bis in den späten Nachmittag blieben die Enten dort, und dann ging es weiter, bald durch Klee, bald durch Wiesen, jetzt durch Erbsen, dann durch Getreide. Hier war ein Weg zu nehmen und gleich darauf die Landstraße, und dann kam ein tiefer Graben mit steilen Rändern, und schließlich sogar der Eisenbahndamm, und gerade, als das letzte Entchen hinüber war, donnerte der Zug über die Geleise, und alle Enten purzelten entsetzt die Böschung hinunter.

Damit hatte die Not aber auch ein Ende, denn bei jedem

Atemzuge merkten sie, daß sie an ein großes Wasser kamen, und bald waren sie da, und alle dreizehn stürzten sich in das Schilfdickicht, lagen erst ganz still und fraßen sich dann so voll, wie sie konnten, denn da wuchs so viel schwimmendes Kraut, und das lebte nur so von Schnecken und Würmern und anderem Getier, so daß eine Ente nur den Schnabel in das Wasser zu stecken und das Wasser ablaufen zu lassen brauchte, um ihn voll von Futter zu haben.

Denn das war das große Altwasser des Flusses, ein Entenparadies ersten Ranges. Da bildete das Rohr ganze Wälder und das Schilf große Dickichte, Schwertlilie und Blumenbinse wuchsen da.

Ließ sich auch der Habicht ab und zu sehen und die Rohrweihe, die Rohrsänger paßten gut auf, und sowie einer warnte, verschwanden die Enten im Röhricht. So brachte die Ente alle ihre zwölf Kleinen so weit, daß sie groß wurden, und als sie flügge waren und die Jagd aufging, zog sie mit ihnen ab, und der Jäger hatte das Nachsehen.

Die Rohrweihe

In den gewaltigen Schwarzpappeln an dem Wasserdurchlasse der Landstraße, deren Kronen, erfüllt von aufblühenden Kätzchen, wie eine purpurne Wolke vor dem Kiefernwalde stehen, pfeifen und schnalzen die Stare. Die graue Bachstelze trippelt über die gelbe Steinmauer und schnappt nach Mücken und Käferchen, im Weidengebüsch kichern die Sumpfmeisen, kräftig schlagen die Finken, und lustig singt der Baumläufer, den bunten Flechtenüberzug der rissigen Pappelstämme nach Spinnen und jungen Raupen absuchend.

Blank und glatt wie ein Spiegel liegt der See da. Hier und da quirlen die Ukleis, verwehte Fliegen von der Wasserfläche schlürfend, in der sumpfigen Bucht über den versunkenen Dickichten der Wasseraloe rudern murrend die Grasfrösche, und in dem Zuflusse schlagen die laichenden Hechte. Dort und da vor den gelben vom Wintersturme zerzausten Rohrrändern zeigen sich die grünen Dolchspitzen der frischen Schosse, und zwischen ihnen rudert, kopfnickend und hin und wieder einen Jubelruf in die Weite schickend, ein Wasserhuhnpaar, während in der Mitte des Sees ein fischendes Haubentaucherpaar silberne Kringel auf dem klaren Spiegel hervorruft und ab und zu mit rauhem Jauchzen das Pfeifen der Stare durchbricht.

Warum schrie das Wasserhuhn eben so schrill auf und flattert eilig durch die Binsen in das Rohrdickicht? Weshalb taumeln die Kiebitze mit schneidendem Wehklagen über die Fledderwiesen am Ufer? Die Taucher versanken spurlos, die Enten, die im Schilf gründelten, sind fort, laut warnt der Buntspecht aus dem Kiefernforste, und heftig zetern die Meisen im Weidengebüsch, und die Bachstelze schwingt sich von dannen. Auch die Ukleis haben die Fliegensuche eingestellt, und sogar die Grasfrösche, die vor

Liebeskoller verblödet sind, wimmeln ungeschickt durcheinander und zappeln in das Schilfgewirr.

Ein Schemen strich über das Rohr, ein Schatten fiel auf das Wasser, ein dünner Pfiff erscholl, ein klägliches Schreien erklang. Ein großer brauner Raubvogel streicht über die Fledderwiese, weht empor, schaukelt nieder, schwebt zurück, schwimmt über den Rohrwald, biegt um das Weidicht, hebt sich über die Birken, verschwindet bei den Schlehen, taucht in der Bucht wieder auf, rudert an dem Ufer entlang, klaftert über die Insel fort, ist fort, ist wieder da, hebt sich höher und höher, erlischt zum Fleckchen, kreist oben im Blau, zieht weite Ringe und kommt herabgeflattert, taumelt, als wären ihm die Schwingen zerschossen, überschlägt sich, stürzt fast bis auf die goldenen Kuhblumen in der Wiese, kreischt einen gellenden Katzenschrei, steigt mit angestrengten Flügelschlägen wieder empor, bis er fast auslischt in der Höhe, wird wieder hinabgeschleudert und steigt wieder empor, tief unten in den Wiesen abermals hinunterwirbelnd, nun hoch in der Luft und jetzt dicht über dem Boden das seltsame Spiel wiederholend, bis unter ihm ein zweiter großer Vogel dahinschaukelt.

Es ist wieder zurück von der Südlandsfahrt, das Rohrweihenpaar. Sie sind wieder da, der Enten Not, der Wasserhühner Tod, des Kiebitzes Angst, der Bekassine Schrekken, sind wieder angelangt in ihrer Jagd, das Entsetzen der Ralle, die Furcht des Wachtelkönigs, des Piepers Unglück und der Rohrammer Jammer, der Blindschleiche Verderben und des Frosches Greuel. Ein halbes Jahr lang wird wieder der Schatten ihrer Schwingen die Maus ängstigen und die Mooreidechse entsetzen, den Rohrsänger erschrekken und die gelbe Bachstelze erzittern lassen, ihr Pfiff wird das lustige Leben in das Röhricht jagen und ihr Schrei das frohe Treiben zur Tiefe scheuchen und heimlichen Tod und jähen Meuchelmord allem bringen, was Schuppe und Feder und Haar und nackte Haut und Flügeldecken hat und es nicht versteht, rechtzeitig auf dem Grunde des Wassers oder im Wirrwarr des Schilfes zu verschwinden, oder zum Stein oder Erdkloße zu werden, bis der breite Schatten vorübergeschwenkt ist. Der Uferläufer wird seine bunten Eier nicht wiederfinden, kehrt er zum Neste zurück, der Regenpfeifer vergebens seine Jungen suchen, wo der braune Tod vorbeischwebte, und Jammer und Wehgeschrei wird sein Tag für Tag von diesem Märzmorgen bis zu einem Herbstabend, da die Gespenster verschwinden.

Durch das fahlgrüne Gras der Wiese stolpert in ungeschickten Sätzen ein Grasfrosch; stier blicken seine Augen, bläulicher Glast schillert in seinen Flanken; toll ist er vor Liebe und dumm vor Sehnsucht. Dort hinten in der Schilfbucht surrt und murrt, pladdert und quaddert es, wie das Summen aus einem riesigen Bienenschwarme tönt es von dort heran, und dahin zieht es den Frosch mit tödlicher Gewalt, treibt ihn mitten über die kahle Fläche, in der kein Tümpelchen, keine Wasserrinne Schutz bietet und kein Gestrüpp Unterschlupf. Da schwenkt es heran in geisterhaftem Fluge, schaukelt es lautlos hernieder, lange gelbe Griffe strecken sich vor, scharfe schwarze Krallen zucken zusammen, und aus ist es für den Frosch mit aller Liebessucht und allem Sehnsuchtsweh. Lang durch die Wiese zieht sich ein Graben, darin manscht und planscht es. Ein liebestoller Junghecht ist auf der Wanderung im Schlamm gestrandet. Seine Hoffnung wird sich nicht erfüllen; er wird nicht bis dahin kommen, wo ein Weibchen ihn erwartet, nicht wird er sich an ihren bunten Seiten reiben und nicht das Zittern ihrer Flossen zu sich hinüberwellen fühlen, denn schon senkt sich das Wiesengespenst auf ihn herab und schlägt ihm die Krallen in den stahl-

grauen Rücken. Am Uferabhange hebt sich der Sand; etwas Schwarzes wühlt sich heraus, rutscht herab, rast in das Gestrüpp, murkst dort umher, raschelt da herum, und quiekend und fauchend jagt es das Weibchen vor sich her, es nach der Wiese hin treibend. Aber wieder senkt sich das braune Unheil hernieder, und aus und alle ist es mit dem Minnegetändel des Maulwurfpaares.

Frühling, süßer Frühling, der du die Liebe bringst, den bitteren Tod hältst du in derselben Hand. Ihr beiden bunten Finkenhähne, die ihr den Waldrand von dem Doppelklange eures Geschmetters klingen ließet, warum fochtet ihr euren Strauß um das Weibchen nicht im Schutze der treuen Kiefernkronen aus, weshalb taumeltet ihr, verbissen und verkrallt, blind und taub in schrägem Geflatter auf das freie Land und sahet nicht den schmalen, breiten, braunen Strich mit dem gelben, blaugespitzten Flecke darin, der näher und näher schwamm und breiter und größer ward, aus runden, umschleierten Augen euch anstarrte und spitze Krallen in eure warmen Leiber schlug? Nun kleben euer beider Federn im braunen Treibholze und ziehen über den See, die Fische narrend. Und du, Eidechsenmännchen mit dem prächtig zimtroten Rücken und den herrlich smaragdgrünen Seiten, konntest du dein graues Liebchen nicht dort liebkosen, wo der Schlehdorn sein wehrhaftes Gezweige schützend über euch hält? Aber die Raserei der Liebe trieb dich, den eines Grashalmes Knistern sonst in das Erdloch jagt, auf den freien Sand, und das braune Unheil warf seine Schatten über dich und die Deine und goß aus acht Krallen des Todes Bitternis in der Liebe Süßigkeit. Und was trieb dich, Otter mit dem Giftzahn, aus dem hohen Heidekraut heraus auf den Sandweg, und warum schlangst du dort deinen grauen Leib durch das lohbraune Geringel deines Weibchens, wo doch dicht bei euch durchwärmtes Sandrohrgewirr euch geschützt hätte vor dem düsteren Unheil, das mit kaltem Tod eure heiße Liebe kühlte?

Rechts und links am Seeufer entlang schweben die beiden Weihen, und ihrer Fittiche Schatten tötet. Bis daß auch in den beiden Mördern wieder das lebendig wird, was aus der Stare Pfeifen erklingt und dem Murren der Frösche sich entringt, sich das eine wieder turmhoch hinaufschraubt und keckernd und kreischend da hinabtaumelt, wo aus dem fahlen Röhricht das dünne Quieken ertönt, und jählings zappeln die Frösche zu Grunde, denn im raschelnden Rohre beginnt ein Schlagen von Schwingen und ein Knistern von Stengeln, denn wenn die Liebe des Mörderpaares auch heimlich ist und sie ihre Lust im Verstecke hoher Halme und langer Blätter büßen, ihrer Schwingen Schlag zerbricht die dürren Stengel und zerfetzt das morsche Laub des hohen Ampfers, bis, satt des Mordes, müde der Liebe, das Paar des Tages Helle verdämmert.

Mit rotseidenem Tuche weist die Sonne dem Tage den Weg in die Nacht. Heller pfeifen die Stare, lauter murren die Frösche; nachdenklich wiegen die Kiefern die Kronen, das Rohr flüstert von heimlichen Dingen, und verstohlen schütteln die Nebelfrauen die verschleierten Häupter. Da erheben die Rohrweihen wieder ihr Gefieder und schaukeln über ihre Jagd, mit langsamen Flügelschlägen den Nebel zerteilend, plötzlich auftauchend aus dem milchgrauen Brodem und wieder darin verschwindend. Die dicke, schwarze Wühlratte, die eilig aus dem Schilfe hastet, um dem Weidicht zuzurennen, wird von dem Weihenmännchen ergriffen und gibt schrill quiekend ihr Leben auf. Das Weihenweibchen hat noch besseren Fraß gefunden. Es eräugte die Häsin, die aus dem Sandrohrgestrüpp hervorhoppelte; lautlos schwebte der Räuber heran und schlug die beiden hilflosen Junghäschen, die mit angelegten Lauschern, braunen Erdschollen ähnlich, in dem Gewirre der gelben Halme schliefen. Und jetzt, wo der Uferrasen mit den Resten des Mahles bedeckt ist und der leise Abendwind die grauen Flöckchen umherwirbelt, beginnt das Männchen wieder sein tolles Minnespiel, bis im Holze die Waldohreulen unken, im Röhricht die Dommel brummt und über dem See das Geklingel der streichenden Enten das Nahen der Nacht ankündigt, die den letzten hellen Schein von dem See fortwischt und Himmel und Erde zusammenspinnt.

Kaum, daß im Osten der Tag sein rotes Banner schwenkt, als noch der Nebel schwer und dicht über dem Seebecken liegt, alle Himmelsziegen noch meckern und die Eulen immer noch unken, schaukelt die Weihe schon wieder über das Wiesenland, greift den Pieper im taunassen Grase, schlägt die Spitzmaus im Röhricht und hebt das Froschpaar aus der Pfütze, und am Ufer des Sees entlang schwebt ihr Genosse hin, nimmt am Rande des Ackers die

Maulwurfsgrille auf, greift die Waldmaus, die hastig über den Sand springt, und meuchelt am Abhange die Heidlerche, bis das wilde Werben des Männchens, sein gellendes Kreischen und seines Balzfluges Gegaukel es wieder gefügig macht und es sich in das Rohrgewirre treiben läßt. Tag für Tag geht so das wilde, laute Minnespiel in dem Seebecken zwischen den Kiefernwäldern vor sich, und Tag für Tag jagt das Paar heimlichen Fluges am Strand entlang und über den Wiesen, alles schlagend, was schwächer ist als sie selber.

Wo der See sich in schwimmende Wiesen umgewandelt hat, die keinen Menschenfuß tragen, wo unter der schwankenden Grasnarbe die Moorhexe im tiefen, weichen Schlamme lauert, ragt ein wirres Gestrüpp von Schilf, Kalmus, Ampfer und Binsen. Dort bauen die Weihen ihren Horst. Weit und breit ist er und hoch, damit, wenn der Wind steif gegen die Bucht weht und das Wasser in die Höhe treibt, die Flut den Horst nicht durchweichen kann. Aus dürren Zweigen und toten Stengeln ist er locker aufgestapelt, als wäre es Genist, das die Welle anspülte und der Wind zerwirbelte. In der Nestmulde aus toten Grasblättern und Binsenhalmen liegen die grünlichweißen Eier; sie brauchen keine Schutzfarbe, denn hoch türmt sich das gelbe Gestrüpp über sie, und zudem deckt sie der braune Rücken des brütenden Weibchens, welches das Männchen, ab und zu seinen Raubzug unterbrechend, mit wildem Balzfluge unterhält, als müßte es heute noch um seine Gunst werben. Aber dann bersten die Schalen, sechs grauweiße, breitschnäbelige, glotzäugige Wollklumpen, unbehilflich und plump, entschlüpfen ihnen, und nun ist es aus mit Minnegetändel und Balzgeflatter, denn von früh bis spät fällt den alten Weihen das hungrige Gepiepe ihrer Brut auf das Herz und treibt sie vom Lerchenstieg bis zur Uhlenflucht auf Raub. Nun wahrt euch, ihr Jungenten im

Schilfe, und haltet euch in Deckung! Zwölfe waret ihr, sechs seid ihr noch; die Hälfte von euch verschwand im Rachen der Jungweihen. Hütet euch, ihr Kiebitze, sieh dich vor, Rohrhuhn, habe acht, Ralle, und passe auf, Rebhuhn, daß dir der braune Tod nicht zum zweiten Male die Eier aussäuft oder die letzten von deinen Jungen davonträgt. Verlasse dich nicht zu sehr auf deiner Eier Schutzfarbe, Heidlerche, und du, Brachpieper, baue nicht zu sehr darauf, daß deine Kinder wie schimmelige Kotballen aussehen, das Wiesengespenst hat Augen, die alles sehen. Was klagt der Triel auf der Sandblöße, warum wehklagt die Ammer im Dornbusche, weshalb jammert die Bekassine so kläglich? Wo sind die Blindschleichen geblieben, die sich so gern auf dem warmen Moose sonnten, wo stekken die Eidechsen, die sonst über das Renntiermoos huschten, warum verstummen die dicken grünen Frösche und verschwinden mit Angstgequieke, und warum geben die Fische ihr Werfen auf? Die Weihe war dort, die Weihe ist da, die Weihe naht heran, ihren Schatten hinter sich lassend und ihr Spiegelbild unter sich werfend. Die Rohrdrossel warnt, die Grasmücke schimpft, die Sumpfmeise zetert, der Uferläufer läßt seinen Notpfiff erklingen; wo die Weihe sich zeigt, verstummen die lustigen Lieder, hört das Hungergepiepe der Jungvögel auf, endet der Frösche Chorgesang im Röhricht und das Gezappel der laichenden Ukleis im Schilfe, und nur die Nacht allein gibt den Tieren der Seemulde Schutz vor dem Räuberpaare.

Der Juli ist da; überall im Röhricht, in der Schilfdeckung, im Ufergebüsch, im Wiesengrase wimmelt es von Junggetier. Die Weihen leiden keinen Mangel. Ihrer sieben sind es jetzt; acht waren es, aber die eine achtete, als sie vor dem Rohre den abstehenden Brassen aufnehmen wollte, nicht darauf, daß dicht unter dem Wasserspiegel ein langer, breiter Kopf lauerte und zwei stiere Augen sie herannahen sahen. Und als sie die Krallen in den verendenden Fisch schlagen wollte, da öffnete sich das Wasser, ein riesiger Rachen faßte sie und zog sie herab, aber gleich darauf tauchte sie tot wieder empor, denn zu viele Federn hatte sie für den Geschmack des uralten Hechtes, dem manches Rohrhuhn, manche Jungente schon zum Opfer gefallen war. Die sieben anderen Weihen aber schaukeln jeden Morgen und jeden Abend am Ufer entlang und über die Wiesen hin und holen sich ihren Zehnten von allem, was jung und unbeholfen, unachtsam oder verträumt ist. Die Altente, die ihr halbflügges Schof aus dem Bruche dem See zuführen will, flattert wild umher und quarrt jämmerlich, aber es hilft ihren Jungen nicht, daß sie sich drücken, zwei davon greifen die Weihen. Tag für Tag kreischen und schreien die Trauerseeschwalben über dem scharfen Blätterdickichte der Wasseraloe und stechen auf die Weihen, aber Tag für Tag rauben die dort. Der Flug von zwölf Kiebitzen, der über die Wiesen taumelt, besteht nur aus alten Stücken, denen die Weihen ihre Jungen nahmen. Der Wachtelkönig brachte zehn Kleine aus; drei davon sind noch am Leben. Das Zwergsumpfhuhn führte acht Dunenjunge; heute hat es nur noch zwei davon. Das Wasserhuhn zieht allein seine Brut auf, denn den Gatten nahm ihm die Weihe. Sieben Erpel sind Witwer geworden; ihre Weibchen schlug der braune Tod. Die Birkhenne im Bruche warnte vergebens, und nutzlos war des Wasserläufers Trillerpfiff, das Wiesengespenst fand das junge Birkwild zwischen den Wollgrasbülten und suchte die jungen Wasserläufer aus dem Riedgras heraus.

Dann, eines Tages, ist Frieden in dem Seebecken. Fort sind die Weihen. Morgen oder übermorgen läßt sich Ersatz sehen, der aus den fernen Tundren zureiste, aber tags darauf ist er verschwunden. Zwar jagt der Habicht hier noch, raubt der Sperber, fliegen Gabelweih und Baumfalke auf

Raub aus, aber nicht so planmäßig wie die Weihen suchen sie das Gelände, nicht Tag für Tag streifen sie das Ufer und die Wiesen ab.

So kann alles, was dem See treu blieb, sich seines Lebens freuen bis zu dem Frühlingstage, wenn die Stare pfeifen und die Frösche murren und von irgendwoher der braune Tod wieder auftaucht.

Der Haubensteißfuß

Die Landzunge, die wie ein kleines Vorgebirge in den See hineinragt, trägt heute noch den Flurnamen Galgenberg, obgleich es schon lange her ist, daß dort das schwarze Gerüst stand.

Hinter dem Galgenberge schneidet der See mit einer tiefen Bucht in das Wiesenland hinein. Rohr, Schilf, Kalmus, Riesenampfer und hohe Seggen bilden hier mit Weidengestrüpp einen mächtigen Wall, dessen Ränder je nach der Jahreszeit die Blumen von Schwertlilie, Wasserliesch, Uferwinde, Gold- und Blutweiderich schmücken.

Seerose und Mummel streiten sich um den ersten Schönheitspreis, Wasserknöterich und schwimmender Hahnenfuß um den zweiten. Den Grund bedecken die Rasen der Armleuchterpflanzen, und mehrere Arten von Laichkräutern bilden gewaltige Dickungen unter dem Wasser, während Krebsschere und Froschbiß mit dichtem Blätterteppich den Wasserspiegel überziehen, bis schließlich die Seebinse allein die Herrschaft behält, die einzige Pflanze, die dem Wellenschlage standhält.

Infolge ihres Reichtums an Sumpf- und Wasserpflanzen leben in der Bucht hinter dem Galgenberge mehr Tiere als an den übrigen Ufern des Sees. Nirgendwo schwirren so viele Wasserjungfern wie hier, und unter faulen Holzstücken finden sich zahlreiche Käfer. Hier schlüpft die Mollmaus, turnt die Zwergmaus, und wintertags, wenn der See übergefroren ist, verstecken sich Hase und Fuchs gern in dem dünnen Röhricht.

Viele Vögel, kleine und große, leben in der Bucht, vier Arten Rohrsänger allein, dann die Rohrammer, die Stock-, Knäck-, Tafel-, Moor-, Löffel-, Spieß- und Kriekente, die große und die kleine Rohrdommel, die Wasserralle und das Tüpfelsumpfhuhn, das Bläßhuhn und das Teichhuhn. Auch die Rohrweihe brütet hier, jeden Tag sucht der schwarze Gabelweih nach abgestandenen Fischen, Sperber und Habicht rauben mit Vorliebe an den Rohrwänden entlang, und nirgends übt der Reiher den Anstand lieber aus als dort. Im Herbste schlafen die Schwalben und Stare zu Tausenden im Rohrwalde, und im Winter suchen die nordischen Enten und Taucher mit Vorliebe die Bucht auf, in der es von Fischen, Schnecken und Würmern wimmelt.

Darum sucht sich auch der seltsamste Vogel, der auf dem See lebt, der Haubentaucher, alljährlich die Bucht zum Brutplatze aus. Hier ist er vor den Jägern sicher, denn ehe sie mit ihrem Kahne auf Schrotschußnähe heran sind, hat er tauchend längst das Röhricht erreicht, wo weder Kugel noch Hagel ihm etwas anhaben können. Wenn er auch am liebsten auf dem hohen See fischt und die Fischweid in der Bucht selbst den Tauchenten und Bläßhühnern überläßt, seine schwimmende Wiege baut er in der Bucht, und seine Brut zieht er dort auf, ehe er sie mit auf das blanke Wasser nimmt und sie die hohe Jagd im tiefen See lehrt und die Flucht vor den bösen Jägern.

Jedes Jahr um diese Zeit, wenn das Rohr seine Dolche aus dem Wasser reckt, stellt er sich auf dem See ein. Niemals sehen ihn die Fischer kommen. Als schlechter Flieger reist er nachts. Eines Morgens ist er da. Mitten auf dem See schwimmt er, nicht ungeschickt und plump wie die

Wasserhühner und Enten, die weit aus dem Wasser ragen, sondern wie ein Torpedoboot saust er dahin, nur einen schmalen Strich des Rückens, den langen Hals und den Kopf zeigend.

Aber was für einen Kopf auch! Es lohnt sich schon, den zu zeigen. Seltsam ist die weiße Stirnplatte des Bläßhuhnes und schnurrig des Teichhuhnes siegellackrote Stirn, herrlich des Moorerpels Kopfschmuck und prächtig des Stockerpels Hauptzier, aber gegen den Haubensteißfuß kommen sie alle nicht auf. Erstens die langen, dunklen Federhörner über der Stirn, und dann der fuchsrote, schwarzbraun gesäumte Kragen um das silberweiße Gesicht, der ihm ein fremdes, unheimliches Aussehen gibt, und darin der dolchspitze, lange, rosenrote Schnabel.

Mögen die anderen leidliche Taucher und annehmbare Schwimmer sein, an ihn reichen sie nicht heran. Hat einer von ihnen so praktische Schwimmfüße wie er? Wie ein Messer, so scharf sind die Läufe, und die gespaltenen Zehen tragen einen breiten, harten, hornigen Flossensaum und platte Nägel, wie sie sonst kein Vogel hat. Und dann der Leib! Platt und zugespitzt ist er, so daß er das Wasser wie ein Torpedo durchschneidet, und kein unnützer Ballast von Flügeln und Schwanz beschwert ihn. Wie Schuppen liegen die Federn an, und so dicht und fest sind sie, daß kein Wassertröpfchen auf die Haut gelangt. Der Pinguin und der Alk allein können mit ihm wetteifern an Zweckmäßigkeit des Körperbaues für die Taucherarbeit.

Darum ist das Tauchen auch seine Lust. Sein Jagdreich ist nicht von dieser Welt. Das seichte Schnattern auf der Oberfläche und das lächerliche Gründeln überläßt er den Enten und Wasserhühnern. Dort unten, wo das Tageslicht nur gebrochen in das Pflanzengewirr fällt, ist sein Gebiet, da übt er sein Recht aus. Wo der Hecht steht, wo der Aal wühlt, wo der Wels liegt und die Quappe kriecht, da ist er zu Hause. Da jagt er den Uklei und den Gründling, die Maräne und die Zährte; er weiß den Steinbeißer zu finden und den Krebs zu erwischen, und der Schwimmkäfer ist ebensowenig sicher vor ihm wie die Wasserjungfernlarve und der Pferdeegel.

Ihn hungert. Die Nacht war lang und die Reise beschwerlich. Auf dem steil aufgerichteten Halse wendet sich der seltsame Kopf blitzschnell hin und her. Federohren und Kragen legen sich fest an, der Schnabel senkt sich, der Hals krümmt sich, fort ist der Taucher, und das Wasser zieht Ringe. Zwanzig Fuß tief stießen die Füße den Taucher fast senkrecht hinab, dann wendet er und schwimmt, mit den Flügeln nachhelfend, geradeaus. Hier liegt das versunkene Segelboot, das vor zwei Jahren mit zwei jungen Burschen umschlug, hier liegt des Sees ältester Wels, und hier ist das tiefe Loch, in das die Unterströmung alles Faulende zusammenfegt. Darum krimmelt es da von Fischen.

Dicht über das veralgte Steuer des Bootes fährt der Vogel hin und quer über den Rücken des Welses fort; ehe sich der Tolpatsch besinnt, ist der Taucher vorüber. Und jetzt mitten in das Gewimmel hinein, so dicht an den alten Barschen vorbei, daß sie entsetzt zur Seite prallen. Erst geradeaus. Die Fischbrut flieht. Mit zwei Flügelschlägen ist sie überholt. Der Taucher wendet, geht tiefer und kommt den Fischen entgegen. Der messerscharfe Schnabel faßt einen jungen Brassen über den Kopf; ein Ruck, und das Fischchen ist verschwunden. Und so geht es einem zweiten und einem dritten. Dann ein Flügelschlag, und der Taucher wiegt sich wieder auf dem Wasserspiegel, atmet, lockt einige Male laut und verschwindet abermals.

Wieder taucht er auf, verschwindet abermals und kehrt zurück, und nun ist er satt. Er stellt sich auf die platten Füße, richtet sich steil auf, schlägt mit den dürftigen Flügeln, putzt sein Gefieder und lockt. „Gröck, gröck", ruft er. Und dann schneller: „Gröckgröckgröck." Von der Bucht kommt Antwort, derselbe Laut, aber nicht so grob. Freudig ruft der Taucher und quarrt frohlockend sein heiseres „Kworr" hinterdrein, und von der Bucht wird ihm holde Antwort. Wie ein Kriegsschiff fährt er dahin, gleichmäßig, ohne Ruck und Zug, und das Weibchen steuert ihm entgegen.

Sieht es einer dem wilden Raubfischer an, ein wie zärtlicher Liebhaber er sein kann? Wie kokett er die Federohren sträubt und den Kragen spreizt, wie stolz er den Hals trägt, und wie hoch er jetzt auf dem Wasser liegt! Und wie er niedlich nicken und zierlich den Kopf wenden kann! Und wie süß sein helles Locken, und wie zärtlich sein tiefes Quarren klingt! Wer kann da widerstehen? Erst flieht sie einige Male, denn das schickt sich so, aber er holt sie ein und hält sie fest, und bald darf er Seite an Seite bei ihr schwimmen, den Kopf auf ihren Rücken legen, den Hals um ihren Hals schlingen, darf alles tun, wonach ihn gelüstet. Und zum Schluß der Feier führt das Paar einen seltsamen Tanz auf. Hoch aufgerichtet, mit den Flügeln schlagend, hell lockend und dumpf quarrend, stehen sie auf dem Wasser, schnäbeln sich, verschlingen die Hälse, und über den ganzen See klingt ihr Liebesduett.

Wonnige Tage folgen. Einmal nur stört sie Eifersucht und Haß. Ein zweiter Hahn taucht auf und drängt sich zwischen das Ehepaar. Zwei Tage lang jagen, beißen und prügeln sich die Hähne auf dem See herum; am dritten streicht der Eindringling ab. Ein Schnabelhieb des Gegners traf ihn über dem linken Auge, daß es in das rubinrote Auge herabsickerte. Da gab er sein Werben auf. Es war auch Zeit, denn die Taucherin hat keine Zeit für Minnespiel und Liebesgetändel. Ernste Mutterpflichten harren ihrer. Es gilt die Wiege zu bauen.

Das lockere Rohrdickicht vor der Bucht dünkt ihr der beste Platz dazu. Sie schwimmt so geschickt dahin, daß sie einen dicken Rohrhalm unter sich hat, und mit einem Schnabeldruck knickt sie ihn um, daß seine Spitze in das Wasser taucht. So macht sie es mit vielen Halmen, bis dreißig Rohrhalme trichterförmig gegeneinander geneigt sind. Nun schleppt sie dürre Stengel von Rohr und Schilf heran, schichtet sie kreuz und quer auf, ordnet sie, flicht sie zusammen und tritt sie fest. Aber das ist noch nicht die ganze Wiege, das ist erst der Unterbau, wenn er auch schon als großer, dicker, brauner Klumpen auf dem Wasser schwimmt. Jetzt heißt es: tauchen! Laichkraut und Wasserhahnenfuß holt die Taucherin vom Grunde, faulende Rohrhalme und modernde Schilfstengel, Algenstränge und

Charabündel, und dieses nasse, modrige Zeug häuft sie in dem Nestfloße auf und tritt eine Mulde hinein.

In dieses nasse, gärende, stinkende Nest legt sie ganz seltsame Eier, an beiden Seiten zugespitzt und von so grober Schalenbildung, daß es aussieht, als hätte ein liederlicher Maurer sie mit dem Wittelquast angestrichen. Und das Merkwürdigste ist, daß die Schale außen kalkweiß, aber innen schön meergrün ist. Lange bleibt die Schale aber nicht weiß. Die faulende Unterlage färbt sie schmutzigbraun, und wenn die Taucherin fischen geht, deckt sie das Gelege mit faulendem Kraute zu, und so wird es bald ganz braun.

Eines schönen Tages hört die Taucherin unter ihrer silbernen Brust ein leises Piepen. Sie stellt sich aufrecht in das Nest, und da kriecht ein seltsames Dingelchen aus der zerborstenen Schale. Ein Vogel, der so sonderbar aussieht und so merkwürdig baut, muß auch schnurrige Junge haben. Und so ist es auch. Sie sind der Länge nach gestreift, wie Frischlinge, und ähneln den Eltern bis auf die Ruder kein bißchen. Aber die Taucherkunst und die Lust zum Fischen brachten sie aus dem Ei mit. Die ersten Tage füttern die Alten sie wohl, aber lange dauert es nicht, dann jagen die Kleinen schon selbständig. Aus dem rotbraunen Planktongewimmel fischen sie mit den spitzen Schnäbelchen die winzigen Krebschen, fangen aus dem moorigen Schlamm die Larven der Frösche und Kröten und stellen im Algengewirre der Ukleibrut nach, immer treu behütet von Mutter oder Vater. Und wenn die junge Gesellschaft müde ist, dann klettert sie auf den Rücken der Henne, und auch der Hahn gibt sich dazu gern her, und stolz fahren dann die beiden Taucher mit ihrer lebenden Fracht dahin.

Ungern lassen die Alten die Kleinen aus den Augen. Wenn ihre scharfen Augen Rohrweih, Sperber und Habicht auch meist früher erblicken, ehe sie über der Brut sind, auch in der Tiefe lauert das Unheil, und so kam es, daß, als das Nestküken von dem Seerosenblatt heruntersteigen wollte, ein langer, breiter, scharfzahniger Hechtrachen auftauchte und das arme Ding mitnahm in die schlammige Tiefe. Sogar den dicken Fröschen ist nicht zu trauen, und einer von ihnen, ein Riese, hatte schon das drittälteste Taucherchen am Beinchen gefaßt, als ein furchtbarer Schnabelstoß des aufmerksamen Vaters des Frosches Glotzauge traf und das Großmaul veranlaßte, seine Beute fahren zu lassen. Seitdem dulden die Eltern kein Tier in der Nähe der Kinder. Ente und Bläßhuhn, Ralle und Zwergtaucher werden erst verwarnt, wenn sie zu nahe heranschwimmen, und halten sie auch dann nicht Abstand, dann setzt es Püffe mit dem Schnabel und Knüffe mit den Schwingen, oder sie werden glatt überrannt, an dem Wikkel gepackt und untergeduckt, damit sie lernen, daß Tauchers keine Anbiederung lieben.

Schließlich ziehen die Kleinen die Kinderkleider aus und fischen schon ganz ohne Anleitung. Aber die Alten lassen sie keinen Augenblick ohne Aufsicht und treiben sie immer wieder in die Bucht, sobald ein anderer großer Vogel als der Fischadler oder die Seeschwalbe heranrudert. Und wird mitten auf dem See gefischt an warmen, stillen Tagen, wenn die Ukleis ganz oben schwimmen, dann braucht sich nur ein Boot zu zeigen, und alt und jung sinkt unter, kommt weit weg hoch, verschwindet wieder, taucht noch weiter vom Boote auf, und ehe die Kugel des Jägers das Wasser trifft, ist die ganze Gesellschaft schon wieder unter Wasser.

So geht der schöne Sommer hin und der halbe Herbst, und eines Morgens fehlen der Bucht am Galgenberge die fünf Taucher. Sie sind zum Süden gereist und fischen heute auf einem Alpsee, einige Tage später in der Bucht eines spanischen Flusses und bald darauf im Tschadsee, wo sie ihr freies Leben weiterführen, bis es sie Ende März wieder nach der Bucht hinter dem Galgenberge bei der kleinen Stadt in Nordostdeutschland treibt.

Die Forscher

Schon seit langem hatten sie sich vorgenommen, die in zoologischer Beziehung so ergiebigen Försterteiche einer genauen Untersuchung zu unterziehen.

Sie wußten zwar, daß schon vor ihnen bedeutende Leute, zum Beispiel ihre eigenen Väter, Großväter, Urgroßväter und die Onkels väterlicher- und mütterlicherseits ebenfalls die Tierwelt jener berühmten Binnengewässer zwischen der großen Savanne, Exerzierplatz genannt, und dem undurchdringlichen, von feindlichen Stämmen bevölkerten Urwald, so sich Stadtwald nennt, mit großem Eifer erforscht hatten. Das Ergebnis dieser Forschungen war aber niemals in fachwissenschaftlichen Zeitschriften niedergelegt; nur durch Überlieferung war die Fauna Exerzierplatzteichiana bekannt, und da jene Gegend seit der Väter Jungenjahre große geologische und andere Umwälzungen erfahren hatte, so erschien es notwendig für den Stand der Wissenschaft, eine genaue Übersicht von alledem aufzunehmen, was in den Teichen krabbelt und wabbelt.

Sehr viele Umstände verursachte die Herbeischaffung des kostspieligen Forschungsgerätes. Während Aadje Schlöber in seiner bekannten Oberflächlichkeit meinte, mit einem Stock von Armeslänge auskommen zu können, bestand Heinrich Fricke, der nicht nur dem mittäglichen Suppenteller, sondern auch allen anderen Dingen auf den Grund ging, darauf, ohne eine Fitzbohnenstange ginge es nicht.

Nur dadurch, daß man sich an die breite Öffentlichkeit

wandte und die Opferfreudigkeit weitester Kreise in Anspruch nahm, bekam man die Sammelgeräte zusammen. Mutter Fricke spendete ein altes Marktnetz und ein etwas gesprungenes Einmachglas, Ohm Anton eine lange Stange und Ohm Schorse eine Umhängetasche, während August Dusendahl von seinem Vater sogar ein richtiges Fangnetz bekam. Alle Versuche aber, von den Müttern Drahtsiebe geliehen zu bekommen, schlugen fehl.

Begleitet wurden die kühnen Forscher von Trägern und Trägerinnen, als welche sich eine Anzahl von kleinen Brüdern, Schwestern und Basen erboten hatten, und angestaunt von dem Volke, bewegte sich der Troß die Straßen entlang und kam auch ohne weitere Unbill über das ungeheure, nur mit spärlicher Flora bedeckte, jeglichen Wassers entbehrende Steppengelände.

Am Fuße der seltsamen Gebirge, die die Geographen die Scheibenstände nennen, zieht sich ein eigenartiger Fluß hin, der, ganz wie die Ströme Australiens, die Eigenschaft hat, nur in der Regenzeit Wasser zu führen. Dieser wurde zuerst untersucht. Das Ergebnis war, bis auf eine Kaulquappe, die aber tot war, gleich Null, was August Dusendahl zu der Vermutung brachte, daß die Tierwelt sich, um dem Austrocknen zu entgehen, in die Mulde eingebohrt habe. Mit großer Anstrengung und einem Blechlöffel durchwühlte man die Schlammassen, fand aber außer der Stiefelsohle eines wahrscheinlich hier einst umgekommenen Forschers nur einen Knochen, der vermutlich einer längst ausgestorbenen Tierart angehörte.

Bedeutend größer war die wissenschaftliche Ausbeute in den kleinen, flachen, in der Regenzeit entstandenen Landseen, die vor den Sandbergen liegen. Die trübe, lehmige Beschaffenheit des Wassers wollte natürlich Aadje Schlöber veranlassen, sie zu übergehen, doch seine Begleiter, vor allem Heinrich Fricke, bestanden darauf, daß auch

diese Seen abgefischt werden müßten. Das Ergebnis war auffallend groß; nicht weniger als fünfzehn Stecherlinge, ein Rückenschwimmer, verschiedene Wasserkäfer und ein Pferdeegel wurden erbeutet und in das Einmachglas getan, außerdem mehr Kaulquappen, als man nötig hatte.

Über den Pferdeegel entspann sich eine erregte wissenschaftliche Debatte. Aadje Schlöber, der ihn fing, nannte ihn eine Blutihle, worauf Heinrich Fricke behauptete, es sei ein Ferdsegel. August Dusendahl aber meinte, es sei ein Ferdsigel, worauf Heinrich Fricke versetzte, wenn es ein Igel wäre, hätte er Stacheln; da er aber keine habe, so sei es ein Egel.

Noch war dieser Streit um die Synonima nicht entschieden, da stieß Kürchen Dusendahl, der das wichtige Amt innehatte, den großen Einmachpott zu tragen, einen furchtbaren Schrei aus und ließ den Pott mit allen darin befindlichen Krabbeltieren fallen. Er hatte den Rückenschwimmer, dem es in dem Topf zu eng und zu voll war, gerade erwischt, als er mit seinen dicken Kulbsaugen über den Rand guckte, und ihn schnell gepackt. Bei seinem Mangel an wissenschaftlicher Vorbildung wußte er nicht, daß diese Wasserwanze ganz niederträchtig mit dem Rüssel stechen kann, und hatte sie arglos in die Hand genommen. Nun tanzte er wie verrückt herum, schlenkerte den brennenden Zeigefinger in der Luft und schrie: „Er hat mich gebissen, er hat mich gebissen. Wenn ich man nicht blutvergiftet bin. Will's mir keiner aussaugen?"

Der traurige Fall wurde eifrig beraten. Schließlich band man dem Verunglückten mit einem Taschentuch etwas nassen Sand auf den Finger, und dieses alte Hausmittel, zu dem Zieschen Schlöber geraten hatte, die einmal von einer Biene in die Nase gestochen und von Muhme Emilie mit feuchtem Sand behandelt war, beseitigte bald den Schmerz. Da sich bis heute weiter keine schlimmen Folgen gezeigt haben, so ist anzunehmen, daß Kürchen diesmal noch ohne schwere Schädigung seiner Gesundheit davonkommt.

Leider hatte bei diesem Vorfall niemand auf die Beute geachtet, und so fand man außer einigen im Grase herumzappelnden Stecherlingen nichts davon wieder und mußte die Teiche noch einmal abfischen, fand auch einigermaßen Ersatz, machte sogar noch einen ungeahnten Fang, indem man ein Tier erwischte, das bisher noch unbekannt war. Es war fast zollgroß, braun, platt wie Papier, hatte hinten einen langen Stachel und vorn zwei furchtbare Fangarme. Die Mädchen erklärten es für eine gepreßte Ohrzange, Heinrich Fricke aber meinte, es müsse wohl ein Wasserskorpion sein. Als er es genauer untersuchte, mußte er er-

fahren, daß die Wissenschaft nicht immer gefahrlos ist, denn er wurde von der Bestie derartig in den Finger gezwickt, daß er sie mit einem Wutgebrüll von dannen schleuderte, worüber Kürchen, den er vorhin ausgelacht hatte, sehr erfreut war.

Diese beiden schmerzlichen Erfahrungen ließen es allen für angebracht erscheinen, für die Folge die größte Vorsicht zu wahren. Der ursprüngliche Plan, Stiefel und Strümpfe auszuziehen, die Hosen aufzukrempeln und in den großen Teich hineinzuwaten, wurde aufgegeben; denn wenn schon die kleinen Gewässer gefährliche Bestien beherbergten, um wieviel schlimmere konnten in dem großen See sein. Aadje Schlöber wollte ja einen Hecht durch das Wasser haben schießen sehen, der sicher fast so lang wie die Fitzbohnenstange war.

Trotzdem man also die Mitte des großen Wasserbeckens nicht erforschen konnte, so ergab doch schon die Randfischerei sehr viel Gutes. Die Theorie, daß die Größe der Tiere eines Wasserbeckens zu dem Umfang desselben in einem bestimmten Verhältnis stehe, bestätigte sich glänzend. Es wurden Kaulquappen gefangen, fast so groß wie Mäuse, und einige davon hatten sogar richtige Hinterbeine. In edlem Opfermut beschloß man, diese seltenen Stücke dem zoologischen Garten zu verehren. Was an Stecherlingen, Wasserkäfern, Schnecken usw. gefangen wurde, grenzt an das Unglaubliche und wird seinerzeit ausführlich beschrieben werden.

Weniger Ausbeute lieferte anfangs der dritte Teich. Nur Heinrich Fricke, der sich nicht abschrecken ließ, trotz des Entenflotts, der sein Netz immer füllte, weiterzufischen, hatte das Glück, einen wunderschönen Bergmolch zu fangen, ein Tier, das sonst nur vom Aquarienhändler für fünfundzwanzig Pfennige zu beziehen ist. Allerdings sauste er bei diesem Fang von dem Baumstamm, auf dem er stand, und fiel bis an die Hosentaschen in das Wasser, doch entschädigte ihn sein Fund für sein Mißgeschick völlig.

Auf dem letzten Teiche hatte man die Freude, mehrere noch ganz unbekannte Vögel von Taubengröße zu sehen, die vorn am Kopfe rot waren und sehr flink schwammen. Die Art war leider nicht festzustellen, da die Expedition keine Zwillen bei sich führte, eine Nachlässigkeit, die sich bitter rächte. Im allgemeinen neigte man aber der Ansicht zu, daß es Wasserenten wären. Dann fing man hier einige kleine und einen großen Kammolch, einen sehr schönen Gelbrand und zu guter Letzt noch einen Schlammpeitzger, eine Beute, auf die man gar nicht gerechnet hatte.

Leider wurde der Erfolg des Tages durch einen herben Mißton getrübt. August Dusendahl behauptete, der von Aadje Schlöber gefangene Kammolch und der von Heinrich Fricke erbeutete Bergmolch gehörten ihm, weil ihm das Netz gehörte, womit sie gefangen wären. Infolgedessen kam es zu Tätlichkeiten, wobei ein Teil der Gefäße umfiel und die meisten Tiere entkamen, und so ist wahrscheinlich noch eine Expedition zur Feststellung der Tierwelt jener Gewässer nötig.

Quaaks

In dem einen meiner Aquarien hatte sich eine scheußliche braune Alge angesiedelt, gegen die die als vereidigte Fensterputzer angestellten Schnecken nicht anarbeiten konnten. So mußte ich schon der Not gehorchend dem Fisch- und Schneckenvolk kündigen, Sand und Pflanzen herausnehmen und mit Geduld, Lufah und Essig die braune Schicht abschrubben. Als ich damit zu Ende war und das Glas so durchsichtig war, wie es ein Glas nur sein kann, fiel es mir aus der Hand und zerbarst in drei Teile.

Da dieser Fall sich in dem Monat schon zweimal ereignet hatte, sah ich darin einen Wink des Schicksals und einen Hinweis auf die sprichwörtliche Dreiheit aller guten Dinge, ersparte mir eine weitere Ausgabe von sechs Mark, tat Sand, Pflanzen, Fische und Schnecken in einen anderthalb Fuß breiten flachen Zinkbottich und grub diesen in den Garten zwischen Tuffsteinen und Farnen ein und wurde auf diese Weise Teichwirt.

Ich fand bald heraus, daß meine Privatlandschaft durch die Wasserfläche bedeutend gewonnen hatte. Vom Verandafenster aus sah ich den Spielen der beiden Zwergwelse zu, beobachtete die Wasserwanzen, die sich angesiedelt hatten, ohne daß ich ihnen von dem Dasein des Teiches Nachricht gegeben hätte, freute mich, wenn die Rotschwänzchen und Buchfinken zum Trinken kamen, und ärgerte mich, wenn eine ungehobelte Schwarzdrossel dort ein Bad nahm, denn sie ging mit dem Wasser so verschwenderisch um, als bezahle sie das Wassergeld, und ich war jedesmal hinterher gezwungen, den geringen Pegelstand durch ein halbes Maß Wasser höher zu bringen.

Bedeutend größer aber war mein Ärger, als ich eines Tages die Häupter meiner Lieben, der Zwergwelse, zählte, was ziemlich leicht war, da ich nur zwei hatte, und fand, daß ihre Anzahl auf die Hälfte zurückgegangen war. Zuerst glaubte ich, ein Fischreiher oder ein Fischotter hätte nächtlicher- und unrechtmäßigerweise dort geräubert; doch eines Abends sah ich eine Katze am Strande meines Teiches sitzen und mit einem furchtbaren Prankenhieb den verwitweten Wels auf das Ufer schleudern. Ich warf ihr zwar meine Pfeife an den Kopf und hatte dadurch den Anblick eines selbstgemachten Feuerwerks, aber mein armer Wels war hin, und das bißchen Leben, das noch in dem äußersten Ende seines Schwanzes saß, entfloh, ach, nur zu schnell.

Lange Tage, denn es war Juli, überlegte ich, ob und welche Fische ich wieder in den Teich setzen und wie ich die Katze von dem Teich fernhalten solle, ob durch Fußangeln oder Selbstschüsse, da ich mir von Warnungstafeln wenig Wirkung versprach. Aber als ich eines Tages an dem Teich vorüberging, hörte ich etwas plumpsen und sah, daß mein stichelhaariger Teckel Muck mit dem Ausdruck des maßlosesten Erstaunens in seinen schönen braunen Augen auf die Ringe der Flut starrte, denn daß da etwas Lebendiges eingegangen war, das hätte er gesehen und gehört, aber da ihm sein untrüglichster Sinn, die Nase, über das Nähere keinen Aufschluß gab, so hielt er sich für das Opfer einer optisch-akustischen Täuschung und den Vorgang für ein Ereignis aus der vierten Dimension und setzte sich als real denkendes Wesen schnell darüber hinweg.

Nicht so ich, ein Vertreter der Spezies Homo sapiens.

Ich legte mich dadurch auf die Lauer, daß ich mich auf die Bank setzte und rauchte. Als meine Zigarre sich ihrem kurzen Ende näherte und ich durch das Betrachten des Entenflottes auf dem Teich schon in einen traumtänzerinnenähnlichen Zustand geraten war, da zeigte es sich, daß mein Hoffen und Harren nicht in der sprichwörtlichen Art belohnt wurde. Das Wasser rauschte, das Wasser schwoll, und aus der feuchten Flut stieg zwar kein feuchtes Weib, aber ein allerdings auch feuchter Frosch hervor.

So maßlos mein Erstaunen war, so hinderte es mich doch nicht, festzustellen, daß besagter Frosch Rana esculenta L. subspec. typica war, als der grüne Wasserfrosch, und zwar ein männliches, erwachsenes, normales Stück. Eine ganze Weile blieb er auf dem gelb blühenden Mauerpfeffer sitzen, machte dann einen ebenso unbegründet hastigen wie kühnen Satz, der ihn auf einen grell von der Sonne beschienenen Gipsfelsen brachte, drehte sich zweieinhalbmal um sich selbst, wurde auf eine mir unerklärliche Weise platt wie ein gut geratener Pfannkuchen und blieb so geraume Zeit liegen.

Plötzlich kam Leben in ihn. Er wurde auf eine mir ebenfalls noch schleierhafte Weise wieder dick, richtete sich auf, öffnete die goldenen Glotzaugen, machte eine Wendung nach halblinks, und dann erst sah ich, daß er nach einer dicken, schwarz und gelb gestreiften Schwebfliege hinschielte, die eben über dem Teiche erschien und dort wie angenagelt in der Luft stand. Jetzt kam sie der Nase des Frosches nahe. Ein ungeheurer roter Rachen öffnete sich, eine rosenrote Schlabberzunge sauste daraus hervor, und ehe ich den Vorgang recht begriffen hatte, war die schöne Fliege aus der leuchtenden Sonnenpracht in des Froschbauches ewig düstere Nacht hinabgetaucht.

Obgleich ich in der Sprache der Frösche gut bewandert und imstande bin, an jedem Froschteich ein Konzert zu veranlassen, versagte bei diesem Frosch meine Kunst völlig. Als ich ihn leise und vorsichtig fragte, woher er käm' der Fahrt und wes sein Nam' und Art, sagte er ziemlich unfreundlich: „Quaaks!" und entzog sich weiteren Fragen durch einen Kopfsprung, wie man ihn schöner nicht sehen kann.

Ich habe niemals erfahren, woher er gekommen ist und was ihn veranlaßte, die Gesellschaft seinesgleichen zu fliehen und sich mitten in der Stadt, fern von allen Teichen, anzusiedeln. Ob er schlechte Erfahrungen in der Liebe oder sonstwie gemacht und fröschescheu geworden ist, ob ein widriges Geschick ihn hierher verschlug, verriet er nicht und entzog sich allen Erkundigungen danach durch einen Sprung in die Tiefe des Teiches. Als ich einsah, daß aus ihm doch nichts herauszubekommen war, ließ ich ihn zufrieden; er lohnte meine Rücksichtnahme bald durch Zutraulichkeit und wurde so zahm, daß er mir die Brummfliegen von der Fingerspitze schnappte. Als aber der Herbst in das Land kam, verzog er unbekannten Aufenthalts.

Im nächsten Frühling ließ ich mir einen Kübel aus Eichenholz bauen, der vier Fuß tief und fünf Fuß breit war, und ließ ihn bis an den Rand vor der Rhododendrongruppe in der Mitte einer Alpenlandschaft eingraben. Ich versah den Kübel mit einer dicken Schlammschicht, bepflanzte diese mit allerlei Wasserpflanzen, deckte eine Sandschicht darüber und füllte den Kübel bis an den Rand mit Wasser.

Bald sprossen die Wasserpflanzen, die Uferkräuter überwölbten den Rand, allerlei Wassertierchen, Käfer, Ruderwanzen, Wasserläufer siedelten sich an, Schnecken und Müschelchen brachte ich mit, setzte Zwergwelse, Schlammpeitzger, Karauschen, Stichlinge und Schleie hinein und hatte meine Freude an dem lustigen Leben, das sich in und um den Teich abspielte. Allerlei blitzende Schwebfliegen summten über ihm, Wasserjungfern ließen sich sehen, große Schwimmkäfer kamen zu Besuch, alle durstigen Schnäbel aus den Nachbarsgärten, Star und Amsel, Fliegenschnäpper und Rotschwanz, Spatz und Buchfink, Mönch und Spötter tränkten und badeten sich dort. Immer war lustiges Leben an dem kleinen See.

Eines schönen Tages war auch Quaaks wieder da. Ganz schwarz war er von dem Winterschlaf geworden und schauerlich mager. Der Rückenknochen stand ihm heraus wie bei einem Droschkenroß vierter Güte oder wie bei einem Radfahrer, dessen Lenkstange zu tief sitzt. Verschlafen blinzelte er mit seinen goldenen Augen in die Sonne, machte einen Kopfsprung in den Teich, berechnete den Kubikinhalt und zeigte sich sehr zufrieden mit der Erweiterung seiner Wohnung.

Von Tag zu Tag wurde er grüner und dicker, fing auch an lauen Abenden zu quarren an. Er hatte drei ganz bestimmte Sitze am Ufer, mit Alpenehrenpreis, Gletschermilzkraut und Steinbrech bewachsene Steine unter den Wedeln hoher Königsfarne und den Zweigen der blauen Wiesenraute. Dort saß er, wartete, bis sich eine Brummfliege nahte, klappte die rosenrote Zunge heraus, und ehe der Brummer sich über den Vorgang so recht klar wurde, fühlte er sich schon den zersetzenden Einflüssen des Magensaftes von Quaaks rettungslos verfallen.

Um zehn Uhr abends war Quaaks verschwunden. Ich habe niemals erfahren, wo er dann war. Wenn Regenwetter nahte, war er unsichtbar; dann steckte er unten im Wasser aus Angst vor dem Naßwerden. Je heißer es war, desto lieber war es ihm. Er wurde dann immer breiter und sah fast rund aus. Dann war er so faul, daß ich ihn sogar streicheln konnte, was er sonst nicht gern hatte, da er äußerst kitzlig war.

Um ihm Gesellschaft zu geben, setzte ich ein halbes Dutzend halbwüchsiger Laubfrösche in den Teich. Mit wutverzerrtem Gesicht sprang er in das Wasser. Die armen Laubfrösche suchten sich hampelnd und strampelnd zu retten, aber einen erwischte er doch, und ehe ich es verhindern konnte, war das arme Kerlchen hinuntergeschluckt. Um ihn zu strafen, setzte ich eine dicke Knoblauchskröte hinein, was ihm ganz entschieden nicht paßte.

Wenn der Schlauch an die Wasserleitung gedreht wurde und ein dünner, feiner Kunstregen über Fels und See fiel, verschwand Quaaks. Aber die fünf Laubfrösche, die mit Vorliebe in den Rhododendronblüten saßen, weil sie das so gut kleidete, erhoben ein vergnügtes Gemecker über die kleine Erfrischung und fingen sofort an, fröhlich herumzuklettern. Dem Teich aber blieben sie fern.

Im zweiten Herbst verschwand Quaaks abermals unbekannten Aufenthalts. Im Frühling war er wieder da, schwarz, mager und steifbeinig vor Rheumatismus. Aber bald erholte er sich und quakte uns allerlei vor, und rundherum sahen die Leute aus den Fenstern und sagten: „Das ist ja beinahe so, als wäre es ein Frosch!"

Im vergangenen Frühling passierte Quaaks etwas sehr Unangenehmes. Zwei junge Leute aus England warfen Froschlaich in den Teich. Einige Tage später waren mehr Kaulquappen als Wasser drin. Quaaks schüttelte sich vor Ekel, denn sowie er ein Bad nehmen wollte, hingen hundert von diesen Wimmeltieren an ihm.

In seiner Not wandte er sich an die beiden Welse, die ihm halfen, so gut sie konnten. Sie schluckten und schluckten, bis sie bald platzten, und setzten Speck an wie vierstöckige Hausbesitzer. Ein Glück war es, daß die Kaulquappen sich bald zu Fröschen verpuppten, sonst hätten die Welse nach Karlsbad gemußt.

Nun nahte der Tag der Rache für Quaaks. Es waren keine seinesgleichen, die jungen Frösche, Proleten waren es, Feld-, Wald- und Wiesenfrösche, und er fraß jeden

Tag ein Dutzend von ihnen, und sonntags, wenn er mehr Zeit hatte, anderthalb. In den ersten Tagen hatte der Garten dem Lande Ägypten zur Zeit des frommen und geschäftsklugen Sepps geähnelt, das der Herr mit Fröschen schlug; in zwei Wochen waren noch zwanzig Frösche da, in drei Wochen noch einer, und den verspeiste Quaaks am 1. Juli mittags um zwölf Uhr dreißig Minuten.

Und als er ihn herunter hatte, war er froh, denn er mochte kein Fröschchen mehr. Er hatte sie sich übergegessen. Aber gut angeschlagen waren sie ihm. Er hatte ein Doppelkinn wie eine Schlachtermeisterswitwe, einen Hängebauch wie ein Kantinenwirt, und mußte sich neues Zeug zulegen, denn das alte platzte ihm am Leibe. Wo er seine abgelegte Garderobe ließ, bekam ich nie heraus. Ob er sie an Isidor Brand, der wie bekannt kauft allerhand, losschlug, oder an Bedürftige abgab, blieb mir, wie so vieles bei ihm, ein Geheimnis.

Im Juli vorigen Jahres warf ich einen kleinfingerdicken Regenwurm als Futter für die Schwimmkäfer in den Teich. Nach einer Weile hörte ich ein erhebliches Plätschern. Der Wurm hatte ein Seerosenblatt als Rettungsboot benutzt, aber dadurch war er aus dem Regen in die Traufe gekommen. Quaaks stürzte sich auf ihn und schlang ihn hinab. Es war eine Mahlzeit in Fortsetzungen, eine von zehn zusammenhängenden Gängen. Quaaks schluckte und stopfte mit den Händen nach, der Wurm wand sich, Quaaks schluckte und stopfte, und nach einer halben Stunde war der Riesen- oder Abgottswurm verschwunden, und Quaaks hatte doppelte Taillenweite.

Drei Tage und drei Nächte lag er mit weit weggestreckten Gliedmaßen auf dem Gewirr von Wasserpest und Krebsscherblatt. Am Morgen des vierten Tages war er verschwunden und ward nicht mehr gesehen.

Das war des Wurmes Rache und das Ende von Quaaks.

Über Hermann Löns

Geboren am 29. August 1866 in Kulm an der Weichsel (Vater: Gymnasialprofessor), aufgewachsen im westpreußischen Deutsch-Krone. Im Herbst 1884 Übersiedlung der Familie Löns nach Münster (beide Eltern stammten aus Westfalen). 1886—1891 Studium der Medizin und Naturwissenschaften in Münster, Greifswald und Göttingen. Schon der Schüler und Student veröffentlicht zoologische Facharbeiten.

Nach ersten Versuchen im Zeitungsberuf (Kaiserslautern und Gera) bleibt Löns 1892 „schließlich in Hannover hängen", als „annehmbarer Schilderer, lustiger Plauderer und gewandter Redakteur". Seine Natur- und Jagdschilderungen entstehen meist aus der journalistischen Tagesarbeit heraus und erscheinen zunächst in Zeitungen und Zeitschriften, ehe sie gesammelt und zu Büchern zusammengestellt werden. Neben der Redaktionsarbeit schreibt Löns eine Reihe von Romanen und einige Versbände, auch in den Jahren, die er in Bückeburg verbringt (1907—1909). Nach Hannover zurückgekehrt, meldet sich der 48jährige Ungediente bei Kriegsanbruch freiwillig an die Front und fällt bereits am 26. September 1914 vor Reims.

Nach seinem frühen Soldatentod setzen Ruhm und Volkstümlichkeit ein. Namentlich die Jugend greift zu seinen Büchern und singt seine auf den Volkston gestimmten Lieder. Die Auflage seiner Bücher geht in die Millionen. Heute wissen wir, daß Löns' eigentliche und bleibende Bedeutung in seinen Naturschilderungen liegt, in seinen Landschaftsbildern, Tiergeschichten und Jagderlebnissen. Diesem seinem Schaffensgebiete sind die Löns-Ausgaben der peb-Bücherei entnommen.

In der gleichen Ausstattung erschien in unserem Verlag:
DAS DICKE HERMANN-LÖNS-BUCH

Beide Ausgaben enthalten zusammen die schönsten Tiergeschichten, Jagderlebnisse und Naturschilderungen dieses „Vaters der neueren deutschen Tierdichtung".

Aus Zuschriften an Herausgeber und Verlag:

Der Dichter Manfred Hausmann: Sie haben für die Löns-Bände nur solche Beiträge ausgewählt, denen ich vorbehaltlos zustimmen kann. In diesen Stücken beweist der Dichter so recht seine Meisterschaft und Kennerschaft.

Der Löns-Forscher und -Biograph O.-Reg.- und O.-Schulrat Dr. W. Deimann: Mögen viele Eltern und Erzieher die hier gebotene Gelegenheit wahrnehmen, Hermann Löns den jungen Menschen nahezubringen, der sie, trotz aller Verstädterung und Technisierung unserer Zeit, hinausführen wird in die Abenteuer der Natur.

Univ.-Prof. Dr. phil. Dr. med. Hans Krieg, Erster Direktor der wissenschaftl. Sammlungen des Staates i. R., Ehrenpräsident des Deutschen Naturschutzringes: Hermann Löns hat, obgleich es zu seiner Zeit noch keine Verhaltensforschung in unserem heutigen Sinne gab, doch so erlebt und geschildert, wie ein Zoologe und Jäger und wirklicher Tierfreund erleben und schildern muß. Ich wünsche, daß die beiden LÖNS-AUSGABEN einen guten Erfolg haben.

Richard Gerlach, Verfasser vieler Tier- und Reisebücher: Diese beiden Löns-Ausgaben werden unter der Jugend sicher ihren Weg machen. Auch die Zeichnungen passen gut hinein. Daß der Verlag sie zu einem so niedrigen Preis herausbringen kann, ist eine Leistung.

Hermann Höcherl, Bundesminister für Ernährung, Landwirtschaft und Forsten: Mit großer Begeisterung habe ich mir seine Naturschilderungen schon in jungen Jahren zu Gemüte geführt. Sie haben vollkommen recht, der norddeutsche Akzent, mit dem er im öffentlichen Urteil angesehen wird, geht ganz an seinem tiefen Empfindungsvermögen vorbei.

Der Dichter Albrecht Goes: Ich werde selbst wieder einmal darin lesen, Löns hat ja — in ganz anderen Zeiten, in einem früheren Leben — doch sehr zu unserem Leben gehört.

Ernst Bergfeld

in den „Freundesblättern", Braunschweig

Man mag von Hermann Löns lesen, was man will, immer wird er ein Erlebnis sein. Die Wahrheit dieses Wortes wird bei der Lektüre der Löns-Bücher aus der **peb**-Bücherei Kapitel für Kapitel bestätigt. Nur einer, der in das Gesamtwerk bis in die feinsten Verästelungen eingedrungen ist, konnte die Auswahl und die Zusammenstellung der einzelnen kleinen Tiergeschichten mit dieser Sorgfalt und in solcher einander ergänzenden Art treffen. Schon die Einführungsworte in diesem wie in jenem Bande zeigen Franz Friese als einen Menschen, der Hermann Löns, mag dieser auch schon über ein Halbjahrhundert tot sein, irgendwie seelenverwandt ist. Dies bezeugt auch sein Ausspruch: „Mögen wir dem Monde immer näher kommen, mögen wir ihn und andere Planeten erobern, auf keinem von ihnen werden wir den Duft des frühlingshaften Erdreiches verspüren, nirgends werden uns Schmetterlinge umgaukeln, Vögel ein Lied entgegensingen oder Rehe ihr zierliches Trittsiegel in den Boden drücken. Das Beste haben wir hier unten, im Reiche unserer eigenen, guten Mutter Natur, und dieses Reich können wir uns ohne Rakete erobern. Offene Augen und Ohren und ein offenes Herz genügen."

Als Einzelbände erschienen in der pEb-Bücherei
weitere Ausgaben
von
HERMANN LÖNS

Der Letzte seines Stammes

Tier- und Jagdgeschichten

Hirsch tot

Tier- und Jagdgeschichten

Die Wilderer

Hundegeschichten und Jagderlebnisse

Am Wildbach

Naturschilderungen und Tiergeschichten

In Vorbereitung:

Der einsame Wisent

Jagderlebnisse und Tiergeschichten

Der Waldläufer im Revier

Jagderlebnisse und Tiergeschichten

Bearbeitet und herausgegeben von Franz Friese